Die Haftung des Verkäufers für öffentliche Äußerungen, Werbung und Kennzeichnungen gemäß § 434 Abs. 1 Satz 3 BGB

Europäische Hochschulschriften

Publications Universitaires Européennes
European University Studies

Reihe II
Rechtswissenschaft

Série II Series II
Droit
Law

Bd./Vol. 4632

PETER LANG
Frankfurt am Main · Berlin · Bern · Bruxelles · New York · Oxford · Wien

Tobias Messer

Die Haftung des Verkäufers für öffentliche Äußerungen, Werbung und Kennzeichnungen gemäß § 434 Abs. 1 Satz 3 BGB

PETER LANG
Internationaler Verlag der Wissenschaften

Bibliografische Information der Deutschen Nationalbibliothek
Die Deutsche Nationalbibliothek verzeichnet diese Publikation in der Deutschen Nationalbibliografie; detaillierte bibliografische Daten sind im Internet über <http://www.d-nb.de> abrufbar.

Zugl.: Mainz, Univ., Diss., 2007

D 77
ISSN 0531-7312
ISBN 978-3-631-56643-5

www.peterlang.de

Meinen Eltern

Vorwort

Die vorliegende Arbeit wurde im Wintersemester 2006/2007 von dem Fachbereich Rechts- und Wirtschaftswissenschaften der Johannes Gutenberg-Universität in Mainz als Dissertation angenommen. Das Rigorosum fand am 14. Februar 2007 statt. Literatur und Rechtsprechung sind bis Mitte 2006 berücksichtigt.

Mein besonderer Dank gilt meiner Doktormutter Frau Prof. Dr. Dagmar Kaiser für die Betreuung und Unterstützung dieser Arbeit sowie für die wertvollen Anregungen und die Erstellung des Erstgutachtens.

Herrn Prof. Dr. Jürgen Oechsler möchte ich für die zeitnahe Erstellung des Zweitgutachtens herzlich danken.

Zu größtem Dank bin ich meiner Verlobten Ass. iur. Melissa Staneck verpflichtet, die durch ihr Verständnis und ihre Geduld zur Vollendung dieses Werkes entscheidend beigetragen hat.

Schließlich danke ich ebenfalls ganz besonders meinen Eltern für ihre langjährige Unterstützung. Durch ihre vielfache Hilfe während meiner Ausbildung und der Erstellung dieser Arbeit haben sie mir bei der Erreichung meiner Ziele zu jeder Zeit zur Seite gestanden. Ihnen widme ich die vorliegende Arbeit.

Wiesbaden, im April 2007 — Tobias Messer

Inhaltsverzeichnis

Literaturverzeichnis

Amann, Hermann / Brambring, Günter / Hertel, Christian	Die Schuldrechtsreform in der Vertragspraxis München 2002
Ayad, Patrick	Schuldrechtsreform: Das Gesetz zur Modernisierung des Schuldrechts in der Vertragspraxis DB 2001, 2697 ff.
Bamberger, Heinz Georg / Roth, Herbert (Hrsg.)	Bürgerliches Gesetzbuch Band 1 München 2003
Bärenz, Christian	Die Auslegung der überschießenden Umsetzung von Richtlinien am Beispiel des Gesetzes zur Modernisierung des neuen Schuldrechts DB 2003, 375 ff.
Baumbach, Adolf / Hefermehl, Wolfgang	Wettbewerbsrecht 22. Auflage, München 2001
Bergh, Roger van den / Lehmann, Michael	Informationsökonomie und Verbraucherschutz im Wettbewerbs- und Warenzeichenrecht GRUR Int. 1992, 588 ff.
Bernreuther, Friedrich	Sachmangelhaftung durch Werbung WRP 2002, 368 ff.
Bernreuther, Friedrich	Sachmangelhaftung und Werbung MDR 2003, 63 ff.

Boerner, Dietmar | Kaufrechtliche Sachmängelhaftung und Schuldrechtsreform
ZiP 2002, 2264 ff.

Brox, Hans / Walker, Wolf-Dietrich | Besonderes Schuldrecht
29. Auflage, München 2004

Brüggemeier, Gert / Reich, Norbert | Europäisierung des BGB durch große Schuldrechtsreform?
BB 2001, 213 ff.

Brockhaus | Die Enzyklopädie
20. Auflage, Mannheim 1999

Büdenbender, Ulrich | Das Kaufrecht nach dem Schuldrechtsreformgesetz Teil 1
DStR 2002, 312 ff.

Büdenbender, Ulrich | Das Kaufrecht nach dem Schuldrechtsreformgesetz Teil 2
DStR 2002, 361 ff.

Bundesminister der Justiz | Abschlußbericht der Kommission zur Überarbeitung des Schuldrechts
Köln 1992

Bundesminister der Justiz | Gutachten und Vorschläge zur Überarbeitung des Schuldrechts
Band I
Köln 1981

Bundesminister der Justiz | Gutachten und Vorschläge zur Überarbeitung des Schuldrechts
Band 2
Köln 1981

Bundesminister der Justiz | Gutachten und Vorschläge zur Überarbeitung des Schuldrechts
Band 3
Köln 1983

Calliess, Christian / Ruffert, Matthias	Kommentar des Vertrages über die Europäische Union und des Vertrages zur Gründung der Europäischen Gemeinschaft – EUV/EGV – 2. Auflage, Neuwied; Kriftel 2002
Canaris, Claus-Wilhelm	Schuldrechtsmodernisierung 2002 München 2002
Dauner-Lieb, Barbara / Heidel, Thomas / Lepa, Manfred / Ring, Gerhard (Hrsg.)	Anwaltkommentar Schuldrecht Bonn 2002
Dauner-Lieb, Barbara / Konzen, Horst / Schmidt, Karsten (Hrsg.)	Das neue Schuldrecht in der Praxis Köln; Berlin; Bonn; München 2003
Dauner-Lieb, Barbara / Heidel, Thomas / Lepa, Manfred / Ring, Gerhard	Das Neue Schuldrecht Heidelberg 2002
Dichtl, Erwin / Issing, Ottmar	Vahlens Großes Wirtschaftslexikon Band 2, L – Z 2. Auflage, München 1993
Dörner, Heinrich / Ebert, Ina / Eckert, Jörn / Hoeren, Thomas / Kemper, Rainer / Saenger, Ingo / Schulte-Nölke, Hans / Schulze, Reiner / Staudinger, Ansgar	Handkommentar BGB 2. Auflage, Baden-Baden 2002
Ehmann, Horst/ Rust, Ulrich	Die Verbrauchsgüterkaufrichtlinie JZ 1999, 853 ff.
Ehmann, Horst / Sutschet, Holger	Modernisiertes Schuldrecht München 2002
Emmerich, Volker	BGB – Schuldrecht Besonderer Teil 10. Auflage, Heidelberg 2003

Emmerich, Volker	Unlauterer Wettbewerb 6. Auflage, München 2002
Ernst, Wolfgang / Gsell, Beate	Kaufrechtsrichtlinie und BGB ZIP 2000, 1410 ff.
Ernst, Wolfgang / Zimmermann, Reinhard (Hrsg.)	Zivilrechtswissenschaft und Schuldrechts- reform Tübingen 2001
Fikentscher, Wolfgang	Schuldrecht 9. Auflage, Berlin 1997
Flume, Werner	Eigenschaftsirrtum und Kauf Münster; Regensburg 1948
Gamm, Otto-Friedrich Frhr. von	Gesetz gegen den unlauteren Wettbewerb 3. Auflage, Köln; Berlin; Bonn; München 1993
Grabitz, Eberhard / Hilf, Meinhard	Das Recht der Europäischen Union Band I EUV/EGV München, Loseblattsammlg. Stand Jan. 2004
Grigoleit, Hans Christoph / Herresthal, Carsten	Die Beschaffenheitsvereinbarung und ih- re Typisierungen in § 434 I BGB JZ 2003, 233 ff.
Grigoleit, Hans Christoph / Herresthal, Carsten	Grundlagen der Sachmängelhaftung im Kaufrecht JZ 2003, 118 ff.
Grundmann, Stefan	EG-Richtlinie und nationales Privatrecht JZ 1996, 274 ff.
Grundmann, Stefan	Verbraucherrecht, Unternehmensrecht, Privatrecht – warum sind sich UN-Kauf

recht und EU-Kaufrechts-Richtlinie so ähnlich?
AcP 2002, 40 ff.

Grundmann, Stefan / Bianca, Cesare Massimo — EU-Kaufrechts-Richtlinie
Köln 2002

Grundmann, Stefan / Medicus, Dieter / Rolland, Walter — Europäisches Kaufgewährleistungsrecht – Reform und Internationalisierung des deutschen Schuldrechts
München 2000

Haas, Lothar — Entwurf eines Schuldrechtsmodernisierungsgesetzes: Kauf- und Werkvertragsrecht
BB 2001, 1313 ff.

Haas, Lothar / Medicus, Dieter / Rolland, Walter / Schäfer, Carsten / Wendtland, Holger — Das neue Schuldrecht
München 2002

Habersack, Mathias — Haustürgeschäfterichtlinie und Realkreditverträge
WM 2000, 981 ff.

Habersack, Mathias / Mayer, Christian — Die überschießende Umsetzung von Richtlinien
JZ 1999, 913 ff.

Habersack, Mathias / Mayer, Christian — Der Widerruf von Haustürgeschäften
WM 2002, 253 ff.

Hadeler, Thorsten / Winter, Eggert — Gabler-Wirtschafts-Lexikon
15. Auflage, Wiesbaden 2000

Henning-Bodewig, Frauke — Das neue Gesetz gegen den unlauteren Wettbewerb, GRUR 2004, 713 ff.

Henssler, Martin / Graf von Westphalen, Friedrich — Praxis der Schuldrechtsreform
Recklinghausen 2002

Hermanns, Monika	Gewährleistungsvorschriften und Gebrauchsgüterrichtlinie zfs 2001, 437 ff.
Hoeren, Thomas / Martinek, Michael	Systematischer Kommentar zum Kaufrecht Recklinghausen 2002
Homann, Jens	Werbeaussagen und Käufererwartungen Köln; Berlin; München 2004
Honsell, Heinrich	Die EU-Richtlinie über den Verbrauchsgüterkauf und ihre Umsetzung ins BGB JZ 2001, 278 ff.
Huber, Peter / Faust, Florian	Schuldrechtsmodernisierung Einführung in das neue Recht München 2002
Jauernig, Othmar (Hrsg.)	Bürgerliches Gesetzbuch Kommentar 9. Auflage, München 1999
Jauernig, Othmar (Hrsg.)	Bürgerliches Gesetzbuch Kommentar 11. Auflage, München 2004
Jorden, Simone/ Lehmann, Michael	Verbrauchsgüterkauf und Schuldrechtsmodernisierung JZ 2001, 952 ff.
Kircher, Wolfgang	Die Voraussetzungen der Sachmängelhaftung beim Warenkauf Tübingen 1998
Klauer, Irene	Die Europäisierung des Privatrechts Baden-Baden 1998

Knöpfle, Robert	Zur Problematik des subjektiven Fehlerbegriffs im Kaufrecht JZ 1978, 121 ff.
Koch, Harald	Besprechung von R. A. Posner, Economic Analysis of Law RabelsZ 40 (1976), 181 ff.
Köhler, Helmut	Das Rücktrittsrecht nach § 13a UWG JZ 1989, 262 ff.
Köhler, Helmut / Piper, Henning	Gesetz gegen den unlauteren Wettbewerb München 2001
Kohte, Wolfhard / Micklitz, Hans-W. / Rott, Peter / Tonner, Klaus / Willingmann, Armin	Das neue Schuldrecht – Kompaktkommentar Neuwied 2002
Köndgen, Johannes	Selbstbindung ohne Vertrag Tübingen 1981
Krebs, Peter	Die große Schuldrechtsreform DB 2000, Beilage Nr. 14 zu Heft Nr. 48
Krimphove, Dieter	Europäisches Werberecht München 2002
Larenz, Karl	Allgemeiner Teil des deutschen bürgerlichen Rechts 7. Auflage, München 1989
Larenz, Karl	Methodenlehre der Rechtswissenschaft 2. Auflage, Berlin 1992
Lehmann, Michael	Die bürgerliche Haftung für Werbeangaben – Culpa in contrahendo als Haftungsgrundlage für vertragsanbahnende Erklärungen NJW 1981, 1233 ff.

Lehmann, Michael	Die Haftung für Werbeangaben nach neuem Schuldrecht DB 2002, 1090 ff.
Lehmann, Michael	Die UWG Neuregelungen 1987 – Erläuterungen und Kritik GRUR 1987, 199 ff.
Lehmann, Michael	Informationsverantwortung und Gewährleistung für Werbeangaben beim Verbrauchsgüterkauf JZ 2000, 280 ff.
Lehmann, Michael	Vertragsanbahnung durch Werbung München 1981
Lenz, Carl Otto / Borchardt, Klaus-Dieter	EU- und EG-Vertrag 3. Auflage, Köln; Basel; Genf; München; Wien 2003
Lorenz, Stephan / Riehm, Thomas	Lehrbuch zum neuen Schuldrecht München 2002
Matutis, Cornelius	UWG – Praktikerkommentar zum Gesetz gegen den unlauteren Wettbewerb Berlin 2005
Medicus, Dieter	Die Leistungsstörungen im neuen Schuldrecht JuS 2003, 521 ff.
Medicus, Dieter	Schuldrecht II Besonderer Teil 12. Auflage, München 2004
Mees, Hans-Kurt	Schuldrechtsmodernisierung und Wettbewerbsrecht WRP 2002, 135 ff.

Micklitz, Hans-W. | Ein einheitliches Kaufrecht für Verbraucher in der EG?
EuZW 1997, 229 ff.

Micklitz, Hans-W. / Pfeiffer, Thomas, / Tonner, Klaus / Willingmann, Armin (Hrsg.) | Schuldrechtsreform und Verbraucherschutz
Baden-Baden 2001

Motive I | Motive zu dem Entwurfe eines Bürgerlichen Gesetzbuches für das Deutsche Reich
Band I
Allgemeiner Teil
Berlin; Leipzig 1888

Motive II | Motive zu dem Entwurfe eines Bürgerlichen Gesetzbuches für das Deutsche Reich
Band II
Recht der Schuldverhältnisse
Berlin 1896

Möhring, Philipp / Nicolini, Käte / Ahlberg, Hartwig (Hrsg.) | Urheberrechtsgesetz
Kommentar
2. Auflage, München 2000

Mugdan, B. | Die gesamten Materialien zum Bürgerlichen Gesetzbuch für das Deutsche Reich
II. Band
Recht der Schuldverhältnisse
Berlin 1899

Mülbert, Peter O. | Privatrecht, die EG-Grundfreiheiten und der Binnenmarkt
ZHR 159 (1995), 2 ff.

Müller, Klaus | Zur Haftung des Warenherstellers gegenüber dem Endverbraucher
AcP 165 (1965), 285 ff.

Oechsler, Jürgen — Schuldrecht Besonderer Teil – Vertragsrecht, München 2003

Oechsler, Jürgen — Praktische Anwendungsprobleme des Nacherfüllungsanspruchs JuS 2004, 1825 ff.

Oetker, Hartmut / Maultzsch, Felix — Vertragliche Schuldverhältnisse Berlin / Heidelberg 2002

Olzen, Dirk / Wank, Rolf — Die Schuldrechtsreform Köln; Berlin; Bonn; München 2002

Paefgen, Walter — Kollisionsrechtlicher Verbraucherschutz im internationalen Vertragsrecht und europäischen Gemeinschaftsrecht ZEuP 2003, 266 ff.

Palandt — Bürgerliches Gesetzbuch 65. Auflage, München 2006

Palandt — Bürgerliches Gesetzbuch 64. Auflage, München 2005

Palandt — Bürgerliches Gesetzbuch 63. Auflage, München 2004

Palandt — Bürgerliches Gesetzbuch 62. Auflage, München 2003

Palandt — Bürgerliches Gesetzbuch (Ergänzungsband) 61. Auflage, München 2002

Palandt — Bürgerliches Gesetzbuch 60. Auflage, München 2001

Peifer, Karl-Nikolaus — Die Haftung des Verkäufers für Werbeaussagen JR 2001, 265 ff.

Piper, Henning / Ohly, Ansgar	Gesetz gegen den unlauteren Wettbewerb 4. Auflage, München 2006
Posner, Richard A.	Economic Analysis of Law Boston; Toronto 1972
Prieß, Monika	Der Begriff des Sachmangels im deutschen und im englischen Kaufrecht Diss.-jur., Frankfurt am Main 2001
Rebmann, Kurt / Säcker, Franz-Jürgen / Rixecker, Roland	Münchener Kommentar Band 1 4. Auflage, München 2001
Rebmann, Kurt / Säcker, Franz-Jürgen / Rixecker, Roland	Münchener Kommentar Band 2 4. Auflage, München 2001
Rebmann, Kurt / Säcker, Franz-Jürgen / Rixecker, Roland	Münchener Kommentar Band 2a 3. Auflage, München 2003
Rebmann, Kurt / Säcker, Franz-Jürgen / Rixecker, Roland	Münchener Kommentar Band 3 4. Auflage, München 2001
Rebmann, Kurt / Säcker, Franz-Jürgen	Münchener Kommentar Band 3 3. Auflage, München 1995
Reich, Norbert	Die Umsetzung der Richtlinie 1999/44/EG in das deutsche Recht NJW 1999, 2397 ff.
Reich, Norbert / Micklitz, Hans-W.	Europäisches Verbraucherrecht 4. Auflage, Baden-Baden 2003
Reinicke, Dietrich / Tiedtke, Klaus	Kaufrecht 6. Auflage, Neuwied; Kriftel; Berlin 1997

Reich, Norbert / Tonner, Klaus — Werbung, zugesicherte Eigenschaften und Verbraucherschutz BGH, NJW 1975, 1693
JuS 1976, 1693 ff.

Ress, Georg — Die richtlinienkonforme „Interpretation“ innerstaatlichen Rechts
DÖV 1994, 489 ff.

Roth, Wulf-Henning — Freier Warenverkehr nach „Keck“
in: Festschrift für Bernhard Großfeld, S. 929 ff.
Heidelberg 1999

Roth, Wulf-Henning — Freiheiten des EG-Vertrages und nationales Privatrecht
ZEuP 1994, 5 ff.

Sack, Rolf — Das Rücktrittsrecht gemäß § 13a UWG
BB 1987, Beilage 2, 1 ff.

Schack, Haimo — Die Zusicherung beim Kauf
AcP 185 (1985), 333 ff.

Schaefer, Erich — Vertragslösung wegen irreführender Werbung
ZiP 1987, 554 ff.

Schäfer, Hans-Bernd / Ott, Claus — Lehrbuch der ökonomischen Analyse des Zivilrechts
3. Auflage, Berlin; Heidelberg 2000

Schaub, Renate — Beratungsvertrag und Sachmängelgewährleistung nach der Schuldrechtsmodernisierung
AcP 202 (2002), 756 ff.

Schermaier, Martin (Hrsg.) — Verbraucherkauf in Europa
München 2003

Schimmel, Roland / Buhlmann, Dirk
Fehlerquellen im Umgang mit dem Neuen Schuldrecht
Neuwied; Kriftel 2002

Schimmel, Roland / Buhlmann, Dirk (Hrsg.)
Frankfurter Handbuch zum neuen Schuldrecht
Neuwied; Kriftel 2002

Schmidt-Räntsch, Jürgen
Das neue Schuldrecht – Anwendung und Auswirkungen in der Praxis
Köln; Berlin; Bonn; München 2002

Schricker, Gerhard
Zur Reform des Gesetzes gegen den unlauteren Wettbewerb
Schadensersatzansprüche der Abnehmer und Rücktritt vom Vertrag bei irreführender und unlauterer Werbung
GRUR 1979, 1 ff.

Schröder, Rainer / Thiessen, Jan
Von Windscheid zu Beckenbauer – die Schuldrechtsreform im Deutschen Bundestag
JZ 2002, 325 ff.

Schubel, Christian
Schuldrechtsmodernisierung 2001/2002 – Das neue Kaufrecht
JuS 2002, 313 ff.

Schulze, Reiner
Bürgerliches Gesetzbuch
Handkommentar
2. Auflage, Baden-Baden 2002

Schulze, Reiner / Schulte-Nölke, Hans
Die Schuldrechtsreform vor dem Hintergrund des Gemeinschaftsrechts
Tübingen 2001

Schulte-Nölke, Hans / Schulze, Reiner
Europäische Rechtsangleichung und nationale Privatrechte
Baden-Baden 1999

Schwab, Martin / Wittl, Carl-Heinz	Einführung in das neue Schuldrecht JuS Schriftenreihe Band 159, München 2002
Schwartze, Andreas	Die zukünftige Sachmängelgewährleistung in Europa – Die Verbrauchsgüterkauf-Richtlinie vor ihrer Umsetzung ZeuP 2000, 544 ff.
Schmidt-Räntsch, Jürgen / Maifeld, Jan / Maier-Göring, Anne / Röcken, Matthias	Das neue Schuldrecht Einführung – Texte – Materialien Köln 2002
Soergel, Hs. Th. (Begr.) / Siebert, W. (Hrsg.)	Soergel Bürgerliches Gesetzbuch Band 2 Schuldrecht I 12. Auflage, Stuttgart; Berlin; Köln 1990
Soergel, Hs. Th. (Begr.) / Siebert, W. (Hrsg.)	Soergel Bürgerliches Gesetzbuch Band 3 Schuldrecht II 12. Auflage, Stuttgart; Berlin; Köln 1991
Staudinger, Julius von (Begr.) / Beitzke, Günther (Hrsg.)	J. von Staudingers Kommentar zum Bürgerlichen Gesetzbuch Zweites Buch Recht der Schuldverhältnisse 13. Bearbeitung, Berlin 1995
Staudinger, Julius von (Begr.) / Beitzke, Günther (Hrsg.)	J. von Staudingers Kommentar zum Bürgerlichen Gesetzbuch Zweites Buch Recht der Schuldverhältnisse 14. Bearbeitung, Berlin 2004

Steindorff, Ernst | EG-Vertrag und Privatrecht
Baden-Baden 1996

Streinz, Rudolf (Hrsg.) | EUV/EGV
München 2003

Taupitz, Jochen | Ökonomische Analyse und Haftungsrecht – eine Zwischenbilanz
AcP 196 (1996), 114 ff.

Teichmann, Arndt | Schadensersatz bei fehlerhafter Ware – BGHZ 48, 118 –
JuS 1968, 315 ff.

Tietz, Bruno / Köhler, Richard / Zentes, Joachim (Hrsg.) | Handwörterbuch des Marketing
2. Auflage, Stuttgart 1995

Tilch, Horst / Arloth, Frank (Hrsg.) | Deutsches Rechts-Lexikon
Band 3, Q – Z
3. Auflage, München 2001

Tonner, Klaus | Verbrauchsgüterkauf-Richtlinie und Europäisierung des Zivilrechts
BB 1999, 1769 ff.

Trinkner, Reinhold | Schutz des Verbrauchers vor irreführender Werbung
BB 1975, 1493 ff.

Vollmer, Lothar | Deliktsrechtlicher Abnehmerschutz gegen unlautere Werbung bei arbeitsteiligem Vertrieb
BB 1979, 759 ff.

Wassermann, Rudolf (Hrsg.) | Alternativkommentar zum BGB
Band 1
Neuwied 1987

Weber, Hans-Joachim / Dospil, Joachim / Hanhörster, Hedwig — Mandatspraxis neues Schuldrecht
Köln 2002

Weiler, Frank — Haftung für Werbeangaben nach neuem Kaufrecht
WM 2002, 1784 ff.

Wenzel, Henning — Kaufrechtliche Probleme in der Unternehmenspraxis und Lösungsvorschläge
DB 2003, 1887 ff.

Werder, Klaus Andreas v. — Die Haftung des Warenherstellers aus seinen Werbeaussagen im deutschen und US-Amerikanischen Recht
Diss.-jur., Marburg 1991

Westermann, Harm Peter — Das neue Kaufrecht einschließlich des Verbrauchsgüterkaufs
JZ 2001, 530 ff.

Westermann, Harm Peter — Das neue Kaufrecht
NJW 2002, 241 ff.

Westermann, Harm Peter — Das Schuldrecht 2002
Stuttgart 2002

Westermann, Harm Peter (Hrsg.) — Erman
Bürgerliches Gesetzbuch
Handkommentar
Band I
11. Auflage, Köln 2004

Wissenschaftlicher Rat der Dudenredaktion (Hrsg.) — Duden
Herkunftswörterbuch
7. Auflage, Mannheim; Leipzig; Wien; Zürich 1997

Wolf, Manfred / Horn, Norbert / Lindacher, Walter F. — AGB – Gesetz
Kommentar
3. Auflage, München 1994

Wolf, Sabine — Reform des Kaufrechts durch EG-Richtlinie – ein Vorteil für die Wirtschaft?
RIW 1997, 899 ff.

Wolff, Jürgen — Zur Haftung des Verkäufers bei fehlerhaften Waren
DB 1968, 1611 ff.

Woll, Artur (Hrsg.) — Wirtschaftslexikon
8. Auflage, München 1996

Ziegler, Benno / Rieder, Markus S. — Vertragsgestaltung und Vertragsanpassung nach dem Schuldrechtsmodernisierungsgesetz
ZIP 2001, 1789 ff.

Zentralverband der deutschen Werbewirtschaft (Hrsg.) — Werbung in Deutschland 2004
Berlin 2004

Zerres, Thomas — Der Begriff des Sachmangels im neuen Kaufrecht
JA 2002, 713 ff.

Zettel, Günther — Das neue Gesetz gegen den unlauteren Wettbewerb
MDR 2004, 1040 ff.

1. Teil: Einleitung

A. Einleitung und Zielsetzung

Mit Inkrafttreten des Gesetzes zur Modernisierung des Schuldrechts[1] am 01.01.2002 ist das deutsche Schuldrecht nachhaltig verändert worden. Unter anderem wurde das Kaufrecht völlig überarbeitet.

Gemäß § 434 Abs. 1 Satz 3 BGB gehören zu der kaufvertraglich geschuldeten Beschaffenheit nach § 434 Abs. 1 Satz 2 Nr. 2 BGB auch Eigenschaften, die der Käufer nach den öffentlichen Äußerungen des Verkäufers, des Herstellers oder seines Gehilfen insbesondere in der Werbung oder bei Kennzeichnung über bestimmte Eigenschaften der Sache erwarten kann. Dies gilt nicht, wenn der Verkäufer die Äußerung nicht kannte oder nicht kennen musste, wenn die Äußerung im Zeitpunkt des Vertragsschlusses in gleichwertiger Weise berichtigt war oder wenn die Äußerung die Kaufentscheidung nicht beeinflussen konnte.

Damit ist erstmals positivrechtlich eine Beschaffenheitsverantwortlichkeit für werbliche Sachbeschreibungen normiert worden, welche außerhalb des von den Parteien vereinbarten Vertragsinhaltes liegt. Rechtsprechung und Lehre zum BGB a.F. befanden sich zum Teil bereits auf einem ähnlichen Weg.[2] Teilweise wird deshalb die Auffassung vertreten, das Gesetz zur Modernisierung des Schuldrechtes bringe in diesem Teilbereich insoweit keine entscheidenden Veränderungen zur bisherigen Rechtslage mit sich.[3] Nach gegenteiliger Ansicht werden diese Änderungen innerhalb des Sachmangelrechtes als Neuerungen von erheblicher Tragweite betrachtet.[4]

---

1 BGBl 2001, I, S. 3138.

2 Vgl.: Aus der Rechtsprechung: BGHZ 48, 118 (TREVIRA) = NJW 1967, 1903; BGHZ 132, 55 (Kraftstoffverbrauch) = NJW 1996, 1337; NJW 1997, 2590; aus dem Schrifttum: Staudinger/Honsell (1995), § 459, Rdnr. 140 ff; MünchKomm-H.P.Westermann, 3. Auflage, § 459, Rdnr. 63 ff.

3 Haas, Entwurf eines Schuldrechtsmodernisierungsgesetzes: Kauf- und Werkvertragsrecht, BB 2001, 1313, 1314; Medicus, in: Dauner-Lieb/Konzen/Schmidt, Das neue Schuldrecht, S. 66.

4 Zerres, Der Begriff des Sachmangels im neuen Kaufrecht, JA 2002, 713, 716; Medicus, Schuldrecht II, 12. Auflage, S. 20; Büdenbender, in: Dauner-Lieb/Heidel/Lepa/Ring, Das Neue Schuldrecht, § 8, Rdnr. 31; H.P. Westermann, Das neue Kaufrecht, NJW 2002, 241, 245.

Mit den Änderungen soll dem Umstand Rechnung getragen werden, dass Werbung und andere öffentliche Äußerungen der Angebotsseite im Zuge der fortschreitenden Industrialisierung in Verbindung mit geänderten Vertriebs- und Absatzmethoden und den damit einhergehenden Veränderungen in den marktwirtschaftlichen Systemen zunehmend an Bedeutung gewinnen. Während in früheren Zeiten die Marktsituation von Knappheit geprägt war, ist in der heutigen Marktlage innerhalb der modernen Industriestaaten eine regelrechte „Überflusssituation" zu beobachten. In Zeiten der Marktknappheit geht die Initiative zur Vertragsanbahnung infolge des grundsätzlich erhöhten Interesses an (Konsum-) Gütern regelmäßig von der Nachfrageseite aus. In der heutigen „Überflussgesellschaft" hingegen ist überwiegend die Angebotsseite in der schwierigen Situation, auf der sich oftmals passiv, teilweise geradezu uninteressiert verhaltenden Nachfrageseite ein (vermeintliches) Interesse zu erwecken. Werbung in allen Formen wird demzufolge überwiegend als das wichtigste Instrument der Kontaktaufnahme und Vertragsanbahnung angesehen. Dies hat jedoch zur Folge, dass oftmals ein Großteil der von der Angebotsseite gelieferten Produktbeschreibungen und Produktinformationen den potenziellen Vertragspartner auf der Nachfrageseite ausschließlich über Werbung etc. erreichen.[5] Dies führt dazu, dass ein Großteil der produktspezifischen Informationen gerade nicht innerhalb eines individuellen Verkaufsgespräches mitgeteilt wird. Oftmals bleibt ein persönlicher Kontakt zwischen Angebots- und Nachfrageseite sogar ganz aus (z.B. beim Kauf über das Internet). Dabei ist der Verbraucher aufgrund der ständig steigenden Produktvielfalt und Produktkomplexität zunehmend auf eine Individualberatung angewiesen (z.B. ist der Käufer einer Zahnbürste weniger auf eine individuelle Produktinformation angewiesen als derjenige Käufer, der den Kauf einer hochkomplexen PC-Anlage beabsichtigt). Nichtsdestotrotz unterbleibt ein individuelles Verkaufsgespräch oftmals. Das Unterbleiben des individuellen Verkaufsgespräches hat seine Ursache zum einen häufig darin, dass viele Anbieter aus Gründen der Kostenreduzierung das Verkaufspersonal auf einem niedrigen Niveau halten oder weiter reduzieren. Der drastische Preiskampf auf der Anbieterseite hat seine Ursache wiederum darin, dass sich auf der Abnehmerseite ein zunehmend kritisches Preis- beziehungsweise „Schnäppchen"-Bewusstsein entwickelt hat. Zum anderen kommt hinzu, dass ein nicht unerheblicher Anteil der potenziellen Käufer bereits aus der Werbung oder anderweitig publizierten Beschaffenheitsbeschreibungen über ein gewisses Vorwissen hinsichtlich des ins Auge gefassten Kaufgegenstandes verfügt. Somit wird auch aus Sicht der Kunden ein individuelles Verkaufsgespräch oftmals für entbehrlich gehalten. In der Regel geht der über Werbung an-

---

5 Wolf, Reform des Kaufrechts durch EG-Richtlinie – ein Vorteil für die Wirtschaft?, RIW 1997, 899, 900.

gesprochene Verbraucher davon aus, dass die werbespezifischen Produktbeschreibungen zutreffend sind.

Zur Klärung der tatsächlichen Auswirkungen der Neuregelung auf Rechtswissenschaft und Praxis soll die vorliegende Arbeit beitragen. Zu diesem Zweck wird im 2. Teil der Arbeit die Rechtslage, wie sie durch Rechtsprechung und Lehre zum BGB a.F. entwickelt worden ist, dargestellt. Alleine durch die Gegenüberstellung der rechtlichen Situation vor und nach der Schuldrechtsreform lassen sich die tatsächlichen Änderungen einer Informationsverantwortlichkeit des Verkäufers genau untersuchen. Wegen der bestehenden Unklarheiten bezüglich der Verkäuferhaftung für Werbeaussagen innerhalb der Lösungsansätze von Rechtsprechung und Lehre ist eine genaue Darstellung der einzelnen denkbaren Anspruchsgrundlagen innerhalb des BGB a.F. in den nachfolgenden Teil der vorliegenden Arbeit aufgenommen worden.

Sodann werden im 3. Teil die nationalen und europarechtlichen Reformbestrebungen vor der Schuldrechtsreform hinsichtlich der Haftung für Werbeaussagen etc. im Überblick dargestellt. Im 4. Teil werden die Voraussetzungen der Verkäuferhaftung gemäß § 434 Abs. 1 Satz 3 BGB nach neuer Rechtslage anhand der Entstehungsgeschichte, des Normzwecks und der Gesetzessystematik detailliert untersucht. Im 5. Teil werden sodann die Rechtsfolgen der Verkäuferhaftung und anschließend hieran im 6. Teil die Möglichkeiten der Beschränkung und des Ausschlusses der Informationsverantwortlichkeit dargestellt. Im 7. Teil schließlich werden die Ergebnisse der Arbeit zusammengefasst.

B. Einige tatsächliche Angaben zur Bedeutung der Werbung innerhalb einer modernen Volkswirtschaft

I. Allgemeine Entwicklung und Umsatzzahlen der Werbebranche

Werbung und vergleichbare Marketing-Instrumente haben in der Vergangenheit stark an Bedeutung gewonnen. Die Werbewirtschaft stellt mittlerweile einen respektablen Wirtschaftszweig dar. Die tatsächliche Bedeutung der Werbebranche für die gesamte Volkswirtschaft und deren Zuwachs lassen sich anhand einiger Umsatzzahlen darlegen.

In den vergangenen Jahrzehnten lag der Anteil am Bruttoinlandsprodukt bei durchschnittlich 1,6%. Allerdings lag der Anteil am Bruttoinlandsprodukt aufgrund der gesamtwirtschaftlichen Lage im Jahre 2003 bei 1,36% und somit auf dem Niveau von 1978. Aufgrund der wirtschaftlichen Stagnation nahm der Gesamtjahresumsatz der Werbebranche im Jahr 2002 um 5,7%, im Jahr 2003 jedoch nur noch um 2,6% ab. Mittelfristig wird auch hier eine Erholung der Umsätze erwartet.[6]

Investitionen in Werbung:[7]

Investitionen in Werbung	**Deutschland gesamt:**				
	1999	2000	2001	2002	2003
Gesamt: Honorare, Werbemittelproduktion, Medien	31,43 +4,2%	33,21 +5,7%	31,49 -5,2%	29,69 -5,7%	28,91 -2,6%
Davon entfallen auf:					
Netto-Werbeumsätze	21,82	23,38	21,72	20,14	19,28
Medien	+4,9%	+7,1%	-7,1%	-7,3%	-4,3%

6 Zentralverband der deutschen Werbewirtschaft (Hrsg.), Werbung in Deutschland 2004, S. 9 ff.; vgl. auch: Pressemitteilung des ZAW (Zentralverband der deutschen Werbewirtschaft) vom 25.05.2004; www.zaw.de.

7 Zentralverband der deutschen Werbewirtschaft (Hrsg.), Werbung in Deutschland 2004, S. 9; Alle Angaben sind nominal, in Mrd. Euro und gerundet; netto – nach Abzug von Mengen- und Malrabatten sowie Mittlerprovisionen, sofern nicht anders bezeichnet vor Skonti, ohne Produktionskosten
* Wegen unterschiedlicher Repräsentanz in der Erhebungsgruppe nur bedingt vergleichbar
** Vorjahresvergleich nicht möglich; wegen der Anonymität der Umsatzerhebung ist eine rückwirkende Korrektur nicht möglich.
*** Zeitungssupplements: Ab 2001 werden die Vertriebs- und Anzeigenerlöse miteinander verrechnet und nur als Gesamtergebnis dargestellt; Quelle: Zentralverband der deutschen Werbewirtschaft (Hrsg.), Werbung in Deutschland 2004, S. 9 ff. Pressemitteilung des ZAW vom 25.05.2004.

Netto-Werbeeinnahmen erfassbarer Werbeträger in Deutschland in Millionen Euro:[8]

Werbeträger	2000	Prozent	2001	Prozent	2002	Prozent	2003	Prozent
Tageszeitungen	6556,55	+ 8,1	5642,16	- 14,0	4936,70	- 12,5	4454,90	- 9,8
Fernsehen	4709,14	+ 9,1	4469,03	- 5,1	3956,41	- 11,5	3811,27	- 3,7
Werbung per Post	3383,49	+ 2,2	3255,78	- 3,7	3334,67	+ 2,4	3303,87	- 1,0
Publikumszeitschriften	2247,32	+ 12,0	2092,45	- 6,9	1934,79	- 7,5	1861,50	- 3,8
Anzeigenblätter	1791,87	+ 2,8	1751,00	- 2,3	1702,00	- 2,8	1746,00	+ 2,6
Verzeichnis-Medien	1268,00	+ 3,3	1269,40	+ 0,1	1249,90	- 1,5	1219,51	- 2,4
Fachzeitschriften	1267,00	+ 6,5	1074,00	- 15,2	966,00	- 10,1	880,00	- 8,9
Außenwerbung	746,23	+ 9,5	759,71	+ 1,8	713,45	- 6,1	709,97	- 0,5
Hörfunk	732,93	+ 6,1	677,98	- 7,5	595,12	- 12,2	579,24	-2,7
Online-Angebote	153,39	+ 100	185,00	+ 20,6	227,00	+ 22,7	246,00	+ 8,4
Wochen-/ Sonntagszeitungen	277,63	+ 6,2	286,73	+ 3,3*	267,80	- 6,6	225,10	-**
Filmtheater	175,12	+ 1,6	170,22	- 2,8	160,52	- 5,7	160,68	+ 0,1
Zeitungssupplements	67,59	- 7,8	89,50***	-	96,80	+ 8,2	85,50	-11,7
Gesamt	**23376,23**	**+ 7,1**	**21722,96**	**- 7,1**	**20141,16**	**- 7,3**	**19283,54**	**- 4,3**

II. Wirkung von Werbung und Marketingmaßnahmen

Die Akzeptanz von Werbung bei ihren Adressaten scheint sich zunehmend zu verstärken. Während im Jahre 1995 bereits 42% der Bevölkerung Werbung als „eigentlich ganz hilfreich" empfanden, stieg dieser Anteil bis zum Jahre 1998 auf 42,8%. 1995 gaben 39% der Bevölkerung an, sich „gerne Anzeigen in Zeitschriften" anzusehen, 1998 waren dies bereits 41%.[9]

8 Zentralverband der deutschen Werbewirtschaft (Hrsg.), Werbung in Deutschland 2004, S. 15;
* Wegen unterschiedlicher Repräsentanz in der Erhebungsgruppe nur bedingt vergleichbar;
** Vorjahresvergleich nicht möglich; wegen der Anonymität der Umsatzerhebung ist eine rückwirkende Korrektur nicht möglich;
*** Zeitungssupplements: Ab 2001 werden die Vertriebs- und Anzeigenerlöse miteinander verrechnet und nur als Gesamtergebnis dargestellt.

9 Leven, in: Gabler-Wirtschafts-Lexikon, 15. Auflage, Stichwort: Werbung, unter Verweis auf eine Verbraucher-Analyse aus dem Jahr 1998.

Die sogenannte Werbewirkungsforschung überprüft empirisch, ob und wie die Werbung das Erleben und das Verhalten des Rezipienten beeinflusst und ob dieser Einfluss der Zielrichtung des Werbetreibenden entspricht.[10]

Die Wirkung von Werbung (auch: Werbeerfolg) auf die jeweiligen Konsumenten ist umstritten und noch nicht abschließend erforscht. Die Werbewirkung ist schwer zu bestimmen und kaum messbar. Unterschieden wird in der Regel die ökonomische und die psychische Werbewirkung.[11]

Unter ökonomischer Werbewirkung ist diejenige Wirkung zu verstehen, die an Absatz und Umsatzgrößen gemessen wird. Diese Art der Werbewirkung ist naturgemäß nur äußerst ungenau zu ermitteln, da die Zurechenbarkeit einer Werbemaßnahme auf den Absatzerfolg für den Werbenden in der Regel verborgen bleibt. Für den ökonomischen Werbeerfolg sind unter anderem ökonomische Indikatoren wie die Anzahl der Verkäufe, der Umsatz oder der Marktanteil ausschlaggebend. Da jedoch für den Absatzerfolg eines Produktes darüber hinaus eine Vielzahl weiterer Faktoren maßgeblich ist (so z.B. die Konkurrenzsituation, konjunkturelle Einflüsse und letztlich die Qualität des Produktes selbst), sind diese Indikatoren relativ ungenau.[12]

Unter der psychischen Werbewirkung versteht man diejenigen Wirkungen, die anhand verschiedener Größen wie Markenbekanntheit, Erinnerung an die jeweilige Werbebotschaft und der Einstellung des Werbeadressaten zu dem Produkt oder der Leistung gemessen werden können.[13] Indikatoren für den psychologischen Werbeerfolg sind unter anderem, ob (1) die Werbung überhaupt wahrgenommen wurde, (2) die Information im Gedächtnis haften blieb, (3) sie allgemein oder spezifisch aktivierende Wirkung hatte, (4) ob sie die Einstellung zu dem Produkt oder der Dienstleistung verändert hat, (5) eine gedankliche Auseinandersetzung mit dem Angebot auslöste oder (6) zu einer Kaufabsicht führte.[14]

Im Einzelnen ist die tatsächliche Werbewirkung schwer zu ermitteln und hinsichtlich ihrer Intensität umstritten. Die Meinungen, inwieweit Werbung das Konsumverhalten ihrer Adressaten beeinflusst, gehen weit auseinander.

Nach der Ansicht von *Lehmann* ist es als wirtschaftswissenschaftlich erwiesen anzusehen, dass Werbeangaben durch ihre zugleich informatorische und akquisi-

10 Leven, in: Gabler-Wirtschafts-Lexikon, 15. Auflage, Stichwort: Werbewirkungsforschung.

11 Leven, in: Gabler-Wirtschafts-Lexikon, 15. Auflage, Stichwort: Werbewirkung.

12 Dichtl/Issing, Vahlens Großes Wirtschaftslexikon, Band 2, Stichwort: Werbemittelgestaltung; Leven, in: Gabler-Wirtschafts-Lexikon, 15. Auflage, Stichwort: Werbewirkung und Werbewirkungsforschung.

13 Leven, in: Gabler-Wirtschafts-Lexikon, 15. Auflage, Stichwort: Werbewirkung.

14 Leven, in: Gabler-Wirtschafts-Lexikon, 15. Auflage, Stichwort: Werbewirkungsforschung.

tive Wirkung die Kaufentscheidung der Werbeadressaten und auch insbesondere ihre Erwartungen an den Sollzustand der Kaufsache maßgeblich beeinflussen. Die Waren würden durch die Werbung gleichsam vorverkauft.[15] Werbemaßnahmen gingen in einer hochgradig arbeitsteiligen Wirtschaft oftmals nicht von dem späteren Vertragspartner des Werbeadressaten aus, sondern besonders häufig vom Hersteller, aber auch von anderen am Absatz beteiligten Personen (beispielsweise von Zwischenhändlern oder Herstellervertretern innerhalb und außerhalb der Vertragskette) aus. Oftmals ersetzten die jeweiligen Werbeaussagen – zumindest wenn sie auf konkrete Produkteigenschaften bezogen sind – das individuelle Verkaufsgespräch zwischen Verkäufer und Käufer.[16]

III. Ausblick

Zwar mag Werbung etc. in ihrer Wirkung und in ihrem tatsächlichen Beitrag zum Absatzerfolg eines Produktes nur schwer messbar und hinsichtlich ihrer Relevanz für den Absatzerfolg umstritten sein. Jedoch ist in Folge der geschilderten tiefgreifenden Veränderungen im Konsumverhalten einer hochindustrialisierten Gesellschaft, insbesondere bedingt durch den zunehmenden Einfluss der Informationstechnologie, davon auszugehen, dass Werbung und ähnliche Maßnahmen zur Vertragsanbahnung innerhalb moderner Volkswirtschaften weiter an Bedeutung gewinnen werden. Gleichzeitig werden das individuelle Beratungsgespräch und die individuelle Verhandlung bei Abschluss eines Kaufvertrages weiter in den Hintergrund treten. In der Gesamtschau der wirtschaftlichen Entwicklung ist daher davon auszugehen, dass die Vorschrift des § 434 Abs. 1 Satz 3 BGB als Kriterium der geschuldeten Sollbeschaffenheit innerhalb eines Kaufvertrages zunehmend an Bedeutung gewinnen wird.

---

15 Lehmann, Informationsverantwortung und Gewährleistung für Werbeangaben beim Verbrauchsgüterkauf, JZ 2000, 280, 287, m.w.N.; ebenso: Lehmann, Vertragsanbahnung durch Werbung, 1981, S. 344, m.w.N.

16 Lehmann, Informationsverantwortung und Gewährleistung für Werbeangaben beim Verbrauchsgüterkauf, JZ 2000, 280, 287; Lehmann, Vertragsanbahnung durch Werbung, 1981, S. 217, m.w.N.

2. Teil: Die Rechtslage bis zum 31.12.2001

A. Die Haftung des Verkäufers nach §§ 459 ff. BGB a.F.

I. Der Fehler gemäß § 459 Abs. 1 Satz 1 BGB a.F.

Gemäß § 459 Abs. 1 Satz 1 BGB a.F. haftete der Verkäufer einer Sache dafür, dass sie zu der Zeit, zu welcher die Gefahr auf den Käufer übergeht, nicht mit Fehlern behaftet ist, die den Wert oder die Tauglichkeit zu dem gewöhnlichen oder dem nach dem Vertrag vorausgesetzten Gebrauch aufheben oder mindern. Dabei kam eine unerhebliche Minderung des Wertes oder der Tauglichkeit gemäß § 459 Abs. 1 Satz 2 BGB a.F. nicht in Betracht.

1. Der Fehlerbegriff

Ein Fehler im Sinne des § 459 Abs. 1 Satz 1 BGB a.F. lag nach der in der Literatur wohl überwiegenden gemischt subjektiv-objektiven Theorie bei jeder dem Käufer ungünstigen Abweichung der tatsächlichen Beschaffenheit (Istbeschaffenheit) von der vertraglich vorausgesetzten oder gewöhnlichen Beschaffenheit (Sollbeschaffenheit) vor.[17] Mit geringfügigen Abweichungen wurde in der Literatur auch eine rein subjektive Theorie vertreten.[18] Danach sollten für das Vorliegen eines Fehlers nur die rein subjektiven Vereinbarungen der Vertragsparteien ausschlaggebend sein. Dem Fehlerbegriff sollte mithin nur das Abweichen der Istbeschaffenheit von der vertraglich vorausgesetzten Sollbeschaffenheit zugrunde liegen. Die subjektive Theorie reduzierte die Fehlerdefinition auf Seiten der Sollbeschaffenheit somit um das Merkmal der gewöhnlichen Beschaffenheit.

Die Rechtsprechung des Reichsgerichts und Teile der Literatur legten dem Fehlerbegriff anfänglich rein objektive Ansätze zugrunde.[19] Danach sollte ein Fehler bei jeder dem Käufer ungünstigen Abweichung der gelieferten Sache von der normalen Art- oder Gattungsbeschaffenheit vorliegen. Später ging das

---

17 Fikentscher, Schuldrecht, § 70 II 2a; Staudinger/Honsell (1995), BGB, § 459, Rdnr. 18; MünchKomm-H.P.Westermann, BGB, 3. Auflage, § 459, Rdnr. 8 ff. m.w.N.

18 Flume, Eigenschaftsirrtum und Kauf, 1948, S. 109 ff.; Soergel-Huber, BGB, 12. Auflage, Vor § 459, Rdnr. 29 ff.

19 RGZ 67, 86, 88; 97, 351, 352.

Reichsgericht ebenfalls dazu über, dem Fehlerbegriff eine gemischt subjektiv-objektive Theorie zugrunde zu legen.[20] Dieser Linie folgte zunächst auch der BGH.[21] In seiner neueren Rechtsprechung zu § 459 Abs. 1 Satz 1 BGB a.F. ging der BGH jedoch im Sinne der rein subjektiven Theorie zunehmend davon aus, dass primär auf die vertragliche Sollbeschaffenheit und erst im Rahmen dieser auf das objektive Element abzustellen sei.[22]

Argumentativ wurde für das gemischt subjektiv-objektive Verständnis im Wesentlichen Folgendes angeführt: Zunächst deute der Wortlaut von § 459 Abs. 1 Satz 1 BGB a.F., der von dem „gewöhnlichen" und dem „nach dem Vertrage vorausgesetzten" Gebrauch spricht, darauf hin, dass sowohl objektive als auch subjektive Momente zu berücksichtigen seien.[23] Darüber hinaus kranke die rein objektive Theorie daran, dass sie von der irrigen Vorstellung ausgehen müsse, alle Kaufsachen ließen sich zuverlässig in Klassen und Gattungen einteilen.

Die objektive Theorie versagte demgemäß bei der Falschlieferung, da die Sache in diesem Fall gerade nicht zwangsläufig von der normalen Art- oder Gattungsbeschaffenheit abweichen muss. Sie führte auch zu ökonomisch wenig sinnvollen Ergebnissen, da sie auch dort einen Fehler bejahte, wo die Abweichung von der normalen Art- oder Gattungsbeschaffenheit für den Käufer irrelevant war, weil er die Sache ganz anders nutzen wollte.

Praktisch ergaben sich zwischen der rein subjektiven und der gemischt subjektiv-objektiven Theorie keine Unterschiede. Denn auch die rein subjektive Theorie griff jedenfalls dann auf objektive Umstände zurück, wenn eine vertragliche Zweckbestimmung nicht vorlag.[24]

2. *Einbeziehung in den Kaufvertrag*

Lag demnach ein Fehler gemäß § 459 Abs. 1 Satz 1 BGB a.F. in der Abweichung der in erster Hinsicht nach der vertraglich (subjektiv) und in zweiter Hinsicht nach der gewöhnlich (objektiv) zu bestimmenden Sollbeschaffenheit von der tatsächlichen Istbeschaffenheit, so stellt sich in dem hier interessierenden Zusammenhang die Frage, inwieweit durch Werbeaussagen etc. im Rahmen des Abschlusses eines Kaufvertrages die Sollbeschaffenheit festgelegt werden kann. Es

20 RGZ 70, 82, 85; 99, 147, 148; 114, 239, 242; 115, 286, 288; 135, 339, 341, 342; 161, 193, 195.
21 BGHZ 16, 54, 55; 52, 51, 53.
22 BGHZ 90, 198, 202; 98, 100, 104.
23 Lehmann, Vertragsanbahnung durch Werbung, 1981, S. 193 m.w.N. in Fn. 94.
24 MünchKomm-H.P.Westermann, BGB, 3. Auflage, § 459, Rdnr. 11, 9 m.w.N.; BGHZ 98, 100, 104.

geht demnach also darum, ob bereits durch die Werbeaussage etc. „ein nach dem Vertrage vorausgesetzter Gebrauch" definiert werden kann.[25]

Unproblematisch war zunächst der Fall, dass die Vertragsparteien im Rahmen des Kaufvertragsabschlusses auf konkrete Werbeaussagen oder Produktbeschreibungen beispielsweise in Verkaufskatalogen ausdrücklich Bezug nahmen und somit die Beschaffenheitsbeschreibungen der Kaufsache zum Inhalt des Vertrages wurden. In diesem Fall wurde durch den Äußerungstatbestand unmittelbar „ein nach dem Vertrage vorausgesetzter Gebrauch" festgelegt. Im Falle der Unrichtigkeit der Äußerung standen dem Käufer sodann die Rechte der Wandlung und der Minderung gemäß § 462 BGB a.F. zur Verfügung, sofern der Mangel nicht unerheblich war.

Weitaus schwieriger war die Fallkonstellation zu entscheiden, wenn eine explizite Bezugnahme auf eine Äußerung der Verkäuferseite nicht erfolgt war, wenn also gerade kein „nach dem Vertrage vorausgesetzter Gebrauch" vereinbart wurde. Zur Lösung dieser Problematik wurden verschiedene Lösungsansätze entwickelt, wobei eine klare Linie oftmals nicht eingehalten worden ist.

a) Die Rechtsprechung

In der Rechtsprechung sind immer wieder Versuche unternommen worden, Äußerungen des Verkäufers, welche dieser zur Werbung oder zu ähnlicher Absatzförderung der Kaufsache getätigt hat, als einen „nach dem Vertrage vorausgesetzten Gebrauch" im Sinne des § 459 Abs. 1 Satz 1 BGB a.F. zu werten. Dabei handelte es sich jedoch überwiegend um Einzelfallentscheidungen, welche ersichtlich auf Billigkeitserwägungen beruhten. Ein dogmatisch einheitlicher Ansatz ist in diesen Entscheidungen nicht zu erkennen.

Zum besseren Verständnis dieser Thematik sei zunächst auf zwei Entscheidungen des Reichsgerichtes aus den Jahren 1907[26] und 1908[27] hingewiesen, die nicht explizit eine Werbeaussage oder Anpreisung zum Gegenstand hatten, sondern sich vielmehr mit dem allgemeinen kaufrechtlichen Fehlerbegriff beschäftigten. Aus heutiger Sicht mag der Inhalt dieser Entscheidungen als selbstverständlich erscheinen: Das Reichsgericht betonte, dass ein „nach dem Vertrage vorausgesetzter Gebrauch" im Sinne des § 459 Abs. 1 Satz 1 BGB a.F. nur dann vorliegen könne, wenn eine ausdrückliche oder stillschweigende Willenseinigung bei-

---

25 Vgl. hierzu insb.: Lehmann, Vertragsanbahnung durch Werbung, 1981, S. 193, der diesen dogmatischen Anknüpfungspunkt deutlich herausarbeitet. Bereits hier sei darauf hingewiesen, dass dieser Ansatz oft verkannt worden ist.

26 RGZ 67, 86, 87.

27 RGZ 70, 82, 86.

der Vertragsteile vorhanden sei. Die einseitige Vorstellung des Käufers von einer bestimmten Beschaffenheit sei demgegenüber nicht ausreichend.

Sodann entschied das Reichsgericht im Jahre 1931[28] in Anlehnung an die genannten Entscheidungen aus den Jahren 1907 und 1908, „dass die Annahme eines nach dem Vertrage vorausgesetzten Gebrauches nicht schon dann gerechtfertigt ist, wenn dem Verkäufer die Zweckbestimmung bekannt ist, die der Käufer der Kaufsache zu geben beabsichtigt, dass vielmehr diese Zweckbestimmung für beide Teile Geschäftsgrundlage geworden sein muss".

In Folge dieses Fehlerverständnisses herrschte in der Rechtsprechung zunächst eine überwiegend ablehnende Haltung gegenüber der rechtlichen Relevanz von Werbung. Bezeichnend für das generelle Verständnis von der Funktion von Werbung in der Nachkriegsrechtsprechung mag insofern eine Entscheidung des BVerwG aus dem Jahre 1959 sein.[29] Demnach könnten aus Werbeaussagen niemals zuverlässige Angaben mit rechtlicher Geltung gefolgert werden. Mangels Nachprüfbarkeit der jeweils getroffenen Äußerung werde diese von dem jeweiligen Adressaten nicht ernsthaft als Grundlage für die von ihm zu treffende wirtschaftliche Entscheidung gewertet. Ein anderes Verständnis der rechtlichen Relevanz von Werbeaussagen würde dazu führen, dass nahezu die gesamte Reklame unterbunden werden müsse, „ein Ergebnis, das offenbar mit der Rechtswirklichkeit nicht vereinbar ist".[30]

Im Jahre 1954 bestätigte der BGH[31] im Rahmen eines Revisionsverfahrens folgende Ausführungen des Berufungsgerichtes als rechtsfehlerfrei: „Die in den von der Klägerin übermittelten Werbeschriften vertretene Auffassung über die Anwendbarkeit der Ultraschallbehandlung könne der Klägerin nicht mit der Wirkung zugerechnet werden, dass damit die Tauglichkeit der Ultraschallbehandlung nach dem Vertrag vorausgesetzt werde." Der BGH bestätigte damit die bisherige Rechtsprechung des Reichsgerichtes insoweit, als dass zur Annahme eines „nach dem Vertrage vorausgesetzten Gebrauches" im Sinne des § 459 Abs. 1 Satz 1 BGB a.F. eine beiderseitige Willensübereinstimmung erforderlich sei.

Der Entscheidung des Reichsgerichts aus dem Jahre 1931 folgend entschied der BGH im Jahre 1961[32], dass die Vorschrift des § 459 Abs. 1 Satz 1 BGB a.F. „eine Willenseinigung beider Teile dahin verlangt, dass die Kaufsache zu einem bestimmten Zweck geeignet sein müsse, dabei kann allerdings, was für die Praxis von besonderer Bedeutung ist, der beiden Teilen bekannte Verwendungszweck auch stillschweigend zur Vertragsgrundlage gemacht werden, es genügt mithin,

28 RGZ 131, 343, 352.
29 BVerwG NJW 1959, 1194, 1195.
30 BVerwG NJW 1959, 1194, 1195.
31 BGHZ 16, 54, 56 f.
32 BB 1961, 305 (Auszug) = LM, § 459, Nr. 10 (ungekürzte Fassung).

dass die betreffende Zweckbestimmung gewissermaßen für beide Teile Geschäftsgrundlage geworden ist".

Die „TREVIRA"-Entscheidung des BGH aus dem Jahre 1967[33] soll an dieser Stelle noch nicht behandelt werden, da es dort um die Frage ging, inwieweit durch Werbung eines Dritten eine zugesicherte Eigenschaft im Sinne des § 459 Abs. 2 BGB a.F. begründet werden kann.

Nach einer Entscheidung des BGH aus dem Jahre 1968 liegt eine erkennbare Bezugnahme auf öffentliche Äußerungen des Verkäufers jedenfalls dann vor, wenn dem Kunden während des Kaufvertragsabschlusses ein eigener Prospekt vorgelegt wird, in welchem Eigenschaften der Kaufsache beschrieben werden.[34]

Im Jahre 1996 entschied der BGH[35], dass bei dem Kauf eines Neuwagens ein Kraftstoffmehrverbrauch von über 13% ein nicht mehr nur unerheblicher Mangel im Sinne des § 459 Abs. 1 Satz 1 BGB a.F. sei. Dem Urteil lag der Sachverhalt zugrunde, dass der Kläger von der Beklagten einen fabrikneuen PKW gekauft hatte. Nach den Feststellungen des Urteils war Grundlage der Verkaufsverhandlungen der Herstellerprospekt für den konkreten PKW. Der Kraftstoffverbrauch des PKW lag im Schnitt anstatt der im Prospekt angegebenen 8,0 Liter Dieselkraftstoff tatsächlich bei 11,0 Litern pro 100 Kilometer Fahrleistung. Der BGH verneinte hier zwar das Vorliegen einer zugesicherten Eigenschaft im Sinne des § 459 Abs. 2 BGB a.F. Ein ausdrücklicher Wille des beklagten Verkäufers, die Gewähr für das Vorhandensein einer bestimmten Eigenschaft übernehmen und für alle Folgen ihres Fehlens einstehen zu wollen, liege nicht vor. Die bloße Angabe hinsichtlich des Kraftstoffverbrauches in dem Herstellerprospekt entspreche diesen Anforderungen der Eigenschaftszusicherung nicht. Von einer stillschweigenden Zusicherung könne deshalb nicht ausgegangen werden, weil der Käufer die Händlerangaben vernünftigerweise nicht als Zusicherung einer bestimmten Fahrzeugeigenschaft ansehen könne, da der Händler über die Beschaffenheit des konkreten Neufahrzeuges aus eigenem Wissen keine Angaben machen könne.[36]

Jedoch ging der BGH sodann ohne weitere Begründung davon aus, dass ein Fehler im Sinne des § 459 Abs. 1 Satz 1 BGB a.F. vorliege. Problematisiert wurde in diesem Urteil lediglich die Frage, ob bei einem Kaufvertrag für einen Neuwagen ein Kraftstoffmehrverbrauch von über 13% ein nicht mehr nur unerheblicher Mangel sei. Im Ergebnis wurde dies unter Verweis auf weitere Rechtsprechung der Instanzgerichte bejaht. Die Frage der Einbeziehung des Inhaltes der

33 BGHZ 48, 118 = NJW 1967, 1903.
34 BGH NJW 1968, 1622 ff.
35 BGHZ 132, 55, 62 = NJW 1996, 1337.
36 BGHZ 132, 55, 58 f.

Herstellerprospekte in die geschuldete Sollbeschaffenheit wurde jedoch nicht erörtert.

In einem ähnlichen Fall entschied der BGH im Jahre 1997[37], dass ein Kraftstoffmehrverbrauch eines Neufahrzeuges von weniger als 10% im Vergleich zu den Herstellerangaben einen lediglich unerheblichen Fehler im Sinne des § 459 Abs. 1 Satz 1 BGB a.F. darstelle. Wie im vorgenannten Urteil ging der BGH, ohne auf die Problematik des Fehlers und die Einbeziehung der Beschaffenheitsvereinbarung durch die Angaben in dem Herstellerprospekt näher einzugehen, davon aus, dass es sich jedenfalls um einen unerheblichen Fehler im Sinne des § 459 Abs. 1 Satz 2 BGB a.F. handele.

Ebenfalls als nicht erwähnenswert erachtete der BGH in den beiden vorgenannten Entscheidungen, dass es sich bei den zugrundeliegenden Angaben bezüglich des Kraftstoffverbrauchs nicht um Äußerungen des Verkäufers, sondern um Äußerungen des Herstellers der PKW handelte. Die insofern zu problematisierende Verantwortlichkeit für ein Drittverhalten blieb gänzlich außer Acht.

Festzuhalten bleibt demnach, dass sämtliche relevanten Entscheidungen der Rechtsprechung bezüglich der Definition der vertraglichen Sollbeschaffenheit durch Werbung oder durch Produktbeschreibungen in Prospekten etc. sich nicht explizit mit dem Erfordernis der Einbeziehung der jeweiligen Äußerung in den Kaufvertrag befassen.

b) Lösungsvorschläge der Literatur

In der Literatur wurde teilweise eine Haftung des Verkäufers für Werbeangaben mit dem Fehlen eines diesbezüglichen Rechtsbindungswillens abgelehnt. Auch nach den Motiven des Gesetzgebers seien allgemeine Anpreisungen rechtlich nicht relevant und der Empfänger der Werbebotschaft sei sich regelmäßig der suggestiven Funktion von Anpreisungen bzw. Werbung sehr wohl bewusst.[38]

Demgegenüber wurde auch die gegenteilige Ansicht vertreten. Eine Werbeangabe könne sehr wohl nach den allgemeinen Grundsätzen eine Beschreibung der Sollbeschaffenheit darstellen. Voraussetzung dafür sei jedoch in jedem Fall, dass im Rahmen des Vertragsabschlusses in irgendeiner Weise auf die Werbeangabe ausdrücklich oder stillschweigend Bezug genommen werde.[39]

Knöpfle kritisierte den Standpunkt des BGH, zur Annahme „eines nach dem Vertrage vorausgesetzten Gebrauches“ sei keine Willenseinigung der Parteien er-

---

37 NJW 1997, 2590.

38 Staudinger/Honsell, BGB, 1995, § 459, Rdnr. 140.

39 MünchKomm-H.P.Westermann, BGB, 3. Auflage, § 459, Rdnr. 12, 63; Soergel/Huber, BGB, 12. Auflage, § 459, Rdnr. 170 m.j.w.N.

forderlich, sondern ausreichend, dass der Umstand gewissermaßen Geschäftsgrundlage geworden sei.[40] Durch diese Ansicht werde zum einen das Tatbestandsmerkmal „nach dem Vertrage“ praktisch weginterpretiert. Zum anderen könne bei diesem Verständnis des Fehlerbegriffes die subjektive Sichtweise nicht mehr damit begründet werden, dass Grundlage der Gewährleistung die Vereinbarungen der Parteien seien. Ferner verwische die Ansicht des BGH die Grenzen der Sachmängelhaftung zum Rechtsinstitut des Wegfalls der Geschäftsgrundlage. Es sei nicht sachgerecht, die Sachmängelhaftung bereits dann eingreifen zu lassen, wenn der Verkäufer über die Beschaffenheit oder Zweckeignung der Kaufsache unzutreffende Äußerungen gemacht habe, die jedoch noch nicht den Bereich des Verbindlichen erreicht hätten. Insofern sei es nicht gerechtfertigt, dem Käufer die Rechte der §§ 459 ff. BGB a.F. nur deshalb zuzugestehen, weil auf beiden Seiten eine übereinstimmende Vorstellung vorgelegen habe, welche jedoch nicht nach außen hervorgetreten sei.[41]

Auch *Reich/Tonner* kritisierten den Standpunkt des BGH. Mit der bisherigen Tendenz der Rechtsprechung, die Relevanz der Werbung mit der Bemerkung abzutun, der Verbraucher fasse sie nicht als die geschuldete Beschaffenheit beschreibende Tatsachenbehauptungen auf, werde der BGH der zunehmenden ökonomischen Bedeutung der Werbung nicht gerecht. Ihrer Ansicht nach müsse daher bei der Anwendung des BGB berücksichtigt werden, ob es sich um einen Fall des „Unternehmensrechtes“ oder des „Verbraucherrechtes“ handele. Im Falle eines Kaufes zwischen zwei Kaufleuten sei einzig und alleine der Parteiwille dafür ausschlaggebend, ob einer Werbeaussage die Qualität einer Beschaffenheitsbeschreibung oder gar einer Zusicherung zukomme.[42] Im Bereich des Verbraucherrechtes demgegenüber sei generell zur Klärung dieser Frage eine Interessenabwägung vorzunehmen.[43] Einen Widerspruch zu der Differenzierung des BGB im Verhältnis zum HGB sahen *Reich/Tonner* hierin nicht.[44]

Lehmann hat in seinem Werk aus dem Jahre 1981 eingehend die Frage untersucht, ob und inwieweit auch außerhalb einer ausdrücklichen Bezugnahme auf die jeweilige Sachbeschreibung Vertragsanbahnungsmaßnahmen wie zum Bei-

---

40 Knöpfle, Zur Problematik des subjektiven Fehlerbegriffs im Kaufrecht, JZ 1978, 121, 123.

41 Knöpfle, Zur Problematik des subjektiven Fehlerbegriffs im Kaufrecht, JZ 1978, 121, 124; kritisch hierzu: MünchKomm-H.P.Westermann, BGB, 3. Auflage, § 459, Rdnr. 12.

42 Reich/Tonner, Werbung, zugesicherte Eigenschaften und Verbraucherschutz – BGH NJW 1975, 1693 –, JuS 1976, 576, 578.

43 Reich/Tonner, Werbung, zugesicherte Eigenschaften und Verbraucherschutz – BGH NJW 1975, 1693 –, JuS 1976, 576, 579.

44 Reich/Tonner, Werbung, zugesicherte Eigenschaften und Verbraucherschutz – BGH NJW 1975, 1693 –, JuS 1976, 576, 578.

spiel Werbeaussagen über die Kaufsache etc. dazu geeignet sein können, den „nach dem Vertrage vorausgesetzten Gebrauch" zu definieren oder näher zu beschreiben.[45] Er wirft folgerichtig die Frage auf, ob eine Beschaffenheitsvereinbarung nur durch Willenserklärungen oder auch durch andere Verhaltensweisen im Rahmen der Vertragsanbahnung festgelegt werden kann, denen kein rechtsgeschäftlicher Charakter zukommt.[46] In dogmatischer Hinsicht wird in diesem Zusammenhang auf den Bezugspunkt der „Geschäftsgrundlage" verwiesen.[47]

Lehmann setzt zur Klärung dieser Frage zunächst bei dem Fehlerbegriff an und versucht aus der Abgrenzung zwischen § 459 Abs. 1 Satz 1 BGB a.F. einerseits und § 459 Abs. 2 BGB a.F. andererseits Auslegungskriterien zu gewinnen. Er kommt jedoch schnell zu dem Ergebnis, dass allein aus der Tatsache, dass der zu den weiterreichenden rechtlichen Konsequenzen des § 463 BGB a.F. führende § 459 Abs. 2 BGB a.F. eine vertragliche Zusicherung erfordere, nicht im Gegenschluss gefolgert werden könne, bei § 459 Abs. 1 Satz 1 BGB a.F. sei eine vertragliche Absprache nicht erforderlich, sondern eine Abrede im Sinne einer Art „Geschäftsgrundlage" ausreichend. Der Lösungsversuch über den Fehlerbegriff wird somit verworfen.[48] Im Ergebnis wird daher die Frage, ob eine Beschaffenheitsvereinbarung auch durch Verhaltensweisen ohne rechtsgeschäftlichen Charakter im Sinne einer Art „Geschäftsgrundlage" im Rahmen der Vertragsanbahnung festgelegt werden kann, von *Lehmann* verneint.[49]

Auch bei einer käuferfreundlichen, erweiternden Auslegung des Sachmangelbegriffes könnten bestimmte kaufentscheidende Umstände (z.B. bestimmte Verwendungsmöglichkeiten, Wirkungen oder Funktionen der Sache) keine Berücksichtigung im Rahmen der Bestimmung der Sollbeschaffenheit und somit für die Sachmangelhaftung des Verkäufers finden.[50] De lege lata lasse sich wegen der dem Sachmangelbegriff immanenten Grenzen eine kaufrechtliche Haftung für Werbeaussagen nicht vertreten. Um eine solche Verkäuferverantwortlichkeit bejahen zu können, bedürfe es einer gesetzlichen Überarbeitung des Sachmangelbegriffes.[51] Abschließend kommt *Lehmann* zu dem Ergebnis, dass der Verkäufer für unrichtige Werbeaussagen gegenüber dem Käufer nicht einzustehen habe.[52]

---

45 Lehmann, Vertragsanbahnung durch Werbung, 1981, S. 193 ff.
46 Lehmann, Vertragsanbahnung durch Werbung, 1981, S. 194.
47 Knöpfle, zur Problematik des subjektiven Fehlerbegriffs im Kaufrecht, JZ 1978, 121, 124.
48 Lehmann, Vertragsanbahnung durch Werbung, 1981, S. 197.
49 Lehmann, Vertragsanbahnung durch Werbung, 1981, S. 204 f.
50 Lehmann, Vertragsanbahnung durch Werbung, 1981, S. 216.
51 Lehmann, Vertragsanbahnung durch Werbung, 1981, S. 205.
52 Lehmann, Vertragsanbahnung durch Werbung, 1981, S. 218.

Köndgen vertritt in seinem Werk aus dem Jahre 1981 die Auffassung, dass eine Haftung des Verkäufers für Werbeaussagen bereits de lege lata zu konstruieren sei. Sie ergebe sich direkt für den Fall des Sachmangels aus einer sogenannten Versprechenshaftung. Qualitätsbezogene Werbeaussagen seien Willenserklärungen an die Öffentlichkeit, die ein langfristiges Angebot darüber enthielten, was der Anbieter an Leistungsqualität versprechen wolle. Die Erklärung bleibe solange bestehen, bis der werbende Verkäufer sie wieder aus dem Verkehr ziehe.[53]

Ebenso wie die vertragliche Beschaffenheitsvereinbarung erfordere die Zusicherung kein besonderes Haftungsversprechen, sondern lediglich einen diesbezüglichen Rechtsbindungswillen.[54] Dieser erforderliche Rechtsbindungswille ergebe sich im Falle der produktbezogenen Werbeaussage aus der jeder Kommunikation immanenten Selbstbindung, die bei hinreichender inhaltlicher Bestimmtheit rechtsgeschäftliche Qualität erlange.[55] Jede Werbeaussage über Warenqualität, die nicht lediglich reklamehafte Übertreibungen oder Appelle an Emotionen, sondern eine haftungsrechtlich greifbare Information enthalte, tauge auch als verbindliche Zusicherung. Maßgeblich sei die jeweilige Botschaft, nicht das zur Übermittlung der Botschaft verwendete Medium.[56]

Köndgen wirft im Rahmen seiner Untersuchung zunächst die Frage auf, ob eine Haftung für Werbeaussagen dogmatisch im vertraglichen oder im deliktischen Bereich zu verankern sei.[57] Er begreift Werbung in einem doppelten Sinne. Zum einen sei Werbung, sofern sie an Tatsachen orientierte Beschreibungen eines Produktes beinhalte, als Qualitätsversprechen zu verstehen. Zum anderen sei Werbung, sofern ihr ein persuasiver (überredender) Charakter zukomme, als Überredung beziehungsweise Verleitung zum Vertragsabschluss zu verstehen.

Hinsichtlich der ersten Funktion von Werbung (Qualitätsversprechen) kommt *Köndgen* zu dem Ergebnis, dass, da das Problem des individuellen Abnehmerschutzes die Sanktionierung von Erklärungen an die Öffentlichkeit im Vorfeld von Verträgen sei, letztlich nur eine dogmatische Verankerung der Haftung im vertraglichen Bereich zutreffend sein könne.[58] Soweit Werbung die Funktion eines Qualitätsversprechens erfülle, führe sie schon als solche zu einer vertraglichen Versprechenshaftung. Sanktion könne nur die „positive Erwartungsentsprechung" sein, das heißt, dem „getäuschten" Käufer sei ein Anspruch auf Erfüllung entsprechend der in der Werbung beschriebenen Sachbeschaffenheit zuzuerken-

53 Köndgen, Selbstbindung ohne Vertrag, 1981, S. 347.
54 Köndgen, Selbstbindung ohne Vertrag, 1981, S. 310 ff.
55 Köndgen, Selbstbindung ohne Vertrag, 1981, S. 301, 342 ff., 347.
56 Köndgen, Selbstbindung ohne Vertrag, 1981, S. 346.
57 Köndgen, Selbstbindung ohne Vertrag, 1981, S. 303.
58 Köndgen, Selbstbindung ohne Vertrag, 1981, S. 304.

nen.[59] Diese Versprechenshaftung sei eine selbstständige Haftung und unabhängig davon, ob der Werbende auch Partei des späteren Vertragsverhältnisses werde. Der teleologische Zusammenhang zwischen Werbeaussage und individueller Tauschbeziehung werde ausschließlich dadurch hergestellt, dass der Umworbene durch die Werbeaussage zum Abschluss des Vertrages bestimmt worden sei. Demzufolge sei für die Haftung auch nicht erforderlich, dass die Werbeaussage durch eine konkludente Bezugnahme eigens in den Individualvertrag inkorporiert werde. Eine Einbeziehung des jeweiligen Erklärungsinhaltes sei deshalb nicht erforderlich, weil der Haftungsgrund nicht in einer Vertragsverletzung liege. Vielmehr liege dieser – für die verschuldensunabhängige Haftung – in dem gegebenen Wort. Insofern sei es nicht notwendig, aus der Werbeaussage eine hinsichtlich der Sollbeschaffenheit bestehende Vertragspflicht zu konstruieren, welche bei Nichtvorhandensein eine Vertragsverletzung darstelle. Eine Haftung wegen schuldhafter Vertragspflichtverletzung könne aber dann in Betracht kommen, wenn es an einer ernstgemeinten und vom Adressaten auch so verstandenen Werbeaussage fehle.[60]

Nicht angemessen sei die verschuldensunabhängige Haftung dann, wenn der „Werbende" nicht selbst für die Formulierung der einzelnen Werbeaussage verantwortlich sei. Somit könne der „Fremdwerbung" verwendende Händler grundsätzlich nur für solche Aussagen haftbar gemacht werden, deren Unrichtigkeit er kenne oder kennen müsse. Umgekehrt hafte dieser aber dann gemäß § 463 BGB a.F. verschuldensunabhängig, wenn die Werbeaussage den Tatbestand der Verkäuferzusicherung erfülle.[61]

Auch die zweite Funktion der Werbung, die Überredungsfunktion, sei in sanktionstechnischer Hinsicht rechtsdogmatisch auf der Ebene des Vertragsrechtes beziehungsweise der allgemeinen Rechtsgeschäftslehre anzusiedeln. Als Sanktion sei dem „getäuschten" Käufer hier ein „Vertragslösungsrecht" zuzuerkennen. Primäres Anliegen des Verbrauchers sei in diesen Fällen der „Ausstieg" aus dem Vertrag. Rechtssystematisch sei dieses „Stornorecht" mit den Anfechtungsrechten gemäß §§ 119 Abs. 2 und 123 BGB vergleichbar. *Köndgen* hält hier ein Vertragslösungsrecht für solche „Vertragsabschlussmanipulationen" („Manipulation des Abschlusswillens") erforderlich, welche „die plumpen Methoden von Betrug und Nötigung verschmähen und statt dessen mit subtiler Pression, selektiver Information und ausgeklügelten Verführungskünsten ihr Ziel erreichen".

59 Köndgen, Selbstbindung ohne Vertrag, 1981, S. 302.
60 Köndgen, Selbstbindung ohne Vertrag, 1981, S. 304.
61 Köndgen, Selbstbindung ohne Vertrag, 1981, S. 305.

De lege lata sei diese Lücke durch eine Fortbildung des Anfechtungsrechtes zu schließen.[62]

Problematisch sei darüber hinaus im Bereich der zivilrechtlichen Haftung für Werbeaussagen das Kausalitätsproblem. Der Abnehmer müsse durch die Werbeaussage zum Abschluss des Vertrages in dem Sinne bestimmt worden sein, dass er ohne die Werbeaussage den Vertrag nicht geschlossen hätte.[63] Um eine praktikable Lösung zu erreichen, sei die Kenntnisnahme der Werbung durch den Abnehmer zu vermuten. Zwar seien Fälle denkbar, in denen der Abnehmer die Werbebotschaft nicht wahrgenommen habe oder die durch die Werbung angepriesene Eigenschaft für ihn konkret bedeutungslos sei. Hier gelte es dann jedoch zu verhindern, dass ein Abnehmer, ohne von der unwahren Webeaussage Kenntnis genommen zu haben, diese als Vorwand nehme, um aus einem lästig gewordenen Vertrag aussteigen zu können. Aufgrund der schwierigen Messbarkeit der Kaufrelevanz einer Werbebotschaft (Werbewirkung oder Werbeerfolg) sei eine Kollektivierung der streng individualrechtlichen Kausalitätsvorstellung unausweichlich.[64] Darüber hinaus müsse, zur Vermeidung von Missbräuchen, die konkrete Werbeaussage in Anlehnung an § 13a Abs. 3 UWG a.F. für den angesprochenen Personenkreis wesentlich sein.[65]

Insgesamt komme daher dem Privatrecht angesichts der gängigen Werbepraxis die Aufgabe zu, durch „expansive vertragsrechtliche Durchsetzung von Werbeverheißungen die sozialen und ökonomischen Kosten unrichtiger Werbung zu reduzieren".[66] Interessant und im Hinblick auf die heutige Rechtslage gemäß § 434 Abs. 1 Satz 3 BGB nahezu zukunftsweisend ist bei diesem Ansatz insbesondere, dass eine Haftung des Verkäufers auch ohne individuelle Einbeziehung der jeweiligen Äußerung in den Kaufvertrag gegeben sein soll. *Köndgen* sieht den Haftungsgrund ausschließlich darin, dass dem enttäuschten Käufer von dem

---

62 Köndgen, Selbstbindung ohne Vertrag, 1981, S. 306; Köndgen geht hier wohl von einer Weiterbildung des Anfechtungsrechtes gemäß § 123 BGB aus. Diese Weiterentwicklung „könne Maß nehmen an dem modernen amerikanischen Recht, das die klassischen, aber rein individualethisch fundierten, und einer Markthaftung nicht mehr adäquaten Vertragslösungsgründe Betrug (fraud) und widerrechtlicher Zwang (duress) zu einem fast lückenlosen Sanktionsnetz für fremd veranlasste Willensmängel ausgebaut hat."

63 Köndgen, Selbstbindung ohne Vertrag, 1981, S. 308.

64 Köndgen, Selbstbindung ohne Vertrag, 1981, S. 309; interessant ist an dieser Stelle, wie sehr sich die Vorstellungen von Köndgen im Ergebnis mit den Tatbestandsmerkmalen des knapp 20 Jahre „jüngeren" § 434 Abs. 1 Satz 3 BGB decken.

65 Köndgen, Selbstbindung ohne Vertrag, 1981, S. 309.

66 Köndgen, Selbstbindung ohne Vertrag, 1981, S. 309.

Verkäufer (unabhängig von dem konkreten Vertragsinhalt) durch die Werbeaussage grundsätzlich das „Wort" gegeben worden sei.[67]

3. Ergebnis

Die Rechtsprechung hat zurückhaltend in vereinzelten Fällen, vornehmlich beim PKW-Kauf, das Vorliegen eines Fehlers im Sinne des § 459 Abs. 1 BGB a.F. aufgrund unrichtiger Werbeaussagen bzw. Produktbeschreibungen in Prospekten bejaht. Eine klare Linie, Werbeaussagen etc. für die Festlegung der geschuldeten Beschaffenheit als relevant zu erachten, ist jedoch nicht erkennbar. Überwiegend wurde Werbung als irrelevant bewertet.

Auch die Literatur zu § 459 Abs. 1 BGB a.F. hielt Werbeaussagen hinsichtlich der kaufvertraglich geschuldeten Sollbeschaffenheit überwiegend für bedeutungslos. Zwar gab es innerhalb der Literatur einige gegenteilige Ansätze. Diese sind jedoch vereinzelt geblieben.

Insgesamt lässt sich daher festhalten, dass ein Käufer mit der Behauptung, die von ihm gekaufte Sache sei mangelhaft, weil sie nicht die durch die Werbung etc. beschriebene Sachbeschaffenheit aufweise, eine mehr als unsichere Rechtsposition besaß.

II. Das Fehlen einer zugesicherten Eigenschaft gemäß § 459 Abs. 2 BGB a.F.

1. Der Eigenschaftsbegriff

Nach der vom BGH vertretenen Definition waren Eigenschaften im Sinne des § 459 Abs. 2 BGB a.F. jede dem Kaufgegenstand auf gewisse Dauer anhaftende Merkmale, welche für den Wert, den vertraglich vorausgesetzten Gebrauch oder aus sonstigen Gründen für den Käufer erheblich waren.[68] Nach einer älteren Formel der Rechtsprechung waren Eigenschaften zum einen die natürlichen, der Sache an sich zukommenden Eigenschaften und zum anderen solche tatsächlichen und rechtlichen Verhältnisse, welche in ihrer Beziehung zu anderen Sachen wurzelten und infolge ihrer Beschaffenheit und tatsächlichen Dauer nach den Verkehrsanschauungen einen Einfluss auf die Wertschätzung der Sache hatten.

---

67 Köndgen, Selbstbindung ohne Vertrag, 1981, S. 307, 346 ff., 351 f.
68 BGHZ 87, 302, 307.

Mit diesem Definitionsansatz stimmte das Schrifttum ganz überwiegend überein.[69]

Abzugrenzen war die Zusicherung von der allgemeinen Anpreisung. Eine solche allgemeine Anpreisung sollte nach Ansicht des Gesetzgebers des BGB a.F. gänzlich unverbindlich sein und niemals eine Haftung aus Zusicherung begründen. Dies erschien dem Gesetzgeber als selbstverständlich und einer gesetzlichen Klarstellung nicht bedürftig.[70] Eine allgemeine (unverbindliche) Anpreisung sollte zum einen dann vorliegen, wenn es sich um eine ersichtlich nicht ernst gemeinte Übertreibung handelte, welche bereits die Voraussetzungen der Scherzerklärung gemäß § 118 BGB erfüllte.[71] Zum anderen lag eine solche Anpreisung auch dann vor, wenn eine Erklärung so allgemein gehalten war, dass sie überhaupt keinen Rückschluss auf eine bestimmte und zusicherungsfähige Eigenschaft erlaubte.[72]

Gleichsam als „dritte Klasse" trat neben die bloße Anpreisung einerseits und die zugesicherte Eigenschaft andererseits die ernstgemeinte Beschaffenheitsvereinbarung.[73] Demnach war die Zusicherung von der die Sachmängelhaftung gemäß §§ 459 Abs. 1 Satz 1, 462 BGB a.F. auslösenden Beschaffenheitsvereinbarung abzugrenzen. Wie bereits dargelegt, geschah dies nach der Maßgabe, dass die Beschaffenheitsvereinbarung als Zusage über die Tauglichkeit der Sache für einen bestimmten Zweck keine Rechtsfolgenvereinbarung enthielt, wohingegen die Zusicherung in der bewussten Übernahme der gravierenden Rechtsfolgen des § 463 BGB a.F. im Sinne eines unbedingten „Einstehenwollens" beim Fehlen der Eigenschaft bestand.[74]

2. *Die Zusicherung einer Eigenschaft durch Werbung etc.*

a) Zusicherung einer Eigenschaft

Voraussetzung eines Käuferanspruches wegen des Fehlens einer zugesicherten Eigenschaft war, dass die konkrete Eigenschaft dem Käufer auch tatsächlich zugesichert worden ist. In der Erteilung der Zusicherung lag im Falle unrichtiger

---

69 Vgl.: MünchKomm-H.P.Westermann, BGB, 3. Auflage, § 459, Rdnr. 56 ff.; Staudinger/Honsell (1995), BGB, § 459, Rdnr.107; Soergel-Huber, BGB, 12. Auflage, Vor § 459, Rdnr. 142 m.j.w.N.

70 Motive II, S. 225 = Mugdan, Die gesamten Materialien zum Bürgerlichen Gesetzbuch für das Deutsche Reich, II. Band, S. 124.

71 Soergel-Huber, BGB, 12. Auflage, Vor § 459, Rdnr. 169.

72 Soergel-Huber, BGB, 12. Auflage, Vor § 459, Rdnr. 155.

73 Soergel-Huber, BGB, 12. Auflage, Vor § 459, Rdnr. 169.

74 MünchKomm-H.P.Westermann, BGB, 3. Auflage, § 459, Rdnr. 59.

Werbeaussagen regelmäßig das Kernproblem. Denn genauso wie eine Haftung des Verkäufers für das Vorliegen eines Fehlers im Sinne des § 459 Abs. 1 Satz 1 BGB a.F. nur dann eingreifen konnte, wenn eine negative Abweichung zu dem gewöhnlichen oder nach dem Vertrage vorausgesetzten Gebrauch vorlag, kam eine Haftung wegen des Fehlens einer zugesicherten Eigenschaft im Sinne des § 459 Abs. 2 BGB a.F. selbstverständlich ebenfalls nur dann in Betracht, wenn die Zusicherung dem Käufer auch tatsächlich gegeben war, sie also gleichsam Vertragsgegenstand geworden war.[75] Einseitig gebliebene Erklärungen oder Erwartungen, welche nicht Vertragsbestandteil wurden, konnten demgegenüber eine Zusicherungshaftung nicht begründen.

Eine Zusicherung sollte nach ganz überwiegender Ansicht dann verbindlich erklärt worden sein, wenn ein Vertragswille des Verkäufers dahingehend erkennbar war, die Gewähr für das Vorhandensein einer bestimmten Eigenschaft zu übernehmen und für die Folgen eines Fehlens dieser Eigenschaft unbedingt einstehen zu wollen und den Käufer insoweit schadlos zu stellen.[76]

Ähnlich der Problematik bei der Haftung wegen des Vorliegens eines Fehlers war auch bei der Haftung wegen des Fehlens einer zugesicherten Eigenschaft zunächst derjenige Fall unproblematisch, in dem die zuvor in der Werbung beschriebene Eigenschaft im Rahmen des Vertragsschlusses ausdrücklich zugesichert worden war. Fehlte diese zugesicherte Eigenschaft später, so standen dem Käufer unmittelbar die Rechte aus den §§ 462, 463 BGB a.F. zu.

Schwieriger war jedoch der Fall zu beurteilen, in dem während des Vertragsschlusses auf die jeweils im Vorfeld der Vertragsverhandlungen geäußerte Werbeaussage gerade nicht ausdrücklich Bezug genommen wurde. In diesem Zusammenhang stellte sich die Frage, inwieweit lediglich konkludente einseitige Erklärungen der Verkäuferseite gegebenenfalls in den Vertrag aufgenommen werden, da nach ganz herrschender Ansicht neben der ausdrücklichen Zusicherung auch eine konkludente Zusicherung möglich war.[77] Die stillschweigende Zusicherung knüpft an typisierte Wertungen von Verhaltensweisen des Verkäufers im Rechtsverkehr an und war einer scharfen und genauen Abgrenzung somit nur schwer zugänglich.[78] Diese Ansicht beruhte wiederum darauf, dass es sich bei der Zusicherung im Sinne des § 459 Abs. 2 BGB a.F. nach fast einhelliger

75 Vgl.: Soergel-Huber, BGB, 12. Auflage, Vor § 459, Rdnr. 155.

76 RGZ 161, 330, 337; BGHZ 48, 118, 122; 59, 158, 160; 87, 302, 305.

77 Vgl.: MünchKomm-H.P.Westermann, BGB, 3. Auflage, § 459, Rdnr. 60; Staudinger/Honsell (1995), BGB, § 459, Rdnr.148; Soergel-Huber, BGB, 12. Auflage, Vor § 459, Rdnr. 146 m.j.w.N.; a.A. nur: Köndgen, Selbstbindung ohne Vertrag, 1981, S. 331 ff.; Schack, Die Zusicherung beim Kauf, AcP 185 (1985), 333, 352; BGH NJW 1996, 836.

78 MünchKomm-H.P.Westermann, BGB, 3. Auflage, § 459, Rdnr. 60.

Meinung in dogmatischer Hinsicht um eine Willenserklärung handelte und Willenserklärungen auch konkludent abgegeben werden können.[79]

b) Zusicherung durch Werbung

Inwieweit eine Einbeziehung von Zusicherungen in den Kaufvertrag durch Werbung und ähnliche Maßnahmen zu bejahen ist, wurde von Rechtsprechung und Lehre unterschiedlich und uneinheitlich beurteilt.

aa) Die Rechtsprechung

Die Rechtsprechung ging anfangs davon aus, dass Werbeaussagen niemals als eine Zusicherung von Eigenschaften im Sinne des § 459 Abs. 2 BGB a.F. angesehen werden könnten.[80] Begründet wurde dies meist mit dem im Hinblick auf die weitreichenden Rechtsfolgen des § 463 BGB a.F. überwiegend restriktiven Verständnis des Zusicherungsbegriffes. Danach sollten bloße Tatsachenangaben und Anpreisungen nur höchst ausnahmsweise den erforderlichen Willen dafür beinhalten, die Gewähr für das Vorhandensein einer bestimmten Eigenschaft zu übernehmen und für die Folgen eines Fehlens dieser Eigenschaft unbedingt einstehen und den Käufer insoweit schadlos stellen zu wollen. Erst recht restriktiv fiel die Annahme einer Zusicherung durch Werbeäußerungen und ähnliche öffentlich publizierte Äußerungen aus.

In der sogenannten „TREVIRA"-Entscheidung des BGH aus dem Jahre 1967 wurde das Vorliegen einer zugesicherten Eigenschaft im Sinne des § 459 Abs. 2 BGB a.F. in Form einer Werbeaussage bejaht.[81] Diese Entscheidung wird jedoch erst an späterer Stelle erörtert, da es sich in diesem Fall um Werbeaussagen des Herstellers handelte (Drittbeteiligungsfall).

In einer Entscheidung aus dem Jahre 1968 führte der BGH unter Verweis auf die „TREVIRA"-Entscheidung aus, es ließe sich alleine aus dem Umstand, dass Werbung in dem „Ringen um den König Kunden immer umfangreicher und, betriebswirtschaftlich gesehen, immer bedeutungsvoller geworden ist", eine haftungsbegründende Wirkung der Werbung nicht ableiten. Der Verbraucher fasse die einschlägigen Werbeaussagen auch nicht derart auf, dass er davon ausgehe, es handele sich hierbei um eine zugesicherte Eigenschaft.[82]

---

79 Vgl. die Nachweise bei Soergel-Huber, BGB, 12. Auflage, Vor § 459, Rdnr. 160 ff.
80 RGZ 161, 330, 336; BGHZ 48, 118, 124; 51, 91, 100.
81 BGHZ 48, 118 ff.
82 BGHZ 51, 91, 100.

Im sogenannten Fensterlackfall[83] entschied der BGH im Jahre 1972, dass eine stillschweigende Zusicherung dann vorliege, wenn der Hersteller und Verkäufer eines Fensterlacks den Hersteller von Fenstern über das positive Ergebnis von ihm in Auftrag gegebener Lackierversuche unterrichtet hat und gegenüber dem Käufer erklärt hat, man „könne mit gutem Gewissen zur weiteren Verarbeitung der D.-Materialien raten". Hier dürfe der diesbezüglich unerfahrene Käufer hinreichend klar entnehmen, dass der Verkäufer die Geeignetheit des Lackes für die Zwecke der Käuferin zusichern wolle und bei ordnungsgemäßer Einhaltung der Verarbeitungsrichtlinien die Gewähr für diese Eignung zu übernehmen bereit gewesen sei.[84]

Das Landgericht Düsseldorf entschied im Jahre 1971, dass aufgrund des besonderen Erklärungsinhaltes von Beschreibungen in einer Gebrauchsanweisung ausnahmsweise eine Zusicherung erblickt werden könne.[85] In dem zugrundeliegenden Fall hatte der Hersteller und Verkäufer eines Klebstoffes zur Verklebung von PVC-Platten in der Gebrauchsanweisung den Verarbeitungsvorgang in einer bestimmten Art und Weise beschrieben. Tatsächlich führte jedoch die Verarbeitung in der beschriebenen Weise zu einer völlig unzureichenden und schadhaften Verklebung. Da der Klebstoff bei Einhaltung der durch die Gebrauchsanleitung vorgeschriebenen Verarbeitungsmethode nicht die erforderliche Verklebung gewährleistete, sei das Produkt objektiv zur Verklebung von PVC-Platten ungeeignet. Eine Zusicherung ergebe sich bereits aus dem Umstand, dass der Hersteller des Klebstoffes diesen gemäß den Beschreibungen und dem vorgesehenen Verwendungszweck für einen ganz bestimmten Zweck hergestellt und an den Käufer verkauft habe.[86]

Im Jahre 1973 entschied der BGH, dass die Erklärung des Verkäufers, ein von ihm angebotenes Druckwerk mit der Bezeichnung „Nottestamentmappe" sei eine zuverlässige Anleitung für die Errichtung von Nottestamenten, aufgrund ihrer besonderen Eindringlichkeit als Zusicherung zu werten sei.[87]

In einer weiteren Entscheidung bejahte der BGH im Jahre 1975 das Vorliegen einer zugesicherten Eigenschaft im Sinne des § 459 Abs. 2 BGB a.F. durch das Anbringen eines die Beschaffenheit der Kaufsache beschreibenden Verkaufsschildes.[88] In diesem Fall hatte ein Gebrauchtwagenhändler einen gebrauchten PKW an eine Privatperson verkauft, an dem ein von außen sichtbares Schild mit der Aufschrift „58.000 km" angebracht war. Tatsächlich hatte der PKW mit dem

---

83 BGHZ 59, 158 ff.
84 BGHZ 59, 158, 160.
85 LG Düsseldorf, BB 1972, 241, 242.
86 LG Düsseldorf, BB 1972, 241, 242.
87 BGH, NJW 1973, 843, 845.
88 BGH, NJW 1975, 1693.

Originalmotor bereits 108.000 km und mit dem zum Zeitpunkt des Kaufes eingebauten Austauschmotor weitere 58.000 km zurückgelegt. Der BGH bejahte hier eine konkludente Zusicherung. Die Aufschrift auf dem Schild „58.000 km“ beziehe sich nicht – wie die Beklagte damals meinte – nur auf die Wiedergabe des Tachostandes zum Zeitpunkt des Verkaufes. Begründet wurde die Entscheidung jedoch zu einem nicht unwesentlichen Teil mit der besonderen Situation im Gebrauchtwagenhandel: Der Verkäufer als Laie vertraue regelmäßig in besonderem Maße auf die überlegene Fachkunde des Verkäufers.

Auch Angaben in Zeitungsinseraten innerhalb des Gebrauchtwagengeschäftes wurde zum Teil Zusicherungscharakter beigemessen.[89] Ebenfalls in diesem restriktiven Sinne fiel die Entscheidung zur Funktionalität des ABS eines PKW aus.[90]

Im Bereich der den Gebrauchtwagenhandel betreffenden Entscheidungen ist jedoch zu berücksichtigen, dass die Rechtsprechung seit jeher die Tendenz hatte, in solchen Fällen die Schutzbedürftigkeit des Käufers über bestimmte dogmatische Prinzipien zu stellen. Hier ist zu beachten, dass diese Entscheidungen insoweit keine Allgemeingeltung im Kaufrecht beanspruchen können.

bb) Die Literatur

In der Literatur wurde überwiegend die Meinung vertreten, dass eine zum Schadensersatz verpflichtende Zusicherung im Sinne des § 459 Abs. 2 BGB a.F. in der Regel durch Werbeaussagen nicht begründet werden könne. Dies sei nur dann der Fall, wenn in der Werbeaussage ein diesbezüglicher Haftungswille erkennbar sei und die Werbeaussage wie im Falle des § 459 Abs. 1 BGB a.F. in den Vertragsabschluss einbezogen werde.[91]

Auch *Lehmann* geht im Grundsatz von einer allgemeinen Irrelevanz der Zusicherung von Eigenschaften im Rahmen der bürgerlichrechtlichen Informationsverantwortung aus.[92] Zwar könne bereits de lege lata im Zusammenhang mit anderen Umständen auch in Werbeaussagen ein Anknüpfungspunkt für eine Zusi-

---

89 OLG Schleswig, MDR 1977, 929; in diesem Sinne auch: OLG Karlsruhe, OLGZ 79, 431, 432; vgl. auch die insoweit relativ großzügigen Entscheidungen zum Gebrauchtwagenhandel: BGH NJW 1981, 1269; BGHZ 103, 275, 280 („Vertragsklausel TÜV-neu“).

90 BGHZ 128, 111, 114.

91 MünchKomm-H.P.Westermann, BGB, 3. Auflage, § 459, Rdnr. 60; Soergel/Huber, BGB, 12. Auflage, § 459, Rdnr. 170 mit jeweils weiteren Nachweisen; vgl. auch Müller, ACP 165 (1965), 285, 321: „... entscheidend ist, ob der Verkäufer auf die Angaben über die Ware verständigerweise hätte vertrauen dürfen.“

92 Lehmann, Vertragsanbahnung durch Werbung, 1981, S. 205 ff.

cherung von Eigenschaften gesehen werden. Dies sei aber nach geltendem Recht und der nach überwiegender Ansicht erforderlichen vertraglichen Garantieabrede im Ergebnis nur schwer durchsetzbar.[93] *Lehmann* kommt daher zu dem Ergebnis, dass eine Haftung wegen des Fehlens durch Werbung zugesicherter Eigenschaften zwar begrüßenswert sei, wegen der von der herrschenden Meinung hohen Voraussetzungen der Zusicherung praktisch jedoch nicht relevant sei.[94]

Köndgen ist der Ansicht, dass jede hinreichend konkrete Werbeaussage zu einer (quasi-) vertraglichen Versprechenshaftung analog §§ 463, 480 Abs. 2 BGB a.F. führen könne.[95] Diese Haftung lasse sich durch eine Reformulierung des Zusicherungsbegriffes erreichen. Eine hinreichend konkrete Werbeerklärung führe analog §§ 463, 480 BGB a.F. jedenfalls dann zu einer vertragsähnlichen Versprechenshaftung, wenn sie für den Vertragsabschluss kausal geworden sei.[96]

Eine Inkorporierung der Werbeaussage in den Einzelvertrag sei nicht erforderlich. Die Sichtweise des Gesetzgebers und der herrschenden Meinung, dass Einzelverträge immer im „Face to Face"-Verfahren geschlossen würden, sei überholt. Die Kenntnisnahme durch den Abnehmer sei bei massenmedialer Werbung zu vermuten.[97] Darüber hinaus hafte der Verkäufer nur, wenn die vorvertragliche Zusicherung für den angesprochenen Adressatenkreis wesentlich sei. Der Annahmewille des Käufers könne unterstellt werden. Da es sich bei Medienwerbung um „Einbahnstraßenkommunikation" handele, das heißt eine Rückäußerung des Käufers nicht erwartet werde, gestatte § 151 Satz 1 BGB, auf die Mitteilung der Annahme zu verzichten.[98]

3. Ergebnis

Die Rechtsprechung war mit der Annahme einer zugesicherten Eigenschaft bei unrichtigen Werbeaussagen zurückhaltend. Noch stärker als im Rahmen des § 459 Abs. 1 BGB a.F. bestand im Falle des Fehlens einer zugesicherten Eigenschaft im Zusammenhang mit unrichtigen Werbeaussagen die Tendenz, dem enttäuschten Käufer aus Billigkeitsgesichtspunkten einen Anspruch zuzuerkennen. Dies mag damit zusammenhängen, dass der überwiegende Teil der Fälle aus dem Bereich des Gebrauchtwagenhandels stammt, in denen die Rechtsprechung aus

93 Lehmann, Vertragsanbahnung durch Werbung, 1981, S. 209.

94 Lehmann, Vertragsanbahnung durch Werbung, 1981, S. 210.

95 Köndgen, Selbstbindung ohne Vertrag, 1981, S. 344 ff., 349 ff.

96 Köndgen, Selbstbindung ohne Vertrag, 1981, S. 307, 344 ff., 349 ff.; Köndgen geht hierbei davon aus, dass das „Quasi-Vertragsrecht" letztlich der Sicherung legitimer Erwartungen dienen soll, vgl.: S. 118 ff.

97 Köndgen, Selbstbindung ohne Vertrag, 1981, S. 348.

98 Köndgen, Selbstbindung ohne Vertrag, 1981, S. 348 f.

Verbraucherschutzerwägungen heraus dogmatische Grundsätze oftmals in den Hintergrund stellte.

In der Literatur sind diejenigen Stimmen, die von einer Eigenschaftszusicherung durch Werbung etc. ausgingen, in der Minderheit geblieben.

Insgesamt war die Rechtsposition des in seinen durch Werbung etc. geweckten Erwartungen enttäuschten Käufers nach § 459 Abs. 2 BGB a.F. ähnlich schlecht wie im Falle des § 459 Abs. 1 BGB a.F.

III. Werbung durch Dritte

1. Die Haftung des Verkäufers für Werbeaussagen eines Dritten

In der Regel ergibt sich in der Praxis die Situation, dass nicht der Verkäufer selbst die Kaufsache hinsichtlich ihrer konkreten Eigenschaften bewirbt oder in vergleichbarer Weise beschreibt, sondern dies durch einen am Kaufvertrag nicht beteiligten Dritten erfolgt. Häufigstes Erscheinungsbild dieser Konstellation ist die Werbung durch den Hersteller der Kaufsache.

Beispiel 1: Der Hersteller eines Mobilfunktelefons wirbt in einem Fernsehspot für sein neuestes Mobiltelefon mit einer Akku-Standby-Kapazität von 450 Stunden.

Beispiel 2: Der Hersteller eines PKW wirbt in einer Zeitungsannonce für einen neuen Mittelklassewagen mit einem Bremsweg aus 100km/h bis zum Stillstand des Wagens von 34 Metern.

Weitgehend Einigkeit bestand im Hinblick auf §§ 459 ff. BGB a.F., dass Gewährleistungsansprüche des Käufers gegen den Verkäufer und den Hersteller im Falle der Herstellerwerbung grundsätzlich ausgeschlossen seien. Da der Hersteller oder ein anderer Dritter keinerlei vertragliche Bindung zu dem Käufer der Sache eingeht und der Verkäufer nicht ohne weiteres für die Äußerungen von Drittpersonen verantwortlich gemacht werden konnte, standen dem Käufer in diesen Fällen in der Regel keine Sachmängelansprüche zu. Etwas anderes konnte nur dann gelten, wenn dem Verkäufer die werbenden Angaben eines Dritten zugerechnet werden konnten. Eine derartige Zurechnung liegt im Prinzip auch in den bereits oben dargestellten Fällen der Herstellerbeschreibung bezüglich des Kraftstoffverbrauches vor. In diesen Fällen ist der BGH jedoch ohne weiteres davon ausgegangen, dass die jeweiligen Verkaufsprospekte Gegenstand der Vertragsverhandlungen zwischen Verkäufer und Käufer gewesen und deshalb in die Beschaffenheitsvereinbarung eingeflossen seien. Aus seiner Sicht heraus folgerichtig hat der BGH in diesen Fällen das Problem der Zurechnung von Werbeaussagen eines Dritten an den Verkäufer nicht weiter problematisiert. Ob beziehungsweise unter welchen Voraussetzungen eine derartige Zurechnung von Äußerungen Dritter in Betracht kommt, wurde uneinheitlich beurteilt.

Eine Ausnahme vom Grundsatz der Nichtzurechnung von Drittwerbung stellt die „TREVIRA"-Entscheidung des BGH aus dem Jahre 1967 dar.[99] Hier wurde zu Lasten des Verkäufers eine Zusicherung der vom Hersteller beworbenen Produkteigenschaften angenommen, weil der Verkäufer sein Endprodukt unter der Herstellerbezeichnung „TREVIRA" verkauft hatte. Das Vorliegen einer zugesicherten Eigenschaft im Sinne des § 459 Abs. 2 BGB a.F. in Form einer Werbeaussage eines Dritten wurde an dieser Stelle bejaht.[100] Zwar führte der BGH aus, dass Werbung grundsätzlich keine haftungsbegründende Wirkung zukomme.[101] Jedoch wurde in diesem Fall aufgrund der besonderen Gestaltung der Werbung eine Ausnahme als gerechtfertigt angesehen. Vorliegend hatten die Farbwerke Hoechst für die von ihr hergestellte synthetische Textilfaser „TREVIRA" gegenüber der Öffentlichkeit geworben. Die Farbwerke Hoechst hatten diese Faser an die Beklagte verkauft, welche die Faser zu Stoffen weiterverarbeitete. Die Beklagte wiederum verkaufte die Stoffe an die Klägerin, welche diese zu Kleidern verarbeitete und aufgrund der Mangelhaftigkeit der Stoffe einen erheblichen Anteil der Kleider von den unzufriedenen Endabnehmern zurücknehmen musste. Nach Ansicht des BGH sei die Werbung vorliegend nicht nur darauf ausgerichtet gewesen, das Vertrauen der Abnehmer in die Qualität des neuen Stoffes zu festigen. „Vielmehr soll sie auch dahin gehen, jedem Abnehmer eines TREVIRA-Produktes (Garn, Gewebe, Stoff, Kleidungsstück usw.) die Gewähr dafür zu bieten, dass das im Wege der Arbeitsteilung von verschiedenen Betrieben weiter bearbeitete oder verarbeitete Produkt in jeder dieser Stufen (Spinnerei, Weberei, Färberei, Druckerei usw.) so behandelt worden ist, wie es behandelt werden muss, damit es die in der Werbung einem TREVIRA-Produkt zugeschriebenen Eigenschaften hat. Dementsprechend sollen die Farbwerke Hoechst, wie die Klägerin unter Beweis gestellt hat, die Verwendung des Etikettes TREVIRA nur Betrieben erlauben, die nach den Richtlinien der Farbwerke arbeiten und sich deren Kontrolle unterwerfen. Lässt sich eine solche besondere Gestaltung der Werbung feststellen, so sichert der Verkäufer, der eine Ware als TREVIRA liefert, vertragsmäßig zu, dass in jeder Be- und Verarbeitungsstufe die Richtlinien der Farbwerke Hoechst eingehalten worden sind und die Ware deshalb die Eigenschaften besitzt, welche sich bei TREVIRA-mäßiger Behandlung in den verschiedenen Produktionsformen ergeben."[102]

---

99 BGHZ 48, 118 ff.
100 BGHZ 48, 118 ff.
101 BGHZ 48, 118, 122.
102 BGHZ 48, 118, 123 f.

Diese Entscheidung wurde im Schrifttum überwiegend ablehnend aufgenommen. Die in dem Urteil vertretene Zurechnung von Drittäußerung sei nicht angebracht. Eine haftungsbegründende Äußerung könne immer nur von dem Verkäufer selbst getätigt werden, niemals jedoch von einem Hersteller innerhalb der Vertriebskette.[103] Darüber hinaus stelle es eine nach BGB a.F. systemwidrige Zurechnung von Äußerungen eines Fremden dar, wenn die Haftung des Verkäufers generell mit der besonderen Gestaltung der Werbung des Herstellers begründet werde.[104]

Eine Zurechnung von Angaben des Herstellers kommt jedoch nach einer weiteren Entscheidung des BGH dann in Betracht, wenn der Verkäufer sich die Angaben zu eigen gemacht hat.[105] In diesem Fall hatte der Hersteller von Klebeband in der Gebrauchsanweisung die besonders guten Eigenschaften bei der Entfernung des Bandes beschrieben. Nach Ansicht des BGH kam eine Zurechnung von Herstellerangaben an den Verkäufer grundsätzlich in Betracht, wenn der Verkäufer sich diese Angaben in den Beschreibungen gegenüber dem Endkunden zu eigen gemacht hatte; der Verkäufer konnte wegen Fehlens einer stillschweigend zugesicherten Eigenschaft gemäß § 463 BGB a.F. haften. Jedoch war eine Haftung des Verkäufers im konkreten Fall deshalb nicht gegeben, weil der Verkäufer sich die Angaben des Herstellers nicht zu eigen gemacht hatte.[106]

Insgesamt sind die Ansätze, die eine vertragliche Verantwortlichkeit des Verkäufers für Werbeaussagen oder vergleichbare Maßnahmen Dritter befürworteten, vereinzelt geblieben und gaben dem Käufer keinen kalkulierbaren Rechtsbehelf.

2. *Die Eigenhaftung von Drittpersonen*

Eine kaufrechtliche Eigenhaftung des Herstellers oder eines sonstigen Dritten ist mangels kaufvertraglicher Beziehung zum Käufer nach nahezu einhelliger Meinung nicht möglich.

Köndgen jedoch ist der Ansicht, dass unter Aufgabe des „Vertragsprinzips" eine Eigenhaftung des Warenherstellers durchaus in Betracht komme: „Die Einstandspflicht des Warenproduzenten für seine Werbeaussage ist keine Vertrauenshaftung, sondern die Haftung für privatautonomes Leistungsversprechen

103 Teichmann, Schadensersatz bei fehlerhafter Ware – BGHZ 48, 118, JuS 1968, 315, 320.

104 Wolff, Zur Haftung des Verkäufers bei fehlerhaften Waren, DB 1968, 1611, 1612; Prieß, Der Begriff des Sachmangels im deutschen und im englischen Kaufrecht, Diss.-jur. 2001, S. 167, m.w.N.

105 BGH, NJW 1981, 1269, 1270.

106 BGH, NJW 1981, 1269, 1270.

an die Marktöffentlichkeit, das eine indirekte Austauschbeziehung zwischen den Vertragsparteien anbahnt. Konsequenz dieser Vertragsnähe ist es, daß Werbeerklärungen nicht nur Schutz- und Erhaltungspflichten auslösen, sondern ebenso Leistungserwartungen, die im Falle des Versprechensbruchs analog § 463 BGB [a.F.] die Haftung auf das Erfüllungsinteresse tragen."[107]

Der Versuch *Köndgens*, eine direkte Herstellerhaftung für unrichtige Werbeaussagen zu konstruieren, ist, soweit ersichtlich, ansonsten in Rechtsprechung oder Literatur nicht in Erwägung gezogen worden.[108]

IV. Beweislast

Waren bereits die rechtlichen Voraussetzungen für eine Verkäuferverantwortlichkeit aufgrund von Werbung oder sonstiger öffentlicher Äußerungen geweckter Käufererwartungen zum alten Kaufrecht mehr als vage, so tat die Beweissituation ihr Übriges. Insbesondere war es für den Käufer oftmals nur schwer zu beweisen, dass die jeweilige Werbung oder sonstige Produktbeschreibung Gegenstand der Vertragsverhandlungen gewesen oder in sonstiger Weise in den Kaufvertrag einbezogen worden ist. Ebenfalls schwierig zu beweisen war für den Käufer in der Regel, dass seine konkrete Kaufentscheidung durch die unrichtige Werbung kausal verursacht worden ist.

B. Die Haftung des Verkäufers aus positiver Vertragsverletzung (p.V.V.)

Eine Haftung des Verkäufers für unzutreffende Werbeaussagen konnte sich unter Umständen aus den Grundsätzen der p.V.V. ergeben. Nach ständiger Rechtsprechung und ganz herrschender Ansicht in der Literatur fielen unter den Begriff der p.V.V. alle Pflichtverletzungen im Rahmen eines bestehenden Schuldverhältnisses, die weder Unmöglichkeit noch Verzug herbeiführten und deren Folgen nicht von den gesetzlichen Gewährleistungsvorschriften erfasst wurden.[109] Nach allgemeiner Ansicht stellte die p.V.V. somit den Grundtatbestand aller Vertragsverletzungen dar.

---

107 Köndgen, Selbstbindung ohne Vertrag, 1981, S. 352.

108 Vgl. hierzu: Prieß, Der Begriff des Sachmangels im deutschen und im englischen Kaufrecht, Diss.-jur. 2001, S. 166, m.w.N.

109 Palandt/Heinrichs, BGB, 61. Aufl., § 276, Rdnr. 107; MünchKomm-Emmerich, BGB, 3. Auflage, Vor § 275, Rdnr. 218, m.j.w.N.

Voraussetzung einer Verantwortlichkeit des Verkäufers aus p.V.V. im Rahmen eines Kaufvertrages war zunächst, dass das Institut der p.V.V. neben bestehenden Gewährleistungsansprüchen aus dem Kaufvertrag Anwendung fand. Das Verhältnis der p.V.V. zu den speziellen Rechtsbehelfen innerhalb der kaufrechtlichen Gewährleistung war zunächst unklar und wurde kontrovers beurteilt.

Unter Zugrundelegung der Rechtsprechung des BGH und der herrschenden Meinung in der Literatur ergab sich die folgende Situation: Die p.V.V. war neben den Spezialregelungen der §§ 459 ff. BGB a.F. grundsätzlich anwendbar. Begründet wurde dieses Ergebnis meist damit, dass das Gewährleistungsrecht der §§ 459 ff. BGB a.F. abschließende Sonderregelungen nur bezüglich der unmittelbaren Wirkung der mangelhaften Kaufsache enthielte. Mit den Rechtsbehelfen der Wandlung und der Minderung war der Käufer jedoch nicht hinreichend vor solchen Schäden geschützt, die über den den Mangel selbst begründenden Nachteil an der verkauften Sache hinausgingen und Schäden an käufereigenen Rechtsgütern hervorriefen. Solche Schäden wurden üblicherweise als Begleit- und Mangelfolgeschäden bezeichnet. Die grundsätzliche Entscheidung des Gesetzgebers zum BGB a.F. dahingehend, dass der Käufer einen Schadensersatzanspruch nur unter den engen Voraussetzungen der §§ 463, 480 Abs. 2 BGB a.F. haben sollte[110], erwies sich in der Praxis als wenig interessengerecht und nicht durchführbar.[111] Insoweit entsprach es der ständigen Rechtsprechung des BGH und der ganz herrschenden Meinung in der Literatur, dass in Ergänzung der §§ 459 ff. BGB a.F. eine Haftung des Verkäufers aus p.V.V. erstens im Falle der schuldhaften Herbeiführung eines Fehlers nach Vertragsschluss oder schuldhafter Auswahl einer mangelhaften Sache beim Gattungskauf, zweitens bei Schädigung von anderen Rechtsgütern des Käufers durch Lieferung einer mangelhaften Sache (Mangelfolgeschäden) und drittens im Fall der Verletzung sonstiger Nebenpflichten in Betracht kommen konnte.[112]

Eine Ausnahme galt jedoch wiederum für den Anwendungsbereich der §§ 463, 480 Abs. 2 BGB a.F. Dies folgte daraus, dass diese auf Schadensersatz wegen Nichterfüllung gerichteten Normen des Kaufrechtes allein aufgrund ihrer Rechtsfolge nicht mit der ebenfalls im Falle des Verstoßes gegen im Synallagma stehende Hauptpflicht auf Schadensersatz wegen Nichterfüllung gerichteten

110 Motive II, S. 228 f. = Mugdan, Die gesamten Materialien zum Bürgerlichen Gesetzbuch für das Deutsche Reich, II. Band, S.125 f.

111 MünchKomm-Emmerich, BGB, 3. Auflage, Vor § 275, Rdnr. 227, m.w.N.

112 MünchKomm-Emmerich, BGB, 3. Auflage, Vor § 275, Rdnr. 227; Reinicke/ Tiedtke, Kaufrecht, 6. Aufl., S. 254.

p.V.V. gemeinsam zur Anwendung kommen konnten, ein Konkurrenzverhältnis in diesem Zusammenhang mithin gar nicht bestand.[113]

Somit bleibt festzustellen, dass die p.V.V. in dem eben geschilderten Umfang neben der Haftung aus §§ 459 ff. BGB a.F. anwendbar war.

II. Die Fallgruppen der p.V.V.

Damit eine Haftung aus p.V.V. gegeben sein konnte, musste der Verkäufer eine ihm gegenüber dem Käufer obliegende Pflicht aus dem sie verbindenden Kaufvertrag verletzen. Hier kamen insbesondere die folgenden drei Fallgruppen in Betracht.

1. Verschuldenshaftung des Verkäufers

Denkbar war zunächst eine Haftung des Verkäufers im Falle der schuldhaften Herbeiführung eines Fehlers nach Vertragsschluss oder wegen der schuldhaften Auswahl einer mangelhaften Sache beim Gattungskauf.[114] Darüber hinaus kam eine Verkäuferverantwortlichkeit wegen der Nichtbehebung eines durch den Verkäufer erkannten oder für den Verkäufer erkennbaren Mangels in Betracht.[115] Allen drei Varianten war somit gemein, dass es sich jeweils um eine mangelhafte Sache handeln musste. Sowohl die schuldhafte Herbeiführung eines Fehlers nach Vertragsschluss als auch die schuldhafte Auswahl einer mangelhaften Sache beim Gattungskauf setzten im Sinne des subjektiven Fehlerbegriffes eine dem Käufer nachteilige Abweichung der Istbeschaffenheit von der Sollbeschaffenheit voraus. Das Kriterium der Sollbeschaffenheit setzte wiederum voraus, dass aufgrund des Vertrages oder aufgrund der gewöhnlichen Beschaffenheit der Kaufsache das Vorliegen eines Fehlers überhaupt festgestellt werden kann. Im hier interessierenden Zusammenhang setzt die Verkäuferhaftung aus p.V.V. ebenso wie die Haftung des Verkäufers gemäß §§ 459 ff. BGB a.F. demzufolge voraus, dass die Werbeaussage oder sonstige produktbeschreibende Maßnahme die Kaufsache derart beschrieben hat, dass die nicht vorhandene Sacheigenschaft nach den Verkäuferangaben hätte vorhanden sein sollen und die Sachbeschreibung – genau wie im Rahmen der Haftung aus §§ 459 ff. BGB a.F. – auch tatsächlich Vertragsbestandteil geworden ist. Insofern konnte die p.V.V. die kaufrechtliche Ver-

113 Soergel-Wiedemann, BGB, 12. Auflage, Vor § 275, Rdnr. 414.
114 MünchKomm-Emmerich, BGB, 4. Auflage, Vor § 275, Rdnr. 209.
115 Vgl. hierzu: Soergel-Wiedemann, BGB, 12. Auflage, Vor § 275, Rdnr. 571, m.w.N.

antwortung des Verkäufers nicht über die beiden genannten Fallkonstellationen hinaus erweitern.

2. Mangel- und Mangelfolgeschäden

In der Fallgruppe der Mangel- und Mangelfolgeschäden wurden diejenigen Sachverhalte zusammengefasst, in denen durch die mangelhafte Sache dem Käufer über den Schaden an der Kaufsache selbst hinausgehend an anderen Rechtsgütern Schäden entstanden. Auch in diesem Fall war somit Voraussetzung für die Verkäuferhaftung wegen unrichtiger Werbeaussagen aus p.V.V. des Kaufvertrages, dass es sich um eine mangelhafte Sache handelte. Insofern gilt auch hier das oben zur ersten Fallgruppe Gesagte entsprechend, nämlich, dass eine durch die Werbeaussage geäußerte Sachbeschreibung der Kaufsache Vertragsbestandteil geworden sein musste. Auch in dieser Fallgruppe wurde die Haftung des Verkäufers für unzutreffende Werbeaussagen etc. aus p.V.V. gegenüber der kaufrechtlichen Verantwortung faktisch nicht erweitert.

3. Verletzung sonstiger Nebenpflichten

Letztlich konnte eine Haftung des Verkäufers aus p.V.V. aus der Verletzung sonstiger Nebenpflichten entstehen. In dieser Fallgruppe wurden diejenigen Sachverhalte zusammengefasst, in denen die verkaufte Sache an sich mangelfrei war, der Käufer jedoch infolge unterbliebener oder fehlerhafter Anweisung, Aufklärung, Mitwirkung etc. einen Schaden an der Kaufsache selbst oder an anderen Rechtsgütern erlitt.[116] Begrifflich setzte die Haftung des Verkäufers in dieser Fallgruppe somit keinen Mangel voraus. Fraglich ist demnach, ob sich alleine aus diesem Umstand heraus – anders als in den bereits untersuchten ersten zwei Fallgruppen der p.V.V. – eine Verkäuferhaftung für Werbeaussagen über den gemäß §§ 459 ff. BGB a.F. eröffneten Bereich hinaus ergeben konnte. Voraussetzung dafür wäre gewesen, dass die verkaufte Sache den in der Werbung geäußerten Beschreibungen entsprach, dem Käufer jedoch durch die Verletzung von dem Verkäufer obliegenden Nebenpflichten ein Schaden entstand.

Von dieser Fallgruppe der p.V.V. konnte derjenige Fall nicht erfasst werden, in dem durch die verkäuferseitige Werbeaussage die Kaufsache beschrieben wird und die versprochenen Beschaffenheitsmerkmale tatsächlich fehlten. Denn dieser Fall wurde unmittelbar von den allgemeinen Vorschriften der Sachmängelgewährleistung der §§ 459 ff. BGB a.F. erfasst beziehungsweise, wenn die jeweiligen Voraussetzungen vorlagen, von der ersten und zweiten Fallgruppe der Haf-

116 Jauernig/Vollkommer, BGB, 9. Auflage, § 276, Rdnr. 55.

tung aus p.V.V. abgedeckt. Die dritte Fallgruppe der p.V.V. wegen der Verletzung von Nebenpflichten konnte insoweit nicht einschlägig sein, da in der beschriebenen Fallkonstellation ein Sachmangel vorlag.

Somit blieb nur noch die Konstellation, dass bei einer an sich mangelfreien Kaufsache die Verletzung einer vertraglichen Nebenpflicht zu einem Schaden beim Käufer führte.

Beispiel: Ein großes SB Möbelhaus wirbt für den Verkauf eines Bücherregals. In der Werbeaussage wird neben der hervorragenden Qualität des Regales selbst unter anderem damit geworben, dass die Montageanleitung derart übersichtlich und verständlich gestaltet sei, dass auch für einen absoluten Laien der einfache und sichere Aufbau problemlos möglich sei. Der Käufer K kauft daraufhin – unter expliziter Bezugnahme der Vertragsparteien auf die Werbeaussagen – das beworbene Regal. Nachdem K das Regal bei sich zu Hause aufgebaut und mit seinen persönlichen Sachen bestückt hat, fällt dieses jedoch kurze Zeit später in sich zusammen und wird dabei völlig zerstört.[117] Im Nachhinein stellt sich heraus, dass das Regal tatsächlich von der beworbenen Qualität war, die vom Verkäufer verfasste Montageanleitung jedoch nicht zum Ausdruck brachte, dass die Einlegeböden nicht nur mit den Seitenteilen zusammengesteckt, sondern zur zusätzlichen Stabilisierung mit diesen jeweils fest verschraubt werden müssen. Aufgrund der fehlerhaften Montageanleitung unterließ der in diesem Bereich wenig sachkundige K eine Verschraubung des Regals, wunderte sich zwar über die übriggebliebenen Schrauben, dachte sich aber weiter nichts dabei.

In diesem Fall wären die beschriebenen Voraussetzungen für einen Anspruch aus p.V.V. gegeben gewesen. Es handelte sich um den Verkauf einer mangelfreien Sache, bei dem die Verletzung einer Verkäufernebenpflicht (hier Verletzung einer Aufklärungspflicht) zu einem Schaden auf Käuferseite führt. Darüber hinaus hat der Verkäufer eine vertragliche Nebenpflicht verletzt, die ihm aufgrund einer Werbeaussage und entsprechender Bezugnahme im Kaufvertrag gegenüber dem Käufer obliegt. Insoweit handelt es sich hier um einen theoretisch möglichen, praktisch jedoch wenig relevanten Fall, welcher den Kernbereich, nämlich die Frustration durch Werbung erweckter Erwartungen, nicht zu sanktionieren vermag.

117 Zur Klarstellung sei angemerkt: Diese Fallgruppe erfasst sowohl Mangelschäden als auch Mangelfolgeschäden an den Rechtsgütern des Käufers.

III. Verschulden und Schaden

Neben den genannten Voraussetzungen musste den Verkäufer ein Verschulden im Sinne des § 276 Abs. 1 BGB a.F. treffen und dem Käufer ein Schaden entstanden sein.

IV. Beweislast

Dem anspruchstellenden Käufer oblag die Beweislast gegenüber dem Verkäufer. Er musste also darlegen und beweisen, dass der objektive Tatbestand der Pflichtverletzung und das Merkmal der Kausalität erfüllt war.[118] Gerade der Kausalitätsnachweis bereitet jedoch in der Praxis erhebliche Schwierigkeiten.[119] War dies gelungen, kam eine analoge Anwendung von § 282 BGB a.F. hinsichtlich des Vertretenmüssens in Betracht.

V. Ergebnis

Eine Haftung des Verkäufers aus p.V.V. des Kaufvertrages im Falle der nicht zutreffenden Werbeaussage war theoretisch möglich. Praktische Bedeutung gewann sie allerdings nicht, weil sie im Bereich der Verschuldenshaftung des Verkäufers (1. Fallgruppe) und im Rahmen der Mangel- und Mangelfolgeschäden (2. Fallgruppe) genau wie die Haftung aus §§ 459 ff. BGB a.F. voraussetzte, dass eine beworbene und nicht vorhandene Sacheigenschaft auch tatsächlich Vertragsbestandteil geworden ist. Sofern Werbeaussagen betroffen waren, war insoweit das Haftungssystem der §§ 459 ff. BGB a.F. gegenüber der Haftung aus p.V.V. spezieller.

Im Rahmen der Verletzung sonstiger Nebenpflichten erweiterte die Haftung aus p.V.V. diejenige aus §§ 459 ff. BGB a.F. Dies ist aber eine praktisch kaum relevante Konstruktion.

---

118 MünchKomm-Emmerich, BGB, 3. Auflage, Vor § 275, Rdnr. 346.

119 Trinkner, Schutz des Verbrauchers vor irreführender Werbung, BB 1975, 1493, 1494.

C. Die Haftung des Verkäufers aus culpa in contrahendo (c.i.c.)

I. Die Anwendbarkeit der c.i.c.

Auch im Falle der c.i.c. stellte sich zunächst die Frage, ob und inwieweit diese Anspruchsgrundlage neben den §§ 459 ff. BGB a.F. anwendbar war. Nach ganz überwiegender Ansicht war die Haftung aus c.i.c. zunächst immer dann zugunsten der Haftung aus §§ 459 ff. BGB a.F. ausgeschlossen, wenn sich das Verschulden des Verkäufers auf die Beschaffenheit der Kaufsache bezog.[120] Die §§ 459 ff. BGB a.F. stellten diesbezüglich eine abschließende Sonderregelung dar. Nach Auffassung des BGH haftete der Verkäufer jedoch auch dann wegen unrichtiger Beschaffenheitsangaben hinsichtlich der Kaufsache aus c.i.c., wenn das vorvertragliche Verschulden des Verkäufers vorsätzlich war.[121] In diesem Fall griff jedoch regelmäßig § 463 Satz 2 BGB a.F. ein, wenn es tatsächlich zum Abschluss eines Vertrages gekommen war. Dies ist in der Literatur zum Teil auf Ablehnung gestoßen.[122] Einigkeit bestand allerdings dahingehend, dass der Verkäufer jedenfalls dann aus c.i.c. haftete, wenn sich sein vorsätzliches oder fahrlässiges Verschulden nicht auf die Beschaffenheit der Kaufsache bezog, mithin also kein Sachmangel vorlag.[123]

II. Die Voraussetzungen der c.i.c.

Voraussetzung für einen Anspruch aus c.i.c. war zunächst die Verletzung einer dem potenziellen Vertragspartner gegenüber obliegenden vorvertraglichen Pflicht. Ob und inwieweit sich eine vorvertragliche Pflicht bereits aus einem durch Werbung etc. angebahnten Vertragsverhältnis ergeben konnte, wurde uneinheitlich beurteilt.

Lehmann beispielsweise bejaht eine vertragsähnliche Erklärungshaftung gemäß den Grundsätzen der c.i.c. im Falle von unrichtigen Werbeaussagen.[124] Voraussetzung hierfür sei (1) die Existenz einer geschäftlichen Beziehung zu Zwecken der Vertragsanbahnung zwischen der Angebots- und Nachfrageseite, (2) die Übermittlung einer Werbebotschaft oder sonstigen vergleichbaren Marketingmaßnahme, (3) eine schuldhafte Sorgfaltspflichtverletzung eines an der Werbung Beteiligten, (4) dadurch eine vermögensmindernde Vertrauensinvestition eines

---

120 Palandt/Putzo, BGB, 60. Auflage, Vor § 459, Rdnr. 7.
121 BGH, NJW 1992, 2564, 2565 f.
122 Soergel-Huber, BGB, 12. Auflage, Vor § 459, Rdnr. 228.
123 Palandt/Putzo, BGB, 60. Auflage, Vor § 459, Rdnr. 7 m.w.N.
124 Lehmann, Vertragsanbahnung durch Werbung, 1981, S. 347 ff.

Nachfragers, die (5) auf seiner Seite zu einem Schaden führe. Unter diesen Voraussetzungen könne derjenige Werbeadressat, der aufgrund seines Vertrauens auf bestimmte Werbeangaben einen Schaden erlitten hatte, einen Anspruch auf Ersatz des negativen Interesses (Vertrauensschaden) haben, welcher sich ansonsten nach den allgemeinen Grundsätzen des vertraglichen Haftungssystems des BGB richte.[125] Für die Haftung sei nicht entscheidend, ob es später zum Vertragsschluss gekommen sei oder nicht. Darüber hinaus bestehe dieser Anspruch neben etwaigen Ansprüchen gemäß §§ 459 ff. BGB a.F.

Ein solcher Schadensersatzanspruch sei aufgrund geänderter wirtschaftlicher Vertriebsbedingungen in Form moderner Werbung geboten. Moderne Massenwerbung habe zur Folge, dass das eigentliche Verkaufsgespräch zwischen Käufer und Verkäufer nicht mehr in dem Maße stattfinde, wie dies zu Zeiten ohne massenmediale Absatzwerbung der Fall gewesen sei. Das individuelle Verkaufsgespräch werde zunehmend durch die jeweilige Sachbeschreibung in der Werbung ersetzt. Demzufolge beginne die eine Haftung rechtfertigende vorvertragliche Beziehung der Parteien regelmäßig schon mit der Übermittlung der Werbebotschaft. Sobald der Werbende erkenne oder erkennen müsse, dass die jeweilige Aussage unrichtig sei und der Adressat der Werbung durch diese zum Vertragsabschluss bewogen werde, hafte er dem Käufer gegenüber auf Ersatz des negativen Interesses. Als Haftungsadressat komme hierbei nicht nur der Verkäufer, sondern auch der Hersteller der Kaufsache in Betracht. Dieser sei nämlich hinsichtlich des Absatzinteresses dem Verkäufer vergleichbar und nehme als Fachmann gegenüber dem Werbeadressaten besonderes Vertrauen in Anspruch.[126] Insofern sei im Rahmen der c.i.c. auch eine Dritthaftung denkbar. Durch einen solchen Schadensersatzanspruch werde die Angebotsseite gehalten, unter Vermeidung unnötiger Transaktionskosten die Abnehmerseite angemessen über das jeweilige Produkt zu informieren.

Überwiegend wurde das Bestehen einer vorvertraglichen Pflicht jedoch mit Hinweis darauf verneint, dass das erforderliche Näheverhältnis beziehungsweise die Inanspruchnahme besonderen Vertrauens fehle.[127] Denn die Werbung diene in erster Hinsicht im Stadium der Vertragsanbahnung zunächst lediglich der reinen Kontaktaufnahme zwischen den Parteien. Insofern wurde bereits das Bestehen einer vorvertraglichen Sorgfalts- beziehungsweise Aufklärungspflicht verneint. Dies auch und gerade im Hinblick darauf, dass es eine „allgemeine" Aufklärungspflicht der Vertragsparteien deshalb nicht gibt, weil die Interessen beim

125 Lehmann, Vertragsanbahnung durch Werbung, 1981, S. 397.

126 Lehmann, Vertragsanbahnung durch Werbung, 1981, S. 366 ff., 398, 399; Lehmann, Die bürgerliche Haftung für Werbeangaben, NJW 1981, 1233, 1240.

127 BGH NJW 1970, 653, 655; Peifer, Die Haftung des Verkäufers für Werbeangaben, JR 2001, 265, 267 m.w.N.

Vertragsabschluss nicht auf einen gemeinsamen Zweck gerichtet, sondern einander entgegengesetzt sind.[128]

Auch wurde eine Dritthaftung nach ganz überwiegender Meinung abgelehnt, da Dritte im Rahmen vorvertraglicher Verantwortung nur dann haftbar seien, wenn sie entweder als Vertreter oder als sonstige Sachwalter der anderen Vertragspartei aufträten und darüber hinaus ein nicht unerhebliches Eigeninteresse am Vertragsschluss hätten.[129]

III. Ergebnis

Eine Haftung des Verkäufers oder gar des Herstellers für unrichtige Werbeaussagen unter dem Gesichtspunkt der c.i.c. wurde zwar vereinzelt vertreten, die herrschende Meinung lehnte eine solche Haftung jedoch mangels vorvertraglicher Pflichten entschieden ab.

D. Die Haftung des Verkäufers aus unerlaubter Handlung gemäß § 823 BGB

I. Die Anwendbarkeit der Haftung aus unerlaubter Handlung

Grundsätzlich können Ansprüche aus unerlaubter Handlung neben vertraglichen Ansprüchen bestehen, wenn die jeweilige Vertragsverletzung auch den Tatbestand der unerlaubten Handlung erfüllt.[130] Ansprüche des Käufers gegen den Verkäufer wegen unrichtiger Werbeaussagen sind insofern zunächst nicht grundsätzlich ausgeschlossen.

II. Die Voraussetzungen der Haftung aus unerlaubter Handlung

1. Die Haftung gemäß § 823 Abs. 1 BGB

Einer Haftung des Verkäufers für unrichtige Werbeaussagen aus unerlaubter Handlung steht in der Regel entgegen, dass bei dem Geschädigten oftmals „nur" eine Einbuße von Vermögen entsteht. Das Vermögen als solches wird vom

128 Peifer, Die Haftung des Verkäufers für Werbeangaben, JR 2001, 265, 267 m.w.N.
129 Palandt/Heinrichs, BGB, 60. Auflage § 276, Rdnr. 95 ff.
130 Palandt/Thomas, BGB, 61. Auflage, Einf. v. § 823, Rdnr. 4.

Schutzbereich des § 823 Abs. 1 BGB jedoch nicht erfasst.[131] Ein Vertragsabschluss, den der Käufer deswegen als unerwünscht empfindet, weil die tatsächliche Beschaffenheit oder Funktionsgeeignetheit hinter der in der Werbung beschriebenen zurückbleibt, führt üblicherweise lediglich dazu, dass der Käufer durch die Bezahlung des Kaufpreises eine Reduzierung seines Vermögens hinnehmen muss.[132] Diesbezügliche Ansprüche aus § 823 Abs. 1 BGB sind daher in der Regel ausgeschlossen.

2. *Die Haftung gemäß § 823 Abs. 2 BGB*

In Betracht kommen könnte ein Anspruch aus § 823 Abs. 2 BGB in Verbindung mit § 3 UWG a.F. (§ 5 UWG n.F.). Denn teilweise wird in der Literatur vertreten, dass es sich bei den Vorschriften des UWG, insbesondere bei § 3 UWG a.F. (§ 5 UWG n.F.) um Schutzgesetze im Sinne des § 823 Abs. 2 BGB handele.[133]

Die Rechtsprechung entschied sich jedoch schon früh dagegen, § 3 UWG a.F. (§ 5 UWG n.F.)[134] als Schutzgesetz im Sinne des § 823 Abs. 2 BGB – jedenfalls im Falle der unrichtigen oder irreführenden Werbung – anzuerkennen.[135] In der sogenannten „Prüfzeichen"-Entscheidung aus dem Jahre 1974 stellte der BGH fest, dass im Falle eines schuldhaften Verstoßes gegen § 3 UWG a.F. (§ 5 UWG n.F.) ein Anspruch aus § 823 Abs. 2 in Verbindung mit § 3 UWG a.F. (§ 5 UWG n.F.) ausscheide. Denn in einem solchen Fall sei § 13 Abs. 6 UWG a.F. (damals § 13 Abs. 2 UWG a.F., jetzt §§ 8 und 9 UWG n.F.) lex specialis gegenüber § 823 Abs. 2 BGB. Darüber hinaus seien im Falle eines Wettbewerbsverstoßes die Sanktionsvorschriften des UWG abschließend. Im Übrigen wäre der Anwendungsbereich dieser Anspruchsgrundlage auch deshalb eingeschränkt, da eine lediglich unrichtige Werbeaussage nicht ausreichen würde. Vielmehr müsste diese auch irreführend im Sinne des § 3 UWG a.F. (§ 5 UWG n.F.) sein.

Eine Haftung aus § 823 Abs. 2 BGB in Verbindung mit anderen Schutzgesetzen wurde zum Teil zwar angedacht[136], hat jedoch die praktische Haftungssituation des Verkäufers für unrichtige Werbeangaben nicht beeinflusst.

---

131 Palandt/Thomas, BGB, 62. Auflage, § 823, Rdnr. 31.
132 Lehmann, Vertragsanbahnung durch Werbung, 1981, S. 264.
133 So wohl: Lehmann, Vertragsanbahnung durch Werbung, 1981, S. 284.
134 Zu UWG n.F. Piper/Ohly, UWG, 4. Auflage, § 1 , Rdnr. 10 m.w.N.
135 BGH NJW 1974, 1503, 1505; vgl. hierzu auch: Baumbach/Hefermehl, Wettbewerbsrecht, 22. Aufl., § 1 UWG, Rdnr. 912, § 3 UWG, Rdnr. 440 und § 13a UWG, Rdnr. 1; zur diesbezüglichen Folgediskussion vgl. nur: Vollmer, Deliktsrechtlicher Abnehmerschutz gegen unerlaubte Werbung bei arbeitsteiligem Vertrieb, BB 1979, 759 ff.
136 Lehmann, Vertragsanbahnung durch Werbung, 1981, S. 286 ff.

III. Ergebnis

Eine Haftung aus § 823 Abs. 1 BGB scheidet in der Regel deshalb aus, weil das Vermögen als solches kein geschütztes Recht im Sinne der Vorschrift darstellt.

Eine Haftung aus § 823 Abs. 2 in Verbindung mit § 3 UWG a.F. (§ 5 UWG n.F.) wurde in der Literatur teilweise vertreten, da der BGH jedoch den Schutzgesetzcharakter des § 3 UWG a.F. (§ 5 UWG n.F.) ablehnt, kam und kommt einer Haftung aus unerlaubter Handlung in der Praxis keine Bedeutung zu.

E. Anfechtungs- und Rücktrittsrechte

I. Vorbemerkung

Im folgenden Unterabschnitt soll die Situation der Gestaltungsrechte untersucht werden, welche gegebenenfalls nach alter Rechtslage anwendbar waren beziehungsweise immer noch anwendbar sind. Im hier interessierenden Zusammenhang geht es um die Frage, ob dem Vertragspartner, der unter Einbeziehung unrichtiger Werbeaussagen einen Vertrag abgeschlossen hat, unter Umständen Anfechtungs- oder Rücktrittsrechte zustehen können, also solche Gestaltungsrechte, die dem „Abnehmer“ eine Lösung von den vertraglichen Verbindlichkeiten ermöglichen.

Dieser Themenbereich gehört nicht zu der Haftung des Verkäufers für unrichtige Werbeaussagen im engeren Sinne. Dies hat seine Ursache in dem Umstand, dass sämtliche in Frage kommenden Gestaltungsrechte wie die Anfechtungstatbestände nach §§ 119 ff. BGB und das Rücktrittsrecht gemäß § 13a UWG a.F. keinen Schadensersatzanspruch desjenigen vorsehen, der wegen enttäuschter Erwartungen infolge einer unrichtigen Werbeaussage das Gestaltungsrecht ausüben möchte. Im Gegenteil: Im Rahmen der bürgerlichrechtlichen Anfechtungssystematik ist eine Schadensersatzpflicht auf das negative Interesse des Anfechtungsberechtigten gemäß § 122 Abs. 1 BGB vorgesehen.

Im Hinblick auf die dem ein Gestaltungsrecht Ausübenden zustehenden Ansprüche aus Bereicherungs- oder Rücktrittsrecht ist der in seiner Erwartung aufgrund unrichtiger Werbung enttäuschte Käufer jedoch nicht völlig rechtlos gestellt und kann unter Umständen wenigstens auf Rückgewähr seiner eigenen Leistung hoffen. Darüber hinaus kann dem Anfechtenden unter Umständen ein

Schadensersatzanspruch aus c.i.c. zustehen, wenn er beispielsweise durch den späteren Anfechtungsgegner in die Irre geführt worden ist.[137]

II. Die Anfechtung gemäß §§ 119 ff. BGB

1. Die Anfechtung gemäß § 119 Abs. 1 BGB

a) Der Inhaltsirrtum

Gemäß § 119 Abs. 1, 1. Alt. BGB kann eine Willenserklärung angefochten werden, wenn der Erklärende bei der Abgabe der Willenserklärung über deren Inhalt im Irrtum war und anzunehmen ist, dass er die Erklärung bei Kenntnis der Sachlage und bei verständiger Würdigung des Falles nicht abgegeben haben würde. Ein Inhaltsirrtum liegt daher dann vor, wenn zwar das äußere Bild der Erklärung der Intention des Erklärenden entspricht, die Interpretation jedoch, die dieser Erklärung vom Empfängerhorizont aus objektiv zuzumessen ist, vom Willen des Erklärenden abweicht. Es liegt somit eine Fehlvorstellung des Erklärenden über den objektiven und damit rechtlich wirksamen Inhalt seiner Erklärung vor. Der Erklärende will im Falle des Inhaltsirrtums nicht das, was er tatsächlich sagt, der Erklärungswille und der objektive Sinngehalt seiner Erklärung fallen auseinander.[138]

Fraglich ist, ob auf Seiten desjenigen Käufers, der aufgrund einer unzutreffenden Werbeaussage einen Vertrag abschließt, überhaupt ein Inhaltsirrtum vorliegen kann. Voraussetzung hierfür wäre ein Auseinanderfallen von Willen und Erklärung auf Seiten des Käufers. Ausgehend von diesem Erfordernis der Inkongruenz zwischen dem objektiven Inhalt der Erklärung und dem Willen des Erklärenden wird der praktische Wert dieses Anfechtungstatbestandes im Rahmen von unzutreffenden Werbemaßnahmen nur als gering zu werten sein. Ein Inhaltsirrtum kann dann nicht vorliegen, wenn der Wille zwar die Erklärung deckt, jedoch der gedeckte Wille auf einer falschen oder lückenhaften Informationsgrundlage gebildet worden ist. Denn Voraussetzung des Inhaltsirrtums gemäß § 119 Abs. 1, 1. Alt. BGB ist regelmäßig die Fehlerhaftigkeit der Willensäußerung, gerade nicht relevant ist demgegenüber der Prozess und das Ergebnis der Willensbildung.[139] Werbe- und Marketingmaßnahmen sind in der Regel darauf angelegt,

---

137 Palandt/Heinrichs, BGB, 62. Auflage, § 119, Rdnr. 2.; MünchKomm-Kramer, BGB, 4. Auflage, § 122, Rdnr. 6, m.w.N.

138 MünchKomm-Kramer, BGB, 4. Auflage, § 119, Rdnr. 55, m.w.N.

139 Lehmann, Vertragsanbahnung durch Werbung, 1981, S. 120 ff.

auf ihren Adressaten informierend und überredend einzuwirken. Sie sollen den Adressaten im Sinne eines für die Angebotsseite positiven Vertragsabschlusses motivieren. Sind die diesbezüglichen Informationsinhalte tatsächlich unzutreffend, so wird auf Seiten des Adressaten lediglich eine Fehlvorstellung über Art und Beschaffenheit des beworbenen Produktes hervorgerufen. Im Bereich der unrichtigen Werbeaussagen wird daher ein Irrtum in der Regel nicht über den Sinn oder Inhalt der rechtsgeschäftlichen Erklärung, sondern vielmehr im tatsächlichen Bereich im Sinne eines „Realitätsirrtums“ bewirkt.[140]

Ausgehend von diesen Erwägungen ist somit der Verlautbarungsirrtum[141], also der Fall, in dem sich der Erklärende bei Kundgabe seines Willens eines falschen Erklärungsmittels bedient, im Bereich der Fehlvorstellung aufgrund unzutreffender Werbeaussagen ausgeschlossen. Ähnlich verhält es sich mit dem Unterfall des Erklärungsirrtums in Form des sogenannten Identitätsirrtums. Ein solcher liegt vor, wenn der Erklärende zur Kundgabe seines Willens zwar das richtige Erklärungsmittel verwendet, die Willenserklärung aber erst durch Bezugnahme auf bestimmte Umstände, über die der Erklärende sich im Irrtum befindet, ihre volle, vom Erklärenden nicht intendierte Bedeutung erhält.[142] Gleiches gilt für die Fälle des Rechtsfolgenirrtums sowie des Kalkulationsirrtums. Diese Erscheinungsformen des Inhaltsirrtums liegen im Bereich der vorvertraglichen Willensbildung und nicht in dem der konkreten Willensäußerung. Der Inhaltsirrtum kann daher in dem hier interessierenden Zusammenhang nicht einschlägig sein.[143]

b) Der Erklärungsirrtum

Gemäß § 119 Abs. 1, 2. Alt. BGB kann eine Willenserklärung auch dann angefochten werden, wenn der Erklärende bei der Abgabe der Willenserklärung eine Erklärung dieses Inhaltes überhaupt nicht abgeben wollte und anzunehmen ist, dass er die Erklärung bei Kenntnis der Sachlage und bei verständiger Würdigung des Falles nicht abgegeben haben würde. Ein Erklärungsirrtum liegt mithin dann vor, wenn der Erklärende seine Willenserklärung in einer Form abgibt, in der er sie nicht abgeben wollte. Im Rahmen des Erklärungsaktes missglückt dem Erklä-

140 Lehmann, Vertragsanbahnung durch Werbung, 1981, S. 125, m.w.N.

141 Teilweise auch als „Bedeutungsirrtum“ bezeichnet, vgl. die Nachweise bei MünchKomm-Kramer, BGB, 4. Auflage, § 119, Rdnr. 74 und Fn. 196.

142 MünchKomm-Kramer, BGB, 4. Auflage, § 119, Rdnr. 75.

143 So im Ergebnis auch: Lehmann, Vertragsanbahnung durch Werbung, 1981, S. 125, m.w.N; so im Ergebnis auch: Trinkner, Schutz des Verbrauchers vor irreführender Werbung, BB 1975, 1493 und Peifer, Die Haftung des Verkäufers für Werbeangaben, JR 2001, 265, 266, die beide jeweils die Anfechtungsgründe gemäß § 119 Abs. 1 BGB nicht in Erwägung ziehen und somit von deren Irrelevanz ausgehen.

renden die praktische Umsetzung seines Erklärungswillens in eine dem Willen entsprechende Kundgabe, indem er sich etwa verspricht, verschreibt oder vergreift.[144]

Ähnlich wie im Falle des Inhaltsirrtums liegt die Ursache des Erklärungsirrtums daher im Bereich der Willensäußerung und nicht der Willensbildung. Wie bereits dargelegt, entfalten Marketing- und Werbemaßnahmen durch ihren informierenden und persuasiven Charakter ihre Wirkung ausschließlich im Bereich der Willensbildung. Auf den Bereich der Willensäußerung haben diese Maßnahmen regelmäßig keinen Einfluss. Insofern ist aus den gleichen Gründen wie im Falle des Inhaltsirrtums auch der Erklärungsirrtum als Anfechtungsgrund wegen unrichtiger Werbeaussagen im Rahmen des Kaufvertrages praktisch nicht relevant.[145]

2. *Die Anfechtung gemäß § 119 Abs. 2 BGB*

Von Bedeutung könnte der Anfechtungstatbestand des § 119 Abs. 2 BGB sein. Gemäß § 119 Abs. 2 BGB gilt als Irrtum über den Inhalt der Erklärung auch der Irrtum über solche Eigenschaften der Person oder der Sache, die im Verkehr als wesentlich angesehen werden. Im Falle des Irrtums über verkehrswesentliche Eigenschaften stimmen Wille und Erklärung überein. Der Erklärende irrt nicht über die Erklärungshandlung oder den Erklärungsinhalt, sondern über Eigenschaften des Geschäftsgegenstandes und damit über die außerhalb der Erklärung liegende Wirklichkeit.[146] Der Irrtum über verkehrswesentliche Eigenschaften wird zum Teil als ein gesetzlich geregelter und somit ausnahmsweise beachtlicher Fall des ansonsten unbeachtlichen Motivirrtums angesehen.[147]

Wegen der insoweit unterschiedlichen Anknüpfungspunkte von Eigenschaftsirrtum im Sinne des § 119 Abs. 2 BGB einerseits und Inhalts- beziehungsweise Erklärungsirrtum gemäß § 119 Abs. 1 BGB andererseits ist der Anfechtungsgrund wegen Irrtums über verkehrswesentliche Eigenschaften für den Bereich der absatzfördernden Werbemaßnahmen der „zentrale" Anfechtungstatbestand. Der Irrtum über tatsächliche Umstände, nämlich über die verkehrswesentlichen Ei-

---

144 MünchKomm-Kramer, BGB, 4. Auflage, § 119, Rdnr. 46.

145 So im Ergebnis auch: Trinkner, Schutz des Verbrauchers vor irreführender Werbung, BB 1975, 1493 und Peifer, Die Haftung des Verkäufers für Werbeangaben, JR 2001, 265, 266, die beide jeweils die Anfechtungsgründe gemäß § 119 Abs. 1 BGB ebenfalls nicht in Betracht ziehen und somit von deren Irrelevanz ausgehen; Lehmann, Vertragsanbahnung durch Werbung, 1981, S. 144.

146 Palandt/Heinrichs, BGB, 62. Auflage, § 119, Rdnr. 23.

147 MünchKomm-Kramer, BGB, 4. Auflage, § 119, Rdnr. 33; Palandt/Heinrichs, BGB, 62. Auflage, § 119, Rdnr. 23 m.j.w.N.

genschaften, beeinflusst in der Regel nur die Willensbildung und den Willensentschluss über die Abgabe einer ganz bestimmten Erklärung. Nicht tangiert wird in diesem Zusammenhang hingegen der Bereich der Willensäußerung. Durch die persuasive Funktion der absatzfördernden Werbemaßnahmen wird durch solche Maßnahmen in der Regel auf den Willensbildungsprozess des Werbeadressaten eingewirkt. Dieser Bereich der Willensbildung wird von dem Anfechtungstatbestand gemäß § 119 Abs. 2 BGB erfasst. Im Falle des Irrtums über verkehrswesentliche Eigenschaften besagt die abgegebene Willenserklärung gerade das, was der Erklärende in der konkreten Situation sagen wollte. Den konkreten Irrtum hinweggedacht, wäre der Willensentschluss nicht oder auf jeden Fall nicht so getroffen worden, da der Irrtum seinen Ursprung im Bereich der Willensbildung hat.[148]

Freilich ging die ganz herrschende Meinung davon aus, dass eine Anfechtung jedenfalls nach Gefahrübergang gemäß § 119 Abs. 2 BGB dann ausgeschlossen war, wenn es sich um Eigenschaften handelte, die auch fehlerbegründend im Sinne von § 459 Abs. 1 BGB a.F. waren. Die §§ 459 ff. BGB seien Sondervorschriften für den Fall der Abweichung der Soll- von der Istbeschaffenheit.[149] Demnach war das Anfechtungsrecht in diesen Fällen in der Regel mit Übergabe der Sache gemäß § 446 BGB a.F. ausgeschlossen. Dies war für die Praxis insofern eine missliche Situation, als dass sich Abweichungen in der unter Umständen durch Werbeaussagen beeinflussten Sollvorstellung des Käufers von der Istbeschaffenheit der Kaufsache in der Regel erst nach Übergabe der Kaufsache feststellen ließen.

Fraglich ist demnach, ob ein Anfechtungsrecht dann bestehen konnte, wenn sich die Fehlvorstellung des Käufers auf eine verkehrswesentliche Eigenschaft bezog, deren Fehlen jedoch keinen Sachmangel im Sinne der §§ 459 ff. BGB a.F. darstellte.

Beispiel: Wegen unrichtiger Werbeaussagen geht der Käufer von dem Vorliegen einer bestimmten Sacheigenschaft aus. Die vom Verkäufer ausgehende Werbeinformation wurde im Rahmen des Vertragsabschlusses jedoch nicht in den

148 Lehmann, Vertragsanbahnung durch Werbung, 1981, S. 125, 126.

149 MünchKomm-Kramer, BGB, 4. Aufl., § 119, Rdnr. 33; Peifer, Die Haftung des Verkäufers für Werbeangaben, JR 2001, 265, 266; Palandt/Heinrichs, BGB, 60. Auflage, § 119, Rdnr. 27; Palandt/Putzo, BGB, 60. Auflage, vor § 459, Rdnr. 9; für das neue Kaufrecht: Palandt/Heinrichs, BGB, 62. Auflage, § 119, Rdnr. 27 m.w.N.

Kaufvertrag einbezogen, weshalb ein Abweichen der Istbeschaffenheit von der vertraglich geschuldeten Sollbeschaffenheit gerade nicht vorliegt.[150]

Für ein Anfechtungsrecht im obigen Beispiel spricht, dass die Irrtumsanfechtung gemäß § 119 Abs. 2 BGB nach teilweise vertretener Auffassung jedenfalls dann bejaht wurde, wenn ein Irrtum über verkehrswesentliche Eigenschaften zwar vorlag, dieser jedoch wegen bestimmter Umstände innerhalb des Gewährleistungsrechtes nicht zu einem Gewährleistungsanspruch führte.[151]

Demgegenüber wurde jedoch auch vertreten, dass ein Anfechtungsrecht gemäß § 119 Abs. 2 BGB nicht nur dann ausgeschlossen sei, wenn ein Fehler im Sinne des § 459 BGB a.F. vorliege, sondern auch dann, wenn aus Gründen, die aus dem Bereich des Sachmangelrechtes herrühren, im konkreten Fall Gewährleistungsrechte nicht bestünden.[152]

Diese Ansicht war meines Erachtens jedoch abzulehnen. Sie ging von einem zu statischen Verhältnis der §§ 459 ff. BGB a.F. zu dem Anfechtungsrecht gemäß § 119 Abs. 2 BGB aus. Zwar ist zutreffend, dass kein Anfechtungsrecht gemäß § 119 Abs. 2 BGB nach Übergabe der Kaufsache bestand, wenn ein Fehler im Sinne des § 459 Abs. 1 BGB a.F. vorlag. Allerdings bestand sehr wohl ein Anfechtungsrecht gemäß § 119 Abs. 2 BGB, wenn ein eigenschaftsbezogener Irrtum vorlag, der keinen Sachmangel darstellt.[153] Die behauptete „exklusive Normenkonkurrenz"[154] bestand in dem Umfang nicht. Begreift man die dogmatische Grundlage des Anfechtungsrechtes gemäß § 119 Abs. 2 BGB zumindest auch in dem Sinne, dass sich als „entscheidendes Kriterium für die Frage, ob ein Willensmangel durch Anfechtung geltend gemacht werden kann, immer deutlicher das der Tragung des Vertragsrisikos etabliert"[155], so konnte das Anfechtungsrecht gemäß § 119 Abs. 2 BGB nicht mit dem Verweis der Spezialität von § 459 Abs. 1 BGB a.F. ausgeschlossen sein. Ein genereller Ausschluss des Anfechtungsrechtes hätte den Käufer auch in den Fällen schutzlos gestellt, in denen hinsichtlich des Nichtvorhandenseins bestimmter Eigenschaften unter Umständen den Verkäufer das Vertragsrisiko traf. Darüber hinaus bestand für einen Aus-

---

150 Eine irgendwie geartete Einbeziehung der werblichen Äußerung in den konkreten Kaufvertrag war nach herrschender Meinung jedoch notwendig, damit die §§ 459 ff. BGB a.F. überhaupt eingreifen konnten.

151 MünchKomm-H. P. Westermann, BGB, 3. Auflage, § 459, Rdnr. 85; Palandt/Putzo, BGB, 60. Auflage, vor § 459, Rdnr. 9; Palandt/Heinrichs, BGB, 60. Auflage, § 119, Rdnr. 27; BGHZ 34, 32 ff.; vgl. aus der Rechtsprechung weitergehend hierzu: BGHZ 16, 54, 55 ff. sowie BGHZ 72, 252, 253 ff.

152 Lehmann, Vertragsanbahnung durch Werbung, 1981, S. 134; RGZ 97, 351, 352.

153 MünchKomm-H. P. Westermann, BGB, 3. Auflage, § 459, Rdnr. 86.

154 Lehmann, Vertragsanbahnung durch Werbung, 1981, S. 134, m.w.N.

155 MünchKomm-Kramer, BGB, 4. Auflage, § 119, Rdnr. 110.

schluss des Anfechtungsrechtes auch kein Anlass: Die typische Problematik der Anfechtung gemäß § 119 Abs. 2 BGB im Falle eines gleichzeitig bestehenden Gewährleistungsanspruches, nämlich die Kollision der kurzen Verjährungsfrist gemäß § 477 BGB a.F. mit der unter Umständen eingreifenden dreißigjährigen Anfechtungsfrist sowie das Leerlaufen des die Sachmängelhaftung ausschließenden § 460 Satz 2 BGB a.F. (grobfahrlässige Unkenntnis des Käufers von dem Mangel) bestand hier gerade nicht. Da ein Sachmangel nicht vorlag und das Gewährleistungsrecht aus diesem Grunde nicht anwendbar war, drohte gerade keine Aushöhlung von exakt auf die Abwicklung von kurzfristigen Umsatzgeschäften abgestimmten Vorschriften des Kaufrechtes.

Somit ist dem Käufer im obigen Beispiel ein Anfechtungsrecht wegen Irrtums über verkehrswesentliche Eigenschaften gemäß § 119 Abs. 2 BGB zuzusprechen, wenn auch die übrigen Voraussetzungen der Anfechtung gegeben sind.

3. Die Beweislast im Falle des § 119 BGB

Derjenige, der sich auf die Anfechtbarkeit seiner Willenserklärung beruft, hat darzulegen und gegebenenfalls zu beweisen, dass ein Irrtum über bestimmte Umstände vorliegt, zwischen Irrtum und Erklärung ein ursächlicher Zusammenhang besteht und davon ausgegangen werden kann, dass er die Erklärung bei Kenntnis der Sachlage und bei verständiger Würdigung des Falles nicht abgegeben haben würde. Der Anfechtende ist somit im vollen Umfang darlegungs- und beweispflichtig.[156]

4. Die Anfechtung wegen arglistiger Täuschung gemäß § 123 Abs. 1, 1. Alt. BGB

a) Eigenwerbung: § 123 Abs. 1 BGB

Gemäß § 123 Abs. 1 BGB kann eine Erklärung angefochten werden, wenn der Erklärende zur Abgabe der Erklärung durch arglistige Täuschung oder widerrechtlich durch Drohung bestimmt worden ist. Das Tatbestandsmerkmal der arglistigen Täuschung im Sinne des § 123 Abs. 1, 1. Alt. BGB setzt zumindest bedingten Vorsatz des Täuschenden voraus.[157] Erforderlich ist demnach, dass der Täuschende die Unrichtigkeit der falschen Angabe kannte und in dem Bewusstsein und mit dem Willen gehandelt hat, bei dem Getäuschten einen Irrtum zu er-

---

156 MünchKomm-Kramer, BGB, 4. Auflage, § 119, Rdnr. 142.

157 Palandt/Heinrichs, BGB, 62. Auflage, § 123, Rdnr 11; MünchKomm-Kramer, BGB, 4. Auflage, § 123, Rdnr. 8.

regen beziehungsweise aufrecht zu erhalten und den Getäuschten dadurch zur Abgabe einer Willenserklärung zu veranlassen, die er sonst nicht oder zumindest nicht so abgegeben haben würde.[158] Nach allgemeiner Vorsatzlehre erfordert dies, dass dem Täuschenden die konkrete Person des Vertragspartners bekannt sein und gegenüber dieser bestimmten Person auch die Täuschung verübt werden muss.[159] Dieses Erfordernis verbietet es folglich, in einer öffentlichen Werbeaussage, also einer Erklärung gegenüber einem unbestimmten Personenkreis, die konkrete Täuschungshandlung zu sehen. Eine Täuschung „ad incertas personas“[160] wird im Rahmen des § 123 Abs. 1 BGB zu Recht für nicht ausreichend erachtet, da im Rahmen der Täuschung die Kenntnis des Täuschenden dahingehend erforderlich ist, dass der konkrete Erklärungsgegner zur Abgabe einer Willenserklärung veranlasst wird, die er ohne die Täuschung nicht abgegeben hätte.[161] Der Täuschende muss also gerade das Bewusstsein und den Willen gehabt haben, durch die irreführenden Angaben bei der konkret getäuschten Person einen Irrtum zu erregen.[162] Würde man die Täuschung gegenüber einem abstrakten Personenkreis zur Begründung eines Anfechtungsrechtes als ausreichend erachten, würde man dem Täuschenden einen „dolus generalis“ unterstellen.

Relevant zur Begründung eines Anfechtungsrechtes können demnach nur solche Äußerungen des Verkäufers sein, die dieser – sei es durch Individualbeschreibung des Kaufgegenstandes oder durch konkludente oder ausdrückliche Bezugnahme auf eine vorherige öffentliche Werbeaussage – individuell gegenüber dem Anfechtungsberechtigten vornimmt. Dies ist jedoch gerade nicht die Situation der täglichen Massengeschäfte, in denen sich der Verbraucher aus öffentlicher Werbung über das Produkt informiert und auf individuelle Vertragsverhandlungen verzichtet. Insofern ist bereits deshalb davon auszugehen, dass ein Anfechtungsrecht nur dann bestehen kann, wenn der Verkäufer die Täuschung gegenüber einem bestimmten Käufer verübt hat.[163] Aus diesem Grund fällt die Situation der öffentlichen Werbeaussage und somit die wohl typischste Erscheinungsform der produktbeschreibenden Marketingmaßnahmen von vornherein aus dem Anwendungsbereich des § 123 Abs. 1 BGB heraus.

Festzuhalten bleibt daher, dass das Anfechtungsrecht wegen arglistiger Täuschung gemäß § 123 Abs. 1, 1. Alt. BGB im Einzelfall im Rahmen von aufgrund

158 MünchKomm-Kramer, BGB, 4. Auflage, § 123, Rdnr. 8.
159 Vgl. hierzu: MünchKomm-Kramer, BGB, 4. Auflage, § 123, Rdnr. 8.
160 Begriff nach: Peifer, Die Haftung des Verkäufers für Werbeangaben, JR 2001, 265, 266; vgl. hierzu auch: MünchKomm-Kramer, BGB, 1. Auflage, § 123, Rdnr. 7, m.w.N.; Palandt/Heinrichs, BGB, 65. Auflage, § 123, Rdnr 11.
161 Palandt/Heinrichs, BGB, 65. Auflage, § 123, Rdnr 11.
162 MünchKomm-Kramer, BGB, 1. Auflage, § 123, Rdnr. 7, m.w.N.
163 So auch: Peifer, Die Haftung des Verkäufers für Werbeangaben, JR 2001, 265, 266.

unrichtiger Werbeaussagen kausal verursachter Vertragsabschlüsse eingreifen kann. Dies jedoch nur dann, wenn gegenüber einem bestimmten Käufer vorsätzlich falsche Angaben gemacht worden sind, nicht jedoch, wenn es sich um eine Äußerung gegenüber einem unbestimmten Personenkreis handelt. Wegen der letztlich jedoch sowohl materiellrechtlichen als auch beweistechnisch hohen Voraussetzungen bleibt die Bedeutung dieses Gestaltungsrechtes in der Praxis gering.[164]

Das Anfechtungsrecht wegen widerrechtlicher Drohung gemäß § 123 Abs. 1, 2. Alt. BGB dürfte im hier interessierenden Bereich keine erhebliche Rolle spielen. Von einer weiteren Betrachtung wird daher abgesehen.

b) Drittwerbung: § 123 Abs. 2 BGB

Für den Fall der Werbung durch einen Dritten (also nicht durch den Verkäufer) kommt die Anwendung von § 123 Abs. 2 BGB in Betracht. Im Falle der Täuschung durch einen Dritten ist die gegenüber einem anderen abzugebende Erklärung gemäß § 123 Abs. 2 BGB nur dann anfechtbar, wenn dieser die Täuschung kannte oder kennen musste.

Auch hier ist ebenso wie im Falle des § 123 Abs. 1 BGB davon auszugehen, dass öffentliche Werbeäußerungen niemals eine konkrete Täuschungshandlung darstellen können. Auch im Falle der Drittwerbung ist eine Täuschung „ad incertas personas“ mangels konkreten Vorsatzes des Täuschenden nicht ausreichend. Demzufolge kann ein Anfechtungsrecht nur dann bestehen, wenn der die Täuschung verübende Dritte die unrichtige Werbeaussage gegenüber dem Getäuschten unmittelbar äußert. Insofern ist auch hier die typische Situation der öffentlichen Werbemaßnahmen gegenüber einem unbestimmten Adressatenkreis nicht erfasst.

Darüber hinaus ist die Beweissituation im Vergleich zur Eigenwerbung durch den Verkäufer im Fall der Drittwerbung noch schwieriger. Denn gemäß § 123 Abs. 2 Satz 1 BGB hat der Getäuschte zu beweisen, dass sein Vertragspartner (also der Verkäufer) die vorsätzliche Täuschung durch den Dritten (z.B. den Hersteller) kannte oder kennen musste. Dieser Beweis wird in der Praxis wohl nur schwer möglich sein.[165] Hinzu kommt, dass nach der hier vertretenen Auffassung, wonach die Täuschung konkret bei dem späteren Vertragspartner bewirkt worden sein muss, nur die folgende Fallkonstellation übrig bleibt: Der Dritte (z.B. der

164 So auch: Trinkner, Schutz des Verbrauchers vor irreführender Werbung, BB 1975, 1493, 1494; Peifer, Die Haftung des Verkäufers für Werbeangaben, JR 2001, 265, 266; Lehmann, Vertragsanbahnung durch Werbung, 1981, S. 145.

165 Vgl. hierzu: Lehmann, Vertragsanbahnung durch Werbung, 1981, S. 140.

Hersteller) täuscht den Käufer vorsätzlich auf einem anderen Wege als durch eine öffentliche Werbeaussage (z.B. im Rahmen von Produktbeschreibungen bei einer Warenpräsentation des Herstellers). Der von dem täuschenden Dritten personenverschiedene Verkäufer muss die unrichtige Produktbeschreibung des Dritten kennen oder infolge von Fahrlässigkeit nicht kennen. Dies ist zwar ein theoretisch möglicher, jedoch in der Praxis selten vorkommender Fall. Es bleibt daher festzuhalten, dass auch das Anfechtungsrecht im Falle der Täuschung durch einen Dritten in der Praxis ohne Relevanz bleibt.[166]

5. Ergebnis

Eine Anfechtung wegen Inhalts- oder Erklärungsirrtums gemäß § 119 Abs. 1 BGB ist im Falle der unrichtigen Werbeaussage ausgeschlossen, da Ansatzpunkt dieses Anfechtungstatbestandes immer ein Irrtum in der Willensäußerung und nicht in der Willensbildung ist.

Ein Anfechtungsrecht wegen Irrtums über verkehrswesentliche Eigenschaften gemäß § 119 Abs. 2 BGB ist denkbar, sofern kein Sachmangel im Sinne des § 459 Abs. 1 BGB a.F. vorliegt. Anknüpfungspunkt für dieses Anfechtungsrecht ist ein Irrtum im Bereich der Willensbildung. Dieses Anfechtungsrecht ist deshalb theoretisch geeignet, eine durch unrichtige Werbeaussagen verursachte Fehlvorstellung des Käufers über das Produkt zu sanktionieren.

Ein Anfechtungsrecht wegen arglistiger Täuschung gemäß § 123 Abs. 1, 1. Alt. BGB im Fall der Verkäuferwerbung beziehungsweise gemäß § 123 Abs. 2 BGB im Fall der Drittwerbung scheitert in der Regel daran, dass die Täuschung nicht gegenüber dem Anfechtungsberechtigten, sondern gegenüber der Öffentlichkeit verübt wurde.

III. Das Rücktrittsrecht des Käufers gemäß § 13a Abs. 1 UWG a.F.

Gemäß dem im Jahre 1986 eingeführten und im Rahmen der UWG-Novelle durch Gesetz vom 03. Juli 2004[167] aufgehobenen § 13a UWG a.F. konnte dem Abnehmer einer Ware oder Leistung unter den dort genannten Voraussetzungen

---

166 So auch: Peifer, Die Haftung des Verkäufers für Werbeangaben, JR 2001, 265, 266; Lehmann, Vertragsanbahnung durch Werbung, 1981, S. 140; vgl. hierzu auch: Emmerich, Unlauterer Wettbewerb, 6. Auflage, S. 202; Baumbach/Hefermehl, Wettbewerbsrecht, 22. Auflage, § 13a UWG, Rdnr. 16, die diese Situation im Rahmen des § 123 BGB mit § 13 a UWG vergleichen.

167 Bundesgesetzblatt 2004, Teil 1, Nr. 32, S. 1414 ff; vgl. Piper/Ohly, UWG, 4. Auflage, Einf A, Rdnr. 18 ff.

ein Rücktrittsrecht zustehen, wenn dieser durch eine unwahre und zur Irreführung geeignete Werbeangabe zur Abnahme bestimmt worden war. Durch dieses Rücktrittsrecht sollte vor allem die Position der privaten Letztverbraucher gestärkt werden, die immer häufiger gezwungen waren, sich auf die Angaben auf der Verpackung oder in der einschlägigen Werbung zu verlassen, in der Regel nach bürgerlichem Recht jedoch keine Möglichkeit zur Rückgängigmachung des Vertrages hatten.[168] Der Gesetzgeber sah sich vor allem wegen der Einführung von § 434 Abs. 1 Satz 3 BGB im Rahmen der Schuldrechtsmodernisierung zur Streichung dieser Vorschrift veranlasst. Denn das Rücktrittsrecht gemäß § 13a UWG a.F. sei in der Praxis bedeutungslos geblieben.[169] Zwar wurde im Rahmen der Arbeitsgruppen zu der UWG-Novelle ausführlich diskutiert, ob unter dem Gesichtspunkt des verstärkten Verbraucherschutzes ein Vertragslösungsrecht auch in die neue Fassung des UWG aufzunehmen sei. Im Ergebnis verzichtete man jedoch auf ein dem § 13a UWG a.F. entsprechendes Gestaltungsrecht. Denn es sei keine Fallkonstellation denkbar, in der ein Verbraucher gegen sein schutzwürdiges Interesse an der Erfüllung eines unlauter zustande gekommenen Vertrages festgehalten werde.[170] Diese Erkenntnis begründetet der Gesetzgeber auch und gerade damit, dass neben dem von der Rechtsprechung entwickelten Durchführungsgebot[171] insbesondere die durch die Schuldrechtsreform neu eingeführten kaufrechtlichen Rechtsbehelfe insoweit ausreichend seien. Durch ein im UWG verankertes allgemeines Vertragsauflösungsrecht würde jedoch das kaufrechtliche Regelungskonzept, welches die kaufrechtlichen Gewährleistungsrechte an bestimmte Voraussetzungen und Fristen binde, gestört.[172]

Darüber hinaus werde die Stellung der Verbraucher durch das neue Rechtsinstitut der Gewinnabschöpfung gestärkt, weshalb eine Stärkung der Verbraucherrechte innerhalb des UWG nicht mehr geboten erscheine.[173]

Letztlich verdeutlichte jedoch bereits die Einführung von § 13a UWG a.F., dass auch der Gesetzgeber davon ausging, dass nicht jede unwahre (und zur Irreführung geeignete) Werbeangabe im Bereich des Kaufrechtes einen Sachmangel begründet. Denn ansonsten wäre das besondere Rücktrittsrecht des Abnehmers

---

168 Emmerich, Unlauterer Wettbewerb, 6. Auflage; S. 202.

169 BT-Drucks. 15/1487, S. 14; in diesem Sinne bestätigend: Zettel, Das neue Gesetz gegen den unlauteren Wettbewerb, MDR 2004, 1040, 1042; Henning-Bodewig, Das neue Gesetz gegen den unlauteren Wettbewerb, GRUR 2004, 713, 719.

170 BT-Drucks. 15/1487, S. 14.

171 BGH GRUR 1994, 126 ff.

172 BT-Drucks. 15/1487, S. 15.

173 BT-Drucks. 15/1487, S. 15.

gemäß § 13a UWG a.F. gegenüber dem Recht auf Wandlung gemäß §§ 459, 462 BGB a.F. überflüssig gewesen.[174]

Aus Gründen der Vollständigkeit und teilweisen Ähnlichkeit mit den neuen schuldrechtlichen Rechtsbehelfen soll an dieser Stelle eine nähere Betrachtung von § 13a UWG a.F. nicht ausbleiben.

1. Die Anwendbarkeit des § 13a UWG a.F.

Das Rücktrittsrecht gemäß § 13a Abs. 1 UWG a.F. stand dem Abnehmer neben einem Anfechtungsrecht wegen arglistiger Täuschung oder widerrechtlicher Drohung gemäß § 123 BGB und einem kaufrechtlichen Wandlungs- oder Schadensersatzanspruch gemäß §§ 459, 462, 463, 480 BGB a.F. zu.[175] Es bestand auch neben einem Anfechtungsrecht wegen Irrtums über verkehrswesentliche Eigenschaften der Sache gemäß § 119 Abs. 2 BGB, wenn die fehlende Eigenschaft keine Gewährleistungsansprüche begründete. Ebenfalls anwendbar war das Rücktrittsrecht gemäß § 13a Abs. 1 UWG a.F. neben einem Anspruch aus p.V.V. wegen Mangelfolge- oder Begleitschäden und einem Anspruch aus c.i.c.[176]

Die Vorschrift des § 13a UWG a.F. war generell auf Austauschverträge wie beispielsweise Kauf-, Dienst- und Werkverträge anwendbar.[177] Insoweit erklärte sich auch die Terminologie der Vorschrift, die von dem „Abnehmer" spricht. Abnehmer war danach immer der Leistungsempfänger innerhalb des Vertragsverhältnisses, also der Käufer, der Dienstberechtigte und der Werkbesteller etc. Von § 13a UWG a.F. wurden sowohl private als auch gewerbliche Nachfrager erfasst.[178]

---

174 So auch: Baumbach/Hefermehl, Wettbewerbsrecht, 22. Auflage, § 13a UWG, Rdnr. 11.

175 v. Gamm, UWG, 3. Auflage, § 13a, Rdnr. 10; Baumbach/Hefermehl, Wettbewerbsrecht, 22. Auflage, § 13a UWG, Rdnr. 2a.

176 Köhler, Das Rücktrittsrecht nach § 13a UWG, JZ 1989, 262, 270; Baumbach/Hefermehl, Wettbewerbsrecht, 22. Auflage, § 13a UWG, Rdnr. 2a; Palandt/Heinrichs, BGB, 62. Auflage, § 311, Rdnr. 24.

177 Köhler, Das Rücktrittsrecht nach § 13a UWG, JZ 1989, 262.

178 Baumbach/Hefermehl, Wettbewerbsrecht, 22. Auflage, § 13a UWG, Rdnr. 2.

2. *Die Voraussetzungen des § 13a Abs. 1 Satz 1 UWG a.F.*

a) *Werbeangaben durch den Vertragspartner gemäß § 13a Abs. 1 Satz 1 UWG a.F.*

Gemäß § 13a Abs. 1 Satz 1 UWG a.F. konnte der Abnehmer von dem Vertrag zurücktreten, wenn er durch eine unwahre und zur Irreführung geeignete Werbeangabe im Sinne von § 4 UWG a.F. (§ 16 Abs. 1 UWG n.F.), die für den Personenkreis, an den sie sich richtete, für den Abschluss von Verträgen wichtig war, zur Abnahme bestimmt worden war.

aa) *Unwahre und zur Irreführung geeignete Werbeangabe im Sinne des § 4 UWG a.F.*

Die Werbeangabe musste unwahr und zur Irreführung geeignet im Sinne von § 4 UWG a.F. (§ 16 Abs. 1 UWG n.F.) sein. Durch den Verweis auf § 4 UWG a.F. (§ 16 Abs. 1 UWG n.F.) wurde festgelegt, dass darüber hinaus die Voraussetzungen des objektiven Tatbestandes des § 4 UWG a.F. vorliegen müssen.[179] Demzufolge waren unwahre und zur Irreführung geeignete Werbeangaben erforderlich, die „in öffentlichen Bekanntmachungen oder in Mitteilungen, die für einen größeren Kreis von Personen bestimmt sind, über geschäftliche Verhältnisse, insbesondere über die Beschaffenheit, den Ursprung, die Herstellungsart oder die Preisbemessung von Waren oder gewerblichen Leistungen, über die Art des Bezugs oder die Bezugsquelle von Waren, über den Besitz von Auszeichnungen, über den Anlass oder den Zweck des Verkaufs oder über die Menge der Vorräte" gemacht werden (§ 4 Abs. 1 Satz 1 UWG a.F.).[180]

Unwahr war eine Werbeangabe im Sinne der Vorschrift, wenn sie nach der verständigen Durchschnittsauffassung der umworbenen Verkehrskreise unrichtig war. Zur Irreführung geeignet waren solche Werbeangaben, die einen nicht unbeachtlichen Teil der Abnehmer in ihrer Entscheidung beeinflussen konnten und wettbewerbsrechtlich relevant waren.[181]

---

179 Baumbach/Hefermehl, Wettbewerbsrecht, 22. Auflage, § 13a UWG, Rdnr. 3.

180 Diese Erfordernisse sind nicht unbestritten, jedoch von der herrschenden Meinung, insbesondere unter Verweis auf die Gesetzesbegründung, anerkannt. Vgl.: BT-Drucks. 10/4741, S.19: „...eine den objektiven Tatbestand des § 4 UWG erfüllende unwahre und zur Irreführung geeignete Angabe..."; vgl. auch: OLG Nürnberg, GRUR 1990, 141, 142; OLG Düsseldorf, NJW-RR 1990, 875; OLG Zweibrücken, NJW-RR 1997, 175 f., Emmerich, Unlauterer Wettbewerb, 6. Auflage, S. 202; vgl. zur n.F. Piper/Ohly, UWG, 4. Auflage, § 16, Rdnr. 1 und 6 ff.

181 Baumbach/Hefermehl, Wettbewerbsrecht, 22. Aufl., § 13a UWG, Rdnr. 4.

bb) Die Wesentlichkeit der Werbeangabe für den angesprochenen Personenkreis

Darüber hinaus musste die Werbeangabe gemäß § 13a Abs. 1 Satz 1 UWG a.F. für den Personenkreis, an den sie sich richtete, für den Abschluss von Verträgen wichtig sein. Das Rücktrittsrecht wurde insofern eingeschränkt, als dass nur solche Werbeangaben erfasst wurden, die sich auf Umstände bezogen, die nach der Auffassung der angesprochenen Verkehrskreise für die Wertschätzung einer Sache oder Leistung bei der Vertragsentscheidung typischerweise von Gewicht waren (Preis, Qualität, Eignung etc.). Da die Vorschrift auf den jeweils angesprochenen Personenkreis abstellte, kam es bei der Ermittlung der „Wesentlichkeit" nicht auf die subjektive Vorstellung des einzelnen Abnehmers, sondern auf die Durchschnittsauffassung der von der Werbung angesprochenen Abnehmer an.[182] Somit wurde, obwohl § 13a UWG a.F. dem Individualschutz des Abnehmers diente, die rechtsgeschäftliche Entscheidungsfreiheit des Abnehmers nur in einem eingeschränkten Umfang geschützt.[183] Dem entsprach, dass es dem jeweiligen Letztabnehmer nicht schadete, dass die Werbeangabe für ihn konkret nicht für den Abschluss von Verträgen wichtig war. In diesen Fällen sollte es jedoch an der Ursächlichkeit der Werbeangabe fehlen.[184]

cc) Kausalität zwischen Werbeangabe und Abnahme

Letztlich musste der Abnehmer durch die Werbeangabe zur Abnahme bestimmt worden sein, das heißt, es musste Kausalität zwischen Werbeangabe und Abnahme bestehen. Zum Teil ist in diesem Zusammenhang bestritten worden, dass das Tatbestandsmerkmal der Abnahme gleichzusetzen sei mit dem jeweiligen Vertragsschluss.[185] Mit der ganz herrschenden Auffassung war jedoch davon auszugehen, dass Abnahme im Sinne des § 13a Abs. 1 UWG a.F. den Abschluss des jeweiligen Vertrages meinte.[186] Dies ergab sich zunächst aus der Begründung, der Abnehmer müsse durch eine dementsprechende Werbeangabe zum „Vertragsschluss bestimmt" worden sein.[187] Im Übrigen war auch fraglich, welche

---

182 v. Gamm, UWG, 3. Auflage, § 13a, Rdnr. 5.

183 Köhler, Das Rücktrittsrecht nach § 13a UWG, JZ 1989, 262, 264.

184 Baumbach/Hefermehl, Wettbewerbsrecht, 22. Aufl., § 13a UWG, Rdnr. 6 am Ende und Rdnr. 9; vgl. auch unten die Ausführungen hinsichtlich Kausalität.

185 Sack, Das Rücktrittsrecht gemäß § 13a UWG; BB 1987, Beilage 2, 1, 6.

186 Emmerich, Unlauterer Wettbewerb, 6. Auflage, S. 202; Baumbach/Hefermehl, Wettbewerbsrecht, 22. Auflage, § 13a UWG, Rdnr. 7; Lehmann, Die UWG Neuregelungen 1987 – Erläuterungen und Kritik, GRUR 1987, 199, 213; Köhler, Das Rücktrittsrecht nach § 13a UWG, JZ 1989, 262, 266; Schaefer, Vertragslösung wegen irreführender Werbung, ZIP 1987, 554, 559.

187 BT-Drucks. 10/4741, S.19.

Bedeutung das Merkmal „Abnahme" im Sinne des § 13a Abs. 1 UWG a.F. außer dem Abschluss eines Vertrages gehabt haben sollte. Die tatsächliche Entgegen- bzw. Abnahme einer Leistung konnte damit schwerlich gemeint sein. Auch war nicht denkbar, dass damit irgendein Ereignis vor dem Vertragsabschluss gemeint sein konnte. Begrifflich setzte § 13a Abs. 1 UWG a.F. einen bestehenden und wirksamen[188] Vertrag voraus. Anderenfalls würde eine Lösung nicht nach Rücktrittsrecht, sondern nach Bereicherungsrecht erfolgen. Demnach ist davon auszugehen, dass Abnahme im Sinne des § 13a Abs. 1 UWG a.F. den Abschluss des Vertrages meinte.

Kausalität zwischen Werbeangabe und Vertragsabschluss war gegeben, wenn der Abnehmer den Vertrag ohne die Kenntnis der Werbeangabe entweder gar nicht, nicht in der geschehenen Weise oder nicht zu der konkreten Zeit abgeschlossen hätte.[189] Demgegenüber fehlte es an der Kausalität jedenfalls dann, wenn der Abnehmer die Werbeangabe nicht kannte. Sie sollte ferner dann nicht gegeben sein, wenn der Abnehmer den Vertrag geschlossen hatte, obwohl er mit der Unrichtigkeit gerechnet hatte. Kausalität sollte auch dann nicht gegeben sein, wenn der Abnehmer die Unwahrheit der Werbeangabe kannte, jedoch den Vertrag dennoch geschlossen hatte, da es ihm auf den Inhalt der Werbeangabe beziehungsweise das Vorhandensein der jeweiligen Eigenschaften aus der Werbeangabe nicht ankam.[190]

b) Werbeangaben eines Dritten gemäß § 13a Abs. 1 Satz 2 UWG a.F.

Ging die Werbeangabe von einem Dritten aus, war ein Rücktrittsrecht des Abnehmers gemäß § 13a Abs. 1 Satz 2 UWG a.F. nur dann gegeben, wenn der andere Vertragsteil die Unwahrheit der Angabe und die Eignung zur Irreführung kannte oder kennen musste oder sich die Werbung mit dieser Angabe durch eigene Maßnahmen zu Eigen gemacht hatte. Die Vorschrift trug dem Umstand Rechnung, dass die einschlägige Werbung oftmals nicht von dem späteren Vertragspartner des Endverbrauchers, sondern von dem Hersteller der Sache oder einem Großhändler ausging. § 13a Abs. 1 Satz 2 UWG a.F. regelte insoweit, ob und un-

188 Emmerich, Unlauterer Wettbewerb, 6. Auflage, S. 202.

189 v. Gamm, UWG, 3. Auflage, § 13a, Rdnr. 6; auch insoweit liegt eine Parallele zu § 123 Abs. 1 BGB vor: Auch hier muss die Täuschung oder die widerrechtliche Drohung conditio sine qua non für die Abgabe der Willenserklärung gewesen sein; vgl.: MünchKomm-Kramer, BGB, 3. Auflage, § 123, Rdnr. 11; Baumbach/Hefermehl, Wettbewerbsrecht, 22. Auflage, § 13a UWG, Rdnr. 7.

190 Baumbach/Hefermehl, Wettbewerbsrecht, 22. Auflage, § 13a UWG, Rdnr. 9.

ter welchen Voraussetzungen dem Vertragspartner des Letztabnehmers die Werbung des Dritten zugerechnet wurde.[191]

aa) Werbung durch einen Dritten

Nicht abschließend geklärt ist, wer Dritter im Sinne des § 13a Abs. 1 Satz 2 UWG a.F. gewesen sein kann. Einigkeit bestand (weitgehend) darin, dass es im Rahmen § 13a Abs.1 Satz 2 UWG a.F. wie auch im Falle des § 123 Abs. 2 BGB darauf ankam, welche Funktion der Dritte bei dem Zustandekommen des Geschäftes einnahm.[192] Fest stand demnach zunächst, dass solche Personen nicht Dritte im Sinne der Vorschrift sein konnten, die eine unmittelbare rechtliche Bindung des „anderen Vertragsteiles" herbeiführen konnten (Stellvertreter). Darüber hinaus sollten solche Personen ausgeschlossen sein, die etwa als beauftragte Verhandlungsführer oder Verhandlungsgehilfen und Vertrauenspersonen am Vertragsabschluss beteiligt waren. Diese Personen waren dem Vertragspartner gleichzusetzen, weshalb in diesen Fällen § 13a Abs.1 Satz 1 UWG a.F. anwendbar war.[193] Im Wesentlichen kamen daher als Dritte im Sinne der Vorschrift beispielsweise Hersteller und Großhändler in Betracht.

bb) Kenntnis oder Kennenmüssen des anderen Vertragsteiles

Als subjektives Zurechnungskriterium erforderte § 13a Abs. 1 Satz 2, 1. Alt. UWG a.F. zunächst, dass der andere Vertragsteil die Unwahrheit der Angabe und ihre Eignung zur Irreführung kannte oder kennen musste. Hier galten die Grundsätze des § 123 Abs. 2 Satz 1 BGB.[194] Eine fahrlässige Unkenntnis kam in Betracht, wenn sich die Unwahrheit und die Irreführungseignung aus dem vom Dritten dem anderen Vertragsteil zur Verfügung gestellten Werbematerial ergab. Die fahrlässige Unkenntnis konnte sich aber auch aus der in den Medien erscheinenden Werbung des Dritten ergeben, wenn deren Kenntnis für den Tätigkeitsbereich des anderen Vertragsteiles unentbehrlich war. Denn was in der Branche allgemein bekannt war, konnte auch der andere Vertragsteil kennen.[195]

---

191 Köhler, Das Rücktrittsrecht nach § 13a UWG, JZ 1989, 264.
192 Köhler/Piper, UWG, § 13a, Rdnr. 7.
193 Baumbach/Hefermehl, Wettbewerbsrecht, 22. Auflage, § 13a UWG, Rdnr. 15.
194 Köhler, Das Rücktrittsrecht nach § 13a UWG, JZ 1989, 265.
195 Baumbach/Hefermehl, Wettbewerbsrecht, 22. Auflage, § 13a UWG, Rdnr. 16.

cc) Das „Zueigenmachen"

Als objektives Zurechnungskriterium bestimmte § 13a Abs. 1 Satz 2, 2. Alt. UWG a.F., dass der andere Vertragsteil sich die Werbung mit dieser Angabe durch eigene Maßnahmen zu Eigen gemacht hatte. In Betracht kamen beispielsweise die Bezugnahme auf die Werbung des Herstellers („Für Näheres verweisen wir auf die Beschreibung in dem Prospekt") oder auch einfach die Verwendung von Werbemitteln des Herstellers (z.B. Aufstellung von Reklameständern, Auslage von Werbeprospekten etc.). Neben dem „Zueigenmachen" erforderte § 13a Abs. 1 Satz 2, 2. Alt. UWG a.F. kein weiteres Tatbestandsmerkmal. Damit erfolgte eine Zurechnung ohne Rücksicht darauf, ob den anderen Vertragsteil ein Verschulden traf.

c) Ausübung des Rücktrittsrechtes gemäß § 13a Abs. 2 UWG a.F.

Gemäß § 13a Abs. 2 Satz 1 UWG a.F. musste der Rücktritt unverzüglich nach Kenntniserlangung der den Rücktritt begründenden Umstände gegenüber dem anderen Teil erklärt werden. Die Erklärung bedurfte keiner Form. Sie hatte ohne schuldhaftes Zögern (§ 121 Abs. Satz 1 BGB) zu erfolgen, wobei dem Abnehmer zumindest ein kurzer Überlegungszeitraum zuzugestehen war.[196] Der Umfang der Kenntnis musste sich auf sämtliche Voraussetzungen des § 13a Abs. 1 UWG a.F. beziehen.

Gemäß § 13a Abs. 2 Satz 2 UWG a.F. erlosch das Rücktrittsrecht, wenn es nicht vor Ablauf von sechs Monaten nach Abschluss des Vertrages erklärt wurde. Es handelte sich um eine Ausschlussfrist, die unabhängig vom Zeitpunkt der Leistungserbringung mit Abschluss des Vertrages zu laufen begann und somit theoretisch schon vor der eigentlichen Leistungsannahme abgelaufen sein konnte, wenn der Vertragsabschluss und der Zeitpunkt der Leistungserbringung entsprechend weit auseinander lagen.

d) Verschulden

Ein Verschulden war im Falle des § 13a Abs. 1 Satz 1 und Satz 2, 2. Alt. UWG a.F. nicht erforderlich[197], ebenso wenig im Falle des § 13a Abs. 1 Satz 2, 2. Alt. UWG a.F.

---

196 Köhler/Piper, UWG, § 13a, Rdnr. 11; Köhler, Das Rücktrittsrecht nach § 13a UWG, JZ 1989, 262, 267; Baumbach/Hefermehl, Wettbewerbsrecht, 22. Auflage, § 13a UWG, Rdnr. 16.

197 Köhler/Piper, UWG, § 13a, Rdnr. 9; Baumbach/Hefermehl, Wettbewerbsrecht, 22. Auflage, § 13a UWG, Rdnrn. 12 und 16.

3. Rechtsfolgen

a) Allgemeines

Die Rechtsfolgen des erfolgten Rücktrittes richteten sich bei beweglichen Sachen gemäß § 13a Abs. 3 Satz 1 UWG a.F. nach § 3 Abs. 1, 3 und 4 sowie § 5 Abs. 3 Satz 1 HWiG beziehungsweise § 361a BGB a.F.[198] Somit waren grundsätzlich die empfangenen Leistungen einander zurückzugewähren. Die Rechtsfolgen des erfolgten Rücktrittes bei unbeweglichen Sachen, Rechten und Leistungen waren innerhalb des § 13a UWG a.F. nicht geregelt. Die ganz überwiegende Ansicht ging davon aus, dass in diesem Fall eine Lösung über eine analoge Anwendung der §§ 346 ff. BGB zu erfolgen habe.[199]

Die Geltendmachung eines weiteren Schadens war gemäß § 13a Abs. 3 Satz 2 UWG a.F. nicht ausgeschlossen. Durch § 13a UWG a.F. wurde jedoch kein selbstständiger Schadensersatzanspruch gewährt. Die bereits vor dem Rücktritt entstandenen Schadensersatzansprüche (z.B. aus Verzug, p.V.V.) blieben weiter bestehen. Demgegenüber waren nach dem erfolgten Rücktritt durch den Wegfall der Primärleistungspflicht die auf das Erfüllungsinteresse gerichteten Schadensersatzansprüche ausgeschlossen.[200]

b) Das Rückgriffsrecht gemäß § 13a Abs. 3 Satz 3 UWG a.F.

Gemäß § 13a Abs. 3 Satz 3 UWG a.F. trug im Falle der Drittwerbung im Sinne des § 13a Abs. 1 Satz 2 UWG a.F. den durch den Rücktritt des Abnehmers dem anderen Vertragsteil entstandenen Schaden im Innenverhältnis der Dritte alleine, es sei denn, dass der andere Vertragsteil die Zuwiderhandlung (Unwahrheit der Werbeangabe und ihre Eignung zur Irreführung) des Dritten kannte. Durch diese Regelung sollte eine angemessene Risikoverteilung zwischen Industrie und Handel geschaffen werden, da sich letzterer regelmäßig Ansprüchen durch die Letztverbraucher ausgesetzt sah.

Da nach dem eindeutigen Wortlaut der Vorschrift die Kenntnis der Zuwiderhandlung erforderlich war, schlossen selbst grobfahrlässige Unkenntnis und der Umstand, dass sich der andere Vertragsteil die Werbeangaben des Dritten zu Ei-

---

198 Vgl. zur Übergangslösung gemäß § 361a BGB a.F.: Palandt/Putzo, BGB, 60. Auflage, § 1 HausTWG, 60. Auflage, Rdnr. 1.

199 v. Gamm, UWG, 3. Auflage, § 13a, Rdnr. 8; Köhler, Das Rücktrittsrecht nach § 13a UWG, JZ 1989, 262, 269; Baumbach/Hefermehl, Wettbewerbsrecht, 22. Auflage, § 13a UWG, Rdnr. 28; z.T. a.A. Sack, Das Rücktrittsrecht gemäß § 13a UWG, BB 1987, Beilage 2, 1, 7.

200 Baumbach/Hefermehl, Wettbewerbsrecht, 22. Auflage, § 13a UWG, Rdnr. 27.

gen gemacht hatte, den vollen Rückgriff nicht aus. Wie sich aus dem Wortlaut „allein“ in § 13a Abs. 3 Satz 3 UWG a.F. ergab, blieb ein etwaiges Mitverschulden des anderen Vertragsteiles mangels Anwendbarkeit von § 254 BGB unberücksichtigt.[201]

4. Beweislast

Die Beweislast hinsichtlich der Ursächlichkeit der Werbeangabe für die Abnahme (Vertragsschluss) trug der Abnehmer.[202] Im Falle des § 13a Abs. 1 Satz 2, 2. Alt. UWG a.F. traf den Abnehmer die Beweislast für die Tatsache, dass der andere Vertragsteil die Unwahrheit der Werbeangabe kannte oder kennen musste. Diese Schwierigkeit führte in den meisten Fällen dazu, dass ein Rücktrittsrecht des Abnehmers gemäß § 13a Abs. 1 UWG a.F. nicht realisierbar war.[203]

5. Ergebnis

In der Praxis hat § 13a UWG a.F. nur geringe Bedeutung erlangt.[204] Zwar erfasste § 13a UWG a.F. alle Arten von Austauschverträgen (Warenlieferungs- und Dienstleistungsverträge etc.), jedoch wurde die Vorschrift insbesondere deshalb als unzureichend empfunden, weil sie auf einen individuellen Schadensersatzanspruch des Abnehmers verzichtete.[205]

F. Gesamtergebnis zum zweiten Teil

Der Schutz des Käufers bei unzutreffenden Werbeaussagen des Verkäufers nach alter Rechtslage ist überwiegend als unzureichend empfunden worden.[206]

§ 459 Abs. 1 BGB a.F. griff nur ein, wenn eine Einbeziehung der jeweiligen Äußerung in den Kaufvertrag und somit ein nach dem Vertrage vorausgesetzter Gebrauch im Sinne des § 459 Abs. 1 Satz 1 BGB a.F. vorlag.

---

201 Köhler/Piper, UWG, § 13a, Rdnr. 17; Baumbach/Hefermehl, Wettbewerbsrecht, 22. Auflage, § 13a UWG, Rdnr. 29.

202 OLG Nürnberg, GRUR 1990, 141, 142.

203 Baumbach/Hefermehl, Wettbewerbsrecht, 22. Auflage, § 13a UWG, Rdnr. 16.

204 Emmerich, Unlauterer Wettbewerb, 6. Auflage, S. 201: „Die praktische Relevanz des § 13a UWG ist ganz gering geblieben und tendiert mittlerweile gegen Null.“

205 Prieß, Der Begriff des Sachmangels im deutschen und im englischen Kaufrecht, Diss. jur. 2001, S. 177 m.w.N.

206 Prieß, Der Begriff des Sachmangels im deutschen und im englischen Kaufrecht, Diss. jur. 2001, S. 177 m.w.N.

Ein Anspruch wegen Fehlens einer zugesicherten Eigenschaft scheiterte in der Regel daran, dass ein Zusicherungswille in Werbeangaben etc. nicht zum Ausdruck kam. Die Grundsätze der p.V.V. waren zwar theoretisch anwendbar. Eine Haftung des Verkäufers aus p.V.V. des Kaufvertrages setzte jedoch im Bereich der Verschuldenshaftung des Verkäufers und im Rahmen der Mangel- und Mangelfolgeschäden ebenso wie §§ 459 ff. BGB a.F. voraus, dass eine beworbene und nicht vorhandene Sacheigenschaft auch tatsächlich Vertragsbestandteil geworden ist und erweiterte insoweit die speziellere Haftung aus §§ 459 ff. BGB a.F. nicht. Im Rahmen der Verletzung sonstiger Nebenpflichten konnte theoretisch ein Anspruch aus p.V.V. bestehen, soweit trotz Mangelfreiheit der Sache eine durch Werbung begründete Verkäufernebenpflicht verletzt wurde.

Auch das Rechtsinstitut der c.i.c. griff nicht ein, weil das Bestehen einer vorvertraglichen Pflicht überwiegend verneint wurde, da die Werbung der Kontaktaufnahme diene und insoweit vorvertragliche Pflichten hierdurch nicht begründet würden.[207]

§ 823 Abs. 1 BGB konnte und kann theoretisch eingreifen, ist jedoch wegen seines beschränkten Schutzbereiches auf die dort genannten Rechte und der damit einhergehenden Ausklammerung des Vermögens als geschütztes Recht in seinem Anwendungsbereich von vornherein erheblich eingeschränkt. Ansprüche aus § 823 Abs. 2 BGB waren und sind in der Regel ausgeschlossen, weil die Vorschriften des UWG keine Schutzgesetze im Sinne des § 823 Abs. 2 BGB sind.[208]

Anfechtungsrechte gemäß § 119 Abs. 1, 1. und 2. Alt. BGB griffen und greifen nicht ein, weil der für eine Haftung für Werbeaussagen maßgebliche Bereich des Willensbildungsprozesses nicht von § 119 Abs. 1 BGB erfasst wird.

Ein Anfechtungsrecht gemäß § 119 Abs. 2 BGB scheiterte, sofern sich der Irrtum auf einen Sachmangel bezog, regelmäßig daran, dass die §§ 459 ff. BGB a.F. eine abschließende Sonderregelung gegenüber dem Anfechtungsrecht waren.

§ 123 Abs. 1, 1. Alt. BGB erfasst lediglich individuelle Täuschungshandlungen gegenüber dem konkreten Käufer und gerade nicht Erklärungen gegenüber der Marktöffentlichkeit. Ein Anfechtungsrecht wegen arglistiger Täuschung gemäß § 123 Abs. 1, 1. Alt. BGB scheitert darüber hinaus in der Regel daran, dass den Käufer die Beweislast hinsichtlich des gesamten Tatbestandes und somit insbesondere hinsichtlich Arglist des Käufers und Kausalität zwischen arglistiger Täuschung und Abgabe der Willenserklärung trifft. Dies wird der Käufer oftmals nicht beweisen können.

---

207 Trinkner, Schutz des Verbrauchers vor irreführender Werbung, BB 1975, 1493, 1494.

208 Zu UWG n.F. Piper/Ohly, UWG, 4. Auflage, § 1 , Rdnr. 10 m.w.N.

Ein Rücktrittsrecht des Käufers gemäß § 13a Abs. 1 UWG a.F. scheiterte in der Regel an den gleichen Beweisschwierigkeiten wie bei der Ausübung eines Anfechtungsrechts wegen arglistiger Täuschung gemäß § 123 Abs. 1, 1. Alt. BGB.

Im Ergebnis ist daher insgesamt festzuhalten, dass nach der alten Rechtslage ein Käufer, der durch eine unrichtige Werbeaussage zum Abschluss eines Kaufvertrages veranlasst worden war, nur unzureichend geschützt wurde.[209] Zwar konnten theoretisch diverse Rechtsbehelfe eingreifen, ob sie tatsächlich eingriffen, war jedoch „mehr oder weniger Glückssache".[210]

---

209 So auch: Prieß, Der Begriff des Sachmangels im deutschen und im englischen Kaufrecht, Diss. jur. 2001, S. 177 m.w.N.

210 Schricker, Zur Reform des Gesetzes gegen den unlauteren Wettbewerb, GRUR 1979, 1, 3; Lehmann, Vertragsanbahnung durch Werbung, 1981, S. 292; Prieß, Der Begriff des Sachmangels im deutschen und im englischen Kaufrecht, Diss. jur. 2001, S. 177 m.w.N.

3. Teil: Die Reformbestrebungen hinsichtlich einer Informationsverantwortung des Verkäufers

A. Die nationalen Bestrebungen im Rahmen einer Schuldrechtsreform

I. Die Gründe für die Neuregelung

Die Idee einer grundsätzlichen Überarbeitung des deutschen Schuldrechts geht zurück bis in die frühen siebziger Jahre.[211] Auslöser hierfür war der Umstand, dass zunehmend die Schwächen des deutschen Schuldrechts, insbesondere des Leistungsstörungs- und des Verjährungsrechtes, erkannt wurden.[212] Auch wurde im Zuge der Arbeiten am AGBG, welches am 01. April 1977 in Kraft getreten ist, deutlich, dass zahlreiche Vertragstypen im Recht der Schuldverhältnisse überhaupt nicht geregelt waren. Darüber hinaus war das Schuldrecht in über 200 Gesetze aufgesplittert und weitgehend von der Rechtsprechung überlagert.[213]

II. Die wissenschaftlichen Gutachten aus dem Jahre 1979

Im Rahmen der Vorschlagserarbeitung wurden zunächst durch die Bundesregierung mehrere umfangreiche Gutachten in Auftrag gegeben. Mit der Erstellung der ersten Gutachten wurde im Jahre 1979 begonnen. Die Ergebnisse wurden sodann in den Jahren 1981 und 1983 veröffentlicht.[214]

---

211 Schmidt-Räntsch, Das neue Schuldrecht, S. 3.

212 Vgl. auch: Büdenbender, Das Kaufrecht nach dem Schuldrechtsreformgesetz Teil 1, DStR 2002, 312, 313.

213 Bundesminister der Justiz (Hrsg.), Gutachten und Vorschläge zur Überarbeitung des Schuldrechts, Band I, S. V.

214 Bundesminister der Justiz (Hrsg.), Gutachten und Vorschläge zur Überarbeitung des Schuldrechts, Band I und II, 1981, Band III 1983; im Folgenden zitiert als „Wissenschaftliche Gutachten".

1. Die kaufrechtlichen Vorschriften

Im Abschnitt zu den kaufrechtlichen Bestimmungen des BGB in den wissenschaftlichen Gutachten[215] macht *Ulrich Huber* keine Vorschläge oder Anregungen bezüglich der Aufnahme einer Verkäuferhaftung für Werbeaussagen. Darüber hinaus empfiehlt er auch die Beibehaltung des Sachmängelbegriffes des § 459 BGB a.F. Insofern ist im kaufrechtlichen Abschnitt des Gutachtens keine Veränderung im Hinblick auf eine Verkäuferhaftung für Werbeaussagen enthalten.

2. Die Vorschriften über das Verschulden bei Vertragsverhandlungen (c.i.c.)

Im Abschnitt über das Verschulden bei Vertragsverhandlungen wird von *Medicus* der Vorschlag gemacht, „Werbemaßnahmen" als juristisch relevant einzustufen.[216] *Medicus* beschreibt den Regelungsbereich des dann im Jahre 1986 eingeführten § 13a UWG a.F. Die von ihm vorgeschlagene Regelung lautet:

§ 305a BGB der wissenschaftlichen Gutachten: „Widerrufsrecht: Voraussetzungen"

(1) Wer beim Abschluß eines Vertrages überrumpelt worden ist, kann den Vertrag widerrufen. Die Überrumpelung wird vermutet, wenn
   1. der eine Vertragsteil den anderen unaufgefordert in dessen Wohnung oder an dessen Arbeitsplatz zu Vertragsverhandlungen aufgesucht hat, oder
   2. der Vertrag bei einer Veranstaltung angebahnt oder abgeschlossen worden ist, die nicht nach den Vorstellungen beider Vertragsparteien zum Vertrieb von Leistungen solcher Art bestimmt war.

(2) Ein Widerrufsrecht besteht auch, wenn der eine Vertragsteil zum Vertragsabschluß durch eine Werbemaßnahme bestimmt worden ist, die eine Zuwiderhandlung gegen die §§ 1 oder 3 UWG darstellt. Der Zusammenhang wird vermutet, wenn die Werbemaßnahme sich an den Personenkreis wendet, dem der andere Vertragsteil angehört, und wenn sie für diesen Personenkreis zum Abschluß solcher Verträge wesentlich zu sein pflegt. Geht die unzulässige Werbemaßnahme von einem Dritten aus, so kann der andere Vertragsteil von diesem Ersatz des durch das Vertrauen auf die Beständig-

---

215 Bundesminister der Justiz (Hrsg.), Gutachten und Vorschläge zur Überarbeitung des Schuldrechts, Band I, S. 911 ff.

216 Bundesminister der Justiz (Hrsg.), Gutachten und Vorschläge zur Überarbeitung des Schuldrechts, Band I, S. 479 ff., 532, 548.

keit des Vertrages erlittenen Schadens verlangen, jedoch nicht über den Betrag des Interesses hinaus, das er an der Beständigkeit des Vertrages hat. Sind Widerrufe zu besorgen, weil sich eine Werbemaßnahme als Zuwiderhandlung gegen die §§ 1 oder 3 UWG erwiesen hat, so wird Sicherheitsleistung geschuldet. Diese Ansprüche können durch Vertrag weder ausgeschlossen noch beschränkt werden.

(3) Das Widerrufsrecht besteht nicht, wenn der von der Überrumpelung oder der unzulässigen Werbemaßnahme Betroffene den Vertrag in Ausübung seines Gewerbes abgeschlossen hat.

Darüber hinaus soll der andere Vertragsteil von einem Dritten Ersatz des durch das Vertrauen auf die Beständigkeit des Vertrages erlittenen Schadens verlangen können, wenn die unzulässige Werbemaßnahme von diesem Dritten ausgegangen ist. Gedacht war hierbei vor allem an den mit dem Verkäufer/Anbieter nicht identischen Hersteller, der eine Ware oder sonstige Leistung bewirbt. Jedoch soll der Ersatzanspruch auf das Interesse am Bestand des Vertrages beschränkt sein (positives Interesse). Es handelt sich hier um einen auf dem Zurechnungsprinzip basierenden Rückgriff des anderen Vertragsteiles gegenüber den am Vertrage nicht beteiligten, werbenden Dritten. Dogmatisch wird der Schadensersatzanspruch des anderen Vertragsteiles damit erklärt, dass dieser bei eigener Schuldlosigkeit die rechtlich gesicherte Möglichkeit haben müsse, den ihm durch den Widerruf entstandenen Schaden auf den für die Werbemaßnahme verantwortlichen Dritten abzuwälzen.[217]

Darüber hinaus schlägt *Medicus* eine weitere Vorschrift vor:

§ 305e der wissenschaftlichen Gutachten „Schadensersatz wegen unerlaubter Bestimmung zum Vertragsabschluß" lautet:

(1) Wer seinen Vertragspartner durch unrichtige Angaben oder durch die Verletzung einer Aufklärungspflicht zum Abschluß eines Vertrages bestimmt, hat dem Partner den daraus entstehenden Schaden zu ersetzen. Die Ersatzpflicht tritt nicht ein, wenn der Bestimmende die unrichtigen Angaben oder die Pflichtverletzung nicht zu vertreten hat.

(2) Entsprechendes gilt, wenn der Vertragspartner durch einen Verstoß gegen § 305a Absatz 2 Satz 1 und 2 zum Vertragsabschluß bestimmt worden ist. § 305 Absatz 3 ist nicht anzuwenden.

217 Bundesminister der Justiz (Hrsg.), Gutachten und Vorschläge zur Überarbeitung des Schuldrechts, Band I, S. 533 ff.

(3) Zu ersetzen ist der Schaden, den der Vertragspartner durch das Vertrauen auf das korrekte Verhalten des anderen Teils bei den Vertragsverhandlungen erlitten hat.
(4) Soweit sich der Ersatzanspruch auf Aufhebung oder Änderung des Vertrages richtet, verjährt er in einem Jahr. Für die Frist gelten die Absätze 2 und 3 von § 124 entsprechend. Auch § 853 gilt entsprechend.
(5) Diese Vorschrift gilt nicht in den Bereichen der Gewährleistung wegen Sachmängeln und der Haftung auf Schadensersatz wegen Nichterfüllung.

Weiter schlägt *Medicus* einen Schadensersatzanspruch für denjenigen Vertragspartner vor, welcher durch unrichtige Angaben oder durch die Verletzung einer Aufklärungspflicht zum Abschluss eines Vertrages bestimmt wird.[218] Die Haftung soll nicht eintreten, wenn der zum Vertragsschluss Bestimmende die unrichtige Angabe oder die Pflichtverletzung nicht zu vertreten hat. Vom Umfang her soll derjenige Schaden ersetzt werden, den der Vertragspartner durch das Vertrauen auf das korrekte Verhalten des anderen Teiles bei den Vertragsverhandlungen erlitten hat. Nach der Vorstellung von *Medicus* sollen diese Haftungsbestimmungen jedoch gerade nicht für die Bereiche der Gewährleistung wegen Sachmängeln und der Haftung auf Schadensersatz wegen Nichterfüllung gelten.

Zwar ließe sich grundsätzlich unter die von *Medicus* vorgeschlagene Haftungsnorm, insbesondere unter die Alternative der unrichtigen Angaben, eine Verantwortlichkeit des Verkäufers für Werbeaussagen subsumieren. Relevant kann dies nach dem Vorschlag aber bereits deswegen nicht werden, weil die Haftungsbestimmungen gemäß § 305e Abs. 5 der Gutachten gerade nicht für die Bereiche der Gewährleistung wegen Sachmängeln und der Haftung auf Schadensersatz wegen Nichterfüllung gelten sollen.

3. Die Vorschriften über die positive Vertragsverletzung (p.V.V.)

Hinsichtlich der p.V.V. wird innerhalb der Gutachten von *Ulrich Huber* folgender Vorschlag gemacht:

§ 275 der wissenschaftlichen Gutachten „Haftung des Schuldners" lautet:
(1) Erfüllte der Schuldner seine Verbindlichkeit nicht, insbesondere indem er die geschuldete Leistung nicht zur bestimmten Zeit oder nicht in der nach dem Inhalt des Schuldverhältnisses geschuldeten Art und Weise bewirkt oder indem er einer Unterlassungspflicht zuwiderhandelt (Nichterfüllung),

218 Bundesminister der Justiz (Hrsg.), Gutachten und Vorschläge zur Überarbeitung des Schuldrechts, Band I, S. 543.

so kann der Gläubiger Erfüllung und Ersatz des ihm entstandenen Schadens verlangen.

(2) In den durch das Gesetz besonders bestimmten Fällen kann der Gläubiger, statt Erfüllung zu verlangen,
   1. die Annahme der Leistung verweigern und Schadensersatz wegen Nichterfüllung der ganzen Verbindlichkeit verlangen;
   2. wenn die Verbindlichkeit auf einem gegenseitigen Vertrag beruht, den Vertrag rückgängig machen (Rücktritt) und Schadensersatz wegen Nichterfüllung der ganzen Verbindlichkeit verlangen;
   3. wenn die Verbindlichkeit auf einem gegenseitigen Vertrag beruht, der mehrere aufeinander folgende Leistungen, wiederkehrende Leistungen oder Dauerleistungen zum Gegenstand hat, sich vom Vertrag mit Wirkung für die Zukunft lossagen (Kündigung) und Schadensersatz wegen Nichterfüllung der künftig fälligen Verbindlichkeit verlangen;
   4. wenn die Verbindlichkeit auf einem gegenseitigen Vertrag beruht, die von ihm geschuldete Gegenleistung herabsetzen (Minderung).

(3) Der Gläubiger kann Erfüllung und Schadensersatz nicht verlangen, wenn die Nichterfüllung auf einem Umstand beruht, den der Schuldner nicht zu vertreten hat. Die Beweislast trifft den Schuldner. Ein Recht des Gläubigers zum Rücktritt, zur Kündigung oder zur Minderung bleibt unberührt.

(4) Hindert ein vom Schuldner nicht zu vertretender Umstand die Leistung vorübergehend, so ist der Anspruch des Gläubigers auf Erfüllung und auf Schadensersatz für den Zeitraum ausgeschlossen, während dessen das Leistungshindernis besteht. Wird die Leistung infolge des Zeitablaufs so grundlegend verändert, daß sie nicht mehr als Erfüllung der ursprünglichen Verbindlichkeit anzusehen ist, so ist der Schuldner berechtigt, die Leistung endgültig zu verweigern. Hindert ein vom Schuldner nicht zu vertretender Umstand die Leistung nur teilweise, so ist der Anspruch des Gläubigers auf Erfüllung und auf Schadensersatz nur hinsichtlich des betroffenen Teils der Leistung ausgeschlossen.

(5) Macht der Schuldner von einem ihm zustehenden Recht Gebrauch, die Leistung zu verweigern, so entfallen die dem Gläubiger gemäß Absatz 1 und 2 zustehenden Rechte mit Wirkung von dem Zeitpunkt an, in dem das Recht zur Leistungsverweigerung entstanden ist, im Fall der Verjährung mit Wirkung vom Zeitpunkt der Entstehung des Anspruches an.

4. Fazit

Die Gutachten und Vorschläge zur Überarbeitung des Schuldrechts aus den Jahren 1981 und 1983 enthalten demnach keine explizite Regelung zur Verkäuferhaftung für Werbeaussagen.

III. Die Schuldrechtskommission aus dem Jahre 1984

Im Anschluss an die Veröffentlichung der wissenschaftlichen Gutachten aus den Jahren 1981 und 1983 berief der Bundesminister der Justiz eine Kommission für die Überarbeitung des Schuldrechts[219] ein. Diese begann im Jahre 1984 mit ihren Arbeiten und legte ihren Abschlussbericht im Jahre 1991 vor.[220]

1. Die kaufrechtlichen Vorschriften

In dem Abschlussbericht der Kommission ist, wie auch in den wissenschaftlichen Gutachten, ebenfalls keine Haftung des Verkäufers für Werbeaussagen enthalten.

§ 434 BGB-KE „Sachmängel“ lautet:

(1) Die Sache ist frei von Sachmängeln, wenn sie die vereinbarte Beschaffenheit hat. Ist die Beschaffenheit der Sache nicht vereinbart, so ist die Sache frei von Sachmängeln, wenn sie sich für die nach dem Vertrag vorausgesetzte, sonst für die gewöhnliche Verwendung eignet.

(2) Einem Sachmangel steht es gleich, wenn der Verkäufer eine andere Sache oder zu geringe Menge liefert, es sei denn, daß sie als Erfüllung offensichtlich nicht in Betracht kommt.

2. Die Vorschriften über das Verschulden bei Vertragsverhandlungen (c.i.c.)

§ 305 BGB-KE „Begründung vertraglicher oder vorvertraglicher Schuldverhältnisse“ lautet:

(1) Zur Begründung eines Schuldverhältnisses durch Rechtsgeschäft sowie zur Änderung des Inhalts eines Schuldverhältnisses ist ein Vertrag zwischen den Beteiligten erforderlich, soweit das Gesetz nicht ein anderes vorschreibt.

---

219 Im Folgenden als „Schuldrechtskommission“ bezeichnet

220 Bundesminister der Justiz (Hrsg.), Abschlussbericht der Kommission zur Überarbeitung des Schuldrechts, 1992; im Folgenden zitiert als „Abschlussbericht“.

(2) Ein Schuldverhältnis mit Pflichten nach § 241 Abs. 2 BGB-KE[221] kann bereits durch die Anbahnung eines Vertrages entstehen.

3. Die Vorschriften über die positive Vertragsverletzung (p.V.V.)

§ 280 BGB-KE „Schadensersatz bei Pflichtverletzung" lautet:

(1) Verletzt der Schuldner eine Pflicht aus dem Schuldverhältnis, so kann der Gläubiger Ersatz des hierdurch entstandenen Schadens verlangen. Dies gilt nicht, wenn der Schuldner die Pflichtverletzung nicht zu vertreten hat.

(2) Für das Recht des Gläubigers, statt der Leistung Schadensersatz zu verlangen, gelten die zusätzlichen Erfordernisse des § 283 BGB-KE. Schadensersatz wegen Verzögerung der Leistung kann der Gläubiger nur unter den zusätzlichen Voraussetzungen des Verzugs nach § 284 BGB-KE verlangen. Bei einem gegenseitigen Vertrag kann der Gläubiger Schadensersatz wegen Nichterfüllung des Vertrags nur gemäß § 327 BGB-KE nach Rücktritt verlangen.[222]

IV. Ergebnis

Im Ergebnis ist festzuhalten, dass im Rahmen der nationalen Reformbestrebungen keine wesentlichen Vorschläge zu einer ausdrücklichen Informationsverantwortung des Verkäufers gemacht worden sind.

B. Die europäischen Reformbestrebungen

I. Das Grünbuch der Europäischen Union

Eine erste eingehende Befassung im Rahmen europarechtlicher Reformbestrebungen stellt das sogenannte Grünbuch über Verbrauchsgütergarantien und Kundendienst der europäischen Kommission aus dem Jahre 1993 dar.[223] In dem Grünbuch wurden die bestehende Rechtslage innerhalb der EU-Mitgliedsstaaten analysiert und Lösungsvorschläge zur Rechtsangleichung erarbeitet. Es wurde

---

221 § 241 Abs. 2 BGB-KE lautet: „Das Schuldverhältnis kann unter Berücksichtigung seines Inhaltes und seiner Natur jeden Teil zu besonderer Rücksicht auf die Rechte und Rechtsgüter des anderen Teils verpflichten. Hierauf kann sich das Schuldverhältnis beschränken."

222 Vom Abdruck der §§ 283, 284 und 327 BGB-KE wird hier abgesehen.

223 Grünbuch über Verbrauchsgütergarantien und Kundendienst, KOM (93) 509 endg.

festgestellt, dass die mitgliedsstaatlichen Regelungen überwiegend den Vorstellungen von früheren traditionellen Gesellschaftsformen entsprächen und weitgehend nicht mehr den modernen Umständen einer Konsumgesellschaft gerecht würden. So würde unter anderem nicht dem Umstand Rechnung getragen, dass zumindest in gewissen Konsumbereichen weder der Verkäufer noch der Verbraucher die Kaufsache in Augenschein nehmen oder prüfen würde. Die Verbraucherbeziehungen seien in der Gegenwart weitgehend entpersonalisiert, da der Kauf in der Regel in der Anonymität von Großkaufhäusern abgewickelt werde.[224] Auch sei erkennbar, dass für die Frage, wann eine Sache mangelhaft sei, zunehmend auch der Informationsstand des Käufers ausschlaggebend sei. Es sei nicht mehr (nur) die Eignung der Sache für den üblichen Gebrauch maßgeblich, sondern auch aus Sicht des Käufers erforderlich, dass die Sachbeschaffenheit der Sache mit den gegebenen Informationen übereinstimme und seinen berechtigten Erwartungen gerecht werden müsse.[225] Für den Umfang dieser berechtigten Erwartungen seien unter anderem die Darbietung des Produktes und die jeweilige Werbung, also alle über das Produkt gegebenen Informationen maßgeblich.[226]

II. Die VerbrGüKRL der Europäischen Union

Aufbauend auf den Ergebnissen des Grünbuches wurde in der Folgezeit sodann mit der Erarbeitung eines Richtlinienvorschlages betreffend den Verbrauchsgüterkauf begonnen.

1. Der erste Kommissionsvorschlag vom 18.06.1996[227]

Bereits in ihrem ersten Vorschlag betreffend den Entwurf einer VerbrGüKRL ließ die Kommission die im Grünbuch vorgeschlagene Ausrichtung des Mangelbegriffes auf die berechtigten Erwartungen des Käufers fallen.

Hinsichtlich der konkreten Formulierung einer Informationsverantwortlichkeit des Verkäufers enthielt der Vorschlag in Art. 2 Abs. 2 d) die Formulierung,

---

224 Grünbuch über Verbrauchsgütergarantien und Kundendienst, KOM (93) 509 endg., S. 18.

225 Grünbuch über Verbrauchsgütergarantien und Kundendienst, KOM (93) 509 endg., S. 38.

226 Grünbuch über Verbrauchsgütergarantien und Kundendienst, KOM (93) 509 endg., S. 110.

227 Vorschlag für eine Richtlinie des Europäischen Parlaments und des Rates über den Verbrauchsgüterkauf und Verbrauchsgütergarantien, ABL. EG Nr. C 307 vom 16.10.96, S. 8.

dass die Vertragsmäßigkeit der Kaufsachen dann gegeben sei, wenn sie zum Zeitpunkt der Übergabe „... angesichts ihrer Beschaffenheit, des gezahlten Preises und sie betreffender öffentlicher Äußerungen des Verkäufers, des Herstellers oder dessen Vertreters in Bezug auf Qualität und Leistung zufriedenstellend sind".

Dieser Vorschlag wurde durch den Wirtschafts- und Sozialausschuss grundsätzlich begrüßt. Eine Verpflichtung, wonach die Kaufsache mit den öffentlichen Aussagen (auch) des Herstellers übereinstimmen müsse, entspreche den eindeutigen Erwartungen des Verbrauchers. Dieser unterscheide nämlich in der Regel nicht zwischen Informationen durch den Händler oder durch den Hersteller.

Darüber hinaus diene die vorgeschlagen Regelung der Lauterkeit des Handelsverkehres insoweit, als sie dem Hin- und Herschieben von Verantwortung zu Lasten des Verbrauchers vorbeuge.

Jedoch solle klargestellt werden, dass unter die öffentlichen Äußerungen des Herstellers oder dessen Vertreters nur Angaben über die Produkteigenschaften und nicht allgemeine werbliche Aussagen fielen.[228]

2. Der geänderte Kommissionsvorschlag vom 01.04.1998[229]

In dem geänderten Richtlinienvorschlag schlug die Kommission in Art. 2 Abs. 2 d) folgenden Wortlaut vor: Vertragsmäßigkeit der Kaufsachen sei dann gegeben, wenn sie zum Zeitpunkt der Übergabe „eine Beschaffenheit haben, die der Verbraucher in Bezug auf Qualität und Leistung unter anderem auch aufgrund der in der Werbung oder Etikettierung gemachten öffentlichen produktbezogenen Äußerungen des Verkäufers, des Herstellers oder dessen Vertreters erwarten konnte".

3. Die VerbrGüKRL vom 25.05.1999 (RL 1999/44/EG)

In dem gemeinsamen Standpunkt vom 24.09.1998 wurde die endgültige Fassung festgelegt.[230] Diese ist identisch mit dem Wortlaut der VerbrGüKRL. Art. 2 „Vertragsmäßigkeit" der Richtlinie Nr. L 171/12 lautet:

---

228 Stellungnahme des Wirtschafts- und Sozialausschusses zu dem „Vorschlag für eine Richtlinie des Europäischen Parlamentes und des Rates über den Verbrauchsgüterkauf und -garantien", ABL. EG Nr. C 66 vom 03.03.97, S. 5, 6.

229 Geänderter Vorschlag der Kommission für eine Richtlinie des Europäischen Parlamentes und des Rates über den Verbrauchsgüterkauf und -garantien, ABL. EG Nr. C 148 vom 14.05.1998, S. 12.

230 Gemeinsamer Standpunkt (EG) Nr. 51/98, ABL EG Nr. C 333, vom 30.10.1998, S. 46.

(1) Der Verkäufer ist verpflichtet, dem Verbraucher dem Kaufvertrag gemäße Güter zu liefern.

(2) Es wird vermutet, daß Verbrauchsgüter vertragsgemäß sind, wenn sie

a) mit der vom Verkäufer gegebenen Beschreibung übereinstimmen und die Eigenschaften des Gutes besitzen, das der Verkäufer dem Verbraucher als Probe oder Muster vorgelegt hat;

b) sich für einen bestimmten vom Verbraucher angestrebten Zweck eignen, den der Verbraucher dem Verkäufer bei Vertragsschluß zur Kenntnis gebracht hat und dem der Verkäufer zugestimmt hat;

c) sich für die Zwecke eignen, für die Güter der gleichen Art gewöhnlich gebraucht werden;

d) eine Qualität und Leistungen aufweisen, die bei Gütern der gleichen Art üblich sind und die der Verbraucher vernünftigerweise erwarten kann, wenn die Beschaffenheit des Gutes und gegebenenfalls die insbesondere in der Werbung oder bei der Etikettierung gemachten öffentlichen Äußerungen des Verkäufers, des Herstellers oder dessen Vertreters über die konkreten Eigenschaften des Gutes in Betracht gezogen werden.

(3) Es liegt keine Vertragswidrigkeit im Sinne des Artikels vor, wenn der Verbraucher zum Zeitpunkt des Vertragsschlusses Kenntnis von der Vertragswidrigkeit hatte oder vernünftigerweise nicht in Unkenntnis darüber sein konnte oder wenn die Vertragswidrigkeit auf den vom Verbraucher gelieferten Stoff zurückzuführen ist.

(4) Der Verkäufer ist durch die in Absatz 2 Buchstabe d) genannten öffentlichen Äußerungen nicht gebunden, wenn er

- nachweist, daß er die betreffende Äußerung nicht kannte und vernünftigerweise nicht davon Kenntnis haben konnte
- nachweist, daß die betreffende Äußerung zum Zeitpunkt des Vertragsschlusses berichtigt war, oder
- nachweist, daß die Kaufentscheidung nicht durch die betreffende Äußerung beeinflußt sein konnte.

(5) Ein Mangel infolge unsachgemäßer Montage des Verbrauchsgutes wird der Vertragswidrigkeit gleichgestellt, wenn die Montage Bestandteil des Kaufvertrages über das Verbrauchsgut war und vom Verkäufer oder unter dessen Verantwortung vorgenommen wurde. Das gleiche gilt, wenn das zur Montage durch den Verbraucher bestimmte Erzeugnis vom Verbraucher montiert worden ist und die unsachgemäße Montage auf die Montageanleitung zurückzuführen ist.

C. Das Gesetzgebungsverfahren im Rahmen des Gesetzes zur Modernisierung des Schuldrechtes

Das Gesetzgebungsverfahren im Rahmen des Gesetzes zur Modernisierung des Schuldrechtes wird aus Gründen des besseren Verständnisses nicht abstrakt, sondern im Rahmen der einzelnen Untersuchungen des § 434 Abs. 1 Satz 3 BGB im folgenden Teil 4 dargestellt und bewertet.

4. Teil: Die Voraussetzungen der Verkäuferhaftung im Einzelnen

A. Der Anwendungsbereich von § 434 Abs. 1 Satz 3 BGB

I. Einleitung

Gemäß § 434 Abs. 1 Satz 3 BGB gehören zu der im Rahmen des Kaufvertrages geschuldeten Beschaffenheit nach § 434 Abs. 1 Satz 2 Nr. 2 BGB auch solche Eigenschaften, die der Käufer nach den öffentlichen Äußerungen des Verkäufers, des Herstellers oder seines Gehilfen insbesondere in der Werbung oder bei Kennzeichnung über bestimmte Eigenschaften der Sache erwarten kann. Dies gilt nicht, wenn der Verkäufer die Äußerung nicht kannte oder nicht kennen musste, wenn die Äußerung im Zeitpunkt des Vertragsschlusses in gleichwertiger Weise berichtigt war oder wenn die Äußerung die Kaufentscheidung nicht beeinflussen konnte.

Voraussetzung der Informationsverantwortlichkeit des Verkäufers ist zunächst das Bestehen eines rechtswirksamen Kaufvertrages über bewegliche und unbewegliche Sachen im Sinne des § 90 BGB. Aufgrund der Verankerung von § 434 Abs. 1 Satz 3 BGB im „allgemeinen Kaufrecht" findet die Vorschrift sowohl im Privat- als auch im Falle des Verbrauchsgüterkaufes gemäß §§ 475 ff. BGB Anwendung.[231] Darüber hinaus wird gemäß § 453 Abs. 1 BGB der Kauf von Rechten und sonstigen Gegenständen dem Kaufrecht unterstellt. Somit findet auch in diesen Fällen § 434 Abs. 1 Satz 3 BGB grundsätzlich entsprechende Anwendung. Zu beachten ist allerdings, dass ein Recht als solches begrifflich keinen Sachmangel aufweisen kann, so dass in diesen Fällen keine Haftung über § 434 BGB, sondern über § 435 BGB analog (entsprechende Anwendung, da § 435 unmittelbar nur für die Rechtsmängel einer Sache, nicht jedoch für die Mängel eines Rechtes gilt) gegeben sein kann.[232] Eine Ausnahme gilt in den Fällen des § 453 Abs. 3 BGB, wenn ein Recht verkauft wird, welches zum Besitz einer Sache berechtigt. In diesen Fällen kommt hinsichtlich der Sache eine Haftung für Mängel gemäß § 434 Abs. 1 Satz 3 BGB in Betracht.

---

231 Hierzu sogleich unten.
232 Palandt/Putzo, BGB, 62. Auflage, § 453, Rdnr. 17.

II. Die systematische Stellung von § 434 Abs. 1 Satz 3 BGB

Bei der Anwendung von § 434 Abs. 1 Satz 3 ist der gestufte Aufbau des Sachmangeltatbestandes des § 434 Abs. 1 BGB von entscheidender Bedeutung.

1. Subjektive Kriterien für das Vorliegen eines Sachmangels

a) Die Beschaffenheitsvereinbarung gemäß § 434 Abs. 1 Satz 1 BGB

Gemäß § 434 Abs. 1 Satz 1 BGB kommt es für die Sachmangelfreiheit darauf an, dass die Sache die „vereinbarte Beschaffenheit" hat. Die geschuldete Sollbeschaffenheit wird also in erster Linie durch die Parteivereinbarung festgelegt. Demnach liegt ein Sachmangel dann vor, wenn die tatsächliche Beschaffenheit der Sache von der Beschaffenheit abweicht, die die Parteien bei Abschluss des Kaufvertrages vorausgesetzt haben. Dabei kann eine Beschaffenheitsvereinbarung auch stillschweigend erfolgen. Maßgeblich sind demnach im Rahmen des § 434 Abs. 1 Satz 1 BGB subjektive Kriterien für das Vorliegen eines Sachmangels.

b) Die vereinbarte Verwendung/Zweckeignung gemäß § 434 Abs. 1 Satz 2 Nr. 1 BGB

Gemäß § 434 Abs. 1 Satz 2 Nr. 1 BGB ist die Sache frei von Sachmängeln, wenn sie sich für die nach dem Vertrag vorausgesetzte Verwendung eignet. Insofern ist § 434 Abs. 1 Satz 1 BGB mit § 434 Abs. 1 Satz 2 Nr. 1 BGB vergleichbar, da beide Vorschriften subjektiv eine Willensübereinstimmung der Parteien voraussetzen. Nach dem Willen des Gesetzgebers soll die Abgrenzung der beiden Vorschriften danach erfolgen, ob sich die Vorstellungen der beiden Parteien auf einzelne, konkrete und bestimmte Merkmale der Beschaffenheit richten, oder darauf, dass sich die Sache für einen bestimmten Verwendungszweck eignet.[233] Im ersten Fall soll eine vereinbarte Beschaffenheit im Sinne des § 434 Abs. 1 Satz 1 BGB, im zweiten Fall eine nach dem Vertrag vorausgesetzte Verwendung im Sinne des § 434 Abs. 1 Satz 2 Nr.1 BGB vorliegen. Der Unterschied zwischen den beiden Varianten liegt demnach darin, dass im Falle der vereinbarten Beschaffenheit konkrete Beschaffenheitsmerkmale vereinbart werden, wohingegen

---

233 Regierungsentwurf, BT-Drucks. 14/6040, S. 213 = Canaris, Schuldrechtsmodernisierung 2002, S. 813.

im Falle des nach dem Vertrag vorausgesetzten Verwendungszweckes gewissermaßen das Ergebnis, nämlich die Zweckeignung, vereinbart wird.[234]

2. Objektive Kriterien für das Vorliegen eines Sachmangels

a) § 434 Abs. 1 Satz 2 Nr. 2 BGB

Nach § 434 Abs. 1 Satz 2 Nr. 2 BGB ist die Kaufsache sachmangelfrei, wenn sie sich für die gewöhnliche Verwendung eignet und eine Beschaffenheit aufweist, die bei Sachen der gleichen Art üblich ist und die der Käufer nach der Art der Sache erwarten kann. Insoweit werden durch § 434 Abs. 1 Satz 2 Nr. 2 BGB hilfsweise auch objektive Kriterien für maßgeblich erklärt.[235] Hierbei ist zu beachten, dass die Regelung des § 434 Abs. 1 Satz 2 Nr. 2 BGB sowohl gegenüber der Beschaffenheitsvereinbarung gemäß § 434 Abs. 1 Satz 1 BGB als auch gegenüber der vereinbarten Zweckeignung gemäß § 434 Abs. 1 Satz 2 Nr. 1 BGB subsidiär ist. Dies ergibt sich zunächst aus dem Wortlaut des § 434 Abs. 1 Satz 2 BGB „soweit die Beschaffenheit nicht vereinbart ist" sowie aus dem Wort „sonst" in § 434 Abs. 1 Satz 2 Nr. 1 BGB.[236]

b) Die Erweiterung der Haftung auf öffentliche Aussagen durch § 434 Abs. 1 Satz 3 BGB

Gemäß § 434 Abs. 1 Satz 3 BGB gehören zu der Beschaffenheit nach § 434 Abs. 1 Satz 2 Nr. 2 BGB auch diejenigen Eigenschaften, die der Käufer nach den öffentlichen Äußerungen des Verkäufers, des Herstellers oder seines Gehilfen insbesondere in der Werbung oder bei der Kennzeichnung über bestimmte Eigenschaften der Sache erwarten kann.[237]

Aus der Formulierung „zu der Beschaffenheit nach Satz 2 Nr. 2 gehören auch" folgt zunächst, dass es sich bei den in § 434 Abs. 1 Satz 3 BGB genannten Beschaffenheitsaspekten um solche Kriterien handelt, die das Vorliegen eines Sachmangels im Sinne des § 434 Abs. 1 Satz 2 Nr. 2 BGB objektiv bestim-

---

234 Huber, in: Huber/Faust, Schuldrechtsmodernisierung, 2002, S. 299.

235 Grigoleit/Herresthal, Grundlagen der Sachmängelhaftung im Kaufrecht, JZ 2003, 118, 121.

236 Huber, in: Huber/Faust, Schuldrechtsmodernisierung, 2002, S. 301.

237 Äußerst kritisch zu der entsprechenden Regelung der VerbrGüKRL: Kircher, Die Voraussetzungen der Sachmängelhaftung beim Warenkauf, S. 277, der in dieser Regelung eine dem deutschen Schuldrecht fremde, einseitige Gestaltung eines Rechtsverhältnisses zu Lasten eines Dritten erblickt.

men.[238] Dogmatisch ist § 434 Abs. 1 Satz 3 BGB demnach so konstruiert, dass die dort beschriebenen Eigenschaften zu der vom Verkäufer gemäß § 434 Abs. 1 Satz 2 Nr. 2 BGB geschuldeten Beschaffenheit gehören.[239]

In gesetzessystematischer Hinsicht ist der gestufte Aufbau des gesamten § 434 Abs. 1 BGB zu beachten. Wie bereits dargelegt wurde, sind objektive Kriterien gemäß § 434 Abs. 1 Satz 2 Nr. 2 BGB zur Bestimmung des Vorliegens eines Sachmangels im Verhältnis zu den subjektiven Kriterien des § 434 Abs. 1 Satz 1 und Satz 2 Nr. 1 BGB lediglich subsidiär heranzuziehen. § 434 Abs. 1 Satz 3 BGB besagt jedoch, dass zu der Beschaffenheit nach Satz 2 Nr. 2 auch die dort genannten Eigenschaften gehören. Daraus wiederum folgt zwingend, dass auch die (objektiven[240]) Sachmangelkriterien des § 434 Abs. 1 Satz 3 BGB im Vergleich zu den subjektiven Kriterien des § 434 Abs. 1 Satz 1 und Satz 2 Nr. 1 BGB nur subsidiär Anwendung finden.

Nach dem erklärten Willen des Gesetzgebers soll sich durch § 434 Abs. 1 Satz 3 BGB nichts daran ändern, dass bei ausdrücklicher Bezugnahme auf eine öffentliche Äußerung im Rahmen der Verkaufsverhandlungen eine Beschaffenheitsvereinbarung im Sinne des § 434 Abs. 1 Satz 1 BGB vorliegt. Im Rahmen des § 434 Abs. 1 Satz 3 BGB kommt es demnach nur auf Äußerungen an, die nicht Vertragsinhalt geworden sind, da ansonsten § 434 Abs. 1 Satz 1 BGB einschlägig ist.[241] Auch insoweit ist bei der Anwendung von § 434 Abs. 1 Satz 3 BGB eine „materiellrechtliche" Subsidiarität gegeben.

Auf der anderen Seite geht der Regelungsbereich des § 434 Abs. 1 Satz 3 BGB über die Fälle der einfachen Beschaffenheitsvereinbarung gemäß § 434 Abs. 1 Satz 1 BGB insofern hinaus, als dass es für die Haftung aus § 434 Abs. 1 Satz 3 BGB gerade nicht erforderlich ist, dass die Kaufvertragsparteien (insbesondere der Verkäufer) die öffentlichen Aussagen in die konkreten Vertragsverhandlungen einbezogen haben. Vielmehr kann bereits ausreichend sein, dass eine öffentliche Äußerung des Verkäufers, des Herstellers oder seines Gehilfen vorliegt und kein Ausnahmetatbestand des § 434 Abs. 1 Satz 3 BGB eingreift.

3. Ergebnis

Im Ergebnis bleibt festzuhalten, dass öffentliche Äußerungen etc. grundsätzlich die vertragliche Sollbeschaffenheit nur subsidiär festlegen können. § 434 Abs. 1

238 Emmerich, BGB-Schuldrecht Besonderer Teil, 10. Auflage, S. 31.
239 Huber, in: Huber/Faust, Schuldrechtsmodernisierung, 2002, S. 302.
240 Zu der Frage, ob es bei § 434 Abs. 1 Satz 3 BGB auf die Erwartungen eines durchschnittlichen Käufers oder auf die subjektiven Erwartungen des konkreten Käufers ankommt, siehe unten.
241 Faust, in: Bamberger/Roth, BGB, § 434, Rdnr. 75.

Satz 3 BGB bezieht sich nur auf den Fall des § 434 Abs. 1 Satz 2 Nr. 2 BGB. Daraus ergibt sich unmittelbar, dass eine Beschaffenheitsvereinbarung (und somit auch eine individuelle Äußerung des Verkäufers, welcher der Käufer zustimmt) gegenüber einer öffentlichen Äußerung etc. die vertraglich geschuldete Beschaffenheit immer vorrangig definiert. Voraussetzung ist freilich stets, dass die Vereinbarung immer auch bestimmte, für eine Beschaffenheitsvereinbarung ausreichend konkrete Umstände anspricht.[242]

4. Die Verankerung von § 434 Abs. 1 Satz 3 BGB im „allgemeinen" Kaufrecht

Als bemerkenswert ist bereits hier anzumerken, dass es der Gesetzgeber unterlassen hat, die in § 434 Abs. 1 Satz 3 BGB enthaltene Haftungserweiterung für öffentliche Äußerungen auf die Fälle des Verbrauchsgüterkaufes zu beschränken, obwohl es ihm gemäß der VerbrGüKRL möglich gewesen wäre. Vielmehr gilt die Vorschrift nach der vom Gesetzgeber gewählten Platzierung für das gesamte Kaufrecht. Der Gesetzgeber hat sich bei der Umsetzung der VerbrGüKRL und der damit einhergehenden Verschärfungen im Vergleich zu dem Wortlaut der Richtlinie maßgeblich auf Art. 8 Abs. 2 VerbrGüKRL berufen. Hiernach können die Mitgliedsstaaten in dem unter diese Richtlinie fallenden Bereich mit dem EG-Vertrag in Einklang stehende strengere Bestimmungen erlassen oder aufrechterhalten, um ein höheres Schutzniveau für die Verbraucher sicherzustellen.

Somit findet § 434 Abs. 1 Satz 3 BGB auch dann Anwendung, wenn ein Kaufvertrag außerhalb des Anwendungsbereiches des Verbrauchsgüterkaufes gemäß §§ 475 ff. BGB, nämlich beispielsweise zwischen zwei Unternehmen im Sinne des § 14 BGB oder zwischen zwei Verbrauchern im Sinne des § 13 BGB geschlossen wird. Ebenfalls erfasst wird der Fall, dass ein Verbraucher eine Sache an einen Unternehmer verkauft.

In rechtspolitischer Hinsicht war die Richtigkeit dieser Entscheidung umstritten.[243] Die Begründung des Gesetzgebers hierzu ist knapp: Zwar sei der Schutz vor unzutreffenden Werbeaussagen in erster Linie ein Anliegen des Verbraucherschutzes. Dennoch sei eine Beschränkung der Verkäuferhaftung auf die Fälle des Verbrauchsgüterkaufes nicht geboten, da „ein einheitlicher Fehlerbegriff wünschenswert" sei. Außerdem seien auch Fälle denkbar, in denen die Kaufentscheidung durch unzutreffende Werbeaussagen beeinflusst werde. In diesem Fall sei

---

242 MünchKomm-H. P. Westermann, BGB, 4. Auflage, § 434, Rdnr. 24.

243 Kritisch hierzu insbesondere: Ernst/Gsell, Kaufrechtsrichtlinie und BGB, ZIP 2000, 1410, 1415; so im Allgemeinen auch schon zur VerbrGüKRL: Ehmann/Rust, Die Verbrauchsgüterkaufrichtlinie, JZ 1999, 853, 864.

eine Haftung des Verkäufers aus denselben Gründen wie im Falle des Verbrauchsgüterkaufes gerechtfertigt.[244]

III. Auslegungskriterien

Im Rahmen der Informationsverantwortung des Verkäufers für öffentliche Äußerungen sind neben den allgemeinen Auslegungsmethoden insbesondere zwei weitere Auslegungskriterien von entscheidender Bedeutung.

Die sogenannte ökonomische Analyse des Rechts ist meines Erachtens deshalb von besonderer Bedeutung, weil gerade die Marktinformation der Verbraucher durch Werbung und sonstige öffentliche Äußerung der Angebotsseite als Massenphänomen im Rahmen einer modernen Volkswirtschaft entscheidend die Bedarfsdeckung der Verbraucher beeinflussen kann.

Zum anderen ist zu berücksichtigen, dass die Haftung für Werbeaussagen etc. auf der Umsetzung der VerbrGüKRL beruht. Insofern ist als weiterer entscheidender Gesichtspunkt das Gebot der richtlinienkonformen Auslegung zu berücksichtigen.

Im Rahmen der Darstellung dieser Methoden soll daher im Folgenden auf die ihnen zugrundeliegenden Erwägungen und ihre Bedeutung für die Verkäuferhaftung aus § 434 Abs.1 Satz 3 BGB eingegangen werden.

1. Die ökonomische Analyse des Rechts

a) Allgemeines

Die ökonomische Analyse des Rechts ist eine recht junge juristische Sichtweise. Sie wurde als kombiniert juristische und wirtschaftswissenschaftliche Betrachtungsweise überwiegend in den USA entwickelt und fand eine umfassende und grundlegende Niederschrift in dem Werk von *Richard A. Posner* aus dem Jahre 1972.[245] Kern dieser Auslegungsmethode ist der Versuch, rechtliche Rahmenbedingungen ausgehend von den Gegebenheiten der Marktwirtschaft nach ökonomischen Prinzipien zu erklären und neu zu entwickeln. Nach *Schäfer/Ott* liegt der ökonomischen Deutung von Rechtsnormen folgende Kernaussage zugrunde: „Ein zentraler Gegenstand der Wirtschaftswissenschaft ist die Frage, wie eine Gesell-

---

244 RegBegr BT-Drucks. 14/6040, S. 215 = Canaris, Schuldrechtsmodernisierung 2002, S. 815.

245 Posner, Economic Analysis of Law, Boston 1972; zustimmend dazu: Koch, Besprechung von R.A.Posner, Economic Analysis of Law, RabelsZ 40 (1976), S. 181, 185.

schaft die knappen Mittel, die ihr zur Verfügung stehen, so einsetzt, dass ein möglichst hoher Grad an Bedürfnisbefriedigung erreicht wird. In dem Maße, wie dies gelingt, ist eine Wirtschaft effizient. Andernfalls verschwendet sie ihre Mittel. Da die Vermeidung von Verschwendung ein sinnvolles und wichtiges gesamtgesellschaftliches Ziel ist, besteht ein Hauptgegenstand der normativen Ökonomie und der Theorie der Wirtschaftspolitik darin, Regelungen und Institutionen vorzuschlagen, deren Vorhandensein die Effizienz der Mittelverwendung fördert. Die ökonomische Analyse des Rechts bezieht diese Sichtweise auf die Normen der Rechtsordnung. Sie betrachtet es als legitime und notwendige Aufgabe der Rechtswissenschaft, rechtliche Regelungen danach zu beurteilen, in welchem Maße sie die Verschwendung von Ressourcen verhindern und damit die Effizienz erhöhen."[246] Es sei insofern ein Gebot der Allokationseffizienz, den Rechtsverkehr so zu ordnen, dass die geringst möglichen Kosten verursacht und überflüssige Kosten vermieden werden.[247] In dem Maße, wie das Recht kontrollierend und ordnend ökonomische Transaktionsprozesse in der Realität zu regeln versuche, müsse es sich seinerseits auch den ökonomischen Gesetzen der optimalen Allokation knapper Ressourcen unterwerfen.[248] Im Interesse des volkswirtschaftlichen Allgemeinwohls müsse das Recht durch kritische Untersuchungen und Anpassungen an die tatsächlichen wirtschaftlichen Gegebenheiten so effizient ausgestaltet werden, dass es geeignet sei, das nach ökonomischen Erkenntnissen Erreichbare so weit wie möglich in die Realität umzusetzen. Das Zivilvertragsrecht habe demnach auch die Aufgabe, eine möglichst marktkonforme Bedürfnisbefriedigung wahrscheinlich zu machen, indem vermeidbare und unnötige Transaktionskosten[249] ausgeschieden bzw. dem richtigen Kostenträger zur Minimierung zugewiesen würden. Als richtiger Kostenträger komme primär derjenige

246 Schäfer/Ott, Lehrbuch der ökonomischen Analyse des Zivilrechtes, 3. Auflage, S. 1.

247 Ott, in: Alternativkommentar-BGB, vor § 164, Rdnr. 28.

248 Lehmann, Vertragsanbahnung durch Werbung, 1981, S. 230.

249 Brockhaus, Die Enzyklopädie, Stichwort Transaktionskosten: Kosten, die bei Anbahnung und Abschluss von Verträgen sowie nach Vertragsabschluss (Überwachung, mögliche Sanktionen) entstehen. Während in den Modellen der traditionellen neoklassischen Wirtschaftstheorie davon ausgegangen wird, dass der Güteraustausch selbst kostenlos ist, finden die Transaktionskosten, die in der Praxis zum Teil erhebliche Dimensionen erreichen, in der Transaktionskostentheorie (auch Transaktionskostenökonomik), einem v.a. auf R.H. Coase zurückgehenden Ansatz der neuen Institutionenökonomik, verstärkt Berücksichtigung. Mithilfe der Theorie der Transaktionskosten lassen sich alternative Formen der institutionellen Einbettung wirtschaftlicher Transaktionen und deren Effizienz untersuchen sowie unterschiedliche vertragliche Beziehungen und das Verhalten der Vertragspartner erklären; vgl. hierzu auch: Oechsler, Schuldrecht Besonderer Teil – Vertragsrecht, § 1 Rdnr. 33 f., m.w.N.

Vertragsteil in Betracht, der den jeweiligen Aufwand am kostengünstigsten tragen könne („cheapest cost avoider").[250]

Der Vertrag wird hierbei als diejenige rechtliche Institution angesehen, die die Parteien in die Lage versetzt, ein möglich effizientes, über die freie Bildung der Preise gesteuertes Verhalten beim Güteraustausch anzustreben. So betrachtet wird der Vertrag zu einem wichtigen, vielleicht dem wichtigsten Instrument der ökonomischen Planungssicherheit und dient insoweit der vorausschauenden und sichernden Ordnung jedes marktwirtschaftlichen Transaktionsprozesses und wird damit zum Garanten für die bestmögliche Durchführung der Allokation knapper Ressourcen.[251] Dem Kaufvertragsrecht kommt hierbei aufgrund der Bedeutung des Kaufes als wohl wichtigstem Austauschvertrag eine übergeordnete Bedeutung zu.

Die Bedeutung der ökonomischen Analyse des Rechts für Gesetzgebung, Rechtswissenschaft und Rechtsanwendung ist in ihrer Reichweite umstritten. Vertreter einer extremen Richtung dieser Auslegungsmethode gehen von ihrem absoluten Vorrang vor anderen juristischen Methoden und somit davon aus, dass im Zweifel der ökonomisch effizienteste Lösungsweg auch der juristisch richtige ist.[252] Demgegenüber wird die ökonomische Analyse des Rechts teilweise ausgesprochen kritisch gewürdigt. *Taupitz* beispielsweise wendet gegen die absolut ökonomische Sichtweise ein, dass sie sich nicht nur als Angebot an den Gesetzgeber verstehe, sondern auch den normativen Anspruch erhebe, rechtspolitische Ziele selbst vorzugeben.[253] Jedoch erkennt auch er an, es herrsche „Einigkeit, dass eine Verwertung der ökonomischen Erkenntnisse durch die Rechtsprechung allenfalls in den Grenzen des geltenden Rechtes möglich ist – wobei diese Grenzen freilich, wie wir wissen, manchmal schwierig zu bestimmen sind und durch legitime Rechtsfortbildung verschoben werden können. Scharnier für die Bedeutung der ökonomische Analyse im Rahmen der Rechtsanwendung können durchaus die herkömmlichen Auslegungsmethoden sein."[254] Somit geht auch *Taupitz* davon aus, dass die ökonomische Analyse des Rechts zumindest als einer von vielen Aspekten bei der Rechtsanwendung von Bedeutung sein kann.[255]

---

250 Lehmann, Vertragsanbahnung durch Werbung, 1981, S. 231.

251 Lehmann, Vertragsanbahnung durch Werbung, 1981, S. 238.

252 Vgl. die Nachweise bei: Taupitz, Ökonomische Analyse und Haftungsrecht – Eine Zwischenbilanz, AcP 196, 114, 129.

253 Taupitz, Ökonomische Analyse und Haftungsrecht – Eine Zwischenbilanz, AcP 196, 114, 123.

254 Taupitz, Ökonomische Analyse und Haftungsrecht – Eine Zwischenbilanz, AcP 196, 114, 127.

255 Vgl.: Taupitz, Ökonomische Analyse und Haftungsrecht – Eine Zwischenbilanz, AcP 196, 114, 166/167 wo er zwar vor einer übertriebenen Berücksichtigung der

Heinrichs ist dagegen der Meinung, dass sich zunehmend die Erkenntnis durchsetze, die ökonomische Analyse des Rechts könne nur Teil einer Gesamtbetrachtung sein und die Aufgabe, das Recht nach Effizienzkriterien auszurichten, dem Gesetzgeber und der Rechtswissenschaft, nicht aber dem Richter obliege.[256] Jedoch sei im Rahmen der Wertungsjurisprudenz innerhalb des Vermögensrechts in einer Verbindung von ökonomischen und rechtsethischen Argumenten auch die ökonomische Rationalität und Effizienz zu berücksichtigen.[257]

Oechsler ist der Auffassung, dass die Möglichkeit, einen Rechtssatz auf seine Effizienz hin zu überprüfen, nichts darüber besage, dass Rechtssätze ökonomisch effizient sein müssten.[258] Dies ist meines Erachtens zutreffend. Jedoch erkennt auch *Oechsler* an, dass sich die Stärke des ökonomischen Ansatzes darin zeige, „dass die Analyse eines Rechtssatzes auf seine ökonomische Ineffizienz eine rationale Aussage über dessen rechtstatsächliche Wirkungen" erlaube.[259] Allerdings richte sich die ökonomische Analyse des Vertragsrechtes eher an den Gesetzgeber als an die Rechtsprechung.[260]

Nach *Schäfer/Ott* kommt eine Berücksichtigung der Grundsätze der ökonomischen Analyse des Rechts unter Umständen auch bei der gerichtlichen Entscheidungsfindung in Betracht. Bei Gerichtsentscheidungen könne die Wirtschaftswissenschaft dann von Nutzen sein, wenn die Bindung an Gesetz und Recht im Sinne des Art. 20 Abs. 3 GG verschiedene Urteile in Form alternativer Entscheidungen ermögliche, weil der gesetzliche Tatbestand oder die Rechtsfolge semantische Unschärfen oder vom Gesetzgeber bewusst eingebaute Leerstellen aufweise und der Einsatz sonstiger juristischer Interpretationsmethoden nicht zu einem eindeutigen Ergebnis führe. In solchen Fällen sei es besonders wichtig, dass sich das Gericht nicht nur von den Forderungen und Interessen der Parteien, sondern auch insbesondere von konsentierten Gerechtigkeitsvorstellungen und Zielen des Gemeinwohls leiten lasse. Der scheinbar rein private Disput sei in einer Weise zu lösen, die auch den Interessen des Gemeinwohls diene. Für den Rechtsanwender ergäben sich daraus folgende Begründungsaufgaben: Zunächst müsse dargelegt werden, dass die Bindung an Gesetz und Recht nicht zu einer eindeutigen Lösung führe. Sodann seien die Folgen alternativer Entscheidungen zu ermitteln. Daraufhin seien die Folgen alternativer Entscheidungen zu überdenken und dabei insbe-

---

ökonomischen Analyse des Rechts im juristischen Alltag warnt, jedoch auch sehr prononciert das Potenzial dieser Methode würdigt.

256 Palandt/Heinrichs, BGB, 62. Auflage, Einl., Rdnr. 32; auch: Taupitz, Ökonomische Analyse und Haftungsrecht – Eine Zwischenbilanz, AcP 196 (1996), 114 ff.

257 Palandt/Heinrichs, BGB, 62. Auflage, Einl., Rdnr. 33.

258 Oechsler, Schuldrecht Besonderer Teil – Vertragsrecht, § 1 Rdnr. 37, S. 27.

259 Oechsler, Schuldrecht Besonderer Teil – Vertragsrecht, § 1 Rdnr. 38, S. 27.

260 Oechsler, Schuldrecht Besonderer Teil – Vertragsrecht, § 1 Rdnr. 38, S. 28.

sondere die Wirkungen der jeweiligen Entscheidung auf das zukünftige Verhalten der Teilnehmer am Rechtsverkehr in Rechnung zu stellen. Dies könne in vielen Fällen mit der ökonomischen Analyse des Rechts erfolgen. Hinsichtlich der durch den Rechtsanwender vorzunehmenden Folgenanalyse seien zum einen empirisch analytische und zum anderen normative Erwägungen zu ziehen.[261]

b) Die ökonomische Analyse des Kaufrechtes und die Haftung für Werbeangaben

Eine ökonomische Analyse des Kaufrechtes unter besonderer Berücksichtigung der Haftung für Werbeangaben nach alter Rechtslage ist im Jahre 1981 von *Lehmann* durchgeführt worden.[262] Grundüberlegung im Rahmen der Untersuchung ist der Umstand, dass wirtschaftssituationsbedingt in der modernen Überflussgesellschaft die Angebotsseite zur Absatzdurchführung und Vertragsanbahnung aktiv werden müsse und durch Werbe- und Marketingmaßnahmen auf der Nachfrageseite versuche, das Konsuminteresse zu wecken oder zu verstärken. Im Zuge der Bemühungen zur Absatzförderung werde die Angebotsseite nicht nur rein akquisitorisch und persuasiv, sondern auch informatorisch tätig. Irreführende Informationen führten dabei zu Fehlläufen in der Güterverteilung, da die Nachfrageseite nicht sofort und auf dem direktesten Wege das für sie passende Angebot finde. Ein dadurch bewirkter Fehllauf in der Güterverteilung führe zur Entstehung unnötiger Transaktionskosten, die mit der Rückabwicklung fehlgeschlagener Verträge und enttäuschter Kauferwartungen verbunden seien. Irreführende und unzutreffende Werbeaussagen müssten daher soweit nur irgend möglich im Interesse der Effizienz verhindert werden.[263]

Die bürgerlichrechtliche Beurteilung dieser Information durch Werbung solle daher die Aufgabe verfolgen, eine möglichst marktkonforme und kostengünstige Bedürfnisbefriedigung des Verbrauchers wahrscheinlich zu machen. Die durch Fehlläufe in Güterallokation entstehenden und vermeidbaren Transaktionskosten seien zu verhindern. Unvermeidbare Kosten hingegen müssten dem richtigen Kostenträger zugewiesen werden, um so einen ökonomischen Anreiz zu deren Minimierung zu schaffen. Geeignetes Mittel hierzu sei eine schadensrechtliche Haftung für die Verbreitung unrichtiger und irreführender Werbeinformationen, die geeignet seien, den Kaufentscheidungsprozess eines Verbrauchers zu beeinflussen. Die Sanktionierung mit einem zivilrechtlichen Schadensersatzanspruch

---

261 Schäfer/Ott, Lehrbuch der ökonomischen Analyse des Zivilrechtes, 3. Auflage, S. 16.

262 Lehmann, Vertragsanbahnung durch Werbung, 1981, S. 248 ff.; grundlegend hierzu auch: Krimphove, Europäisches Werberecht, S. 7 ff.

263 Lehmann, Vertragsanbahnung durch Werbung, 1981, S. 248.

habe eine präventive Wirkung dahingehend, dass Falschinformationen entdeckt und ausgeschieden würden. Es liege im Interesse aller Vertragsparteien, im Rahmen einer wirtschaftlichen Transaktion möglichst frühzeitig sämtliche Störfaktoren entweder erkennen und eliminieren oder den gesamten Vorgang abbrechen zu können. Darüber hinaus müsse eine Pflicht zur Aufklärung über kaufentscheidende Faktoren, die einen Güteraustausch im Endeffekt vereiteln könnten, demjenigen auferlegt werden, der diese Aufklärung möglichst kostengünstig durchführen könne. Fehle es an einem derartigen, ökonomisch durchdachten Haftungssystem für Fehlläufe in einem Güterverteilungssystem, so sei privatrechtlich noch nicht alles getan, damit sich ein möglichst optimaler Güterverteilungsprozess entfalten könne.[264] Richtiger Kostenträger der unvermeidbar entstehenden Transaktionskosten ist auch nach *Lehmann* regelmäßig der „cheapest cost avoider".[265] Im Falle der unrichtigen Werbeinformation sei dies derjenige am Austauschprozess Beteiligte, der am kostengünstigsten die Bereitstellung von wahren und die Vermeidung von irreführenden Informationen bewerkstelligen könne.[266] „Cheapest cost avoider" zur Bereitstellung zutreffender Produktinformationen sei im Rahmen einer modernen Volkswirtschaft regelmäßig die Anbieterseite. Zu diesem Ergebnis kommt *Lehmann* durch folgende Erwägung: Derjenige, der zum Vertragsabschluss beziehungsweise zur Vertragsanbahnung aktiv werde, habe die Pflicht, seine konkreten Bedarfsvorstellungen möglichst genau und präzise zu artikulieren. Je undeutlicher ein Nachfrager einen bestimmten Bedarf zum Ausdruck bringe, desto mehr Kosten verursache er der Angebotsseite zur Ermittlung des konkreten Bedarfes. Da im Falle des Aktivwerdens der Nachfrageseite diese die einschlägigen Informationen am ehesten, einfachsten und kostengünstigsten bereitstellen könne, sei durch eine optimale Zivilrechtsordnung im Interesse einer bestmöglichen Güterallokation der Nachfrageseite hier auch eine diesbezügliche Konkretisierungs- beziehungsweise Informationspflicht zuzuweisen. Umgekehrt sei es jedoch dann, wenn aufgrund einer allgemeinen Überflusssituation die Angebotsseite durch Werbe- und Marketingmaßnahmen hinsichtlich des Vertragsabschlusses aktiv werde: Dann sei der Angebotsseite die rechtliche Pflicht zuzuweisen, präzise Informationen bereitzustellen. Die Angebotsseite sei in dieser Situation aufgrund der Kenntnis des eigenen Produktes und erhöhter Marktkenntnis (z.B. infolge von Marktforschung) besser als jeder Verbraucher auf der Nachfrageseite in der Lage, zum Beispiel ein bestimmtes Produkt präzise und pointiert

---

264 Lehmann, Vertragsanbahnung durch Werbung, 1981, S. 249, 251.

265 Vgl. hierzu: Schäfer/Ott, Lehrbuch der ökonomischen Analyse des Zivilrechtes, 3. Auflage, 211 f.; hier wird sogar davon ausgegangen, dass ein Haftungssystem, in dem ein anderer als der „cheapest cost avoider" zur Haftung herangezogen werde, die Verschwendung begünstigen müsse.

266 Lehmann, Vertragsanbahnung durch Werbung, 1981, S. 249.

darzustellen. Demzufolge seien der Angebotsseite diese Kosten zuzuweisen. Die ökonomischen Gesetze des Marktes führten nicht automatisch zu dieser möglichst marktrationalen Kostenträgerzuweisung. Vielmehr sei dies eine Funktion, die im Rahmen der Beurteilung von ökonomischen Güteraustauschprozessen dem Kaufrecht zugewiesen sei.[267]

c) Eigene Stellungnahme

Nach meiner Auffassung ist die ökonomische Analyse des Rechts eine Auslegungsmethode, die innerhalb der juristischen Arbeitsweise in der Vergangenheit erheblich an Bedeutung gewonnen hat und in Zukunft auch weitere Bedeutung erlangen wird. Freilich ist mit der herrschenden Auffassung davon auszugehen, dass die ökonomische Analyse des Rechts keinen absoluten Vorrang vor anderen Auslegungsmethoden haben kann. Sie kann vielmehr nur neben den herkömmlichen Auslegungsmethoden als einer von mehreren möglichen Ansätzen Geltung beanspruchen. Für die ökonomische Analyse des Rechtes spricht vor allem der ihr zugrundeliegende Gedanke der Verwirklichung einer optimalen Güterallokation. Verschwendung wertvoller Ressourcen jeder Art kann sich keine Volkswirtschaft leisten. Verschwendung kann der Ökonomie und auch der Ökologie letztlich nur Schaden zufügen. Dass die Vermeidung von Verschwendung wirtschaftlicher Ressourcen ein gesamtgesellschaftliches Ziel ist, bedarf insoweit keiner weiteren Begründung.

Die ökonomische Analyse des Rechts ist darüber hinaus eine Auslegungsmethode, die gerade innerhalb eines marktwirtschaftlichen Wirtschaftssystems und sozialmarktwirtschaftlich verfassten Staates im Interesse des Gemeinwohlstandes aller am Wirtschaftsleben beteiligter Rechtssubjekte erhebliche Berücksichtigung verlangt. Auch hier gilt letztlich, dass das Recht sich in erheblichem Maße an den sozialen und wirtschaftlichen Gegebenheiten zu orientieren hat.

Festzuhalten bleibt daher, dass die ökonomische Analyse des Rechtes als wesentliche juristische Arbeitsmethode jedenfalls immer dann zur Anwendung kommen kann, wenn eine andere Auslegungsmethode nicht entgegensteht. So verbietet sich etwa eine ökonomische Betrachtungsweise insbesondere dann, wenn aufgrund des Wortlautes, wegen des Sinns und Zwecks der Norm, infolge der Entstehungsgeschichte oder des Willens des Gesetzgebers die Auslegung bereits eindeutig vorgegeben und die Berücksichtigung ökonomischer Einflüsse ausgeschlossen ist.

Darüber hinaus ist mit *Lehmann* von der besonderen Relevanz der ökonomischen Analyse des Rechts im Rahmen der Sanktionierung von unzutreffenden

267 Lehmann, Vertragsanbahnung durch Werbung, 1981, S. 253 f.

Werbeinformationen auszugehen. Werbeinformationen sind zunehmend – und genau diesem Umstand hat der Gesetzgeber durch die Einführung von § 434 Abs. 1 Satz 3 BGB Rechnung getragen – wesentliche oder nahezu alleinige Grundlage des Willensbildungs- und Kaufentscheidungsprozesses. In der Tat liegt es hier im Interesse einer optimalen Güterallokation und somit im Interesse der gesamten (Volks-) Wirtschaftsgemeinschaft, dass unnötige Fehlläufe in der Güterverteilung minimiert beziehungsweise gänzlich verhindert werden. Fehlläufe im Sinne einer suboptimalen Bedürfnisbefriedigung hindern das wirtschaftliche Fortkommen eines jeden Wirtschaftssubjektes und führen über die besagten unnötigen Transaktionskosten zu einer möglichen Verunsicherung und zu Misstrauen gegenüber den Marktmechanismen. Wer beispielsweise mittels Internet einen Kaufvertrag abschließt und wegen unrichtiger Werbeinformationen mit einem für ihn nutzlosen Produkt versorgt wird, hat neben dem insoweit nutzlosen und verschwendeten Transaktionskostenaufwand (z.B. Treibstoff-, Porto- und Verpackungskosten; darüber hinaus ist auch die verschwendete Zeit für den Betroffenen zumindest ärgerlich) unter Umständen auch noch den Vertrauensverlust in die Sinnhaftigkeit der gewählten Geschäftsart hinzunehmen. An einem solchen fehlgeschlagenen Allokationsprozess kann der Betroffene, aber auch die gesamte Volkswirtschaft nicht das geringste Interesse haben. Der Vorgang hat nur Verschwendung bewirkt und der Transaktionsprozess muss wiederholt werden.

Nach der hier vertretenen Ansicht, die der ökonomischen Analyse des Rechts neben den herkömmlichen Auslegungsmethoden eine erhebliche Rolle für die Gesetzesauslegung zuerkennt, wird im weiteren Verlauf der vorliegenden Untersuchung an verschiedenen Stellen auf diesen Denkansatz zurückzukommen sein.

2. *Die Pflicht zur richtlinienkonformen Auslegung*

a) Allgemeines

Nach ständiger Rechtsprechung des EuGH gehört zu den Grundstrukturen des Gemeinschaftsrechtes dessen Vorrang.[268] Alle staatlichen Stellen, insbesondere Gerichte und Behörden, sind verpflichtet, den Vorschriften des Gemeinschaftsrechtes in jedem zu entscheidenden Fall den Vorrang einzuräumen und gemeinschaftsrechtswidriges nationales Recht außer Anwendung zu lassen. Als Konsequenz aus dem Grundsatz des Anwendungsvorranges des Gemeinschaftsrechtes folgert der EuGH das Prinzip der unmittelbaren Wirkung von Gemeinschaftsrechtsnormen. Anders als den Normen des internationalen Rechts kommt danach

268 Vgl. beispielsweise: EuGHE 1963, 1 ff.; EuGHE 1964, 1251 ff.; EuGHE 1970, 1125 ff.; EuGHE 1978, 629 ff.; EuGHE 1979, 2729 ff.

den Normen des Gemeinschaftsrechts regelmäßig unmittelbare Wirkung in dem Sinne zu, dass sie Quelle unmittelbarer Berechtigung bzw. Verpflichtung Einzelner sein können.[269] Aus dem Gebot des Vorrangs des Gemeinschaftsrechtes leitet der EuGH auch das Gebot zur richtlinienkonformen Auslegung her. Dieses Gebot besagt, dass alle Träger öffentlicher Gewalt in den Mitgliedsstaaten das nationale Recht bei seiner Anwendung im Lichte des vorrangigen Gemeinschaftsrechtes auszulegen haben.[270]

Seit dem „*Colson*"-[271] und dem „*Harz*"-Urteil[272] des EuGH wird die richtlinienkonforme Interpretation des innerstaatlichen Rechtes als eine aus Art. 5 EG fließende Verpflichtung der Mitgliedsstaaten angesehen. Der EuGH argumentierte in diesen Urteilen wie folgt: Die Verpflichtung der Mitgliedsstaaten, die in einer Richtlinie vorgesehenen Ziele zu erreichen und die Pflicht der Mitgliedsstaaten gemäß Art. 5 EWGV (nun EG), alle zur Erfüllung dieser Verpflichtung geeigneten Maßnahmen allgemeiner oder besonderer Art zu treffen, obläge allen Trägern öffentlicher Gewalt in den Mitgliedsstaaten, und zwar im Rahmen ihrer Zuständigkeit insbesondere auch den Gerichten. Unmittelbar daraus folge, dass die staatlichen Gerichte bei der Anwendung nationalen Rechtes, insbesondere bei der Anwendung von Vorschriften eines speziell zur Durchführung einer Richtlinie erlassenen Gesetzes darauf zu achten hätten, dass die nationale Rechtsnorm im Lichte des Wortlautes und des Zweckes der Richtlinie auszulegen sei, damit das in Art. 189 Abs. 3 (nun Art. 249 Abs. 3 EG) genannte Ziel erreicht werde.

Der BGH hat bereits im Jahre 1974 in einem Vorlagebeschluss an den EuGH betont, dass Maßstab bei der Auslegung einer nationalen Zivilrechtsnorm der Wortlaut des ursprünglichen Richtlinientextes sein könne.[273] In dem Verfahren ging es um die Klärung eines gesellschaftsrechtlichen Sachverhaltes, dessen streitentscheidende Normen (§§ 8 Abs. 3, 10 Abs. 1 GmbHG) in Ausführung der Publizitätsrichtline erlassen worden waren.[274] In seinem Vorlagebeschluss führte der BGH aus, dass der Rechtsstreit zwar nur eine Auslegung des nationalen Rechtes betreffe. Jedoch sei der Wortlaut der einschlägigen Vorschriften des GmbHG nicht eindeutig, weshalb der Zweck der Regelungen beachtet werden müsse. Dieser bestehe darin, die im Interesse des zwischenstaatlichen Geschäftsverkehrs innerhalb der Gemeinschaft ergangenen Bestimmungen der Richtlinie der Europäischen Gemeinschaft anzupassen. Um die hier in Betracht kommenden

269 Wegener, in: Callies/Ruffert, EUV/EGV, Art. 220, Rdnr. 22, m.w.N.
270 Wegener, in: Callies/Ruffert, EUV/EGV, Art. 220, Rdnr. 22, m.w.N.
271 EuGH, Urt. v. 10.04.1984, Rs 14/83, von Colson und Kamann, Slg.1984, 1891, 1908.
272 EuGH, Urt. v. 10.04.1984, Rs 79/83, Harz, Slg.1984, 1921, 1942.
273 BGH, WM 1974, 510 ff.
274 Richtlinie des Rates vom 09.03.1968 zur Koordinierung des Gesellschaftsrechtes.

deutschen Vorschriften ihrem Zweck entsprechend gemeinschaftskonform auslegen zu können, müsse der Senat daher zunächst prüfen, was die hier maßgebende Bestimmung der Richtlinie besage.[275] Demnach sei jede europarechtlich bedingte Rechtsnorm richtlinienkonform auszulegen.[276]

Wie bereits erwähnt, dient die Vorschrift des § 434 Abs. 1 Satz 3 BGB in weiten Teilen der Umsetzung der europäischen VerbrGüKRL. Auf der anderen Seite ist das Schuldrechtsreformgesetz zu einem nicht unerheblichen Teil auf die seit den 1970er Jahren begonnene Diskussion über die Notwendigkeit einer umfassenden Reform des deutschen Schuldrechtes zurückzuführen.

Teilweise wird in diesem Zusammenhang vertreten, dass wesentliche Teile des deutschen Schuldrechts aus europäischer Sicht europäisch-autonom, aus nationaler Sicht europarechtskonform ausgelegt werden müssten, da sie durch Richtlinien europarechtlich vorgezeichnet worden seien.[277] Gerade die Haftung für Werbeaussagen im Sinne des § 434 Abs. 1 Satz 3 BGB ist – wie bereits dargelegt wurde – bei den Reformüberlegungen zum Schuldrecht aus nationaler Sicht praktisch noch überhaupt nicht berücksichtigt worden. Diese Änderungen innerhalb des Sachmangelbegriffes beruhen ausschließlich auf europäischem Recht und sind insoweit ein Produkt des Europarechtes. Demzufolge ist gerade auch § 434 Abs. 1 Satz 3 BGB in erster Linie europarechtskonform anhand der ihn bedingenden Richtlinie auszulegen.[278]

b) Die Vorabentscheidung gemäß Art. 234 Abs. 1 EG

Die einheitliche Anwendung und die wirksame Auslegung des Gemeinschaftsrechtes ist gemäß Art. 234 Abs. 1 EG Pflicht des EuGH. Ein nationales Instanzgericht kann somit bei Auslegungsschwierigkeiten bezüglich der jeweiligen (europarechtlich bedingten) Rechtsvorschrift den Rechtsstreit gemäß Art. 234 Abs. 2 EG dem EuGH vorlegen. Eine Verletzung des Grundrechtes auf den gesetzlichen Richter gemäß Art. 101 Abs. 1 Satz 2 GG kann gegeben sein, wenn das nationale letztinstanzliche Gericht entgegen seiner Pflicht dem EuGH nicht vorlegt.[279]

---

275 BGH, WM 1974, 510, 512.

276 Vgl. EuGH NJW 1994, 2474 „Faccini Dori“; EuGH NJW 2000, 2571, 2573 „Oceano Grupo Editorial“.

277 Lehmann, Die Haftung für Werbeangaben nach neuem Schuldrecht, DB 2002, 1090 f.

278 Lehmann, Die Haftung für Werbeangaben nach neuem Schuldrecht, DB 2002, 1090, 1091; Bernreuther, Sachmangelhaftung durch Werbung, WRP 2002, 368; Erman/Grunewald, BGB, 11. Auflage, § 434, Rdnr. 1; Faust, in: Bamberger/Roth, BGB, Vor § 433, Rdnr. 7 m.w.N.

279 Bernreuther, Sachmangelhaftung durch Werbung, WRP 2002, 368.

B. Der Äußerungstatbestand

I. Die vertragsdogmatische Einordnung

§ 434 Abs. 1 Satz 3 BGB setzt tatbestandlich zunächst voraus, dass eine öffentliche Äußerung des Verkäufers, des Herstellers oder seines Gehilfen insbesondere in der Werbung oder bei der Kennzeichnung über bestimmte Eigenschaften der Kaufsache vorliegt. Die diesbezüglichen Äußerungen sollen nach dem Wortlaut der Vorschrift und nach dem eindeutigen Willen des Gesetzgebers zur Bestimmung der geschuldeten Beschaffenheit relevant sein, ohne dass sie etwa individuell in den konkreten Vertrag aufgenommen werden müssten. In vertragsdogmatischer Hinsicht stellt die Vorschrift insoweit ein Novum dar.

Fraglich ist, wie der Äußerungstatbestand in vertragsdogmatischer Hinsicht zu bewerten ist. Augenfällig ist zunächst die Nähe zu der Rechtsfigur der invitatio ad offerendum. Unter der invitatio ad offerendum versteht man herkömmlicherweise die „Aufforderung zur Abgabe einer Willenserklärung".[280] Die invitatio ad offerendum unterscheidet sich von dem rechtsverbindlichen Antrag im Sinne des § 145 BGB durch das Fehlen eines Willens zur rechtlichen Bindung bei dem Erklärenden. Ob ein Bindungswille vorliegt, ist Auslegungsfrage. Maßgeblich ist hierbei jedoch nicht etwa der innere (subjektive) Wille des Erklärenden, sondern der objektive Erklärungswert des nach außen für den Erklärungsempfänger sichtbar gewordenen Verhaltens.

Nach nahezu unbestrittener Ansicht stellen Werbeaussagen, Schaufensterauslagen etc. im Hinblick auf einen etwaigen Vertragabschluss regelmäßig lediglich eine Aufforderung zur Abgabe eines Angebotes dar.[281] Der für das Vorliegen eines Antrages im Sinne des § 145 BGB erforderliche Rechtsbindungswille kann nicht grundsätzlich unterstellt werden. Es liegt somit ein klassischer Fall der invitatio ad offerendum vor.[282] Der Verkäufer will sich nach der Verkehrsauffassung regelmäßig im Hinblick auf den Warenvorrat und gegebenenfalls auch auf die Person des Käufers den eigentlichen Vertragsabschluss vorbehalten. Nur bei dem Hinzutreten weiterer Umstände wird teilweise davon ausgegangen, dass bereits durch die Werbeaussage ein Angebot im Sinne des § 145 BGB vorliegt.[283] Wird

---

280 Palandt/Heinrichs, BGB, 62. Auflage, § 145, Rdnr. 2.

281 Vgl. insbesondere: Bernreuther, Sachmangelhaftung durch Werbung, WRP 2002, 368, 371; Lehmann, Informationsverantwortung und Gewährleistung für Werbeaussagen beim Verbrauchsgüterkauf, JZ 2000, 280, 286, m. w. N.

282 Lehmann, Informationsverantwortung und Gewährleistung für Werbeaussagen beim Verbrauchsgüterkauf, JZ 2000, 280, 286, m. zahlreichen w. N.; Bernreuther, Sachmangelhaftung durch Werbung, WRP 2002, 368, 371.

283 Bernreuther, Sachmangelhaftung durch Werbung, WRP 2002, 368, 371.

die öffentliche Äußerung hingegen von einer anderen Person als dem späteren Verkäufer im eigenen Namen abgegeben, so kommt sie allein schon aus dem Grunde der fehlenden Personenidentität als Angebot auf Abschluss eines Vertrages nicht in Betracht.[284]

§ 434 Abs. 1 Satz 3 BGB ändert insoweit an der bisherigen Rechtslage nichts. Der Wortlaut der Vorschrift sowie der Wille des Gesetzgebers sind diesbezüglich eindeutig. Auch die systematische Stellung der Vorschrift innerhalb des Kaufrechtes spricht deutlich hierfür. Die Vorschrift ist nicht in den Titel der Vorschriften über den Vertrag der §§ 145 ff. BGB aufgenommen worden. § 434 Abs. 1 Satz 3 BGB regelt gerade nicht die Erfordernisse für einen Vertragsabschluss, sondern lediglich den Umstand, wann öffentliche Äußerungen etc. für die Bestimmung der kaufvertraglich geschuldeten Beschaffenheit relevant sein sollen. Insoweit hat die Einbeziehung von Sacheigenschaften im Rahmen des Äußerungstatbestandes gemäß § 434 Abs. 1 Satz 3 BGB mit dem Abschluss eines Vertrages nichts gemein.

Teilweise wird jedoch vertreten, dass durch die Einführung von § 434 Abs. 1 Satz 3 BGB die Unterscheidung zwischen invitatio ad offerendum und Angebot im Sinne des § 145 BGB im kaufrechtlichen Bereich obsolet geworden sei.[285] Dies ist meines Erachtens für den Bereich der Sachmangelhaftung jedenfalls dann zutreffend, wenn es tatsächlich zum Abschluss eines Kaufvertrages gekommen ist. Denn dann ist es für das Vorliegen eines Sachmangels irrelevant, ob sich die vertraglich geschuldete Beschaffenheit aus einer werblichen invitatio ad offerendum, welche in den Vertragsabschluss einbezogen worden ist, oder aus einer werblichen Äußerung ergibt, welche über § 434 Abs. 1 Satz 3 BGB mittelbar die Sacheigenschaft definiert.

Liegt demgegenüber lediglich eine invitatio ad offerendum im Rahmen eines Vertragsanbahnungsverhältnisses vor, so ist die Unterscheidung zwischen bloßer invitatio ad offerendum und Angebot im Sinne von § 145 BGB immer noch relevant. Kommt es nicht zum Vertragsabschluss, so gelten die allgemeinen Grundsätze zur invitatio ad offerendum (der Verkäufer will sich beispielsweise nur wegen eines beschränkten Warenbestandes durch die werbliche Äußerung noch nicht endgültig vertraglich binden). Denn nach der gesetzgeberischen Intention soll durch § 434 Abs. 1 Satz 3 BGB nicht das Erfordernis eines Vertragsabschlusses ersetzt werden, sondern lediglich öffentliche Beschaffenheitsbeschreibungen in die geschuldete Sacheigenschaft einbezogen werden, die nach alter Rechtslage ohne explizite Einbeziehung in den Kaufvertrag für die geschuldete

---

284 Lehmann, Informationsverantwortung und Gewährleistung für Werbeaussagen beim Verbrauchsgüterkauf, JZ 2000, 280, 286 (Fn. 60).

285 Bernreuther, Sachmangelhaftung und Werbung, MDR 2003, 63, 65.

Sachbeschaffenheit nicht maßgeblich gewesen sind. Insoweit ändert die Einführung von § 434 Abs. 1 Satz 3 BGB nichts an der Rechtsfigur der invitatio ad offerendum.

Festzuhalten bleibt im Ergebnis daher, dass der Äußerungstatbestand des § 434 Abs. 1 Satz 3 BGB weder einen rechtsverbindlichen Antrag im Sinne des § 145 BGB noch eine invitatio ad offerendum darstellt. Vielmehr stellt der Äußerungstatbestand innerhalb des § 434 Abs. 1 Satz 3 BGB eine von diesen beiden Rechtsfiguren unabhängige Institution eigener Art dar. Diese rechtliche Einordnung des Äußerungstatbestandes ist für das grundsätzliche weitere Verständnis der Informationsverantwortlichkeit des Verkäufers gemäß § 434 Abs. 1 Satz 3 BGB von entscheidender Bedeutung.

II. Die öffentliche Äußerung

1. Die Äußerung

Unter einer Äußerung im Sinne des § 434 Abs. 1 Satz 3 BGB ist zunächst jede irgendwie geartete Erklärung zu verstehen, die über einen Erklärungsinhalt verfügt.

Aus dem systematischen Zusammenhang von § 434 Abs. 1 Satz 3 BGB und § 434 Abs. 1 Satz 1 BGB folgt, dass eine Äußerung dann nicht die Rechtsfolgen des § 434 Abs. 1 Satz 3 BGB auslösen kann, wenn die Äußerung des Verkäufers im unmittelbaren Kontakt zu dem Käufer getätigt wurde und in den Kaufvertrag einbezogen wurde. Denn in diesem Fall liegt eine vertragliche Beschaffenheitsvereinbarung im Sinne des § 434 Abs. 1 Satz 1 BGB vor, welche der Bestimmung der geschuldeten Beschaffenheit über § 434 Abs. 1 Satz 3 BGB vorgeht.[286]

Grundmann ist im Hinblick auf Art. 2 Abs. 2 d) der VerbrGüKRL der Auffassung, dass Äußerungen immer nur dann vorliegen, wenn der Erklärungsgehalt auf eine Eigenschaft schließen ließe und sich die Äußerung somit nicht in Anpreisungen ohne Tatsachengehalt erschöpfe.[287] Dem ist meines Erachtens nicht zu folgen. Weder gibt das Wortverständnis von „Äußerung“ noch der systematische Zusammenhang der Vorschrift zu diesem Verständnis Anlass. Nach dem Wortlaut der VerbrGüKRL ist es erforderlich, dass sich die Äußerung auf konkrete Eigenschaften des Gutes beziehen muss. Insofern besteht für ein solch re-

---

286 Grigoleit/Herresthal, Die Beschaffenheitsvereinbarung und ihre Typisierungen in § 434 Abs. 1 BGB, JZ 2003, 233, 236.

287 Grundmann, in: Grundmann/Bianca, EU-Kaufrechts-Richtlinie, 2002, Art. 2, Rdnr. 37.

striktives Verständnis des Tatbestandsmerkmales „Äußerung“ kein Anhaltspunkt. Auch Äußerungen ohne jeden greifbaren Tatsachengehalt stellen zweifellos eine Äußerung im Wortsinne dar. Eine Erklärung verliert den Charakter einer Äußerung nicht bereits deshalb, weil sie bei näherer Betrachtung nicht greifbar oder gar inhaltslos ist. Zudem erfolgt eine Restriktion, sofern sie geboten ist, nur durch Anwendung des Tatbestandmerkmals der „konkreten“ Äußerung. Würde man eine Restriktion bereits am Merkmal der „Äußerung“ vornehmen wollen, wäre das Merkmal der „Konkretheit“ überflüssig. Dies ist mit der gewählten Formulierung in Art. 2 Abs. 2 d) der VerbrGüKRL keineswegs intendiert gewesen. Demzufolge hat der Erklärungsinhalt der Äußerung keinen Einfluss darauf, ob es sich tatsächlich um eine Äußerung im Sinne des § 434 Abs. 1 Satz 3 BGB handelt oder nicht. Der Inhalt der Äußerung wird lediglich zur Bestimmung derjenigen Eigenschaften relevant, die der Käufer aufgrund der Äußerung erwarten durfte.

Demnach wird von der Äußerung im Sinne des § 434 Abs. 1 Satz 3 BGB jede Erklärung mit einem irgendwie gearteten Erklärungswert und -inhalt erfasst.

2. *„Öffentlich“*

Gemäß § 434 Abs. 1 Satz 3 BGB sind nur solche Eigenschaftsangaben über die Kaufsache haftungsbegründend, welche öffentlich geäußert werden. Damit scheiden diejenigen Äußerungen aus, die vom Verkäufer[288] oder Hersteller (bzw. seinen Gehilfen) im Rahmen eines individuellen Verkaufs- oder Informationsgespräches gegenüber dem Käufer erfolgen.

Der Begriff der öffentlichen Äußerung ist weder innerhalb des BGB noch in der VerbrGüKRL definiert. Nach dem Willen des Gesetzgebers ist das Merkmal der Öffentlichkeit grundsätzlich weit auszulegen.[289]

Weiler meint, es müsse zur Beantwortung der Frage, wann eine Äußerung als öffentlich zu werten sei, danach differenziert werden, welche Zielrichtung die Äußerung habe.[290] So würden Werbeangaben, welche sich an ein Fachpublikum richten, nur dann haftungsbegründend wirken, wenn ein zum Adressatenkreis der Werbung gehörender Käufer den Kaufvertrag abgeschlossen habe.[291] Werbung an Fachleute könne sich hinsichtlich der Angaben, vor allem aber hinsichtlich des vom Werbenden erwarteten Verständnisses der angesprochenen Empfänger deutlich von einer Aussage gegenüber einem Letztverbraucher unterscheiden. *Weiler*

---

288 Wie bereits oben dargelegt, liegt im Falle der individuellen Äußerung des Verkäufers darüber hinaus auch begrifflich gar keine Äußerung, sondern eine Beschaffenheitsvereinbarung im Sinne des § 434 Abs. 1 Satz 1 BGB vor.

289 BT-Drucks. 14/6040 S. 214 = Canaris, Schuldrechtsmodernisierung 2002, S. 815.

290 Weiler, Haftung für Werbeangaben nach neuem Kaufrecht, WM 2002, 1784, 1786.

291 Weiler, Haftung für Werbeangaben nach neuem Kaufrecht, WM 2002, 1784, 1787.

zieht hierbei einen Vergleich zu einer wettbewerbsrechtlichen Entscheidung des BGH.[292] Nach dieser Entscheidung ist die Bezeichnung „Emaillelack“ für einen Lack, der lediglich den äußeren Eindruck einer Emaillierung erweckt, jedenfalls dann nicht irreführend im Sinne des § 3 UWG a.F. (§ 5 UWG n.F.), wenn sie sich an fachlich geschulte Abnehmer richtet. Diese seien aufgrund ihrer erhöhten Sachkenntnis gegenüber einem „normalen“ Verbraucher in der Lage, die Werbeaussage richtig zu verstehen. Würde man den gleichen Bewertungsmaßstab im Rahmen des § 434 Abs. 1 Satz 3 BGB heranziehen, so könne sich ein Käufer, der den Lack in der Erwartung erworben habe, damit Werkstücke emaillieren zu können, nicht auf das Vorliegen eines Sachmangels berufen. Fraglich könne hier nur noch sein, ob dies auch für den Fall gelte, dass ein Verbraucher durch Zufall in einer entsprechenden Fachzeitschrift für das Maler- und Lackiererhandwerk von dem Lack Kenntnis erlangt hat. Die Frage wird wegen des Schutzzweckes sowohl der VerbrGüKRL als auch von § 434 Abs. 1 Satz 3 BGB verneint. § 434 Abs. 1 Satz 3 BGB schütze die berechtigten Erwartungen des Verbrauchers, über ein Produkt zumindest wahrheitsgemäß informiert zu werden.[293] Richteten sich hingegen die Aussagen erkennbar nicht an den Verbraucher, so seien dies für den Verbraucher keine üblichen Informationsquellen. Der „vernünftige“ Verbraucher müsse in diesem Fall damit rechnen, dass die Werbeangaben von diesem Adressatenkreis anders verstanden würden. Eine Haftung des Verkäufers gegenüber einem Verbraucher im Falle der erkennbar an einen Fachadressatenkreis gerichteten Werbung würde das ihm aufgebürdete Informationsrisiko überschreiten.

Die Argumentation *Weilers* erscheint auf den ersten Blick zutreffend. Denn es ist zuzugestehen, dass das Informationsrisiko des Verkäufers tatsächlich erheblich gesteigert wird, wenn man auch fachspezifische Werbung und Äußerungen als öffentlich im Sinne des § 434 Abs. 1 Satz 3 BGB einstuft. Darüber hinaus ist es ebenfalls zutreffend, an ein spezifisch versiertes Fachpublikum hinsichtlich des Verständnisses einer öffentlichen Äußerung erhöhte Anforderungen zu stellen. Bei näherem Hinsehen wird jedoch deutlich, dass dieser Argumentation nicht gefolgt werden kann. Es wird nämlich verkannt, dass es sich hinsichtlich der fachspezifischen Kenntnisse des Adressatenkreises nicht um eine Frage der Öffentlichkeit handelt. Ob und inwieweit auf den Adressatenkreis der Äußerung abgestellt werden muss, wird hinsichtlich der Frage relevant, inwieweit der Käufer bestimmte Eigenschaften im Sinne des § 434 Abs. 1 Satz 3 BGB tatsächlich erwarten kann beziehungsweise darf. Darüber hinaus würde die Ansicht *Weilers* in der Praxis zu dem schwierigen Abgrenzungsproblem führen, welcher Adressa-

292 BGHZ 27, 1, 4 ff.

293 Weiler, Haftung für Werbeangaben nach neuem Kaufrecht, WM 2002, 1784, 1787.

tenkreis durch die öffentliche Äußerung angesprochen werden sollte, und somit den Käufer in seiner Erwartungshaltung unnötig verunsichern.

Eine gewisse Parallele könnte der Begriff „öffentlich“ im Sinne des § 434 Abs. 1 Satz 3 BGB jedoch zu der Vorschrift des § 15 Abs. 3 UrhG aufweisen. Gemäß § 15 Abs. 3 UrhG ist die Wiedergabe eines Werkes dann öffentlich, wenn sie für eine Mehrzahl von Personen bestimmt ist, es sei denn, dass der Kreis dieser Personen bestimmt abgegrenzt ist und sie durch gegenseitige Beziehungen oder durch Beziehungen zum Veranstalter persönlich untereinander verbunden sind. Entscheidend ist demnach innerhalb des Urheberrechtes zunächst, ob der Kreis der Personen bestimmt abgegrenzt ist. Freilich ist hier im Einzelfall schwierig zu beurteilen, wann ein bestimmt abgegrenzter Personenkreis vorliegt. Das Merkmal der Öffentlichkeit soll jedoch erst dann entfallen, wenn nicht nur rein theoretisch, sondern auch tatsächlich bei der Wiedergabe des Werkes eine gewollte Abgrenzung eines bestimmten Personenkreises erfolgt.[294] In diesem Sinne wurde beziehungsweise wird auch die öffentliche Bekanntmachung im Sinne des § 4 Abs. 1 Satz 1 UWG a.F. beziehungsweise des § 16 Abs. 1 UWG n.F. verstanden. Auch hier kommt es entscheidend darauf an, dass sich die Bekanntmachung grundsätzlich an einen unbegrenzten Personenkreis, also an jedermann wendet.[295]

Fraglich ist, ob das Erfordernis des bestimmt abgegrenzten Personenkreises im Sinne des § 15 Abs. 3 UrhG beziehungsweise § 4 Abs. 1 Satz 1 UWG a.F. (§ 16 Abs. 1 UWG n.F.) auf das Tatbestandsmerkmal „öffentlich“ im Sinne des § 434 Abs. 1 Satz 3 BGB übertragbar ist. Dafür spricht zunächst der Wortlaut der Vorschriften: In allen drei Bestimmungen wird das Adjektiv „öffentlich“ verwendet. Zu beachten ist jedoch, dass die beiden Vorschriften einen unterschiedlichen Schutzzweck haben. Im Rahmen des § 15 Abs. 3 UrhG geht es um die Frage, wann eine Wiedergabe öffentlich ist. § 15 Abs. 3 UrhG bezieht sich insoweit erläuternd auf § 15 Abs. 2 UrhG, der die öffentlichen Vervielfältigungsrechte des Urhebers festlegt. Im Rahmen des § 434 Abs. 1 Satz 3 BGB geht es hingegen um die Frage, wann eine durch den Verkäufer, den Hersteller oder dessen Gehilfen publizierte Äußerung haftungsbegründend, weil öffentlich ist. Diese unterschiedlichen Zweckrichtungen der Vorschriften verbieten es meines Erachtens jedoch nicht, das Tatbestandsmerkmal des bestimmt abgegrenzten Personenkreises für

294 Kroitzsch, in: Möhring/Nicolini, Urheberrechtsgesetz, 2. Auflage, § 15, Rdnr. 27; umstritten ist hierbei wiederum, ob erforderlich ist, dass der Veranstalter selbst den Ausschluss der Öffentlichkeit anordnet oder ob es ausreichend ist, dass durch irgendjemand dieser Ausschluss angeordnet worden ist.

295 Baumbach/Hefermehl, Wettbewerbsrecht, 22. Auflage, § 4 UWG, Rdnr. 3; vgl. zu UWG n.F.: Matutis, UWG, § 16, Rdnr. 6; Piper/Ohly, UWG, 4. Auflage, § 16, Rdnr. 12.

die Auslegung des Tatbestandsmerkmals „öffentlich" im Sinne des § 434 Abs. 1 Satz 3 BGB heranzuziehen. § 15 Abs. 3 UrhG legt fest, unter welchen Umständen eine Wiedergabe als öffentlich zu werten ist und demzufolge zu den ausschließlichen Rechten des Urhebers zählt. Die Informationsverantwortung des Verkäufers gemäß § 434 Abs. 1 Satz 3 BGB soll nach dem eindeutigen Willen des Gesetzgebers die bis zur Reform des Schuldrechts bestehende Lücke zwischen individualvertraglicher Beschaffenheitsvereinbarung einerseits und durch öffentliche Äußerungen geweckte Käufererwartungen andererseits schließen. Mithin kommt es bei der Abgrenzung zwischen der individuellen Beschaffenheitsvereinbarung und derjenigen, die durch öffentliche Äußerung im Sinne des § 434 Abs. 1 Satz 3 BGB konkretisiert wird, darauf an, an welchen Adressatenkreis sich die Sachbeschreibung richtet. Da die individuelle und die „kollektive" Festlegung hinsichtlich des Adressaten genau das Gegenteil des jeweils anderen darstellen, kann es nur darauf ankommen, ob die Äußerung individuell oder nicht individuell, weil öffentlich, publiziert worden ist. Diese Abgrenzung kann aber nur dergestalt erfolgen, dass ein individueller, also bestimmter Adressatenkreis angesprochen wird oder aber ein öffentlicher und demzufolge gerade nicht bestimmt abgrenzbarer Personenkreis erreicht wird. Insoweit ist die Differenzierung nach einem bestimmt abgegrenzten Personenkreis im Sinne des § 15 Abs. 3 UrhG beziehungsweise § 4 Abs. 1 Satz 1 UWG a.F. (§ 16 Abs. 1 UWG n.F.) auf den Begriff „öffentlich" im Sinne des § 434 Abs. 1 Satz 3 BGB übertragbar. Somit kommt es auch hier allein darauf an, dass die Äußerung sich an unbestimmt viele und nicht individuell ausgewählte Personen richtet.

Auf eine irgendwie geartete Intention des Verkäufers kommt es hierbei nicht an.[296] Das Tatbestandsmerkmal setzt nur voraus, dass die Äußerung durch einen nicht individuell umgrenzten und abgrenzbaren Adressatenkreis wahrgenommen werden kann.[297]

Erfasst werden demnach beispielsweise Verkaufs-, Marketing- und Werbeveranstaltungen, zu denen grundsätzlich jeder Zutritt hat. Dies wird auch dann gelten, wenn der Zutritt erst nach Erwerb einer Zugangsberechtigung möglich ist[298], meines Erachtens jedoch immer nur unter der Voraussetzung, dass theoretisch ein nicht abstrakt abgrenzbarer Personenkreis die Möglichkeit des Zuganges hat. Dies ist beispielsweise bei Auktionen, bei denen der Erwerb einer Eintritts-

---

296 Faust, in: Bamberger/Roth, BGB, § 434, Rdnr. 81; Grigoleit/Herresthal, Die Beschaffenheitsvereinbarung und ihre Typisierungen in § 434 I BGB, JZ 2003, 233, 237.

297 Grigoleit/Herresthal, Die Beschaffenheitsvereinbarung und ihre Typisierungen in § 434 I BGB, JZ 2003, 233, 237; so auch: Jauernig/Berger, BGB, 11. Auflage, § 434, Rdnr. 15

298 Faust, in: Bamberger/Roth, BGB, § 434, Rdnr. 81.

karte erforderlich ist, der Fall. Äußerungen in geschlossenen Veranstaltungen werden von § 434 Abs. 1 Satz 3 BGB nicht erfasst. Derjenige Käufer, der sich auf eine im Rahmen einer solchen Veranstaltung getätigten Äußerung verlassen will, muss mit dem Verkäufer eine entsprechende vertragliche Vereinbarung treffen.[299] War die Äußerung lediglich an einen internen Kreis von Unternehmensangehörigen des Verkäufers oder des Herstellers gerichtet, scheidet eine Verantwortlichkeit des Verkäufers ebenfalls aus.[300]

Werbebriefe werden von § 434 Abs. 1 Satz 3 BGB jedenfalls dann nicht erfasst, wenn sie sich hinsichtlich der Adressierung an einen eindeutig abgrenzbaren Kundenkreis richten. Dies wird regelmäßig der Fall sein, wenn durch die Werbebriefe die vorhandene Kundendatei eines Unternehmens angesprochen werden soll und die Sendungen dementsprechend adressiert sind. In diesem Fall fehlt es an einem nicht abstrakt abgrenzbaren Adressatenkreis, weshalb eine Haftung des Verkäufers dann nicht eingreift.

Nach der Ansicht von *Krebs* sind konkrete nichtöffentliche Äußerungen des Verkäufers vor Vertragsabschluss der Beschaffenheit wertungsmäßig viel eher zuzurechnen als öffentliche Werbeaussagen.[301] Soweit es sich nicht um Aussagen handele, die keinen Einfluss auf die Kaufentscheidungen haben konnten oder rechtzeitig berichtigt wurden oder die der Verkäufer weder kannte noch kennen musste, seien diese der Sollbeschaffenheit zuzurechnen. Dies stelle einen Widerspruch dar, welcher eine künftige richterliche Rechtsfortbildung bereits erahnen lasse.[302]

Dagegen spricht jedoch der eindeutige Wortlaut von § 434 Abs. 1 Satz 3 BGB. Um die Haftung des Verkäufers nicht auf jede denkbare vorvertragliche Äußerung zu erstrecken, darf das Tatbestandsmerkmal der „Öffentlichkeit" nicht durch eine analoge Anwendung auf nichtöffentliche Äußerungen umgangen werden.

Der Verkäufer oder Hersteller kann sich im Rahmen der Äußerung jedes beliebigen Mediums bedienen.[303] Die Äußerung kann demnach schriftlich in Form von Texten oder einer Abbildung erfolgen (auch im Internet), auch mündlich oder sogar durch Gesten (bei öffentlichen Veranstaltungen, im Rundfunk, Fernsehen, in Zeitungsinterviews oder in einem Audio- oder Videoclip im Internet).

Eine bestimmte Form der Äußerung ist gemäß dem Wortlaut von § 434 Abs. 1 Satz 3 BGB nicht erforderlich. Erforderlich ist jedoch in jedem Fall, dass

299 Faust, in: Bamberger/Roth, BGB, § 434, Rdnr. 81.
300 Oechsler, Schuldrecht Besonderer Teil – Vertragsrecht, § 2 Rdnr. 100, S. 69.
301 Krebs, Die große Schuldrechtsreform, BB 2000, Beilage Nr. 14, S. 1, 17.
302 Krebs, Die große Schuldrechtsreform, BB 2000, Beilage Nr. 14, S. 1, 17.
303 Faust, in: Bamberger/Roth, BGB, § 434, Rdnr. 80.

die gewählte Form eine Wahrnehmung durch den Käufer ermöglicht.[304] Nach teilweise vertretener Ansicht soll jedoch Voraussetzung sein, dass das verwandte Medium zwingend eine öffentliche Erkennbarkeit verbürgt.[305] Dies ist meines Erachtens jedoch nicht erforderlich, da es einzig und allein darauf ankommt, dass die Äußerung durch einen nicht individuell umgrenzten und abgrenzbaren Adressatenkreis wahrgenommen werden kann[306] und es insofern nicht primär auf das Medium, sondern auf die abstrakte Möglichkeit der Wahrnehmbarkeit ankommt.

3. Ergebnis

Eine öffentliche Äußerung liegt demzufolge in jeder Erklärung mit irgendeinem Erklärungswert, die von einem nicht individuell abgrenzbaren Adressatenkreis wahrgenommen werden kann.

III. Insbesondere in der Werbung

1. Der Begriff der Werbung

a) Der Begriff der Werbung im Allgemeinen

Der Begriff der Werbung, viel mehr noch der Bedeutungsgehalt und die Funktion, welche der Werbung zugrundegelegt werden, hat sich im Laufe der Zeit nachhaltig gewandelt. Früher wurde der Werbung in ihrer Funktionalität insgesamt eine untergeordnete Bedeutung und eine auf das Konsumverhalten der jeweiligen Adressaten wenig relevante Auswirkung zugesprochen. So weist *Lehmann* zutreffend darauf hin, dass „Werbung früher ein überwiegend nicht-informativer, überredender Charakter zugemessen und streng zwischen informativer und überredender Werbung unterschieden" wurde.[307] Im juristischen und betriebswirtschaftlichen Bereich finden sich verschiedene Definitionsansätze.

---

304 MünchKomm-H.P.Westermann, 4. Auflage, § 434, Rdnr. 22.

305 Grundmann, in: Grundmann/Bianca, EU-Kaufrechts-Richtlinie, 2002, Art. 2, Rdnr. 36.

306 Grigoleit/Herresthal, Die Beschaffenheitsvereinbarung und ihre Typisierungen in § 434 I BGB, JZ 2003, 233, 237; Jauernig/Berger, BGB, 11. Auflage, § 434, Rdnr. 15

307 Lehmann, Informationsverantwortung und Gewährleistung für Werbeangaben beim Verbrauchsgüterkauf, JZ 2000, 280, 284 (Fn. 39) m.w.N.; zustimmend auch: Bernreuther, Sachmangelhaftung durch Werbung, WRP 2002, 370; vgl. auch: Van den Bergh/Lehmann, Informationsökonomie und Verbraucherschutz im Wettbewerbs- und Warenzeichenrecht, GRUR Int. 1992, 588, 589.

aa) Juristische Ansätze

Nach der Auffassung des BGH ist Werbung „ein Verhalten, das darauf angelegt ist, andere dafür zu gewinnen, die Leistung desjenigen in Anspruch zu nehmen, für den geworben wird".[308] Nach einem Ansatz der Literatur ist Werbung „die Anpreisung von Waren und Dienstleistungen. Die potenziellen Kunden sollen über das Angebot informiert und auf deren Bezugsmöglichkeit aufmerksam gemacht werden, und hierdurch soll der Absatz der Waren und Dienstleistungen gefördert werden."[309]

Nach Art. 2 Ziff. 1 der sogenannten Irreführungsrichtlinie bedeutet Werbung (im Sinne dieser Richtlinie) „jede Äußerung bei der Ausübung eines Handels, Gewerbes, Handwerkes oder freien Berufes mit dem Ziel, den Absatz von Waren oder Dienstleistungen einschließlich unbeweglicher Sachen, Rechte und Verpflichtungen zu fördern".[310]

bb) Wirtschaftswissenschaftliche Ansätze

Nach *Leven* ist unter Werbung „die versuchte Meinungsbeeinflussung durch besondere Kommunikationsmittel im Hinblick auf jeden Gegenstand" zu verstehen.[311] *Kroeber-Riel* zufolge ist Werbung „die versuchte Verhaltensbeeinflussung, die mittels bezahlter Kommunikationsmittel erfolgt, von einem erkennbaren Sender ausgeht und sich an ein breites Publikum richtet".[312] Gemäß einer Definition von *Weigert* ist Werbung „ein Instrument des Marketings mit der Aufgabe, potenzielle Käufer eines Gutes oder Verwender einer Leistung so mit Produktinformationen zu versorgen, dass sie in Richtung des Werbezieles des Unternehmens beeinflusst werden".[313]

Diesen Definitionsansätzen ist somit zunächst gemein, dass der Werbetreibende durch die Werbung versucht, eine Werbebotschaft an eine bestimmte Zielgruppe zu bringen. Ziel der Werbebotschaft ist es, die Einstellung der Zielgruppe zu dem Werbeobjekt positiv zu beeinflussen. Dabei kann es sich bei dem Werbe-

---

308 BGH NJW 2001, 2087 (zum Thema „Anwaltswerbung") m.w.N.

309 Tilch/Arloth, Deutsches Rechts-Lexikon, Band 3, Stichwort: Werbung.

310 Richtlinie 84/450/EWG, abgedruckt bei: Baumbach/Hefermehl, Wettbewerbsrecht, 22. Auflage, S. 48; Nachweise bei: Bernreuther, Sachmangelhaftung durch Werbung, WRP 2002, 370 (Fn. 20).

311 Leven, in: Gabler-Wirtschafts-Lexikon, 15. Auflage, Stichwort: Werbung.

312 Kroeber-Riel, in: Tietz/Köhler/Zentes (Hrsg.), Handwörterbuch des Marketing, 2. Auflage, Stichwort: Werbung.

313 Weigert, in: Woll (Hrsg.), Wirtschaftslexikon, 8. Auflage, Stichwort Werbung.

objekt sowohl um Produkte, Dienstleistungen als auch Organisationen (z.B. Werbung für eine bestimmte „Corporate Identity“) handeln.[314]

b) Der Begriff der Werbung im wettbewerbsrechtlichen Sinne

Im wettbewerbsrechtlichen Sinne wird der Begriff der Werbung weit ausgelegt. Unter Werbung im Sinne des UWG versteht man herkömmlicherweise jede an eine andere Person gerichtete geschäftliche Anpreisung von Waren oder Leistungen, durch die der Werbeadressat auf das eigene Produkt aufmerksam gemacht, über dieses informiert und zu einem Geschäftsabschluss bewogen werden soll. Dabei ist unerheblich, ob sich diese Erklärung an einen größeren Personenkreis richtet (dann öffentliche Werbung) oder ob es sich um individuelle Äußerungen „unter vier Augen“ handelt. Auch hier interessiert in der Regel nur die Werbung für geschäftliche Zwecke.[315]

c) Der Begriff der Werbung im Sinne des § 434 Abs. 1 Satz 3 BGB

Fraglich ist, ob sich der Begriff der Werbung, wie er im Allgemeinen oder innerhalb des Wettbewerbsrechtes verwendet wird, auf den Werbungsbegriff im Sinne des § 434 Abs. 1 Satz 3 BGB übertragen lässt.

Meines Erachtens nach ist die Definition der Irreführungsrichtlinie auf den Begriff der Werbung innerhalb von § 434 Abs. 1 Satz 3 BGB nicht übertragbar. Zwar ist *Bernreuther* der Ansicht, dass es abzuwarten bleibe, inwiefern die Rechtsprechung in Zukunft von ihrem Verständnis von Werbung zugunsten der Definition von Werbung innerhalb der Irreführungsrichtlinie abweichen werde.[316] Diese Frage stellt sich jedoch meines Erachtens nicht. Denn zum einen beansprucht die Definition von Werbung gemäß Art. 2 Ziff. 1 der Irreführungsrichtlinie nur Geltung innerhalb dieser Richtlinie („Werbung im Sinne dieser Richtlinie ist...“). Insofern würde sich die Notwendigkeit einer Abänderung der Definition durch die Rechtsprechung jedenfalls nicht aus der Irreführungsrichtlinie ergeben. Darüber hinaus ist zu beachten, dass der Werbebegriff innerhalb der Irreführungsrichtlinie bereits per definitionem nur gewerbliches Handeln umfasst. § 434 Abs. 1 Satz 3 BGB gilt jedoch auch für nicht gewerbliches Handeln, somit für alle Arten von Kaufverträgen und ist nicht auf den Verbrauchsgüterkauf beschränkt. Schon deshalb kann diese Definition hier keine Geltung beanspruchen.

---

314 Vgl. auch: Leven, in: Gabler-Wirtschafts-Lexikon, 15. Auflage, Stichwort: Werbung.

315 Baumbach/Hefermehl, Wettbewerbsrecht, 22. Auflage, UWG, vor §§ 3–8 UWG, Rdnr. 1.

316 Bernreuther, Sachmangelhaftung durch Werbung, WRP 2002, 370.

Zum anderen liegen sowohl der Rechtsprechung des BGH als auch der Irreführungsrichtlinie keine unterschiedlichen Grundverständnisse von Werbung zugrunde. Zwar ist die Definition des BGH abstrakter gehalten als die der Irreführungsrichtlinie. Jedoch werden von beiden Definitionen die gleichen Sachverhalte erfasst, ohne dass die eine oder die andere Definition weiter wäre.[317] Die Definition des BGH legt dem Werbebegriff ein Verhalten zugrunde, welches auf Inanspruchnahme von Leistungen durch andere Personen, also auf Absatzsteigerung irgendwelcher Leistungen gerichtet ist. Die Definition der Irreführungsrichtlinie hingegen versteht unter Werbung jedwede Äußerung mit dem Ziel, den Absatz von Waren oder die Erbringung von Dienstleistungen zu steigern. Im Ergebnis handelt es sich bei der Definition des BGH um ein Verständnis von Werbung, welches zwar mit einem höheren Grad an Abstraktheit den Begriff festlegt, jedoch mit der Definition der Irreführungsrichtlinie von Inhalt und Reichweite prinzipiell übereinstimmt. All dies ändert jedoch nichts an dem Umstand, dass nach der Irreführungsrichtlinie nur gewerbliches Verhalten erfasst ist. Will man vermeiden, dass bereits hier im Rahmen des § 434 Abs. 1 Satz 3 BGB unterschiedliche Auslegungen erforderlich sind, je nachdem, ob es sich um einen Fall des Verbrauchsgüterkaufes oder des allgemeinen Kaufrechtes handelt, verbietet sich die Übernahme der Definition. Die Definition von Werbung aus der Irreführungsrichtlinie ist somit für die Auslegung von § 434 Abs. 1 Satz 3 BGB nicht maßgeblich.

Fraglich ist daher weiter, ob der Begriff der Werbung im wettbewerbsrechtlichen Sinne auf den kaufrechtlichen Begriff übertragen werden kann. Dagegen spricht, dass die wettbewerbsrechtliche Definition von Werbung ebenfalls nur das geschäftliche Werben erfasst. Zwar könnte man hier der Auffassung sein, dass im Rahmen des § 434 Abs. 1 Satz 3 BGB zwischen „geschäftlicher" Werbung im Rahmen des Verbrauchsgüterkaufes einerseits und „privater" Werbung im Rahmen des allgemeinen Kaufrechtes andererseits zu unterscheiden und somit der wettbewerbsrechtliche Werbebegriff zumindest für den Verbrauchsgüterkauf zu übernehmen sei. Dieses Verständnis würde jedoch dem Willen des Gesetzgebers nach einem einheitlichen Sachmangelbegriff entgegenstehen. Darüber hinaus ist eine solche Unterscheidung insoweit auch nicht möglich, da im Rahmen des Kaufrechtes der private Verkäufer unter Umständen für geschäftliche Aussagen des Herstellers einzustehen hat. Ein Unterscheidung zwischen „geschäftlicher" und „privater" Werbung würde in diesem Fall keinen Sinn machen. Aus den gleichen Gründen wie im Falle der Irreführungsrichtlinie verbietet sich daher auch

317 Anderer Ansicht hingegen: Bernreuther, Sachmangelhaftung durch Werbung, WRP 2002, 368, 370, der die Definition der Werbung innerhalb der Irreführungsrichtlinie für weiter hält.

die Übernahme der wettbewerbsrechtlichen Definition von Werbung in den Anwendungsbereich des § 434 Abs. 1 Satz 3 BGB.

Aber auch hinsichtlich des Adressatenkreises bestehen Bedenken gegen eine Übertragung der wettbewerbsrechtlichen Definition von Werbung auf das Kaufrecht. Man könnte der Ansicht sein, dass Werbung im Sinne des § 434 Abs. 1 Satz 3 BGB enger ausgelegt werden müsse als innerhalb des Wettbewerbsrechtes.[318] Dies deshalb, weil innerhalb des UWG nicht zwischen öffentlichen Äußerungen und solchen, die nur im Einzelfall und gegenüber bestimmten Personen publiziert würden, unterschieden wird. Dies hängt mit dem Schutzzweck des Wettbewerbsrechtes zusammen, der nur den geschäftlichen und somit wettbewerbsrelevanten Bereich erfassen soll. Innerhalb der Verkäuferverantwortlichkeit für Werbeaussagen hingegen geht es um die Frage, inwieweit eine Kaufsache den durch Werbung etc. geweckten Erwartungen des Käufers entsprechen muss. Nach dem Willen des Gesetzgebers und aufgrund des gesetzessystematischen Aufbaus der zentralen Sachmangelvorschrift des § 434 BGB wird jedoch deutlich, dass Individualvereinbarungen hinsichtlich der geschuldeten Sollbeschaffenheit in jedem Fall Vorrang vor einer Bestimmung der geschuldeten Beschaffenheit durch Werbung etc. haben sollen. Daraus folgt zwingend, dass individuelle Äußerungen – also Erklärungen „unter vier Augen" – im Rahmen des § 434 Abs. 1 Satz 3 BGB niemals für die Bestimmung der geschuldeten Sollbeschaffenheit von Relevanz sein können.[319] § 434 Abs. 1 BGB setzt somit bereits nach seinem Aufbau eine Unterscheidung zwischen individuellen Äußerungen und öffentlicher Werbung notwendigerweise voraus. Würde man auf diese Unterscheidung im Rahmen des Werbebegriffes des § 434 Abs. 1 Satz 3 BGB verzichten, ließe sich auch nicht mehr zwischen der individuellen Beschaffenheitsvereinbarung gemäß § 434 Abs. 1 Satz 1 BGB und der Bestimmung der geschuldeten Beschaffenheit durch öffentliche Äußerungen gemäß § 434 Abs. 1 Satz 3 BGB unterscheiden. Darüber hinaus spricht ein weiteres Argument dafür, dass sich auch die „Werbung" im Sinne des § 434 Abs. 1 Satz 3 BGB an einen öffentlichen und somit nicht abgrenzbaren Adressatenkreis richten muss: Denn § 434 Abs. 1 Satz 3 spricht von „öffentlichen Äußerungen des Verkäufers, des Herstellers oder seines Gehilfen insbesondere in der Werbung". Das Wort „insbesondere" verdeutlicht, dass Werbung lediglich als ein Beispielsfall der öffentlichen Äußerung anzusehen ist.[320]

---

318 So auch: Weiler, Haftung für Werbeangaben nach neuem Kaufrecht, WM 2002, 1784, 1786.

319 A.A. hingegen: KompaktKomm-BGB/Tonner/Echtermeyer, § 434, Rdnr. 19: Werbung gegenüber einem geschlossenen Personenkreis falle unter die Vorschrift des § 434 Abs. 1 Satz 3 BGB.

320 Hoeren/Martinek/Malzer, SKK, § 434, Rdnr. 69; zum Verhältnis der einzelnen Äußerungsalternativen sogleich unten.

Diese exemplarische Nennung des Begriffes Werbung als Unterfall der öffentlichen Äußerung macht deutlich, dass eben auch Werbung im Sinne des § 434 Abs. 1 Satz 3 BGB eine öffentliche Publikation voraussetzt.[321] Der wettbewerbsrechtliche Begriff der Werbung ist somit auf den Begriff der Werbung im Sinne § 434 Abs. 1 Satz 3 BGB nicht übertragbar.

Nach der hier vertretenen Auffassung ist unter Werbung im Sinne des § 434 Abs. 1 Satz 3 BGB ein Verhalten zu verstehen, das darauf angelegt ist, andere dafür zu gewinnen, die Leistung desjenigen in Anspruch zu nehmen, für den geworben wird[322] und sich hinsichtlich des Adressaten an einen nicht abgrenzbaren Personenkreis richtet, also öffentlich ist.

Diese Definition schließt ein, dass auch sogenannte Fachwerbung (Werbung, welche sich an einen bestimmten und überschaubaren Adressatenkreis richtet, zum Beispiel an Fach- oder Vertragshändler) ebenfalls Werbung im Sinne des § 434 Abs. 1 Satz 3 BGB darstellt.[323] Zwar ist in diesem Fall der Fachwerbung der Adressatenkreis weniger groß und eventuell „bestimmbarer und abgrenzbarer" als im Fall der Werbung an ein Allgemeinpublikum. Jedoch handelt es sich auch hier letztlich um einen nicht vollständig abgrenzbaren Adressatenkreis.

2. Ergebnis

Unter Werbung im Sinne des § 434 Abs. 1 Satz 3 ist demzufolge jedes Verhalten zu verstehen, welches darauf angelegt ist, andere dafür zu gewinnen, die Leistung desjenigen in Anspruch zu nehmen, für den geworben wird und das sich an einen nicht abgrenzbaren Personenkreis richtet, also öffentlich ist.

IV. Sonstige Kennzeichnungen

Gemäß § 434 Abs. 1 Satz 3 BGB sind neben den öffentlichen Äußerungen insbesondere in der Werbung auch Kennzeichnungen über bestimmte Eigenschaften der Sache geeignet, den Erwartungshorizont des Käufers zu beeinflussen. Art. 2 Abs. 2 d) der VerbrGüKRL spricht hierbei von „... bei der Etikettierung gemachten öffentlichen Äußerungen...". Im Gegensatz zu der in § 434 Abs. 1 Satz 3 BGB gewählten, klaren Formulierung „... bei der Kennzeichnung über bestimmte

---

321 So auch: MünchKomm-H.P.Westermann, 4. Auflage, § 434, Rdnr. 22; Hoeren/Martinek/Malzer, SKK, § 434, Rdnr. 70.

322 Insoweit jedenfalls kann die Definition aus BGH NJW 2001, 2087 („Anwaltswerbung") übernommen werden.

323 So auch: Weiler, Haftung für Werbeangaben nach neuem Kaufrecht, WM 2002, 1784, 1786.

Eigenschaften..." kann der Wortlaut der Richtlinie nur verwundern. Nach einer sich stark am Wortlaut orientierenden Auslegung müsste man hier zu dem Ergebnis gelangen, es sollten gerade die während des Etikettierungsvorganges erfolgten Äußerungen erfasst werden. Diese Auslegung dürfte jedoch mit der ratio legis kaum zu vereinbaren sein. Denn die bei der Kennzeichnung der Kaufsache gemachten Äußerungen werden der Käuferseite in der Regel gar nicht zugänglich – weil nicht öffentlich – sein. Insoweit darf nicht ernsthaft bezweifelt werden, dass die Richtlinie zumindest nicht Äußerungen während des Etikettierungsvorganges erfassen soll.[324]

Vielmehr soll meines Erachtens durch die Aufnahme des Begriffes „Kennzeichnung" die Lücke zwischen öffentlichen Äußerungen und der individuellen Beschaffenheitsvereinbarung im Sinne des § 434 Abs. 1 Satz 1 BGB geschlossen werden. In der Wirklichkeit der Massengeschäfte des Alltages wird der Käufer sich oftmals mangels anderweitiger Informationen auf solche Beschreibungen der Kaufsache verlassen, die sich ihm beispielsweise bei dem unmittelbaren Betrachten der Verpackung erschließen. Denn nicht jeder Kaufgegenstand wird entweder individuell verhandelt oder durch öffentliche Äußerungen beschrieben. Hierher gehören jedenfalls beispielsweise Normen wie etwa die DIN, Gütesiegel, Etiketten, Beschreibungen auf der Verpackung etc.[325]

Faust hingegen vertritt hinsichtlich der Kennzeichnungen über bestimmte Eigenschaften der Sache die Auffassung, dass die Vorschrift kaum praktische Bedeutung erlangen werde.[326] Denn für den Fall, dass der Käufer die gekennzeichnete Kaufsache vor Vertragsabschluss sehe, würden diese Kennzeichnungen Vertragsbestandteil werden. Wenn der Käufer die gekennzeichnete Ware allerdings vor Vertragsabschluss nicht zu Gesicht bekomme, könne die Kaufentscheidung nicht von der Kennzeichnung beeinflusst worden sein. Dies ist meines Erachtens nicht zutreffend. Zwar ist richtig, dass, wenn der Käufer die Kennzeichnung vor Vertragsabschluss nicht zu Gesicht bekommt, streng genommen die Kennzeichnung die Kaufentscheidung nicht beeinflussen konnte und somit der dritte Ausschlusstatbestand des § 434 Abs. 1 Satz 3 BGB vorliegt. Dies wiederum würde jedoch voraussetzen, dass der konkrete Käufer auch tatsächlich Kenntnis von dem Äußerungstatbestand beziehungsweise von der Kennzeichnung haben muss, damit § 434 Abs. 1 Satz 3 BGB überhaupt eingreifen kann.[327] Jedoch ist fraglich, ob davon ausgegangen werden kann, dass die dem Käufer im Zeitpunkt des Vertragsschlusses bekannten Kennzeichnungen der Kaufsache tatsächlich Vertrags-

---

324 Weiler, Haftung für Werbeangaben nach neuem Kaufrecht, WM 2002, 1784, 1786.

325 Hoeren/Martinek/Malzer, SKK, § 434, Rdnr. 76; Erman/Grunewald, BGB, 11. Auflage, § 434, Rdnr. 22; Jauernig/Berger, BGB, 11. Auflage, § 434, Rdnr. 15.

326 Faust, in: Bamberger/Roth, BGB, § 434, Rdnr. 80.

327 Zu dieser Frage unten.

bestandteil werden. Dies war – wie oben bereits dargelegt – nach herrschender Meinung zu § 459 BGB a.F. nicht ohne weiteres der Fall. Nach dem eindeutigen Willen des Gesetzgebers soll jedoch auch die Aufnahme des § 434 Abs. 1 Satz 3 BGB nichts an den Erfordernissen der Beschaffenheitsvereinbarung verändern. Hierzu ist weiterhin erforderlich, dass die Kaufvertragsparteien die Kennzeichnungen der Sache ausdrücklich oder konkludent in den Kaufvertrag aufgenommen haben. Ein diesbezüglicher Wille kann jedoch jedenfalls bei den Massengeschäften des Alltags nicht ohne weiteres unterstellt werden. Insoweit hat die Kennzeichnung über bestimmte Eigenschaften im Sinne des § 434 Abs. 1 Satz 3 BGB durchaus einen eigenen Anwendungsbereich. Ihr unterfallen alle schriftlichen Beschreibungen der Kaufsache, die unmittelbar mit ihr zusammenhängen.

V. Erklärungsinhalt: Die Beschreibung bestimmter Eigenschaften

1. Eigenschaften

§ 434 Abs. 1 Satz 3 BGB verwendet den Begriff Eigenschaften zweifach. In seinem ersten Satzteil wird festgelegt: „Zu der Beschaffenheit nach Satz 2 Nr. 2 gehören auch *Eigenschaften*, die der Käufer nach ... erwarten kann, es sei denn...“. Innerhalb dieses Satzes werden die Alternativen des Äußerungstatbestandes festgelegt: „... den öffentlichen Äußerungen des ... insbesondere in der Werbung oder bei der Kennzeichnung über *bestimmte Eigenschaften* der Sache...“. Hieraus ergibt sich zunächst eine gewisse Doppelrelevanz des Eigenschaftsbegriffes im Rahmen des § 434 Abs. 1 Satz 3 BGB. Zum einen geht es darum, dass zu der geschuldeten Beschaffenheit auch solche Eigenschaften gehören, die der Käufer aufgrund der verschiedenen Äußerungstatbestände erwarten kann. Zum anderen wird aber auch deutlich, dass der jeweilige Äußerungstatbestand Angaben „über bestimmte Eigenschaften der Sache“ beinhaltet haben muss, damit der Käufer seinen Erwartungshorizont hinsichtlich der Eigenschaften der Sache an den öffentlichen Äußerungen ausrichten kann.

Gemäß Art. 2 Abs. 2 d) VerbrGüKRL sind nur Äußerungen über „konkrete Eigenschaften“ der Kaufsache relevant. Auf die Übernahme des Wortes „konkret“ wurde im Rahmen der Umsetzung verzichtet. Der Gesetzgeber hat stattdessen das Adjektiv „bestimmte“ in § 434 Abs. 1 Satz 3 BGB aufgenommen.

Fraglich ist, ob in dieser anderweitigen Formulierung durch den deutschen Gesetzgeber eine abweichende Umsetzung im Sinne einer strengeren Bestimmung gemäß Art. 8 Abs. 2 VerbrGüKRL zu sehen ist, welche auf deren Übereinstimmung mit höherrangigem EU-Recht zu überprüfen wäre. Ein strengere Bestimmung im Sinne des Art. 8 Abs. 2 VerbrGüKRL liegt dann vor, wenn das durch sie verwirklichte Schutzniveau für den Verbraucher höher ist, als es der Wortlaut der Richtlinie vorsieht.[328] Ein höheres Verbraucherschutzniveau ist dann gegeben, wenn gemäß dem „Günstigkeitsprinzip“ die nationale Bestimmung verbraucherfreundlicher, das heißt für den Verbraucher vorteilhafter ist als die Regelung der Richtlinie. Die vom deutschen Gesetzgeber gewählte Formulierung macht in der Sache jedoch keinen Unterschied zu dem Wortlaut von Art. 2 Abs. 2 d) VerbrGüKRL. Nach dem insoweit eindeutigen Willen des Gesetzgebers[329] und der zu § 434 Abs. 1 Satz 3 BGB ganz herrschenden Meinung in der Literatur[330] sind nur öffentliche Äußerungen und Kennzeichnungen über hinreichend konkrete Eigenschaften der Kaufsache ausreichend. Demzufolge handelt es sich materiell bei der anderweitigen Wortwahl durch den deutschen Gesetzgeber nicht um eine abweichende Umsetzung der VerbrGüKRL, welche am Maßstab des Art. 8 Abs. 2 VerbrGüKRL zu überprüfen ist.

Im Ergebnis ist jedenfalls festzuhalten, dass allgemeine und undifferenzierte Qualitätsanpreisungen, reißerische Anpreisungen allgemeiner Art ohne Bezugnahme auf nachprüfbare Aussagen über die Beschaffenheit der Kaufsache und reine Sympathiewerbung nicht ausreichend sind. Erforderlich ist also, dass die Äußerung jedenfalls in ihrem Kern einen überprüfbaren Tatsachengehalt aufweist.[331]

2. *Die Abgrenzung zur (reißerischen) Anpreisung*

Ist demnach die reißerische Anpreisung von § 434 Abs. 1 Satz 3 BGB nicht erfasst, stellt sich weiter die Frage, wann eine reißerische Anpreisung und wann eine hinreichend konkrete Beschreibung von bestimmten Eigenschaften der Kaufsache vorliegt.

Nach *Grigoleit/Herresthal* handelt es sich bei dem Problem der reißerischen Anpreisung sowie der offensichtlich scherzhaften Äußerung um eine Frage der berechtigten Erwartungen auf Käuferseite. Liege zwar ein Beschaffenheitsbezug der Aussage vor, könne der Käufer dennoch dann keine berechtigten Erwartun-

328 Grundmann in: Grundmann/Bianca, EU-Kaufrechts-Richtlinie, Art. 8, Rdnr. 7; Wolf, in: Wolf/Horn/Lindacher, AGBG, 3. Auflage, Art. 8 RiLi, Rdnr. 3.

329 BT-Drucks. 14/6040, S. 214 = Canaris, Schuldrechtsmodernisierung 2002, S. 815.

330 Lorenz/Riehm, Lehrbuch zum neuen Schuldrecht, S. 259; Staudinger/Matusche-Beckmann (2004), § 434, Rdnr. 48, 80; AnwK-BGB/Büdenbender, § 434, Rdnr. 12; Haas, in: Haas/Medicus/Rolland/Schäfer/Wendtland, Das neue Schuldrecht, 5, Rdnr. 108, S. 191; Homann, Werbeaussagen und Käufererwartungen, Diss. jur. 2004, S. 230; MünchKomm-H.P.Westermann, 4. Auflage, § 434, Rdnr. 22; Erman/Grunewald, BGB, 11. Auflage, § 434, Rdnr. 24; Ehmann/Sutschet, Modernisiertes Schuldrecht, S. 197.

331 Buck, in: Westermann, Das Schuldrecht 2002, 105, 112.

gen hierauf gründen, wenn die Aussage erkennbar nicht ernst gemeint gewesen sei, da es sich offensichtlich um einen Scherz oder eine reißerische Anpreisung gehandelt habe. Dabei gelte jedoch zum Schutz des Käufers ein strenger Maßstab. Im Zweifel könne der Käufer davon ausgehen, dass eine sachliche Beschreibung des Gegenstandes gewollt sei. Eine berechtigte Beschaffenheitserwartung sei lediglich dann nicht gegeben, „wenn sich die mangelnde Ernsthaftigkeit aus objektiver Empfängersicht („Durchschnittskunde") geradezu aufdrängt".[332]

Beispiel: Ein Medikament zur Gewichtsreduzierung wird mit der Aussage beworben, dass das Präparat innerhalb von einer Woche zu einem Gewichtsverlust von mehr als 10 kg führe.
Der Hersteller einer Jeans gibt an, dass der Jeansstoff nicht zu zerreißen sei.

Die Auffassung von *Grigoleit/Herresthal* ist meines Erachtens unzutreffend und deutet auf ein fehlerhaftes Verständnis von § 434 Abs. 1 Satz 3 BGB hin. Wie bereits erwähnt, wird der Begriff der Eigenschaften innerhalb von § 434 Abs. 1 Satz 3 BGB in einem doppelten Sinne relevant. Zum einen müssen bestimmte Eigenschaften beschrieben worden sein und zum anderen – und dies wird erst im zweiten Schritt relevant – muss sich aufgrund der Beschreibungen eine gewisse Erwartungshaltung des Käufers hinsichtlich der Sacheigenschaften manifestiert haben, die dann zu der Beschaffenheit im Sinne des § 434 Abs. 1 Satz 2 Nr. 2 BGB gehört. Somit darf die Frage, ob der Käufer aufgrund öffentlicher Äußerungen gewisse Eigenschaften der Kaufsache erwarten kann, nicht mit der Frage verwechselt werden, ob die öffentliche Äußerung auch tatsächlich die Beschreibung bestimmter Eigenschaften beinhaltet.

Nach der Rechtsprechung des BGH zu §§ 459 ff. BGB a.F. erfolgte die Abgrenzung zwischen unverbindlicher (reißerischer) Anpreisung und werbender Aussage danach, ob die jeweilige Erklärung tatsächlich konkrete Angaben beispielsweise zu Qualität oder sonstigen Sacheigenschaften beinhaltet oder ob sich die Erklärung in nichtssagenden Angaben ohne überprüfbaren Tatsachenkern erschöpft. Ob konkrete Angaben über die Sachbeschaffenheit vorliegen, sollte durch Auslegung mit Rücksicht auf die Verkehrssitte unter Berücksichtigung von Treu und Glauben ermittelt werden.[333]

Innerhalb von § 3 UWG a.F. beziehungsweise § 5 UWG n.F. erfolgt die Abgrenzung zwischen nichtssagender Anpreisung und rechtlich relevanter Angabe danach, ob die Erklärung tatsächlich etwas aussagt oder ob ihr der informative Charakter gänzlich fehlt. Entscheidend ist auch hier, dass nach der Auffassung

---

332 Grigoleit/Herresthal, Die Beschaffenheitsvereinbarung und ihre Typisierungen in § 434 I BGB, JZ 2003, 233, 237.

333 BGHZ 59, 158 ff. (Fensterlack).

der beteiligten Verkehrskreise die Aussage einen nachprüfbaren Tatsachenkern enthält oder nicht. Reine Meinungsäußerungen sind rechtlich nicht relevant, es sei denn, sie haben zumindest einen gewissen Kern an objektiv nachprüfbarem Tatsachengehalt.[334] Im Rahmen der Beschaffenheitsbeschreibung ist erforderlich, im Einzelfall den konkreten sachlichen Gehalt der Äußerung aufzudecken, wobei gerade bei Angaben hinsichtlich der Beschaffenheit die Nachprüfung auf die objektive Richtigkeit in der Regel möglich sein wird.[335]

Fraglich ist, ob die zu §§ 459 ff. BGB a.F. und zu den Vorschriften des UWG dargestellten Grundsätze auf § 434 Abs. 1 Satz 3 BGB übertragen werden können. Dies kann hinsichtlich der genannten Unterscheidungskriterien nach dem objektiv feststellbaren Tatsachenkern der Angabe meines Erachtens nach bejaht werden.[336] Beispiel für eine Angabe ohne objektiv überprüfbaren Tatsachenkern ist etwa die Beschreibung als „die schönsten Blumen der Welt"[337] oder „in der Praxis bestens bewährt".[338]

Auch solche Angaben, deren Inhalt zwar ganz oder teilweise objektiv nachprüfbar ist, die aber nach der allein maßgeblichen Verkehrsauffassung zweifelsfrei als reklamehafte Übertreibung ohne eigentlichen Wesensgehalt zu werten sind, sind keine Beschreibungen von bestimmten Eigenschaften im Sinne des § 434 Abs. 1 Satz 3 BGB. Beispiele hierfür sind etwa „unzerreißbare Hose", „ewig haltbar" und „unschlagbar".[339]

3. Ergebnis

Öffentliche Äußerungen, Werbung und Kennzeichnungen im Sinne des § 434 Abs. 1 Satz 3 BGB können immer nur dann vorliegen, wenn sie sich auf die Beschreibung bestimmter Eigenschaften beziehen.[340] Demnach können nur öffentliche Äußerungen, Werbung und Kennzeichnungen über hinreichend konkrete Eigenschaften der Kaufsache, nicht dagegen allgemeine Anpreisungen relevant werden.

---

334 Baumbach/Hefermehl, Wettbewerbsrecht, 22. Auflage, § 3 UWG, Rdnrn. 14–16.
335 Baumbach/Hefermehl, Wettbewerbsrecht, 22. Auflage, § 3 UWG, Rdnr. 59.
336 Homann, Werbeaussagen und Käufererwartungen, Diss. jur. 2004, S. 230.
337 Baumbach/Hefermehl, Wettbewerbsrecht, 22. Auflage, § 3 UWG, Rdnr. 59.
338 Staudinger/Matusche-Beckmann (2004), § 434, Rdnr. 82.
339 Baumbach/Hefermehl, Wettbewerbsrecht, 22. Auflage, § 3 UWG, Rdnr. 60.
340 Staudinger/Matusche-Beckmann (2004), § 434, Rdnr. 82.

VI. Das Verhältnis der einzelnen Alternativen zueinander

Fraglich ist weiterhin, wie die in § 434 Abs. 1 Satz 3, 1. HS BGB genannten drei Varianten der „öffentlichen Äußerung“, „Werbung“ und „Kennzeichnung“ zueinander stehen. Praktisch relevant ist diese Unterscheidung hingegen kaum, da das Gesetz die verschiedenen Alternativen gleichwertig nebeneinander nennt. Teilweise wird die Nennung der Werbung lediglich als typisches Beispiel einer öffentlichen Äußerung angesehen.[341] Dies ist zutreffend. § 434 Abs. 1 Satz 3 BGB spricht von „öffentlichen Äußerungen .... insbesondere in der Werbung...“. Insofern stellt die Alternative der „öffentlichen Äußerung“ den Grundfall der haftungsrelevanten Aussagen dar. Bei den Begriffen „Werbung“ und „Kennzeichnung“ handelt es sich demgegenüber um exemplarisch erwähnte Varianten von öffentlichen Äußerungen.

VII. Der Zeitpunkt der Äußerung / Kenntnis des Käufers erforderlich?

Fraglich ist, in welchem zeitlichen Verhältnis die Äußerung zu dem Abschluss des Kaufvertrages stehen muss. Im Ergebnis geht es hierbei um die praktisch höchst bedeutsame Frage, wann beziehungsweise ob der Käufer überhaupt von der Äußerung Kenntnis erlangt haben muss. Dies könnte deshalb problematisch sein, weil es im Rahmen des § 434 Abs. 1 Satz 3 BGB nach dem Willen des Gesetzgebers in dem normativen Bereich der zu erwartenden Beschaffenheit nicht auf den Erwartungshorizont des konkreten, sondern auf den eines durchschnittlichen Käufers ankommen soll.[342] Mit anderen Worten stellt sich hier also die Frage, ob der konkrete Käufer die jeweilige öffentliche Äußerung gekannt haben muss, oder ob es ausreichend ist, dass ein durchschnittlicher Käufer die öffentliche Äußerung kennen konnte.

Beispiel: Der Käufer K kauft ein Mobiltelefon eines bestimmten Typs. Er benutzt das Telefon vier Monate lang und ist damit sehr zufrieden. Sodann gerät ihm durch Zufall ein Werbeprospekt der Herstellerfirma des Telefons in die Hände. Dieser Werbeprospekt war seinerzeit für das von K gekaufte Modell einschlägig und ist in großer Anzahl publiziert worden. In dem Prospekt wurde unzutreffend beschrieben, dass die Kamera des Mobiltelefons nicht nur Standbilder aufnehmen könne, sondern auch über eine Videofunktion verfüge. Tatsächlich ist das Gerät jedoch nur so konzipiert, dass es lediglich Standbilder und keine Videoaufnahmen anfertigen kann. K, der im Zeitpunkt des Ver-

---

341 Erman/Grunewald, BGB, 11. Auflage, § 434, Rdnr. 22; wohl auch: MünchKomm-H.P.Westermann, 4. Auflage, § 434, Rdnr. 22.

342 BT-Drucks. 14/6040 = Canaris, Schuldrechtsmodernisierung 2002, S. 816.

tragsabschlusses keine Kenntnis von dem Werbeprospekt und auch keine diesbezüglich Erwartung hatte, möchte jetzt gerne, dass sein Mobiltelefon über eine Videokamerafunktion verfügt. Er ist der Meinung, ein Sachmangel liege vor und macht Gewährleistungsansprüche geltend.

Teilweise wird vertreten, es sei grundsätzlich für eine Haftung des Verkäufers nicht erforderlich, dass der konkrete Käufer tatsächlich von der Äußerung Kenntnis erlangt hat.[343] Es spricht jedoch eine Vielzahl von Argumenten gegen diese Sichtweise. Nach dem Wortlaut von § 434 Abs. 1 Satz 3 BGB kommt es darauf an, dass sich auf Seiten des Käufers eine gewisse Erwartungshaltung aufgrund der öffentlichen Äußerung bildet. Denn es sind nur solche Eigenschaften relevant, die der Käufer aufgrund der öffentlichen Äußerung erwarten kann. Eine Erwartung setzt jedoch die Kenntnis der die Erwartung begründenden Umstände voraus. Der Käufer kann nicht etwas erwarten, wenn er die für die Erwartung im Sinne einer bestimmten Sachbeschaffenheit erforderlichen Beschreibungen nicht kennt. Mit anderen Worten: Was man nicht kennt, kann man auch nicht erwarten.

Für diese Ansicht lässt sich anführen, dass es im Rahmen des § 434 Abs.1 Satz 3 BGB oftmals nicht auf die Erwartungshaltung des konkreten Käufers ankommt. § 434 Abs. 1 Satz 3 BGB stellt, da die öffentliche Äußerung insoweit keinen rein individuellen sondern vielmehr massenhaften Einfluss ausübt, von seiner Konzeption her auf typisierte Umstände ab. Es kommt – wie an späterer Stelle aufgezeigt wird – insoweit auf einen durchschnittlichen Käufer an.[344] In praktischer Hinsicht ist die Relevanz dieser Sichtweise gering, da im Falle der fehlenden Kenntnis des Käufers von der Werbeaussage der Ausschlusstatbestand der fehlenden Beeinflussungsmöglichkeit gemäß § 434 Abs. 1 Satz 3, 2. HS, 3. Alt. BGB in Betracht kommt.

Das Beispiel zeigt darüber hinaus, dass es auch im Rahmen von § 434 Abs. 1 Satz 3 BGB wie im Falle des § 434 Abs. 1 Satz 2 Nr. 2 BGB nur auf den Zeitpunkt des Vertragsabschlusses ankommen kann. Dies ergibt bereits ein systematischer Vergleich zu § 434 Abs. 1 Satz 2 Nr. 2 BGB. Im Rahmen von § 434 Abs. 1 Satz 2 Nr. 2 BGB kommt es nach unbestrittener Ansicht ausschließlich darauf an, welche Beschaffenheit im Zeitpunkt des Vertragsschlusses vereinbart war beziehungsweise erwartet werden konnte. Die allgemeine vertragliche Risikoverteilung innerhalb eines vertraglichen Austauschverhältnisses verbietet es, Umstände, die zeitlich nach dem Vertragsabschluss liegen, in die vertraglich geschuldete Sollbeschaffenheit mit einzubeziehen. Diesbezügliche Umstände können allen-

343 Haas/Medicus/Rolland/Schäfer/Wendtland, Das neue Schuldrecht, 5, Rdnr. 115, S. 193; Wenzel, Kaufrechtliche Probleme in der Unternehmenspraxis und Lösungsvorschläge, DB 2003, 1887, 1889.

344 Hierzu unten, insbesondere im Fall der berechtigten Erwartungen.

falls unter dem Gesichtspunkt der Störung der Geschäftsgrundlage gemäß § 313 Abs. 1 BGB Berücksichtigung finden. Daran ändert auch der Umstand nichts, dass es gemäß § 434 Abs. 1 Satz 1 BGB auf den Zeitpunkt des Gefahrübergangs ankommt. Dieser Zeitpunkt ist nämlich nur für die Frage relevant, ob die Sache frei von Sachmängeln ist, weil sie zum Zeitpunkt des Gefahrüberganges die vereinbarte Beschaffenheit hat. § 434 Abs. 1 Satz 3 BGB bestimmt aber gerade nicht, wann eine Sache frei von Mängeln ist, sondern nur, wann die durch öffentliche Äußerungen geweckten Erwartungen des Käufers subsidiär die vertraglich geschuldete Beschaffenheit festlegen. In Betracht kommen deshalb nur Äußerungen vor Vertragsschluss, da es für die Festlegung der Beschaffenheit nach § 434 Abs. 1 Satz 2 Nr. 2 BGB auf den Zeitpunkt des Vertragsschlusses ankommt.[345]

Im Ergebnis bleibt daher festzuhalten, dass im Rahmen des § 434 Abs. 1 Satz 3 BGB erforderlich ist, dass der konkrete Käufer vor Abschluss des Kaufvertrages von der einschlägigen öffentlichen Äußerung Kenntnis erlangt haben muss, damit ein Sachmangel überhaupt vorliegen kann. Hiervon zu unterscheiden ist, ob es für die Frage, welche Eigenschaften der Käufer aufgrund des Äußerungstatbestandes erwarten kann, auf die Erwartungshaltung des konkreten oder auf diejenige eines durchschnittlichen Käufers ankommt.[346]

VIII. Die Anwendbarkeit der Vorschriften über Willenserklärungen

Fraglich ist insbesondere die Rechtsnatur der Äußerung im Sinne des § 434 Abs. 1 Satz 3 BGB im Hinblick darauf, ob auf diese die Vorschriften des BGB betreffend die Willenserklärung Anwendung finden. Ist dies zu bejahen, stellt sich sodann die Frage, welche Auswirkungen dies auf die Erklärungshandlungen im Sinne des § 434 Abs. 1 Satz 3 BGB hat.

1. Die Rechtsnatur der Äußerung

a) Die Äußerung als Willenserklärung?

aa) Ausdrückliche oder konkludente Willenserklärung?

Fraglich ist zunächst, ob die öffentliche Äußerung im Sinne des § 434 Abs. 1 Satz 3 BGB eine Willenserklärung im Sinne des bürgerlichen Rechts darstellt. Nach der bekannten (finalen) Definition innerhalb der Motive zum BGB ist ein

345 Faust, in: Bamberger/Roth, BGB, § 434, Rdnr. 80.
346 Hierzu unten.

Rechtsgeschäft (die Motive setzten Rechtsgeschäft und Willenserklärung gleich) „eine Privatwillenserklärung, gerichtet auf die Hervorbringung eines rechtlichen Erfolges, der nach der Rechtsordnung deswegen eintritt, weil er gewollt ist".[347] Nach einem normativen, vom Empfängerhorizont ausgehenden Verständnis liegt eine (jedenfalls vorläufig wirksame) Willenserklärung in jedem Verhalten einer Person, welches nach der Erfahrung des Verkehrs unter Würdigung aller Umstände des konkreten Falles regelmäßig den Schluss auf einen bestimmten, auf einen Rechtserfolg gerichteten Willen gestattet, ohne Rücksicht darauf, ob dieser Schluss im einzelnen Fall zutrifft oder nicht.[348] Gemeinsam ist beiden Ansätzen demnach, dass der zugrundeliegende erkennbare Wille der entscheidende Umstand für die Herbeiführung des rechtlichen Erfolges ist. Im Falle des finalen Verständnisses wird der rechtliche Erfolg herbeigeführt, weil er gewollt ist. Nach normativem Verständnis wird der rechtliche Erfolg deshalb herbeigeführt, weil vom Empfängerhorizont auf einen solchen Willen geschlossen werden durfte. Die Qualifizierung der öffentlichen Äußerung im Sinne des § 434 Abs. 1 Satz 3 BGB würde demnach voraussetzen, dass der rechtliche Erfolg, also die Verursachung einer Rechtsfolge von demjenigen, der die Äußerung publiziert, gewollt ist. Als rechtlicher Erfolg käme hier in Betracht, dass nach erfolgter Äußerung deren beschreibender Inhalt zu der geschuldeten Beschaffenheit im Sinne des § 434 Abs. 1 Satz 2 Nr. 2 BGB gehört. Ließe sich diese Einordnung hinsichtlich der Herbeiführung einer Rechtsfolge eventuell noch vertreten, so wäre meines Erachtens eine Sichtweise, die diesen rechtlichen Erfolg als privatautonom gewollt ansähe, äußerst problematisch. Zwar mag zutreffend sein, dass aus Sicht des Verkäufers die öffentliche Äußerung oder Werbeaussage im Hinblick auf ihre absatzfördernde Wirkung gewollt ist. Der rechtliche Erfolg hingegen, nämlich die Einbeziehung des Äußerungsinhaltes in die geschuldete Beschaffenheit gemäß § 434 Abs. 1 Satz 2 Nr. 2 in Verbindung mit Satz 3 BGB ist vom Verkäufer oder anderen äußernden Personen im Hinblick auf die damit verbundenen Rechtsfolgen in der Regel nicht gewollt. Anders als im Falle der vertraglichen Garantievereinbarung, die aus Gründen des „Einstehenwollens" vereinbart wird, liegt der gesetzlichen Gewährleistungspflicht ein entsprechender Wille gerade nicht zugrunde. Die gesetzliche Gewährleistung greift nicht ein, weil sie privatautonom gewollt, sondern weil sie gesetzlich angeordnet ist. Auch die gemäß § 434 Abs. 1 Satz 2 Nr. 2 in Verbindung mit Satz 3 BGB geschuldete Beschaffenheit beruht auf der gesetzlichen Anordnung des § 434 Abs. 1 Satz 3 BGB und nicht auf einer konsensualen Willensübereinstimmung im Sinne einer Parteienabrede. Sie ist insofern gerade nicht das Resultat eines diesbezüglichen Willens, wie es

347 Mot. I, S. 126.
348 MünchKomm-Kramer, BGB, 4. Auflage, Vor § 116, Rdnr. 18.

beispielsweise im Rahmen der subjektiven Beschaffenheitsvereinbarung im Sinne des § 434 Abs. 1 Satz 1 BGB der Fall ist. Darüber hinaus hätte die Qualifizierung der öffentlichen Äußerung im Sinne des § 434 Abs. 1 Satz 3 BGB als bürgerlichrechtliche Willenserklärung zur Folge, dass der Zugang dieser Äußerung an den Adressaten Wirksamkeitsvoraussetzung wäre, damit überhaupt ein rechtserheblicher Tatbestand vorliegt. Dies wiederum wäre mit dem Sinn und Zweck von § 434 Abs. 1 Satz 3 BGB vereinbar, die geäußerte Beschaffenheitsbeschreibung unabhängig vom Parteiwillen zu der geschuldeten Beschaffenheit zu zählen.

Zwar hat *Köndgen* überzeugend dargelegt, weshalb eine „Erklärung an die Marktöffentlichkeit" im Sinne einer Willenserklärung an die Allgemeinheit im Wirtschaftsalltag sinnvoll und auch vertragsdogmatisch vertretbar zu konstruieren ist.[349] Diese – aus Platzgründen nicht wiederzugebenden – Erwägungen können hier jedoch nicht angewendet werden. Denn im Falle des § 434 Abs. 1 Satz 3 BGB handelt es sich nicht um Äußerungen, die kraft der Wirkung einer Willenserklärung, sondern aufgrund gesetzlicher Anordnung in den Vertrag mit einbezogen werden. Ein anderes Verständnis wäre nur dann mit dem Wortlaut des Gesetzes zu vereinbaren, wenn der Gesetzgeber festgeschrieben hätte: „Zu der *vereinbarten* Beschaffenheit gehört auch der Inhalt von öffentlichen Äußerungen etc." oder „Als vertraglich vereinbart gilt auch diejenige Beschaffenheit, die der Käufer aufgrund öffentlicher Aussagen etc. ... erwarten kann." Von einer solchen Kodifizierung hat der Gesetzgeber jedoch abgesehen, indem er die Erwartungen des Käufers aufgrund öffentlicher Äußerungen nicht zur Definition der vertraglichen Beschaffenheitsvereinbarung gemäß § 434 Abs. 1 BGB, sondern bei der Bestimmung der (objektiven) Eignung zur gewöhnlichen Verwendung gemäß § 434 Abs. 1 Satz 2 Nr. 2 BGB für maßgeblich erklärt hat.

Demnach bleibt festzuhalten, dass die öffentliche Äußerung im Sinne des § 434 Abs. 1 Satz 3 BGB keine ausdrückliche Willenserklärung im Sinne des bürgerlichen Rechtes darstellt. Auch eine konkludente Willenserklärung kann in der Äußerung nicht gesehen werden. Denn die konkludente Willenserklärung setzt ebenso wie die ausdrückliche Willenserklärung einen tatsächlichen inneren Willen voraus.[350]

---

349 Köndgen, Selbstbindung ohne Vertrag, 1981, S. 284, 304 ff. und insbesondere S. 290: Es gebe „... im Grundsatz keinen Unterschied mehr zwischen Willenserklärungen an einen individuellen Empfänger und solchen an eine anonyme Öffentlichkeit...".

350 MünchKomm-Kramer, BGB, 4. Auflage, Vor § 116, Rdnr. 23.

bb) Gesetzlich fingierte Willenserklärung?

Die öffentliche Äußerung im Sinne des § 434 Abs. 1 Satz 3 BGB könnte jedoch als ein Fall der gesetzlich fingierten Willenserklärung angesehen werden. Gesetzlich fingierte Willenserklärungen liegen dann vor, wenn das Gesetz an gewisse Tatbestände Erklärungswirkungen anknüpft, indem etwa formuliert wird, eine Willenserklärung gelte unter bestimmten Voraussetzungen „als abgegeben“.[351] Ein Beispiel hierfür ist § 362 HGB. Im Interesse der Rechtssicherheit wird bei Vorliegen typischer Situationen eine Erklärungswirkung angenommen. In diesen Fällen ist jedoch zu berücksichtigen, dass in der Regel Anknüpfungspunkt der gesetzlichen Rechtsfolge ein – zwar fingierter – im Hintergrund jedoch zumindest ansatzweise vorhandener rechtsgeschäftlicher Wille desjenigen, dessen Erklärung fingiert wird, vorhanden ist.[352] Dies ist im Rahmen des § 434 Abs. 1 Satz 3 BGB jedoch gerade nicht der Fall. Darüber hinaus ist auch der Wortlaut des § 434 Abs. 1 Satz 3 BGB, in dem eine Formulierung wie „... gilt die Erklärung als abgegeben, wenn...“ nicht vorkommt, nicht geeignet, die öffentliche Äußerung als Fall der gesetzlich fingierten Willenserklärung zu qualifizieren.

b) Die Äußerung als sonstiger rechtserheblicher Tatbestand/ Rechtshandlung?

Öffentliche Äußerungen im Sinne des § 434 Abs. 1 Satz 3 BGB könnten jedoch einen sonstigen rechtserheblichen Tatbestand darstellen. Man unterscheidet dabei zwischen dem Realakt und der rechtsgeschäftsähnlichen Handlung.

aa) Realakt

(1) Reiner Realakt

Unter einem Realakt versteht man alle Handlungen ohne finale Bezogenheit auf den rechtlich relevanten Erfolg. Sie sind auf einen tatsächlichen Erfolg gerichtete Willensbetätigungen, die kraft Gesetzes eine Rechtsfolge hervorbringen.[353] Im Falle eines Realaktes ist weniger ein Willensmoment als vielmehr ein tatsächlicher Zustand oder eine tatsächliche Handlung Anknüpfungspunkt der Rechtsfolge (z.B. Verbindung, Vermischung, Verarbeitung, der Besitzerwerb, die Besitz-

351 MünchKomm-Kramer, BGB, 4. Auflage, Vor § 116, Rdnr. 30.
352 MünchKomm-Kramer, BGB, 4. Auflage, Vor § 116, Rdnr. 32.
353 Palandt/Heinrichs, BGB, 62. Auflage., Überbl v § 104, Rdnr. 9, m.w.N.

aufgabe etc.). Dem gemäß kommt es hier auf den Willen des Handelnden nicht an, die Rechtsfolge tritt kraft Gesetzes ein.[354]

Meiner Meinung nach kann in der Äußerung im Sinne des § 434 Abs. 1 Satz 3 BGB kein Realakt gesehen werden. Zum einen ist die Äußerung kein rein tatsächlicher Zustand beziehungsweise keine rein tatsächliche Handlung. Rein tatsächliche Handlungen sind dadurch gekennzeichnet, dass ihnen kein Erklärungswert innewohnt[355] und sie sich auf den tatsächlichen Bereich beziehen. So liegt beispielsweise dem Besitzerwerb oder der Verarbeitung in aller Regel kein rechtsgeschäftlicher Wille zugrunde. Vielmehr erschöpfen sich der Sinngehalt und die wesentliche Wirkung solcher Realakte in der Veränderung tatsächlicher Umstände. An diese geänderten Umstände können und werden sich zwar oftmals auch gewisse rechtliche Folgen anschließen, herbeigeführt werden diese jedoch regelmäßig durch eine Veränderung der tatsächlichen Umstände und Gegebenheiten. Darüber hinaus ist meines Erachtens in der Äußerung im Sinne des § 434 Abs. 1 Satz 3 BGB das Willenselement nicht gänzlich ausgeschlossen. Denn der Verkäufer tätigt seine öffentlichen Äußerungen mit der Absicht, einen Kaufanreiz dadurch zu erwecken, dass bestimmte Erwartungen an die Beschaffenheit der Kaufsache zumindest suggeriert werden.

(2) „Realakt mit Verselbstständigung des Willensmomentes“

Ein „Realakt mit Verselbstständigung des Willensmomentes“ liegt vor, wenn innerhalb eines Realaktes ein von diesem abgrenzbares Willensmoment enthalten ist (beispielsweise die willentliche Begründung oder Aufhebung des Wohnsitzes gemäß §§ 7, 8 BGB, die Bestimmung einer Sache zum Zubehör gemäß § 97 BGB, Geschäftsführung ohne Auftrag gemäß §§ 677, 682 BGB etc.). Das Willensmoment geht nicht im Realakt auf, sondern ist diesem gegenüber verselbstständigt.[356] Da der Äußerungstatbestand des § 434 Abs. 1 Satz 3 BGB jedoch – wie dargelegt – kein Realakt ist, kann er auch nicht unter die Figur des „Realaktes mit Verselbstständigung des Willensmomentes“ subsumiert werden.

bb) Rechtsgeschäftsähnliche Handlung?

Unter einer rechtsgeschäftsähnlichen Handlung versteht man solche Handlungen, die nicht final auf die Herbeiführung eines rechtsgeschäftlichen Erfolges, sondern auf einen tatsächlichen Erfolg gerichtet sind, die aber dennoch für die Rechtsver-

---

354 MünchKomm-Gitter, BGB, 2. Auflage, Vor § 104, Rdnr. 72.
355 Palandt/Heinrichs, BGB, 62. Auflage, Überbl v § 104, Rdnr. 9.
356 MünchKomm-Kramer, BGB, 4. Auflage, Vor § 116, Rdnr. 34.

hältnisse des Erklärenden von Bedeutung sind.[357] Die Rechtsfolgen der rechtsgeschäftsähnlichen Handlung ergeben sich aus dem Gesetz. Sie unterscheiden sich von der Willenserklärung dadurch, dass diese final den rechtsgeschäftlichen Erfolg beabsichtigt, die rechtsgeschäftsähnliche Handlung jedoch final auf die Herbeiführung eines tatsächlichen Erfolges gerichtet ist, dessen unmittelbare Rechtsfolgen sich wiederum aus dem Gesetz ergeben.[358] Von den Realakten unterscheiden sich die rechtsgeschäftsähnlichen Handlungen dadurch, dass erstere keine Erklärungen sind.[359] Beispiele hierfür sind die Mahnung, die Fristsetzung, die Aufforderung zur Genehmigung gemäß §§ 108 Abs. 2, 177 Abs. 2 BGB etc.[360]

Meines Erachtens stellt die öffentliche Äußerung im Sinne des § 434 Abs. 1 Satz 3 BGB eine rechtsgeschäftsähnliche Handlung dar. Die öffentliche Äußerung ist nicht final auf die Herbeiführung eines rechtsgeschäftlichen Erfolges gerichtet. Sinn und Zweck von Werbe- und Marketingmaßnahmen liegen darin, absatzfördernde Wirkung im weitesten Sinne zu erzielen. Wie bereits dargelegt, kann dem öffentlich Äußernden beziehungsweise Werbenden nicht generell der Wille unterstellt werden, durch seine Publikationen Art und Umfang der geschuldeten Sollbeschaffenheit im Wege des Rechtsgeschäftes zu definieren (ansonsten wäre die Einführung von § 434 Abs. 1 Satz 3 BGB überflüssig gewesen).

Eine Werbeaussage ist immer nur dann auf die unmittelbare Herbeiführung eines rechtsgeschäftlichen Erfolges gerichtet, wenn sie im Rahmen von (individuellen) Vertragsabsprachen die vertragliche Sollbeschaffenheit festlegen soll. Dann sind jedoch regelmäßig die Voraussetzungen des § 434 Abs. 1 Satz 1 BGB erfüllt. Hierzu ist die Beschaffenheitsfestlegung des § 434 Abs. 1 Satz 3 BGB aber lediglich subsidiär.

Final ist die öffentliche Äußerung in der Regel auf Steigerung des Bekanntheitsgrades eines Produktes zum Zwecke der Absatzförderung gerichtet. Dies sind Umstände, die im wirtschaftlichen Bereich und somit schwerpunktmäßig mehr im tatsächlichen als im rechtlichen Bereich liegen.

Die Rechtsfolgen der öffentlichen Äußerungen ergeben sich auch nicht aus einer finalen rechtsgeschäftlichen Erfolgsausrichtung. Es ist der äußernden Person gerade nicht der Wille zu unterstellen, durch die öffentliche Äußerung den Umfang der vertraglich geschuldeten Sollbeschaffenheit zu definieren. Hier darf nicht verkannt werden, dass der Regelungsgehalt von § 434 Abs. 1 Satz 3 BGB nicht darauf abzielt, den Inhalt öffentlicher Äußerungen zu der vertraglich vereinbarten Beschaffenheit zu zählen. Vielmehr bestimmt § 434 Abs. 1 Satz 3 BGB

357 MünchKomm-Gitter, BGB, 2. Auflage, Vor § 104, Rdnr. 78.

358 Palandt/Heinrichs, BGB, 62. Auflage, Überbl v § 104, Rdnr. 6.

359 Palandt/Heinrichs, BGB, 62. Auflage, Überbl v § 104, Rdnr. 9.

360 Soergel-Hefermehl, BGB, Vor § 104, Rdnr. 20; MünchKomm-Gitter, BGB, 2. Auflage, Vor § 104, Rdnr. 78.

in Verbindung mit § 434 Abs. 1 Satz 2 Nr. 2 BGB, dass der Inhalt der öffentlichen Äußerungen die Eignung zur gewöhnlichen Verwendung und die übliche und erwartungsgemäße Beschaffenheit der Kaufsache definiert. Somit ergeben sich die durch die Handlung verursachten Rechtsfolgen aus der gesetzlichen Regelung des § 434 Abs. 1 Satz 3 BGB. Es liegt folglich eine rechtsgeschäftsähnliche Handlung vor.

c) Zwischenergebnis und Konsequenz

Auf die Mehrzahl der geschäftsähnlichen Handlungen sind die Vorschriften über Willenserklärungen entsprechend anzuwenden. Dabei ist allerdings eine schematische Beurteilung zu vermeiden. Bei jedem Handlungstyp ist seiner Eigenart und der typischen Interessenlage Rechnung zu tragen.[361] Somit ist auch im Rahmen des § 434 Abs. 1 Satz 3 BGB im Einzelfall zu prüfen, inwieweit Vorschriften über Willenserklärungen entsprechende Anwendung finden.

2. Der Zugang der öffentlichen Äußerung

Wie bereits dargelegt wurde, ist für einen Anspruch aus § 434 Abs. 1 Satz 3 BGB zwingende Voraussetzung, dass der konkrete Käufer Kenntnis von der jeweiligen öffentlichen Äußerung erlangt hat. Dies ergibt sich insbesondere aus systematischen Erwägungen.

Fraglich ist jedoch, ob sich das Erfordernis der Kenntnisnahme der Äußerung auch aus einem anderen Gesichtspunkt ergibt. Denn es stellt sich insoweit die Frage, ob ein Zugang der öffentlichen Äußerung ähnlich dem Fall der empfangsbedürftigen Willenserklärung analog § 130 Abs. 1 BGB erforderlich ist. *Köndgen* hat hierzu bereits im Jahre 1981 überzeugend ausgeführt: „Daß es im Grundsatz keinen Unterschied mehr zwischen Willenserklärungen an einen individuellen Empfänger und solchen an eine anonyme Öffentlichkeit geben kann, heißt nicht verkennen, daß einige Regeln des BGB über Willenserklärungen auf die Offerte an das Publikum nicht passen. Das gilt insbesondere für den Zugang der Erklärung als Voraussetzung für deren Wirksamwerden. Offerten an die Öffentlichkeit sind nach der Systematik des Gesetzes Willenserklärungen unter Abwesenden. Da sie aber nicht an individuelle Adressaten gerichtet sind, kann es nicht darauf ankommen, ob, nach der bekannten Lehrformel, die Erklärung in die tatsächliche Verfügungsgewalt einer individuellen Person gelangt ist. Offerten an das Publikum erwachsen in bindende Wirkung (§ 145 BGB) mit ihrer Veröffent-

---

361 BGH NJW 2001, 289, 290; Palandt/Heinrichs, BGB, 65. Auflage, Überbl v § 104, Rdnr. 7.

lichung. Das Angebot durch Zeitungsinserat wird verbindlich im Moment der Erscheinens der Zeitung, und nicht erst, wenn ein Exemplar des Blatts im Briefkasten des Abonnenten landet. Es bindet auch gegenüber solchen Personen, die indirekt (zum Beispiel durch Mund-zu-Mund-Propaganda) Kenntnis von dem Inserat erhalten, und zwar ohne daß es auf die Vertretungs- oder Botenmacht des Überbringers ankäme."[362]

Zwar handelt es sich nach der hier vertretenen Auffassung bei der öffentlichen Äußerung einem abstrakten Publikum gegenüber entgegen der Ansicht von *Köndgen* nicht um eine Willenserklärung im eigentlichen Sinne. Dennoch sind die aufgeführten Erwägungen auch auf die öffentliche Äußerung im Sinne des § 434 Abs. 1 Satz 3 BGB zu übertragen. Nach der Systematik des § 434 Abs. 1 Satz 3 BGB sind die dort genannten Äußerungstatbestände als Erklärungen gegenüber einem abstrakten Adressatenkreis zu verstehen. Auch hier gibt es keinen individuellen Adressaten. Insofern kann es auch begrifflich nicht darauf ankommen, dass der jeweilige Äußerungstatbestand tatsächlich in die Verfügungsgewalt des konkreten Käufers gelangt, diesem also zugeht. Zwar wird regelmäßig bei tatsächlicher Kenntnisnahme der Äußerung auch Zugang im Sinne des § 130 Abs. 1 BGB gegeben sein. Jedoch ist dieser Zugang alleine nicht nur nicht erforderlich, sondern auch nicht ausreichend, da – wie bereits dargelegt wurde – die tatsächliche Kenntnisnahme als ein Mehr im Vergleich zum Zugang erforderlich ist.

Festzuhalten bleibt somit, dass – obwohl ein Anspruch aus § 434 Abs. 1 Satz 3 BGB aufgrund systematischer Erwägungen die Kenntnis der konkreten Äußerung durch den jeweiligen Käufer voraussetzt – kein Zugang der öffentlichen Äußerung im Sinne des § 130 Abs. 1 BGB erforderlich ist.

3. Der Widerruf der öffentlichen Äußerung

Problematisch ist die Möglichkeit eines Widerrufes der öffentlichen Äußerung. Gemäß § 130 Abs. 1 Satz 2 BGB sind empfangsbedürftige Willenserklärungen bis zu ihrem Zugang frei widerruflich. Fraglich ist demnach, ob die öffentliche Äußerung als rechtsgeschäftsähnliche Handlung insofern einer empfangsbedürftigen Willenserklärung vergleichbar ist. *Köndgen* hat hierzu bereits im Jahre 1981 angemerkt: „An den Zugang der Erklärung koppelt das BGB deren Widerruflichkeit. Wenn Offerten an das Publikum einen Zugang im technischen Sinne nicht kennen, dann ist die Kehrseite dieser Anomalie, daß sie gegenüber jedermann, der nicht bereits akzeptiert hat, frei widerruflich sind. Der Widerruf wird

362 Köndgen, Selbstbindung ohne Vertrag, 1981, S. 290.

zweckmäßigerweise, wie die revozierte Erklärung selbst, an das Publikum adressiert sein."[363]

Auch dieser Ansatz ist meines Erachtens auf die bürgerlichrechtliche Informationshaftung übertragbar. Mangels Bindungswirkung an die öffentliche Äußerung – diese tritt in diesem Sinne erst mit Abschluss eines konkreten Kaufvertrages ein – muss für den Verkäufer auch hier die Möglichkeit zum freien Widerruf bestehen. Erst durch den Abschluss des Kaufvertrages tritt ein „Akzeptieren" der Äußerung im Sinne von *Köndgen* und somit eine Bindungswirkung ein. Darüber hinaus – und dies ist ein entscheidendes weiteres Argument – geht das Gesetz selbst von der freien Widerruflichkeit der Äußerung aus, indem der Verkäufer die Möglichkeit hat, die unrichtige Äußerung gemäß § 434 Abs. 1 Satz 3, 2. HS, 2. Alt. BGB (bis zum Zeitpunkt des Vertragsschlusses) in gleichwertiger Weise zu berichtigen. Insofern ist die Möglichkeit zum „Widerruf" innerhalb von § 434 Abs. 1 Satz 3 BGB dadurch limitiert, als dass er in gleichwertiger Weise (also wie die ursprüngliche Äußerung) erfolgen muss.

4. Die Geschäftsfähigkeit des Äußernden

Im Falle der Geschäftsunfähigkeit der äußernden Person kommt eine entsprechende Anwendung der §§ 104 ff. BGB in Betracht.

Beispiel: Im Zustand der Geschäftsunfähigkeit gemäß § 104 Nr. 2 BGB äußert sich der Verkäufer V öffentlich über die zu verkaufende Sache. Käufer K, der von der Geschäftsunfähigkeit des V keine Kenntnis hatte, macht Gewährleistungsansprüche geltend, als er erkennt, dass die in den öffentlichen Äußerungen beinhalteten Sachbeschreibungen des V nicht zutreffen.

Nach meiner Ansicht lassen sich durch eine entsprechende Anwendung der §§ 104 ff. BGB in der Regel interessengerechte Ergebnisse erzielen. Im obigen Beispiel sind die öffentlichen Äußerungen des V in entsprechender Anwendung von § 105 Abs. 1 BGB unbeachtlich. K könnte demnach keine Gewährleistung verlangen. Die entsprechende Anwendung der §§ 104 ff. BGB rechtfertigt sich aus der vergleichbaren Interessenlage. Sinn und Zweck der §§ 104 ff. BGB ist der Schutz des unerkannt Geschäftsunfähigen oder des Minderjährigen, der den Eindruck der Volljährigkeit erweckt. Zwar sind die geschäftsunfähig Handelnden eine Gefahr für den Rechtsverkehr. Diese muss aber hingenommen werden, da der Schutz der Geschäftsunfähigen beziehungsweise beschränkt Geschäftsfähigen den Vorrang vor den Belangen der Geschäftspartner verdient.[364] Meines Erach-

---

363 Köndgen, Selbstbindung ohne Vertrag, 1981, S. 290.
364 Palandt/Heinrichs, BGB, 65. Auflage, Einf v § 104, Rdnr. 3, m.w.N.

tens kann im Falle der öffentlichen Äußerung im Sinne des § 434 Abs. 1 Satz 3 BGB nichts anderes gelten. Wie oben dargelegt wurde, handelt es sich bei der öffentlichen Äußerung im Sinne des § 434 Abs. 1 Satz 3 BGB um eine rechtsgeschäftsähnliche Handlung. Auf rechtsgeschäftsähnliche Handlungen sind unter Berücksichtigung der jeweiligen Eigenart und der typischen Interessenlage die Vorschriften über Willenserklärungen[365] und somit auch die §§ 104 ff. BGB[366] entsprechend anzuwenden. Die sich im Zustand der Geschäftsunfähigkeit im Rahmen des § 434 Abs. 1 Satz 3 BGB öffentlich äußernde Person ist nicht weniger schutzbedürftig als diejenige Person, welche im Rahmen der Geschäftsunfähigkeit eine Willenserklärung abgibt. Zwar stellen entsprechende öffentliche Äußerungen ebenso wie Willenserklärungen im direkten Anwendungsbereich der §§ 104 ff. BGB eine nicht unerhebliche Gefahr für den Rechtsverkehr dar. Doch auch hier hat letztendlich der Schutz des Geschäftsunfähigen meines Erachtens Vorrang. Festzuhalten bleibt demnach, dass bei Vorliegen der Voraussetzungen der Geschäftsunfähigkeit auf Seiten der äußernden Person die Rechtsfolgen der §§ 104 ff. BGB entsprechende Anwendung finden.

5. Die Auslegung einer öffentlichen Äußerung

Des Weiteren stellt sich die Frage, wie eine öffentliche Äußerung auszulegen ist, deren Erklärungsinhalt nicht eindeutig ist. In Betracht kommt eine Auslegung der öffentlichen Äußerung analog §§ 133, 157 BGB.[367] Auch insoweit ist die öffentliche Äußerung als rechtsgeschäftsähnliche Handlung der Willenserklärung vergleichbar. Zwar wird durch die öffentliche Äußerung im Sinne des § 434 Abs. 1 Satz 3 BGB nichts derart rechtlich Erhebliches erklärt, als dass die Äußerung selbst zum Vertragsabschluss führt. Der Inhalt der Erklärung ist jedoch insoweit rechtlich relevant, als sie die vertraglich geschuldete Beschaffenheit festlegt. Wie jedoch der Inhalt der Äußerung zu verstehen beziehungsweise bei Unklarheiten auszulegen ist, ist nach den gleichen Grundsätzen wie die Auslegung von Willenserklärungen zu beurteilen. Die für Willenserklärungen geltenden Auslegungsgrundsätze sind daher entsprechend anzuwenden.

Zu beachten ist aber, dass sich dies nicht darauf auswirken darf, welche Erwartungen der Käufer aufgrund der öffentlichen Äußerung an die Beschaffenheit der Kaufsache haben kann. Ob die Erwartungen des Käufers auch tatsächlich „berechtigt" im Sinne der kaufrechtlichen Sachmangelsystematik waren, richtet

---

365 Vgl.: BGH NJW 2001, 289, 290; Palandt/Heinrichs, BGB, 65. Auflage, Überbl v § 104, Rdnr. 7.

366 Palandt/Heinrichs, BGB, 65. Auflage, Einf v § 104, Rdnr. 7.

367 Zum Verhältnis von § 133 BGB zu § 157 BGB vgl.: Palandt/Heinrichs, BGB, 65. Auflage, § 133, Rdnr. 1, m.w.N.

sich alleine nach § 434 Abs. 1 Satz 3 BGB, und ist einer Auslegung nach den §§ 133, 157 BGB gerade nicht zugänglich.

6. Die Nichtigkeitsgründe gemäß §§ 134, 138 BGB

Fraglich erscheint weiterhin, ob die Nichtigkeitsgründe der §§ 134, 138 Abs. 1 BGB auf öffentliche Äußerungen im Sinne des § 434 Abs. 1 Satz 3 BGB anzuwenden sind. Von ihrem Wortlaut her finden die Nichtigkeitsanordnungen der beiden Vorschriften direkte Anwendung lediglich auf Rechtsgeschäfte, weshalb sich vorliegend die Frage nach einer entsprechenden Anwendbarkeit unter dem Gesichtspunkt der rechtsgeschäftsähnlichen Handlung stellt.

a) Verstoß gegen ein gesetzliches Verbot

Gemäß § 134 BGB ist ein Rechtsgeschäft, das gegen eine gesetzliches Verbot verstößt, nichtig, wenn sich nicht aus dem Gesetz ein anderes ergibt. § 134 BGB ist eine gesetzliche Schranke der Privatautonomie[368] und verbietet im Interesse der Einheitlichkeit der Rechtsordnung die Vornahme beziehungsweise den Abschluss von Rechtsgeschäften, die der Betroffene zwar vornehmen kann, aber nicht vornehmen darf.[369] Entweder die Vornahme selbst oder der Inhalt des Rechtsgeschäftes muss gegen ein gesetzliches Verbot verstoßen.[370]

Beispiel: Der Waffenhändler W bewirbt ein von ihm hergestelltes Sportgewehr als Vollautomaten im Sinne des WaffG. Tatsächlich handelt es sich jedoch nicht um eine vollautomatische Selbstladewaffe, sondern um einen Halbautomaten. Käufer K ist enttäuscht, als er die fehlende Vollautomatikfunktion der Waffe erkennt, und verlangt Gewährleistung mit der Begründung einer nicht vorliegenden Sacheigenschaft, welche der Verkäufer öffentlich geäußert habe.

Gemäß § 2 Abs. 2 WaffG in Verbindung mit Anlage 2 Abschnitt Nr. 1.2.1 ist jeglicher Umgang mit vollautomatischen Waffen verboten. Gemäß § 51 Abs. 1 WaffG in Verbindung mit Anlage 2 Abschnitt Nr. 1.2.1 ist der Erwerb, der Besitz, das Überlassen, das Führen, das Verbringen, die Herstellung, die Bearbei-

---

368 Vgl. hierzu: Palandt/Heinrichs, BGB, 65. Auflage, § 134, Rdnr. 1, m.w.N.

369 MünchKomm-Mayer-Marly/Armbrüster, BGB, 4. Auflage, § 134, Rdnr. 1, m.w.N.; Palandt/Heinrichs, BGB, 65. Auflage, § 134, Rdnr. 5, m.w.N.

370 Palandt/Heinrichs, BGB, 65. Auflage, § 134, Rdnr. 5, m.w.N.; Lehmann, Vertragsanbahnung durch Werbung, 1981, S. 146, m.w.N.; vgl. Protokolle 1, 123: „Es sei erforderlich, zum Ausdruck zu bringen, dass auch solche Rechtsgeschäfte von der Folge der Nichtigkeit betroffen würden, bei welchen sich das Verbot dem Wortlaut nach nicht gegen die Vornahme, sondern gegen den Inhalt des Rechtsgeschäftes richte."

tung, die Instandsetzung und der Handel mit einer solchen Schusswaffe als Verbrechen strafbar.

Nach der Rechtsprechung des BGH liegt ein beiderseitiges Verbotsgesetz vor, wenn sich das Verbot der Vornahme des Rechtsgeschäftes an beide Seiten des Vertrages richtet. Dies ist insbesondere dann der Fall, wenn die Handlung für beide Parteien mit Strafe verbunden ist.[371] Im Beispielsfall ist die Besitzübertragung an einer vollautomatischen Waffe zur Erfüllung der zugrundeliegenden kaufvertraglichen Verpflichtung für den Verkäufer als Überlassen und für den Käufer als Erwerb über die tatsächliche Sachherrschaft mit Strafe bewehrt.

Meines Erachtens liegt in obigem Beispiel daher kein Sachmangel vor. Denn die öffentliche Äußerung des Verkäufers hinsichtlich der Vollautomateneigenschaft des beworbenen Gewehres ist in entsprechender Anwendung von § 134 BGB unbeachtlich und daher nicht geeignet, die vertraglich geschuldete Sachbeschaffenheit zu konkretisieren. Eine entsprechende vertragliche Vereinbarung zwischen Käufer und Verkäufer wäre in direkter Anwendung von § 134 BGB nichtig. Gleiches muss für die durch eine öffentliche Äußerung im Sinne des § 434 Abs. 1 Satz 3 BGB konkretisierte kaufvertraglich geschuldete Sachbeschaffenheit gelten. Die Interessenlage ist soweit vergleichbar: Die Rechtsordnung gestattet den Abschluss oder den Vollzug solcher durch Parteivereinbarung gestalteten Rechtsgeschäfte nicht, die gegen ein gesetzliches Verbot verstoßen. Die Rechtsordnung kann jedoch den Vollzug verbotener Rechtsgeschäfte nicht lediglich deshalb gestatten, weil diese nicht auf einer rechtsgeschäftlichen Grundlage basieren, sondern vielmehr auf einer öffentlichen Äußerung, welche nach der gesetzlichen Konzeption des Kaufgewährleistungsrechtes die geschuldete Beschaffenheit festlegt. Gewährleistungsansprüche des Käufers scheiden daher im Beispiel aus.

In der Praxis wird sich oftmals die Frage stellen, ob ein Verstoß gegen § 5 UWG n.F. (§ 3 UWG a.F.) in Verbindung mit § 134 BGB Nichtigkeit zur Folge haben wird. Dies erscheint insoweit relevant, als der Verstoß gegen das Wettbewerbsrecht i.V.m. § 134 BGB nach der hier vertretenen Ansicht unter Umständen die Unbeachtlichkeit der öffentlichen Äußerungen zur Bestimmung der kaufvertraglich geschuldeten Sachbeschaffenheit zur Folge hätte. Dies ist jedoch unter Zugrundelegung der Rechtsprechung des BGH unproblematisch, da dieser davon ausgeht, dass der Verstoß gegen wettbewerbsrechtliche Vorschriften i.d.R. keinen Verstoß gegen ein Verbotsgesetz darstellt, da der Verstoß nur die Art des Zustandekommens, nicht aber den Inhalt des Rechtsgeschäftes selbst betrifft.[372]

---

371 BGHZ 37, 356; BGHZ 53, 157.
372 BGHZ 110, 156, 175.

b) Verstoß gegen die guten Sitten

Gemäß § 138 Abs. 1 BGB ist ein Rechtsgeschäft nichtig, welches gegen die guten Sitten verstößt. Im Rahmen der Sittenwidrigkeit gemäß § 138 Abs. 1 BGB wird in der Regel nicht die Sittenwidrigkeit des Zustandekommens des Rechtsgeschäftes, sondern dessen Inhalt als rechtlich unzulässige Regelung zwischen den Vertragsparteien sanktioniert.[373]

Beispiel: Der Hersteller eines pharmazeutischen Produktes wirbt damit, dass das von ihm hergestellte und verkaufte Präparat zu einer merklich ausgeglicheneren Gemütsverfassung, mehr Lebensfreude und einer im Durchschnitt gehobenen Laune führen würde. Nachdem Käufer K auch bei längerer Anwendung des Präparates keine Verbesserung seiner teilweise depressiven Verstimmungen feststellen kann, stellt sich im Rahmen eines Gutachtens heraus, dass das Präparat aus diesbezüglich völlig wirkungslosen Bestandteilen besteht.

Den Sittenverstoß in obigem Beispiel vorausgesetzt, gelten meines Erachtens an dieser Stelle die gleichen Erwägungen wie die oben zu § 134 BGB dargestellten. Auch im Falle der Sittenwidrigkeit kann die Rechtsordnung kein Interesse am Bestehen und somit am Erfüllungszwang einer schuldrechtlichen Verpflichtung haben, die lediglich deshalb wirksam sein soll, weil sich die gesetzliche Nichtigkeitsanordnung auf Rechtsgeschäfte bezieht, die konkrete Pflicht jedoch auf einer rechtsgeschäftsähnliche Handlung beruht.

c) Ergebnis

Meines Erachtens ist immer danach abzugrenzen, ob die durch eine öffentliche Äußerung im Sinne des § 434 Abs. 1 Satz 3 BGB beworbene Sacheigenschaft unter dem Gesichtspunkt der §§ 134, 138 Abs. 1 BGB wirksam auch durch eine entsprechende Parteivereinbarung zwischen Käufer und Verkäufer einbezogen werden könnte. Wird diese Frage verneint, wäre also eine entsprechende Vertragsabrede gemäß §§ 134, 138 Abs. 1 BGB unwirksam, so ist auch eine diesbezügliche öffentliche Äußerung in entsprechender Anwendung von §§ 134, 138 Abs. 1 BGB unbeachtlich. Auf sitten- beziehungsweise verbotswidrige öffentliche Äußerungen kann sich der Käufer nicht berufen, da diesbezügliche Erwartungen regelmäßig nicht schutzwürdig sind.

---

373 So schon: BGH DB 1952, 508.

7. *Die Anfechtung einer öffentlichen Äußerung*

Denkbar sind Fälle, in denen der Äußernde seine publizierte Äußerung anfechten möchte. Es besteht die Möglichkeit, dass der sich öffentlich Äußernde während der Äußerung über den Inhalt der Äußerung im Irrtum gewesen ist oder eine Äußerung dieses Inhaltes überhaupt nicht abgeben wollte.

Beispiel 1: Der Verkäufer V möchte im Rahmen einer öffentlichen Verkaufsveranstaltung die Eigenschaften eines neuen PKW beschreiben. Unter anderem erklärt er vor dem erschienenen Publikum im Hinblick auf den Scheibenwaschtank des PKW, dass dieser einen Inhalt von 5,5 Litern habe. Unmittelbar vor dieser Aussage hatte jedoch ein interessierter Veranstaltungsteilnehmer nach dem Kraftstoffverbrauch des PKW gefragt. Diese Frage hatte V nicht wahrgenommen. Für das Publikum stellt es sich infolgedessen so dar, als dass sich die Aussage „5,5 Liter“ als Antwort auf die Frage nach dem Kraftstoffverbrauch bezogen hat.

Beispiel 2: Wie Beispiel 1, jedoch möchte V hier zum Ausdruck bringen, dass der Kraftstoffverbrauch bei 8,7 Liter pro 100 km liegt. Er verspricht sich jedoch und gibt den Verbrauch stattdessen mit 6,7 Liter an.

Vorstellbar ist auch, dass der sich öffentlich Äußernde rechtswidrig durch arglistige Täuschung oder widerrechtlich durch Drohung zur Abgabe der Äußerung bestimmt worden ist.

Beispiel 3: Der Hersteller der Kaufsache H täuscht gegenüber dem Letztverkäufer L arglistig nicht vorhandene Sacheigenschaften vor. L bewirbt gegenüber seinen Endkunden diese nicht vorliegende Sacheigenschaft. Diese nehmen L sodann wegen unrichtiger öffentlicher Äußerungen auf Gewährleistung in Anspruch. L ist der Ansicht, ihm stehe ein Anfechtungsrecht gegenüber H gemäß § 123 Abs. 2 BGB zu.

In diesen Fällen stellt sich die Frage, ob der Äußernde die Erklärung in entsprechender Anwendung der §§ 119 ff. BGB anfechten kann. Die Möglichkeit ist meines Erachtens in analoger Anwendung der §§ 119 ff. BGB nicht von vornherein ausgeschlossen.

Es bestehen im Wesentlichen zwei Problemkreise. Zum einen geht es um die Frage, wer Anfechtungsgegner ist. Vom Ansatz her kommen zwei grundsätzliche Sichtweisen in Betracht. Man könnte zum einen daran denken, dass die Anfechtung – ebenso wie die zu beseitigende Äußerung selbst – gegenüber der Marktöffentlichkeit selbst als öffentliche Äußerung zu erfolgen hat. Demgegenüber könnte man auch in Erwägung ziehen, dass die Beseitigung der Wirkung der öffentlichen Äußerung entsprechend den §§ 119 ff. BGB gegenüber dem konkreten Vertragspartner zu erfolgen hat. Freilich sind die Wirkungen von Äußerungen jederzeit frei zu beseitigen, solange noch kein Vertrag im Hinblick auf die öffentlich beschriebene Kaufsache abgeschlossen worden ist. Denn wie der Ausschlusstatbestand des § 434 Abs. 1 Satz 3, 2. HS, 1. Alt. BGB zeigt, ist die Wirkung von öffentlichen Äußerungen jederzeit bis zum Zeitpunkt des Vertragsschlusses durch eine Berichtigung in gleichwertiger Weise zu beseitigen. Demgemäß können sämtliche öffentlichen Äußerungen außer Betracht bleiben, in deren Zusammenhang noch kein Vertragsabschluss erfolgt ist. Relevant ist vorliegend somit lediglich der Fall, dass nach erfolgter Äußerung ein entsprechender Vertrag abgeschlossen worden ist. Im Falle des bereits abgeschlossenen Vertrages ist jedoch eine Anfechtungserklärung gegenüber der Marktöffentlichkeit weder erforderlich noch möglich. Durch Abschluss des Vertrages unter Einbeziehung öffentlich beschriebener Sacheigenschaften ist die Geschäftsebene zwischen den Vertragsparteien gewissermaßen auf das Zweipersonenverhältnis projeziert worden. Demzufolge sind Gestaltungsrechte auch in diesem Zweipersonenverhältnis auszuüben. Dem entspricht, dass in dogmatischer Hinsicht die Regelung des § 434 Abs. 1 Satz 3 BGB auf abstrakter Ebene die vertraglichen Konsenselemente, welche die Parteien unter den Bedingungen des früheren Wirtschaftsverkehres im „face-to-face"-Kontakt geklärt und vereinbart hätten, als rechtserhebliche Erklärungen gegenüber einem nicht bestimmbaren Personenkreis einordnet. Wenn auch die Rechtserheblichkeit von Erklärungen gegenüber einem abstrakten Adressatenkreis – sprich der Marktöffentlichkeit – nicht verneint werden kann, so sind diese doch, wie die Existenz von § 434 Abs. 1 Satz 3 BGB zeigt, eher die Ausnahme und bedürfen der gesetzlichen Anordnung. Dies kann vorliegend jedoch nicht für die Beseitigung der Wirkung der öffentlichen Äußerung selbst gelten. Im Ergebnis ist daher festzuhalten, dass nach erfolgtem Vertragsschluss eine Beseitigung der Wirkung der öffentlichen Äußerung nur gegenüber dem konkreten Vertragspartner, also dem Käufer, erfolgen kann. Eine Anfechtung gegenüber der Allgemeinheit kann hier nicht in Betracht kommen. Die übrigen Voraussetzungen der Anfechtung, insbesondere die zeitlichen Elemente, sind freilich einzuhalten.

Zum anderen ist bei einer Anfechtung der öffentlichen Äußerung zu beachten, dass eine entsprechende Anwendung der §§ 119 ff. BGB nicht dazu führen darf, dass die dezidierten Ausschlusstatbestände des § 434 Abs. 1 Satz 3 BGB umgangen werden können. Mit anderen Worten darf die Möglichkeit zur Anfechtung einer öffentlichen Äußerung entsprechend der §§ 119 ff. BGB nicht zur Folge haben, dass die Unbeachtlichkeit der Äußerungen dadurch die Regel wird, weil der Verkäufer jede ihm unangenehm gewordene öffentliche Äußerung anfechten kann.

8. Werbeaussagen ohne oder gegen den Willen des Verkäufers

Fraglich ist, ob die Haftungsvoraussetzungen des § 434 Abs. 1 Satz 3 BGB auch dann gegeben sind, wenn die öffentliche Äußerung über die Kaufsache ohne oder gegen den Willen des Verkäufers oder eines äußernden Dritten erfolgt ist. In dogmatischer Hinsicht handelt es sich hierbei um die Frage, ob eine (der Willenserklärung vergleichbare) willentliche Abgabe der öffentlichen Äußerung erforderlich ist, oder ob alleine die objektive Existenz einer solchen Äußerung die Voraussetzungen des Äußerungstatbestandes des § 434 Abs. 1 Satz 3 BGB erfüllt.

a) Ohne den Willen des Verkäufers im Falle der verkäufereigenen Äußerung

Nach *Bernreuther* würde in folgendem Fall keine Werbung des Verkäufers (oder des Herstellers) über seinen Gehilfen vorliegen: „Wurde ein Verlag in einer wettbewerbsrechtlich ausreichenden Weise angewiesen, die Werbung entgegen dem ursprünglichen Auftrag nicht bzw. (insbesondere nach Abmahnung und Unterwerfung wegen Irreführung) nicht wiederum zu veröffentlichen, und erschien die – irreführende – Werbung des Verkäufers oder Herstellers erneut, liegt keine Werbung des Verkäufers oder Herstellers (über seinen Gehilfen) vor, für einen Sachmangel fehlt es an einem Adressaten.“[374]

Grigoleit/Herresthal sind der Meinung, dass wegen der rechtsgeschäftlichen Wirkung der Äußerung in einem solchen Fall die Grundsätze über abhanden gekommene Willenserklärungen anzuwenden seien. Die Äußerung sei daher jedenfalls dann nicht bindend, wenn der Verkäufer die Äußerung nicht bewusst mit Richtung auf die Öffentlichkeit getätigt habe und die Äußerung dementsprechend nicht zurechenbar sei.[375]

Dem ist meines Erachtens nach im Ergebnis voll und in der Begründung mit Abweichungen zuzustimmen. Nach dem Wortlaut der Vorschrift wird ein Äußerungstatbestand vorausgesetzt, der von dem Verkäufer, dem Hersteller oder seinem Gehilfen stammt. Insofern ist die Urheberschaft des Äußerungstatbestandes eindeutig festgelegt: Äußerungen, die nicht vom Verkäufer, dem Hersteller oder seinem Gehilfen stammen, können die Rechtsfolgen des § 434 Abs. 1 Satz 3 BGB nicht auslösen. Der Wortlaut der Vorschrift gibt jedoch zunächst keinen direkten Aufschluss darüber, ob die jeweilige Äußerung mit dem Willen des Äußernden publiziert worden sein muss oder nicht. An dieser Stelle ist *Grigo-*

---

374 Bernreuther, Sachmangel und Werbung, MDR 2003, 62, 66.

375 Grigoleit/Herresthal, Die Beschaffenheitsvereinbarung und ihre Typisierungen in § 434 I BGB, JZ 2003, 233, 237 m.w.N.

leit/Herresthal vom Ergebnis her zuzustimmen. Die beschriebene Situation ähnelt zumindest dem Fall der abhanden gekommenen Willenserklärung. Zwar handelt es sich begrifflich bei den öffentlichen Äußerungen im Rahmen des § 434 Abs. 1 Satz 3 BGB nicht um Willenserklärungen. Bei Willenserklärungen ist grundsätzlich danach zu unterscheiden, ob es sich um eine nichtempfangsbedürftige oder um eine empfangsbedürftige Willenserklärung handelt. Im Falle der nichtempfangsbedürftigen Willenserklärung ist diese dann wirksam abgegeben, sobald sie mit Wissen und rechtlichem Wollen für andere wahrnehmbar gemacht worden ist. Im Falle der empfangsbedürftigen Willenserklärung ist zu ihrer Wirksamkeit darüber hinaus ein rechtsgeschäftlicher Wille erforderlich, diese Erklärung an eine bestimmte Person zu entrichten. Die Erklärung muss also mit Willen des Erklärenden in den Verkehr gebracht worden sein.[376] Dem gemäß ist die Erklärung dann überhaupt nicht abgegeben worden, wenn der Erklärende die von ihm ausgehende Äußerung gar nicht an den Empfänger richten wollte, diese dem Empfänger aber dennoch zuging (z.B. der versehentlich oder durch eine unbefugte Person abgesandte Briefentwurf). Hat der Erklärende das ungewollte „Inverkehrbringen" hingegen zu vertreten, wird er so behandelt, als ob er die Erklärung willentlich abgegeben hat: Die Erklärung ist wirksam abgegeben worden (Parallele zum Fehlen des Erklärungsbewusstseins).[377]

Letztlich handelt es sich bei der Frage, ob alleine die objektive Existenz eines Äußerungstatbestandes zur Begründung der Haftung aus § 434 Abs. 1 Satz 3 BGB ausreichend ist, meines Erachtens um die gleichen Erwägungen, wie im Fall der Abgabe einer abhanden gekommenen Willenserklärung: Es geht um eine angemessene Risikoverteilung nach den jeweiligen Einwirkungsbereichen des Erklärenden einerseits und des Erklärungsempfängers andererseits. Dem Erklärenden sind alle Maßnahmen auferlegt, die erforderlich sind und von ihm bewirkt werden können, um dem Empfänger die Erklärung kundzutun. Hierzu gehören die Abgabe und die Verbringung der Erklärung in den Machtbereich des Empfängers. Dem Erklärungsempfänger hingegen obliegt der Bereich der Kenntnisnahme, auf den der Erklärende keinen Einfluss haben kann. Der Empfänger trägt demnach das Risiko der Vereitelung der Kenntnisnahme oder des rechtzeitigen Vernehmens der Erklärung. Hat der Erklärende im Falle der abhanden gekommenen Willensklärung das Inverkehrbringen zu vertreten, muss er sich an dem gesetzten Schein festhalten lassen. Die Setzung des objektiven Erklärungstatbestandes hat der Erklärende in diesem Fall verursacht, er ist für die Fehlinformation verantwortlich und hat die ihm nachteiligen, weil ungewollten Konsequenzen zu tragen.

---

376 Palandt/Thomas, BGB, 62. Auflage, § 130, Rdnr. 4, m.w.N.

377 Palandt/Thomas, BGB, 62. Auflage, § 130, Rdnr. 4, m.w.N.

Ähnlich verhält es sich nach meiner Ansicht im Fall der Informationsverantwortung im Rahmen des § 434 Abs. 1 Satz 3 BGB. Auch hier muss danach gefragt werden, in wessen Einwirkungs- und somit Verantwortungsbereich das Fehlgehen oder Entstehen der unrichtigen Information liegt. Hat der Verkäufer die Existenz der Fehlinformation zu vertreten, weil er etwa für ihn agierende Personen nicht sorgfältig überprüft oder wegen mangelnder Sorgfalt einen Äußerungstatbestand unbeabsichtigt publiziert hat, so hat er das Risiko der Unrichtigkeit der objektiv existenten Information zu tragen. Im Fall des § 434 Abs.1 Satz 3 BGB muss er für die deshalb mangelhafte Sache Gewähr leisten. Hat er hingegen zum Entstehen des Informationstatbestandes in vorwerfbarer Art und Weise nichts beigetragen, ist es nicht interessengerecht, ihn dafür haften zu lassen. Dem Verkäufer obläge dann eine (Informations-) Überwachungspflicht, die er nicht erfüllen könnte. Die kaufvertragliche Risikoverteilung wäre zu Lasten des Verkäufers ungerechtfertigt verschoben.

Insoweit bleibt festzuhalten, dass eine öffentliche Äußerung des Verkäufers, die ohne einen entsprechenden Willen rein objektiv publiziert worden ist, nur dann im Rahmen des § 434 Abs. 1 Satz 3 BGB relevant sein kann, wenn der Verkäufer die Setzung des Informationstatbestandes zu vertreten hat.

b) Gegen den Willen des Verkäufers im Fall der Drittäußerung

Fraglich ist, ob die für den Fall der verkäufereigenen Äußerung aufgezeigten Grundsätze auch dann Anwendung finden, wenn es sich nicht um eine Äußerung des Verkäufers selbst, sondern um eine Äußerung des Herstellers oder seines Gehilfen handelt.

Graf von Westphalen meint, dass eine Haftung des Verkäufers selbst dann eingreife, wenn die äußernde Person gegen den Willen des Verkäufers handele. Denn ein die Haftung des Verkäufers rechtfertigender Umstand liege in jedem Fall darin, dass auf Seiten des Käufers eine bestimmte, auf konkrete Eigenschaften der Kaufsache abzielende Erwartungshaltung durch die jeweilige Äußerung geweckt worden sei. Im Übrigen sei der Verkäufer auch ausreichend geschützt, da er die Möglichkeit habe, gegen den Äußernden mit einstweiligen Verfügungen aufgrund wettbewerbsrechtlicher Vorschriften vorzugehen. Außerdem blieben dem Verkäufer noch die Ausschlusstatbestände des § 434 Abs. 1 Satz 3 BGB.[378]

Im Ergebnis wird dieser Ansicht zuzustimmen sein. Zwar ergibt sich hieraus die aus Verkäufersicht missliche Situation, unter Umständen für das Bestehen bestimmter Sacheigenschaften verantwortlich zu sein, die der Verkäufer selbst der

378 Graf v. Westphalen, in: Hennsler/Graf v. Westphalen, Praxis der Schuldrechtsreform, 2002, § 434, Rdnr. 37.

Kaufsache gar nicht zuschreibt. Jedoch knüpft § 434 Abs. 1 Satz 3 BGB mit der Erstreckung auf verkäuferfremde Äußerungen gerade an die Möglichkeit der durch den Verkäufer nicht gewollten Festlegung der Sachbeschaffenheit durch Äußerungen von am Kaufvertrag nicht beteiligten Dritten an. Für den Käufer ist in der Regel nicht erkennbar, ob beispielsweise die Herstellerwerbung von dem Verkäufer gutgeheißen wird oder nicht. Insoweit ist tatsächlich die objektive Existenz eines Äußerungstatbestandes ausreichend. Nach der Risikoverteilung von § 434 Abs. 1 Satz 3 BGB ist der Verkäufer neben der Beschreibung durch eigene Äußerungen auch für Äußerungen des Herstellers und seines Gehilfen verantwortlich. Auf der anderen Seite ist die Aufzählung der äußernden Personen in § 434 Abs. 1 Satz 3 BGB abschließend, der Verkäufer hat insoweit nicht für die Äußerungen eines jeden Dritten einzustehen. Darüber hinaus bleibt dem Verkäufer der Regress gegenüber dem Hersteller, wenn er dem Käufer gegenüber Gewährleistung schuldet.

Eine Grenze wird freilich dann zu ziehen sein, wenn die Äußerungen des Herstellers oder seines Gehilfen die Grenze der Arglist überschreiten. Wirbt beispielsweise der Hersteller mit nicht vorhandenen Sacheigenschaften in der Absicht, den Absatz anzukurbeln und in dem Glauben, die Gewährleistung gegenüber dem Endabnehmer treffe nur den Verkäufer, so kann dem Verkäufer diese Haftung nicht mehr auferlegt werden. Zwar hat der Verkäufer auch in diesem Fall die Möglichkeit des Herstellerregresses. Eine solche Haftung wäre jedoch auch unter dem Gesichtspunkt der Schutzwürdigkeit des Käufers, der an das Vorliegen der werblich beschriebenen Sacheigenschaften geglaubt hat, nicht gerechtfertigt.

c) Gegen oder ohne den Willen des Herstellers

Fraglich bleibt schließlich der Fall, in dem eine Äußerung des Gehilfen des Herstellers ohne dessen Einverständnis oder Ermächtigung erfolgt. Nach *Grunewald* haftet der Verkäufer nicht für die Äußerungen von Personen, welche für den Hersteller auftreten, jedoch nicht von ihm autorisiert sind.[379] Dies mag im Ergebnis zutreffend sein, knüpft meines Erachtens jedoch nicht unmittelbar an die Prüfung an, ob ein Äußerungstatbestand vorliegt oder nicht. Ob ein solcher gegeben ist, richtet sich in diesem Fall meines Erachtens ausschließlich nach objektiv für den Äußerungsadressaten erkennbaren Gesichtspunkten. Demgegenüber kann es für die Existenz einer objektiv vorliegenden Äußerung nicht darauf ankommen, ob

379 Erman/Grunewald, BGB, 11. Auflage, § 434, Rdnr. 23: Es könne jedoch dann ein Anspruch des Käufers aus Verschulden bei Vertragsverhandlungen in Betracht kommen, wenn dem Verkäufer die Äußerungen bekannt gewesen seien und er diese im Verkaufsgespräch nicht berichtige.

die äußernde Person hierzu befugt gewesen ist oder nicht. Vielmehr geht es nach meiner Ansicht bei der Frage der Autorisierung der äußernden Person im Kern darum, ob ein irgendwie gearteter Zurechnungszusammenhang zwischen dem Hersteller und seinem Gehilfen erforderlich ist, damit der Verkäufer für die indirekte Herstelleräußerung haftet. Dies soll im Rahmen der vorliegenden Untersuchung jedoch später problematisiert werden.

Festzuhalten bleibt daher vorliegend, dass auch im Falle der nicht durch den Hersteller autorisierten Drittäußerung eine Äußerung im Sinne des § 434 Abs.1 Satz 3 BGB objektiv vorliegt. Ob diese dem Verkäufer jedoch zurechenbar ist und dieser daher für die Äußerung zu haften hat, wird an späterer Stelle erörtert.

9. Werbung durch Unterlassen?

Fraglich ist, ob auch im Unterlassen der Angabe einer Sacheigenschaft eine öffentliche Äußerung im Sinne des § 434 Abs. 1 Satz 3 BGB gesehen werden kann. Dies könnte deshalb der Fall sein, weil nach der Rechtsprechung des BGH im Wettbewerbsrecht unter bestimmten Voraussetzungen das Unterlassen einer Sachangabe eine verbotene Desinformation bedeuten kann.[380] Zwar normiert das Irreführungsverbot des § 3 UWG a.F. (§ 5 UWG n.F.) grundsätzlich nur ein Desinformationsgebot, nicht jedoch ein Informationsgebot. Werbung muss insoweit nicht vollständig sein.[381] Im Unterlassen einer Sachangabe kann jedoch dann eine wettbewerbsrechtlich relevante Desinformation liegen, wenn das Fehlen einer Angabe für den Gesamtinhalt der werblichen Äußerung so bedeutsam ist, dass sie ohne die fehlende Angabe irreführend ist.[382]

Beispiel: Der Verkäufer bewirbt in einer Zeitungsanzeige ein Autoradio einer bestimmten Marke. Das Produkt fällt durch einen im Vergleich mit entsprechender Funktionalität ausgestatteter Konkurrenzprodukte deutlich niedrigeren Preis auf. Der Verkäufer lässt im Rahmen der Werbung jedoch unerwähnt, dass es sich bei dem Autoradio um ein Auslaufmodell handelt.[383]

Der BGH hat in einem solchen Fall entschieden, dass ein Verstoß gegen § 3 UWG a.F. (§ 5 UWG n.F.) unter dem Gesichtspunkt der unterlassenen Information gegeben sein kann. Unter Berücksichtigung der jeweiligen Verkehrsauffassung könne sich eine Pflicht des Verkäufers ergeben, bei einem konkreten Produkt auf die Eigenschaft als Auslaufmodell hinzuweisen. Die Hinweispflicht rich-

380 BGH GRUR 1999, 757, 759 („Auslaufmodelle I“).

381 BGH GRUR 57, 491, 493 („Wellaform“); Baumbach/Hefermehl, Wettbewerbsrecht, 22. Auflage, vor §§ 3–8 UWG, Rdnr. 7.

382 Baumbach/Hefermehl, Wettbewerbsrecht, 22. Auflage, § 3 UWG, Rdnr. 20.

383 Beispiel nach: BGH GRUR 1999, 757 ff. („Auslaufmodelle I“).

te sich im wesentlichen danach, ob bei der jeweiligen Produktkategorie aufgrund der Geschwindigkeit des technischen Fortschrittes und unter Berücksichtigung der Verkehrsauffassung ein diesbezüglicher Hinweis erwartet wird.[384]

Hier stellt sich die Frage, ob die Fallgruppe der unterlassenen Äußerung als Irreführung innerhalb des Wettbewerbsrechts auch auf die Haftung gemäß § 434 Abs. 1 Satz 3 BGB wegen unrichtiger Werbeaussagen übertragbar ist. *Bernreuther* ist der Meinung, dass das Unterlassen der Erwähnung einer Eigenschaft die Haftungsfolgen des § 434 Abs. 1 Satz 3 BGB jedenfalls dann auslösen kann, wenn das Unterlassen zu einem unrichtigen Gesamtinhalt der Werbung oder Äußerung führt.[385] Zur Begründung dieser These zieht *Bernreuther* eine Parallele zu der innerhalb des Wettbewerbsrechts anerkannten Ausnahme des Unterlassens als verbotene Desinformation. Zwar gehe es im Rahmen von § 434 Abs. 1 Satz 3 BGB nicht um den Gesamtinhalt einer Anzeige, sondern um die beworbenen Eigenschaften einer Sache. Gegenstand des Kaufes sei jedoch nicht der Erhalt einer bestimmten Eigenschaft, sondern einer bestimmten Ware. Folglich werde auch die Ware beworben, die Erwähnung oder Nichterwähnung ihrer Eigenschaften sei ebenso Mittel zum Zweck der Absatzförderung wie die Bewertung dieser Eigenschaften in wettbewerbsrechtlicher – und neuerdings – zivilrechtlicher Hinsicht.

Meiner Meinung nach vermag die These von der Gleichstellung von Werbung durch positives Tun und Werbung durch Unterlassen nicht zu überzeugen. Bereits wertungsmäßig besteht in diesem Bereich zwischen dem positiven Tun und dem Unterlassen ein erheblicher Unterschied, der die Gleichbehandlung dieser beiden Handlungsformen mehr als fraglich erscheinen lässt. Darüber hinaus geht es im Anwendungsbereich des wettbewerbsrechtlichen Irreführungsverbotes um die Frage, ob das Weglassen gewisser Umstände als irreführend bewertet werden kann. Demgegenüber geht es im hier interessierenden Zusammenhang im Rahmen des § 434 Abs. 1 Satz 3 BGB darum, ob eine konkrete öffentliche Äußerung unrichtig oder zutreffend ist. Dies ist jedoch ein Tatbestandsmerkmal, welches im Gegensatz zu dem Merkmal der wettbewerbsrechtlichen Irreführung einer Auslegung schlechterdings nicht zugänglich ist.

Auch würde die Einbeziehung des Unterlassens in den Anwendungsbereich des § 434 Abs. 1 Satz 3 BGB zu einer erheblichen Ausweitung der Aufklärungspflichten des werbenden Verkäufers führen. So sind Fälle denkbar, in denen die beworbene Kaufsache derart komplex ist, dass sich die Gesamtheit der Sacheigenschaften der Kaufsache innerhalb eines Werbe- beziehungsweise Äußerungsvorganges nicht abschließend darstellen lässt. Überdies wäre eine Grenzziehung

---

384 BGH GRUR 1999, 757, 759 („Auslaufmodelle I").

385 Bernreuther, Sachmangelhaftung durch Werbung, WRP 2002, 368, 370.

hinsichtlich der Frage, wann der Gesamtinhalt der getätigten Aussage noch richtig oder bereits unrichtig ist, überaus schwierig und nicht hinreichend abgrenzbar.

Beispiel: Ein PKW-Hersteller wirbt für eine Mittelklasse-Limousine, die aufgrund ihrer Größe und Innenraumgestaltung als besonders familienfreundlich bezeichnet wird, und hebt dabei besonders ein neuartiges Seiten-Airbagsystem hervor. Innerhalb des Fernsehwerbespots bleibt jedoch unerwähnt, dass das Seiten-Airbagsystem immer dann ausgeschaltet werden muss, wenn auf Beifahrer- oder Fondsitz ein Kindersitz montiert ist, da nicht ausgeschlossen werden kann, dass im Falle des Auslösens des Seiten-Airbags der Kopfbereich des mitfahrenden Kleinkindes von dem Airbag getroffen und gegebenenfalls verletzt werden könnte. Käufer K ist der Meinung, der Hersteller habe einen wichtigen Umstand bezüglich der Sicherheit des Wagens verheimlicht und somit einen falschen Gesamteindruck vermittelt.

Dieses Beispiel verdeutlicht, wie schwer abgrenzbar zum einen die Frage ist, ob und wann der Gesamtinhalt einer Werbeaussage noch als „richtig" einzustufen ist. Im Rahmen des § 434 Abs. 1 Satz 3 BGB geht es zudem gerade nicht um den „Gesamteindruck", den die Werbung suggeriert, sondern schlicht um konkrete „bestimmte Eigenschaften". Würde man hier auf den Gesamteindruck und somit auf einen subjektiven Umstand abstellen wollen, verlöre § 434 Abs. 1 Satz 3 BGB seine Konturen und würde zu einer reinen Wertungsvorschrift. Denn nach dem Wortlaut und dem eindeutigen Willen des Gesetzgebers kommen im Rahmen des § 434 Abs.1 Satz 3 BGB eben nur Äußerungen „über bestimmte Eigenschaften" in Betracht. Zum anderen erscheint es mehr als fragwürdig, ob von dem Werbenden in obigem Beispiel tatsächlich verlangt werden könnte, dass er auf die speziellen Umstände bezüglich des Seiten-Airbagsystems innerhalb des Werbespots hinzuweisen hat. Wie bereits erwähnt, sind viele Kaufsachen technisch derart komplex, dass eine abschließende Beschreibung der Sacheigenschaften durch öffentliche Äußerungen in der Regel nicht möglich ist. Es darf hier nicht vergessen werden, dass es auch für den durchschnittlichen Käufer regelmäßig andere Informationsquellen gibt, die bei Bedarf genutzt werden können. Sollte dies ausnahmsweise nicht der Fall sein, kann der Käufer immer noch von dem Abschluss des konkreten Geschäftes absehen. Es wäre nicht interessengerecht, dem Verkäufer eine vollumfängliche Informationspflicht aufzuerlegen. Im Ergebnis bleibt daher festzuhalten, dass aus § 434 Abs. 1 Satz 3 BGB im Umkehrschluss keine „Aufklärungspflicht" oder gar ein generelles Informationsgebot abgeleitet werden kann.

10. Äußerungen und ihr Verhältnis zu Formvorschriften

Teilweise wird die Auffassung vertreten, etwaige gesetzliche oder rechtsgeschäftliche Formerfordernisse würden sich auch auf die öffentliche Äußerung beziehen. Begründet wird dies damit, dass nach herrschender Meinung der gesetzliche Formzwang des § 125 BGB grundsätzlich das Rechtsgeschäft im Ganzen erfasse. Beschaffenheitsbeschreibungen im Sinne des § 434 Abs. 1 Satz 3 BGB bedürften demnach der jeweils gesetzlich vorgeschriebenen Formniederlegung.[386]

Dies kann meines Erachtens nicht der Fall sein. Zwar mag zutreffend sein, dass der gesetzliche Formzwang grundsätzlich das Rechtsgeschäft im Ganzen erfasst. Jedoch muss jedenfalls im Rahmen des § 434 Abs. 1 Satz 3 BGB eine Ausnahme hiervon gelten. Dies ergibt sich zunächst aus Sinn und Zweck der Vorschrift, welcher unzweifelhaft auch im Schutz des Käufers liegt. Darüber hinaus kann ein gesetzlicher oder rechtsgeschäftlicher Formzwang gerade deshalb nicht im Rahmen von § 434 Abs. 1 Satz 3 BGB Geltung beanspruchen, da der Sinn der Vorschrift darin besteht, eine Informationsverantwortung zu Lasten des Verkäufers für nicht unmittelbar in den Vertrag einbezogene Beschaffenheitsbeschreibungen zu statuieren. Der Regelanwendungsfall von § 434 Abs. 1 Satz 3 BGB ist dergestalt, dass die Werbung oder sonstige öffentliche Äußerung nicht explizit zu der vertragsinhaltlichen Sachbeschreibung gemacht wurde, also die jeweilige Beschaffenheitsangabe gerade nicht Inhalt des Kaufvertrages geworden sein muss. Ein Äußerung im Sinne des § 434 Abs. 1 Satz 3 BGB konkretisiert die Sollbeschaffenheit unabhängig von einer konkreten Bezugnahme der Parteien.[387] Dementsprechend kann dies dann auch nicht der Fall sein, wenn ein gesetzlicher oder rechtsgeschäftlicher Formzwang besteht.

11. Ergebnis

Im Ergebnis stellt die öffentlichen Äußerung im Sinne des § 434 Abs. 1 Satz 3 BGB eine rechtsgeschäftsähnliche Handlung dar. Demzufolge kommt die entsprechende Anwendung von Vorschriften über Willenserklärungen in Betracht.

---

386 Grigoleit/Herresthal, Die Beschaffenheitsvereinbarung und ihre Typisierungen in § 434 I BGB, JZ 2003, 233, 239.

387 Schlechtriem in: Ernst/Zimmermann, Zivilrechtswissenschaft und Schuldrechtsreform, 2001, S. 205, 215; so aber auch: Grigoleit/Herresthal, Die Beschaffenheitsvereinbarung und ihre Typisierungen in § 434 I BGB, JZ 2003, 233, 236, weshalb ihr Standpunkt hinsichtlich der Formerfordernisse noch weniger verständlich erscheint.

Problematisch erscheint weiter der Fall, dass sich Werbeaussagen Dritter und Vertragsbedingungen zwischen Käufer und Verkäufer widersprechen. Dies wäre beispielsweise gegeben, wenn die zwischen Käufer und Verkäufer einzelvertraglich vereinbarte Beschaffenheit und die vom Hersteller etc. beworbenen Eigenschaften divergieren.[388] Denkbar ist auch, dass mit dem Verkäufer zum Beispiel ein Haftungsausschluss zwischen den Kaufvertragsparteien durch Allgemeine Geschäftsbedingungen – soweit dies gemäß §§ 305 ff. BGB und im Falle des Verbrauchsgüterkaufes zusätzlich gemäß §§ 474 ff. BGB überhaupt möglich wäre – wirksam vereinbart wurde, durch eine nicht vom Verkäufer stammende Äußerung jedoch ein Sachmangel begründet wird.[389]

Lehmann bejaht in einem solchen Fall die Haftung des Verkäufers. Die gesetzgeberische Absicht von § 434 Abs. 1 Satz 3 BGB sei der Schutz von vernünftigen Erwartungen eines jeden Verbrauchers. Industrie und Handel würden von dem Gesetz hinsichtlich ihrer Werbeaussagen gleich behandelt.[390] Nach Treu und Glauben sei es ihnen daher nicht gestattet, auf der einen Seite durch Werbung ein berechtigtes Käufervertrauen durch bestimmte Werbebotschaften zu schaffen, auf der anderen Seite den Bruch dieses Vertrauens durch einen Haftungsausschluss auf der Ebene von Allgemeinen Geschäftsbedingungen wiederum sanktionslos zu gestalten. Für eine Haftung des Verkäufers spreche auch das Interesse einer modernen Industriegesellschaft an möglichst niedrigen Transaktionskosten: Jeder, der sich moderner Wirtschaftswerbung bediene, müsse die entsprechende Informationsverantwortung übernehmen. Intention sei es auch gewesen, die – den Rückrufaktionen zur Vermeidung der Produkt- und Produzentenhaftung vergleichbare – „Berichtigungswerbung" als typisches Instrument der Korrektur einer unrichtigen Werbeaussage zu etablieren.[391]

Dies ist nach meiner Auffassung nicht zutreffend. Denn auch in diesem Fall bleibt es bei dem Grundsatz des Vorranges der vertraglich vereinbarten Beschaffenheit im Sinne des § 434 Abs. 1 Satz 1 BGB. Die Regelung des § 434 Abs. 1 Satz 3 BGB bezieht sich nach seinem Wortlaut eindeutig auf die Beschaffenheit im Sinne des § 434 Abs. 1 Satz 2 Nr. 2 BGB. Hieraus folgt jedoch, wie bereits

---

388 Lehmann, Die Haftung für Werbeangaben nach neuem Schuldrecht, DB 2002, 1090, 1091 f.

389 Lehmann, Die Haftung für Werbeangaben nach neuem Schuldrecht, DB 2002, 1090, 1091 f.

390 Lehmann, Die Haftung für Werbeangaben nach neuem Schuldrecht, DB 2002, 1090, 1092: „Sie [Industrie und Handel] sitzen sozusagen im gleichen Boot."

391 Lehmann, Die Haftung für Werbeangaben nach neuem Schuldrecht, DB 2002, 1090, 1092.

mehrfach dargelegt wurde, eine gewisse Subsidiarität der Festlegung der geschuldeten Sachbeschaffenheit über § 434 Abs. 1 Satz 3 BGB. Insoweit kann die von der öffentlichen Äußerung des Herstellers individuell beziehungsweise (soweit zulässig) durch Verwendung von AGB abweichende Vereinbarung die geschuldete Beschaffenheit vorrangig festlegen.[392] Im Ergebnis ist daher festzuhalten, dass die Divergenz zwischen Werbeaussage und individualvertraglicher Vereinbarung zwischen den Kaufvertragsparteien nicht prinzipiell zu Lasten des Verkäufers geht. Gleiches gilt freilich (soweit zulässig) für Beschaffenheitsvereinbarungen durch AGB.

C. Die äußernde Person

I. Der Verkäufer

1. Begriff

Abweichend von den Regelungen der VerbrGüKRL hat der bundesdeutsche Gesetzgeber die Informationsverantwortung des Verkäufers nicht auf den Bereich des Verbrauchsgüterkaufes beschränkt, sondern hinsichtlich des persönlichen Anwendungsbereiches auf alle Formen von Kaufverträgen erstreckt. Nach der europarechtlichen Vorgabe ist Verkäufer gemäß Art. 1 Abs. 2 c) VerbrGüKRL „jede natürliche oder juristische Person, die aufgrund eines Vertrages im Rahmen ihrer beruflichen oder gewerblichen Tätigkeit Verbrauchsgüter verkauft". Diese Definition ist im Rahmen des deutschen Gewährleistungsrechtes nicht maßgeblich, weil sie sich eben nur auf den Verbrauchsgüterkauf bezieht. Entscheidend ist im Falle des § 434 Abs. 1 Satz 3 BGB die aufgrund des Vertrages entstehende Position als Verkäufer, unabhängig davon, ob es sich um eine Privatperson oder einen Unternehmer im Sinne des § 14 BGB handelt.

2. Anwendungsfälle

Die praktische Bedeutung der öffentlichen Äußerungen durch den Verkäufer wird unterschiedlich beurteilt. Teilweise wird die Auffassung vertreten, dass § 434 Abs. 1 Satz 3 BGB im Fall der verkäufereigenen Äußerungen nur untergeordnete Bedeutung zukomme, da es bei Äußerungen des Verkäufers in der Regel

---

392 MünchKomm-H.P.Westermann, 4. Auflage, § 434, Rdnr. 24, 25.

bei der Anwendbarkeit von § 434 Abs. 1 Satz 1 BGB bleiben werde.[393] *Graf von Westphalen* ist der Auffassung, dass § 434 Abs. 1 Satz 3, 1. Alt. BGB selbst, nämlich im Falle der Äußerung durch den Verkäufer, praktisch keine Relevanz besitzt. Denn bei der Äußerung durch den Verkäufer selbst liege auch immer eine Beschaffenheitsvereinbarung gemäß § 434 Abs. 1 Satz 1 BGB vor.[394] Diese Ansicht verkennt meines Erachtens den Regelungsgehalt des § 434 Abs. 1 Satz 3 BGB. Denn die außerhalb des konkreten Vertragsabschlusses liegenden Sachbeschreibungen durch öffentliche Äußerungen waren nach bisheriger und werden auch nach nunmehr geltender Rechtslage nicht ohne weiteres in die vertraglich vereinbarte Sachbeschaffenheit im Sinne des § 459 Abs. 1 Satz 1 BGB a.F. beziehungsweise § 434 Abs. 1 Satz 1 BGB einbezogen. Dies ist nur dann der Fall, wenn die Vertragsparteien im Rahmen des Vertragsabschlusses auf eine vorher publizierte öffentliche Äußerung des Verkäufers ausdrücklich oder konkludent Bezug nehmen. An diesem Erfordernis sollte nach dem eindeutigen Willen des Gesetzgebers nichts geändert werden. Die Regelung des § 434 Abs. 1 Satz 3 BGB bezieht sich gerade auf den Bereich, bei dem es zu einer vertraglichen Vereinbarung nach § 434 Abs. 1 Satz 1 oder 2 Nr. 1 BGB nicht gekommen ist. Freilich werden hier nur Äußerungen außerhalb des individuellen Verkaufsgespräches selbst erfasst, weil ansonsten immer eine vorrangig zu berücksichtigende Beschaffenheitsvereinbarung im Sinne des § 434 Abs. 1 Satz 1 BGB vorliegt.[395]

II. Der Hersteller

1. Begriff des Herstellers und abweichende Umsetzung

Gemäß § 434 Abs. 1 Satz 3 BGB sind neben den öffentlichen Äußerungen des Verkäufers auch solche des Herstellers relevant. Zu beachten ist hier zunächst, dass die Vorschrift des § 434 Abs. 1 Satz 3 BGB mit der Einbeziehung von § 4 Abs. 1 und 2 ProdHaftG über die Vorgaben der VerbrGüKRL hinausgeht. Gemäß Art. 1 Abs. 2 d) der VerbrGüKRL gilt als Hersteller im Sinne der Richtlinie lediglich der „Hersteller von Verbrauchsgütern, deren Importeur für das Gebiet der Gemeinschaft oder jede andere Person, die sich dadurch, dass sie ihren Namen, ihre Marke oder ein anderes Kennzeichen an den Verbrauchsgütern anbringt, als Hersteller bezeichnet". § 4 Abs. 1 ProdHaftG definiert demgegenüber:

393 Brox/Walker, Besonderes Schuldrecht, 29. Auflage, S. 33; Lorenz/Riehm, Lehrbuch zum neuen Schuldrecht, S. 259; Faust, in: Bamberger/Roth, BGB, § 434, Rdnr. 75.

394 Graf v. Westphalen, in: Hennsler/Graf v. Westphalen, Praxis der Schuldrechtsreform, 2002, § 434, Rdnr. 30.

395 MünchKomm-H.P.Westermann, 4. Auflage, § 434, Rdnr. 26.

„Hersteller im Sinne dieses Gesetzes ist, wer das Endprodukt, einen Grundstoff oder ein Teilprodukt hergestellt hat. Als Hersteller gilt auch jeder, der sich durch das Anbringen seines Namens, seiner Marke oder eines anderen unterscheidungskräftigen Kennzeichens als Hersteller ausgibt." § 4 Abs. 2 ProdHaftG bestimmt weiter: „Als Hersteller gilt ferner, wer ein Produkt zum Zweck des Verkaufs, der Vermietung, des Mietkaufs oder einer anderen Form des Vertriebs mit wirtschaftlichem Zweck im Rahmen seiner geschäftlichen Tätigkeit in den Geltungsbereich des Abkommens über den Europäischen Wirtschaftsraum einführt oder verbringt." Somit wird durch die Verweisung von § 434 Abs. 1 Satz 3 BGB auf § 4 Abs. 1 und 2 ProdHaftG der Hersteller von Grundstoffen und Teilprodukten in den Herstellerbegriff miteinbezogen. Demgegenüber wird der Hersteller von Grundstoffen und Teilprodukten von Art. 1 Abs. 2 d) der VerbrGüKRL nicht erfasst. Unter Grundstoffen versteht man gewöhnlich diejenigen Materialien, die zu Herstellung eines Teil- oder Endproduktes vorgesehen sind (z.B. Kunststoffgranulat, Metalle, Holz etc.).[396] Unter einem Teilprodukt versteht man hingegen das für den Einbau in ein anderes Produkt und gleichzeitig nicht direkt für die Benutzung durch den privaten Verbraucher bestimmte Erzeugnis (z.B.: Computerchip, ABS-Bremseinheit, Getriebeblock etc.).[397]

Die Aufnahme der Verweisung auf § 4 Abs. 1 und 2 ProdHaftG zur Definition des Herstellerbegriffes war im Rahmen des Gesetzgebungsverfahrens durchaus umstritten. Zunächst wurde argumentiert, durch die Bezugnahme auf § 4 Abs. 1 und 2 ProdHaftG werde der dortige Herstellerbegriff für maßgeblich erklärt. Dieser entspreche der Definition des Herstellers in Artikel 1 Abs. 2 der VerbrGüKRL, wodurch auch verdeutlicht werde, dass der Begriff des „Herstellers" hier in einem anderen Sinn als im Werkvertragsrecht gemeint sei. Dort bezeichne der Entwurf mit dem Begriff „Hersteller" den bisher als „Unternehmer" bezeichneten Vertragspartner des Bestellers, da dieser nunmehr in einem anderen Sinne definiert sei (§ 14 BGB-DiskE).[398] In der Einzelbegründung zum Regierungsentwurf vom 09.05.2001 wird hinsichtlich des Herstellerbegriffes ausgeführt, dass nach dem in Artikel 1 Abs. 2 Buchstabe d) der VerbrGüKRL umschriebenen Herstellerbegriff neben dem Hersteller von Verbrauchsgütern auch deren Importeur für das Gebiet der Gemeinschaft sowie jede andere Person erfasst sei, die sich dadurch, dass sie ihren Namen, ihre Marke oder ein anderes Kennzeichen an dem Verbrauchsgut anbringt, als Hersteller bezeichne. § 434

396 Palandt/Thomas, BGB, 62. Auflage, § 4 ProdHaftG, Rdnr. 5, m.w.N.
397 Palandt/Thomas, BGB, 62. Auflage, § 4 ProdHaftG, Rdnr. 4, m.w.N.
398 DiskE des Bundesministeriums der Justiz = Canaris, Schuldrechtsmodernisierung 2002, S. 258.

Abs. 1 Satz 3 BGB RegE nehme deshalb auf § 4 Abs. 1 und 2 ProdHaftG Bezug, wo der Herstellerbegriff in entsprechender Weise umschrieben werde.[399]

Der Bundesrat verlangte unter Nr. 85 seiner Stellungnahme zum Herstellerbegriff des § 434 Abs. 1 Satz 3 BGB die vollständige und ersatzlose Streichung des Klammerzusatzes „(§ 4 Abs. 1 und 2 des Produkthaftungsgesetzes)" und begründete dies wie folgt: „Die Definition in Art. 1 Abs. 2 Buchstabe d der VerbrGüKRL ist enger als die Definition in § 4 Abs. 1 und 2 ProdHaftG und Art. 3 der Produkthaftungsrichtlinie 85/374/EWG, weil anders als dort der Hersteller von Grundstoffen und Teilprodukten nicht miterfasst wird. Die Definition des Begriffes Hersteller kann der Rechtsprechung anhand der Verbrauchsgüterkaufrichtlinie überlassen werden. Andernfalls müsste eine zutreffende Definition in § 434 BGB aufgenommen werden. Eine Erweiterung des Herstellerbegriffes über die Richtlinie hinaus ist nicht angemessen. Im übrigen sollte nicht im BGB wegen der Definition von Begriffen auf Nebengesetze verwiesen werden. Dies ist mit dem gerade durch den vorgelegten Gesetzentwurf herausgehobenen kodifikatorischen Charakter dieses Gesetzes nicht vereinbar."[400]

Die Bundesregierung entgegnete hierzu in ihrer Gegenäußerung zu Nr. 85: „Die Bundesregierung kann sich diesem Vorschlag nicht anschließen. Auf eine inhaltliche Bestimmung des Herstellerbegriffes kann nicht vollständig verzichtet werden, weil Art. 1 Abs. 2 Buchstabe d der VerbrGüKRL auch Personen unter den Herstellerbegriff fasst, die ihm nach dem Wortsinn nicht ohne weiteres unterfallen würden (etwa den Importeur für das Gebiet der Gemeinschaft). Möglicherweise käme der Rechtsanwender über eine richtlinienkonforme Auslegung zu dem von der Richtlinie vorgegebenen Ergebnis; um Unsicherheiten auszuschließen, sollte das Kaufrecht aber auf eine inhaltliche Umschreibung des Herstellerbegriffes nicht verzichten. Diese nimmt § 434 Abs. 1 Satz 3 BGB-RE durch eine Bezugnahme auf § 4 Abs. 1 und 2 ProdHaftG vor. Das dient zum einen dazu, die

---

399 Der Entwurf der Bundesregierung (BT-Drucks. 6857 = BR-Drucks. 338/01) und der Fraktionsentwurf von SPD und BÜNDNIS 90/Die Grünen vom 09.05.2001 (BT-Drucks. 14/6040) wurden jeweils am 09.05.2001 parallel vom Kabinett verabschiedet bzw. ein entsprechender Fraktionsentwurf von SPD und BÜNDNIS 90/Die Grünen (BT-Drucks. 14/6040) in den deutschen Bundestag eingebracht (abgedruckt u.a. bei Canaris, Schuldrechtsmodernisierung 2002, S. 429 ff., 569 ff.). Beide Entwürfe sind in Text und Begründung identisch und aus Zeitgründen parallel in den Deutschen Bundestag eingebracht worden. Die Frist zur Umsetzung der VerbrGüKRL endete nämlich bereits am 31.12.2001. Durch die parallele Einbringung durch Bundestag und Bundesregierung wurde es möglich, das Gesetzgebungsverfahren im Bundestag bereits zu beginnen und eine öffentliche Anhörung durchzuführen, bevor der sogenannte erste Durchgang zum Regierungsentwurf im Bundesrat beendet war.

400 Stellungnahme des Bundesrates Anlage 2 zu BT-Drucksache 14/6857 = Canaris, Schuldrechtsmodernisierung 2002, S. 935, 967.

wünschenswerte Einheitlichkeit bei der inhaltlichen Bestimmung des Herstellerbegriffes zu erreichen. Zum anderen soll dadurch eine weitgehende Wiederholung der (durchaus längeren) Definition im Kaufrecht vermieden werden, was nicht der Übersichtlichkeit des § 434 BGB-RE dienen würde. Es ist richtig, dass § 4 Abs. 1 ProdHaftG anders als Art. 1 Abs. 2 Buchstabe d der VerbrGüKRL auch den Hersteller von Grundstoffen und Teilprodukten einbezieht. Diese daraus folgende geringfügige Erweiterung des Herstellerbegriffes in § 434 Abs. 1 Satz 3 BGB-RE gegenüber der VerbrGüKRL ist aber nach Auffassung der Bundesregierung gerechtfertigt. Es geht hier ausschließlich um die Zurechnung von Werbeaussagen. Falls tatsächlich der in der Praxis wohl eher seltene Fall eintreten sollte, dass der Hersteller eines Grundstoffs oder Teilprodukts in einer die Kaufentscheidung hinsichtlich des Endprodukts beeinflussbaren Weise Werbeaussagen vornimmt, so sollten diese Äußerungen nicht anders als die Werbeaussagen des Herstellers des Endproduktes behandelt werden, weil sie dem Händler wegen des Einflusses auf die Kaufentscheidung des Verbrauchers in gleicher Weise zugute kommen."[401]

Fraglich ist, ob diese abweichende Umsetzung der VerbrGüKRL eine strengere Bestimmung im Sinne des Art. 8 Abs. 2 VerbrGüKRL darstellt, welche wiederum anhand von höherrangigem EG Recht zu überprüfen ist. Ein strengere Bestimmung im Sinne des Art. 8 Abs. 2 VerbrGüKRL liegt grundsätzlich vor, wenn das durch sie verwirklichte Schutzniveau für den Verbraucher höher ist, als es der Wortlaut der Richtlinie selbst unmittelbar vorsieht.[402] Dies ist dann gegeben, wenn die nationale Bestimmung verbraucherfreundlicher, also für den Verbraucher vorteilhafter ist, als die Regelung der Richtlinie.[403] Dies ist meines Erachtens jedoch zu verneinen. Zwar ist vom Wortlaut des § 434 Abs. 1 Satz 3 BGB her gesehen, welcher auf § 4 Abs. 1 und 2 ProdHaftG verweist, eine Erweiterung des Personenkreises gegeben. Jedoch ist hier zu berücksichtigen, dass der Gesetzgeber diese Erweiterung selbst gesehen hat und bereits im Rahmen des Gesetzgebungsprozesses auf die Möglichkeit der richtlinienkonformen Auslegung hingewiesen hat. Primäre Motivation des Gesetzgebers war nicht die Erweiterung des Herstellerbegriffes, sondern die Einbeziehung einer klaren Legaldefinition in den gesetzlichen Tatbestand. Somit kann entgegen dem Wortlaut von § 434 Abs. 1 Satz 3 BGB im Wege der richtlinienkonformen Auslegung unter besonderer Berücksichtigung des Willens des nationalen Gesetzgebers nicht davon ausgegangen werden, dass eine von der VerbrGüKRL abweichende Umsetzung ge-

---

401 Gegenäußerung der Bundesregierung Anlage 3 zu BT-Drucksache 14/6857, S. 59 = Canaris, Schuldrechtsmodernisierung 2002, S. 995, 1024.

402 Grundmann in: Grundmann/Bianca, EU-Kaufrechts-Richtlinie, Art. 8, Rdnr. 7; Wolf, in: Wolf/Horn/Lindacher, AGBG, 3. Auflage, Art. 8 RiLi, Rdnr. 3.

403 Wolf, in: Wolf/Horn/Lindacher, AGBG, 3. Auflage, Art. 8 RiLi, Rdnr. 3.

geben ist. Die gewählte Formulierung ist nach dem Willen des Gesetzgebers eben gerade keine begriffliche Erweiterung des Herstellerbegriffes. Freilich ist die Wortwahl des Gesetzgebers insoweit nicht glücklich gewählt. Dies kann jedoch nichts an dem erklärten Willen des Gesetzgebers ändern, lediglich eine Definition verwenden zu wollen, welche in der VerbrGüKRL – wenn auch mit geringfügigen Abweichungen – bereits enthalten ist.

Ausgehend vom Wortlaut des § 434 Abs. 1 Satz 3 BGB in Verbindung mit § 4 Abs. 1 und 2 ProdHaftG wäre Konsequenz der abweichenden Umsetzung die Einbeziehung von öffentlichen Äußerungen des Hersteller eines Grundstoffes oder eines Teilproduktes. Die praktische Relevanz dieser Konstellation ist jedoch äußerst gering. Sie wäre nur dann gegeben, wenn der Hersteller eines Teilproduktes selbst nicht als eigentlicher Hersteller in Erscheinung tritt. Sobald hingegen der Teil-Hersteller durch eine Kennzeichnung ersichtlich ist, unterfällt er indes dem Herstellerbegriff des Art. 1 Abs. 2 d) VerbrGüKRL.[404] Dies ändert jedoch vom Wortlaut her nichts an dem Umstand, dass es sich durch den Verweis auf § 4 Abs. 1 und 2 ProdHaftG gegenüber der VerbrGüKRL faktisch um eine Erweiterung desjenigen Personenkreises handelt, dessen öffentliche Äußerungen im Rahmen des § 434 Abs. 1 Satz 3 BGB relevant werden können.

Beispiel: Der Hersteller und Verkäufer eines kompletten PC-Systems, V, erstellt den Computer aus den Hardwarekomponenten verschiedener Hersteller. Unter anderem verwendet er eine Festplatte des Herstellers X. Der Hersteller X hat die Festplatte bereits vorher unter anderem dadurch beworben, dass sie über eine ungewöhnlich kurze Zugriffszeit verfüge. K, der einen dieser PCs von V erworben hat, stellt fest, dass die Werbebeschreibungen durch X hinsichtlich der Zugriffszeit der eingebauten Festplatte unrichtig waren. Er verlangt von V Gewährleistung wegen der Festplatte. V hingegen meint, dass er zur Gewährleistung nicht verpflichtet sei, weil er selbst niemals mit einer ungewöhnlich kurzen Zugriffszeit für die Festplatte geworben habe.

Nach dem Wortlaut von § 434 Abs. 1 Satz 3 BGB in Verbindung mit § 4 Abs. 1 ProdHaftG besteht in dem Beispiel eine Gewährleistungsverpflichtung des V, vorausgesetzt, es greift kein Ausschlusstatbestand. Die Äußerungen des X als Hersteller der Festplatte und somit Teilproduktes des verkauften PC sind geeignet, die Beschaffenheit im Sinne des § 434 Abs. 1 Satz 3 in Verbindung mit Satz 2 Nr. 2 BGB zu konkretisieren.

Welche Konsequenzen sich im Einzelnen aus der abweichenden Umsetzung des Herstellerbegriffes ergeben werden, bleibt abzuwarten. Meines Erachtens ist jedoch davon auszugehen, dass der nationale Gesetzgeber keine Erweiterung des

404 Homann, Werbeaussagen und Käufererwartungen, Diss. jur. 2004, S. 239, verweist auf die Kennzeichnung „Intel Inside".

relevanten Personenkreises, sondern lediglich zu Klarstellungszwecken die Verwendung einer eindeutigen Definition gewollt hat. Somit ist im Wege einer richtlinienkonformen Auslegung davon auszugehen, dass unter den Begriff des Herstellers nicht der Hersteller von Grundstoffen und Teilprodukten fällt. Vielmehr gilt auch im Rahmen des § 434 Abs. 1 Satz 3 BGB die Definition gemäß Art. 1 Abs. 2 d) VerbrGüKRL.

2. *Praktische Anwendungsfälle*

Praktisch relevant wird die Vorschrift insbesondere dann, wenn die Hersteller einzelner Teilkomponenten eines noch herzustellenden und als Sachgesamtheit durch einen anderen Verkäufer zu verkaufenden Gesamtproduktes hinsichtlich dieser Teilkomponenten beispielsweise im Fernsehen, in Zeitungen, Werbeprospekten oder im Internet selbstständig Äußerungen tätigen. Dies ist zum Beispiel dann der Fall, wenn die Hersteller bestimmter Komponenten eines KFZ (z.B. Reifen oder ABS-Systeme) ihre Produkte selbstständig bewerben.[405] Die sich hieraus ergebenden „Marktbeobachtungsobliegenheiten" sind im Einzelnen klärungsbedürftig.

Möglich ist auch, dass Äußerungen des Herstellers deshalb Vertragsinhalt werden, weil sich der Verkäufer im Rahmen des Vertragsabschlusses Prospekten des Herstellers bedient.[406] Dann ist jedoch zu beachten, dass es sich bei ausdrücklicher oder konkludenter Einbeziehung in die vertraglich vereinbarte Beschaffenheit um einen Fall des § 434 Abs. 1 Satz 1 BGB, oder, wenn keinerlei Einbeziehung erfolgt, um eine öffentliche Äußerung des Verkäufers selbst im Sinne des § 434 Abs. 1 Satz 3 BGB handelt. Hauptanwendungsfall der Vorschrift sind regelmäßig Äußerungen des Herstellers, auf die im Rahmen der Vertragsanbahnung weder vom Verkäufer noch Käufer Bezug genommen wird.[407]

Teilweise wird die Meinung vertreten, § 434 Abs. 1 Satz 3 BGB sei auf solche Äußerungen des Herstellers entsprechend anzuwenden, die durch diesen im Rahmen einer einzelfallbezogenen Beratung unmittelbar gegenüber dem Käufer publiziert worden sind. Da einer individuellen Beratung des Käufers größeres Gewicht zukomme als öffentlichen Äußerungen, solle in den Fällen einer Beratung des Käufers durch den mit dem Verkäufer nicht identischen Hersteller bei Kenntnis des Verkäufers von der Beratung und ihrem Inhalt § 434 Abs. 1 Satz 3 BGB erst recht Anwendung finden. Die Haftungserweiterung sei auch nicht un-

405 Beispiel von: Weiler, Haftung für Werbeangaben nach neuem Kaufrecht, WM 2002, 1784, 1789.
406 Faust, in: Bamberger/Roth, BGB, § 434, Rdnr. 75.
407 Faust, in: Bamberger/Roth, BGB, § 434, Rdnr. 75.

zumutbar, weil sich der Verkäufer unter den Voraussetzungen des § 434 Abs. 1 Satz 3 letzter Halbsatz BGB entlasten könne.[408]

Dieser Ansatz vermag nicht zu überzeugen. Die analoge Anwendung des § 434 Abs. 1 Satz 3 BGB auf Fälle nicht öffentlicher Herstelleräußerungen würde dem Sinn und Zweck der Informationsverantwortlichkeit zuwiderlaufen. Nach dem Willen des Gesetzgebers ist Zurechnungsgrund der Drittäußerung an den Käufer regelmäßig der Umstand, dass der Verkäufer von den Äußerungen Dritter profitiert, weil diese öffentlich geäußert worden sind. Im Falle der nichtöffentlichen Herstelleräußerungen greift dieser Zurechnungsgrund nicht ein, weil die Äußerungen nicht öffentlich sind und somit generell nicht geeignet sind, den Absatz im großen Stil zugunsten des Verkäufers zu fördern. Darüber hinaus würde eine solche Sichtweise die Verkäuferhaftung unzumutbar ausweiten, weil der Verkäufer letztlich kaum eine Möglichkeit hätte, die Haftung zu umgehen, und der Verkäufer nicht für solche Äußerungen des Herstellers verantwortlich gemacht werden kann, die er unter Umständen gar nicht kennen kann.[409] Der Hinweis auf den Ausschlussgrund der fehlenden Kenntnis des Verkäufers von der öffentlichen Äußerung gemäß § 434 Abs. 1 Satz 3, 2. HS, 1. Alt. BGB stellt den Verkäufer hier nur bedingt besser, da der Verkäufer diese Umstände zu beweisen hat. Außerdem besteht in diesen Fällen auch kein essentielles Bedürfnis für eine analoge Anwendung des § 434 Abs. 1 Satz 3 BGB, da eine Haftung des Verkäufers aus Verschulden bei Vertragsverhandlungen gemäß § 280 Abs. 1 BGB in Betracht kommen kann, falls der Verkäufer die Aussagen des Herstellers kennt und diese nicht richtig stellt.[410] Dies ist insofern auch interessengerecht, weil der Verkäufer nur dann zur Verantwortung gezogen wird, wenn er die Äußerung tatsächlich kannte und nicht für Umstände zu haften hat, die ihm nicht bekannt sein konnten.

3. Anwendbarkeit des § 4 Abs. 3 ProdHaftG?

Fraglich ist, ob auch die subsidiäre Vermutungsregel des § 4 Abs. 3 ProdHaftG im Rahmen des § 434 Abs. 1 Satz 3 BGB Anwendung findet. Relevant könnte diese Frage jedoch nur dann werden, wenn der Hersteller des Produktes nicht festgestellt werden kann. Da es aber im Rahmen des § 434 Abs. 1 Satz 3 BGB in praktischer Hinsicht auf die Person des Herstellers als Anspruchsgegner nicht ankommt – auf die Einführung einer direkten Herstellerhaftung ist im Rahmen

408 Schaub, Beratungsvertrag und Sachmängelgewährleistung nach der Schuldrechtsmodernisierung, AcP 202 (2002), 757, 765.
409 So im Ergebnis auch: Erman/Grunewald, BGB, 11. Auflage, § 434, Rdnr. 22; MünchKomm-H.P.Westermann, 4. Auflage, § 434, Rdnr. 26.
410 Erman/Grunewald, BGB, 11. Auflage, § 434, Rdnr. 22.

der VerbrGüKRL verzichtet worden –, da der Käufer letztlich nur seinen Verkäufer zur Anspruchsdurchsetzung kennen muss, kommt eine entsprechende Anwendung von § 4 Abs. 3 ProdHaftG nicht in Betracht. Darüber hinaus verbietet der Wortlaut von § 434 Abs. 1 Satz 3 BGB, der lediglich auf § 4 Abs. 1 und 2 ProdHaftG verweist, eine analoge Anwendung von § 4 Abs. 3 ProdHaftG.

III. Der Gehilfe

1. Der Begriff des Gehilfen

Gemäß Art. 2 Abs. 2 d) VerbrGüKRL sind „öffentliche Äußerungen des Verkäufers, des Herstellers oder dessen Vertreters" im Rahmen der Informationsverantwortung maßgeblich. Abweichend hiervon hat der bundesdeutsche Gesetzgeber den Begriff des „Vertreters" nicht übernommen, sondern stattdessen den Begriff des „Gehilfen" verwendet. Zur Begründung wurde zunächst ausgeführt, man übernehme die Bezeichnung des „Vertreters" des Herstellers aus der VerbrGüKRL deswegen nicht, weil es sich nicht um die Stellvertretung bei der Abgabe von Willenserklärungen handele, sondern um Hilfspersonen, die für den Hersteller bei Äußerungen über Tatsachen (Eigenschaften der Sache) eingeschaltet würden. Der Entwurf sehe hierfür deshalb den Ausdruck „Gehilfe" vor.[411] Nach dem Willen des deutschen Gesetzgebers sollten durch den von ihm verwendeten Begriff des Gehilfen „Hilfspersonen, die für den Hersteller bei Äußerungen über Tatsachen (Eigenschaften der Sache) eingeschaltet werden" erfasst werden.[412]

Zu beachten ist in diesem Zusammenhang zunächst, dass der Begriff des Herstellervertreters bereits in früheren Richtlinienentwürfen definiert worden ist. So beinhaltet Art. 1 Abs. 2 f) des „geänderten Vorschlages für eine Richtlinie über den Verbrauchsgüterkauf und -garantien" vom 01.04.1998 eine Definition des auch in der VerbrGüKRL enthaltenen Begriffs „Vertreter des Herstellers". Art. 2 Abs. 2 f) lautet:

> „Im Sinne dieser Richtlinie gilt als ‚Vertreter des Herstellers': jede natürliche oder juristische Person, die als autorisierter Fachhändler des Herstellers auftritt und/oder jedes

411 DiskE des Bundesministeriums der Justiz = Canaris, Schuldrechtsmodernisierung 2002, S. 258 f.; RegE, BT-Drucks. 14/6040, S. 214.

412 RegE, BT-Drucks14/6040, S. 214 = Canaris, Schuldrechtsmodernisierung 2002, S. 816.

autorisiertes Kundenzentrum mit Ausnahme der unabhängigen Verkäufer, die ausschließlich als Einzelhändler tätig sind."[413]

In der VerbrGüKRL ist jedoch von einer Definition des „Vertreters" abgesehen worden. Der Wortlaut von Art. 2 Abs. 2 d) des Richtlinienvorschlages aus dem Jahre 1998 und Art. 2 Abs. 2 d) der VerbrGüKRL sprechen jedoch übereinstimmend von dem Hersteller oder dessen Vertreter. In dieser Hinsicht hat sich an der Terminologie des Richtlinienvorschlages nichts geändert.

Jorden/Lehmann meinen aus diesem Grunde, dass bei der Auslegung des Tatbestandsmerkmals „Gehilfe" in § 434 Abs. 1 Satz 3 BGB die gemeinschaftsrechtliche Definition des Herstellervertreters aus dem Richtlinienvorschlag von 1998 zugrunde zu legen sei.[414] Dies folge aus dem Umstand, dass die Gemeinschaftsorgane von diesem Begriffsverständnis nicht erkennbar abgerückt seien, auch wenn sie die Definition nicht in die VerbrGüKRL aufgenommen haben. Herstellervertreter sei demnach jede rechtsfähige Person oder Einheit, die als vom Hersteller autorisierte Kundendienststelle auftrete, mit Ausnahme unabhängiger Verkäufer, die ausschließlich als Einzelhändler tätig seien. Diese Definition habe den Vorteil, dass sie weiter sei als die vom deutschen Gesetzgeber intendierte Bedeutung. Sie verlange nämlich nicht, dass die betreffende Person vom Hersteller bei Äußerungen eingeschaltet worden sei. Dies wiederum setze nämlich voraus, dass sich die äußernde Person (zumindest generell) mit dem Wissen und dem übereinstimmenden Willen des Herstellers äußert. Dieses Erfordernis schränke jedoch den Begriff des Herstellers zu sehr ein. Auch *Andres* ist der Meinung, dass bei der Definition des Gehilfenbegriffes die gemeinschaftsrechtliche Definition des Herstellervertreters aus dem Richtlinienvorschlag von 1998 zugrunde zu legen sei. Durch die vom deutschen Gesetzgeber gewählte Terminologie sei die Haftung des Verkäufers für Äußerungen Dritter eingeschränkt worden. Während nach dem Begriffsverständnis der Gemeinschaftsorgane die VerbrGüKRL unter dem Begriff des Gehilfen jede rechtsfähige Person oder Einheit, die als vom Hersteller autorisierter Vertriebshändler oder autorisierte Kundendienststelle auftritt, zu verstehen sei, könne als Gehilfe im Sinne des § 434

413 Geänderter Vorschlag für eine Richtlinie des Europäischen Parlaments und des Rates über den Verbrauchsgüterkauf und -garantien, Abl. C 148 vom 14.05.1998, S. 12, 15.

414 Jorden/Lehmann, Verbrauchsgüterkauf und Schuldrechtsmodernisierung, JZ 2001, 952, 954; Lehmann, Informationsverantwortung und Gewährleistung für Werbeangaben beim Verbrauchsgüterkauf, JZ 2000, 280, 285.

Abs. 1 Satz 3 BGB nur gelten, wer Äußerungen (zumindest generell) mit dem Wissen und in Übereinstimmung mit dem Willen des Herstellers abgebe.[415]

Dagegen spricht jedoch der Umstand, dass diese Gehilfendefinition bereits im gemeinsamen Standpunkt des Rates vom 24.09.1998[416] im Hinblick auf die unterschiedlichen Rechtsvorschriften zur Stellvertretung in den Mitgliedsstaaten aufgegeben worden ist. Auf eine Definition innerhalb der Richtlinie wurde gerade deshalb verzichtet, damit die Mitgliedsstaaten ihren nationalen Rechtsordnungen entsprechend den Bedeutungsgehalt dieses Begriffes selbst festlegen können.[417] Insofern kann dieses bereits durch den europäischen Gesetzgeber verworfene Vorstellungsbild zur Definition des Gehilfenbegriffs in § 434 Abs. 1 Satz 3 BGB nicht maßgeblich sein.[418] Denn es ist im Rahmen der Gesetzesauslegung keinesfalls zulässig, gerade den Willen zugrunde zu legen, den der Gesetzgeber durch die Streichung vormals geplanter Normen ausdrücklich aufgegeben hat. Insofern kann nicht davon ausgegangen werden, dass die Gehilfendefinition aus dem Richtlinienvorschlag von 1998 dem Begriff des Gehilfen im Rahmen des § 434 Abs. 1 Satz 3 BGB zugrunde zu legen ist.

a) Abgrenzung zu ähnlichen Rechtsinstituten

Da der Begriff des Gehilfen auch nicht anderweitig positivrechtlich definiert ist, erscheint ein Vergleich zu sonstigen zivilrechtlichen Instituten mit Drittbezug angemessen.

aa) Die Stellvertretung gemäß §§ 164 ff. BGB

Der Begriff des Vertreters wurde deshalb nicht in § 434 Abs. 1 Satz 3 BGB übernommen, weil er innerhalb des deutschen Zivilrechts mit dem der Stellvertretung im Sinne der §§ 164 ff. BGB belegt ist. Denkbar ist zunächst der Fall, dass ausnahmsweise die Voraussetzungen der Stellvertretung gemäß §§ 164 ff. BGB vorliegen. Dies wäre dann gegeben, wenn eine andere Person eine eigene Willenserklärung im Namen des Verkäufers oder des Herstellers mit der erforderli-

---

415 Andres, in: Schimmel/Buhlmann, Frankfurter Handbuch zum neuen Schuldrecht, S. 452, unter Verweis auf: Jorden/Lehmann, Verbrauchsgüterkauf und Schuldrechtsmodernisierung, JZ 2001, 952, 954.

416 ABL. C 333 vom 30.10.1998, S. 46.

417 Weiler, Haftung für Werbeangaben nach neuem Kaufrecht, WM 2002, 1784, 1789; Staudenmeyer, in: Grundmann/Medicus/Rolland, Europäisches Kaufgewährleistungsrecht, 2000, S. 31.

418 So auch: Grigoleit/Herresthal, Die Beschaffenheitsvereinbarung und ihre Typisierungen in § 434 I BGB, JZ 2003, 233, 237.

chen Vertretungsmacht abgibt. Um in den Abgrenzungsbereich von der Stellvertretung gemäß §§ 164 ff. BGB zu der Haftung für Werbeaussagen gemäß § 434 Abs. 1 Satz 3 BGB zu gelangen, müsste es sich um eine Willenserklärung mit einem die Sachbeschaffenheit des Kaufgegenstandes beschreibenden Inhalt handeln. Dies ist regelmäßig etwa dann gegeben, wenn der Verkäufer eine dritte Person mit Vertretungsmacht ausstattet und diese Person mit Abgabe der Willenserklärung auch tatsächlich Angaben zu der konkreten Beschaffenheit der Sache macht.

Beispiel: Der mit Vollmacht ausgestattete Vertreter des Verkäufers nimmt im Rahmen der Vertragsverhandlungen ausdrücklich Bezug auf Beschreibungen der Kaufsache in einem Herstellerprospekt und vereinbart mit dem Käufer, dass diese Beschreibungen Vertragsbestandteil sein sollen.

In diesem Fall werden die Herstellerangaben unmittelbar Bestandteil der vertraglich vereinbarten Beschaffenheit gemäß § 434 Abs. 1 Satz 1 in Verbindung mit § 164 Abs. 1 Satz 1 BGB. Somit fällt dieses Beispiel nicht in den Regelungsbereich des § 434 Abs. 1 Satz 3 BGB. Im Ergebnis bleibt daher festzuhalten, dass der Verkäufer, sofern er wirksam vertreten wurde, aus der Sachmängelhaftung gemäß § 434 Abs. 1 Satz 1 BGB in Anspruch genommen werden kann.

Eine andere Situation liegt vor, wenn der Dritte keine Willenserklärung abgibt, da es sich um eine öffentliche Werbeaussage handelt. Dann kann zwar eine Zurechnung nach § 434 Abs. 1 Satz 3 BGB, niemals jedoch die Situation der rechtsgeschäftlichen Stellvertretung im Sinne der §§ 164 ff. BGB in Betracht kommen.

Festzuhalten bleibt daher, dass die Zurechnung im Rahmen des § 434 Abs. 1 Satz 3 BGB deshalb nicht zu den Normen über die Stellvertretung in Konkurrenz geraten kann, weil die Stellvertretung immer der Abgabe einer Willenserklärung bedarf, wohingegen der Äußerungstatbestand des § 434 Abs. 1 Satz 3 BGB gerade keiner Willenserklärung bedarf.

bb) Die Abgrenzung zum Erfüllungsgehilfen gemäß § 278 BGB

Gemäß § 278 Satz 1 BGB hat der Schuldner das Verschulden derjenigen Personen, deren er sich zur Erfüllung seiner Verbindlichkeiten bedient, in gleichem Umfange zu vertreten wie eigenes Verschulden. Die in § 278 Satz 1 BGB normierte Verantwortlichkeit des Schuldners für seine Erfüllungsgehilfen ist keine eigenständige Anspruchsgrundlage, sondern lediglich eine Zurechnungsnorm.

Mit dem Begriff des Erfüllungsgehilfen im Sinne des § 278 Satz 1 BGB kann der Begriff des Gehilfen im Sinne des § 434 Abs. 1 Satz 3 BGB meines Erachtens jedoch nicht identisch sein. Erfüllungsgehilfe kann demnach nur sein, wer nach den tatsächlichen Gegebenheiten mit dem Willen des Schuldners bei der Erfüllung von Verbindlichkeiten gegenüber einem Dritten tätig wird.[419] Werbung und anderweitige Äußerungen können in aller Regel jedoch nicht als Verbindlichkeiten des Herstellers oder des Verkäufers angesehen werden.[420] Sie erfolgen regelmäßig mit dem Ziel der Absatzförderung und werden bereits vor Vertragsabschluss, in der Regel sogar schon vor dem Stadium der eigentlichen Vertragsanbahnung publiziert. Es handelt sich daher regelmäßig nicht um die Einschaltung in Pflichten.[421]

Die hinter § 278 Satz 1 BGB einerseits und § 434 Abs. 1 Satz 3 BGB andererseits liegenden gesetzgeberischen Intentionen sind in gewissem Sinne durchaus vergleichbar: § 278 Satz 1 BGB beruht auf dem Gedanken, dass der Schuldner einer Verbindlichkeit gegenüber seinem Gläubiger für seinen Geschäfts- und Gefahrenkreis verantwortlich ist. Derjenige, der den Vorteil der Arbeitsteilung in Anspruch nimmt, soll auch das Risiko tragen, dass der an seiner Stelle handelnde Gehilfe die rechtlich geschützten Interessen des Gläubigers schuldhaft verletzt.[422] Die Informationsverantwortung des Verkäufers gemäß § 434 Abs. 1 Satz 3 BGB beruht nach dem Willen des Gesetzgebers unter anderem ebenfalls darauf, dass der Verkäufer einer Sache von absatzfördernden Maßnahmen Dritter in wirtschaftlicher Hinsicht profitiert. Diesem Umstand hat der Gesetzgeber derart große Bedeutung beigemessen, dass er die Informationsverantwortung auch auf den Privatverkäufer erstreckt hat, weil Werbemaßnahmen auch diesem zugute kämen. Die Vorschrift beruht also insoweit auf dem Gedanken, dass derjenige, der von einem arbeitsteiligen Vertrieb profitiert, auch die gegebenenfalls daraus resultierenden Nachteile zu tragen hat. Jedoch hat diese Vergleichbarkeit nicht zur Folge, dass der Begriff des Gehilfen im Sinne des § 434 Abs. 1 Satz 3 BGB mit dem des Erfüllungsgehilfen im Sinne des § 278 Satz 1 BGB gleichzusetzen ist.

cc) Die Abgrenzung zum Verrichtungsgehilfen gemäß § 831 BGB

Wer einen anderen zu einer Verrichtung bestellt, ist gemäß § 831 Abs. 1 Satz 1 BGB zum Ersatz desjenigen Schadens verpflichtet, den der andere in Ausführung der Verrichtung einem Dritten widerrechtlich zufügt. Im Unterschied zu § 278 Satz 1 BGB, im Rahmen dessen der Schuldner für fremdes Verschulden ohne Rücksicht auf sein eigenes Verhalten haftet, setzt die Haftung aus § 831 Abs. 1 Satz 1 BGB ein (vermutetes) eigenes Verschulden ohne Rücksicht auf ein Ver-

---

419 BGHZ 62, 124; 98, 334.

420 Weiler, Haftung für Werbeangaben nach neuem Kaufrecht, WM 2002, 1784, 1789.

421 MünchKomm-H.P.Westermann, 4. Auflage, § 434, Rdnr. 26.

422 Palandt/Putzo, BGB, 62. Auflage, § 278, Rdnr. 1; BGHZ 62, 124; 95, 132; BGH NJW 1996, 465.

schulden der Hilfsperson voraus. Als Verrichtungsgehilfe kommen solche Personen in Betracht, die von einem anderen (dem Bestellenden/Geschäftsherrn), in dessen Einflussbereich und einer gewissen Abhängigkeit sie allgemein oder auch nur im konkreten Fall stehen, eine Tätigkeit übertragen bekommen. Erforderlich ist also ein gewisses Weisungsrecht, für dessen Bestehen ausreichend ist, dass der Geschäftsherr die Tätigkeit jederzeit beschränken, untersagen oder nach Zeit und Umfang bestimmen kann.[423] Der Bestellte muss bei Ausführung der Tätigkeit vom Willen des Geschäftsherren abhängen.[424]

Zwar sind auch die Haftung nach § 434 Abs. 1 Satz 3 BGB und diejenige gemäß § 831 Abs. 1 Satz 1 BGB hinsichtlich der zugrundeliegenden Erwägungen – ähnlich wie im Falle des § 278 Satz 1 BGB – nicht grundsätzlich verschieden. Auch hier geht es im Ergebnis darum, dem Schuldner als Ausgleich für die ihm günstige Beteiligung von Drittpersonen auch die eventuellen Nachteile dieser Beteiligung zuzuweisen. Jedoch sind die Normen insoweit grundverschieden, als dass § 831 Abs. 1 Satz 1 BGB ein (Auswahl-) Verschulden, Rechtswidrigkeit und vor allem eine Verrichtung, also die Ausführung einer bestimmten Tätigkeit, voraussetzt. Auch hier ist eine Sonderverbindung zwischen Schuldner und Gläubiger des Anspruchs erforderlich.

Insoweit bleibt festzuhalten, dass der Begriff des Gehilfen im Sinne des § 434 Abs. 1 Satz 3 BGB nicht mit dem des Erfüllungsgehilfen gleichgesetzt werden kann.

b) Das Erfordernis eines Zurechnungszusammenhanges?

Fraglich ist meines Erachtens, ob im Rahmen des § 434 Abs. 1 Satz 3 BGB nicht dennoch irgendein Zurechnungszusammenhang zwischen dem Verhalten des Gehilfen und dem des Herstellers erforderlich ist. Dies könnte deshalb der Fall sein, weil eine gewisse „Sonderbeziehung“ zwischen den beteiligten Personen Voraussetzung aller Zurechnungsnormen ist.[425] Sowohl zu der Frage des Gehilfenbegriffes als auch zu dem Erfordernis eines Zurechnungszusammenhanges werden verschiedene Ansätze vertreten.

So sind *Grigoleit/Herresthal* der Ansicht, dass in jedem Fall immer nur Äußerungen solcher Personen Berücksichtigung finden, die von dem Hersteller bewusst zur Abgabe öffentlicher Äußerungen eingeschaltet worden sind. Anders als im Fall der Stellvertretung werde im Rahmen von § 434 Abs. 1 Satz 3 BGB die

423 Palandt/Putzo, BGB, 62. Auflage, § 831, Rdnr. 6, m.w.N.
424 OLG Frankfurt/Main, NJW-RR 2000, 351.
425 Grigoleit/Herresthal, Die Beschaffenheitsvereinbarung und ihre Typisierungen in § 434 I BGB, JZ 2003, 233, 237.

Zurechnung nicht dadurch ausgeschlossen, dass der Gehilfe eine ihm korrekt übermittelte Angabe unrichtig veröffentliche. Auch ergebe sich eine gewisse Nähe der Zurechnung einer öffentlichen Äußerung zu den Regeln der Stellvertretung dadurch, dass die öffentliche Äußerung vermittels des § 434 Abs. 1 Satz 3 BGB in den Kaufvertrag einbezogen werde. Jedoch enthalte der Wortlaut von § 434 Abs. 1 Satz 3 BGB keinen auf eine solche Beschränkung analog §§ 164 ff. BGB hindeutenden Anhaltspunkt. Die uneingeschränkte Zurechnung des § 278 BGB weise darüber hinaus einen engen Bezugspunkt zu § 434 Abs. 1 Satz 3 BGB auf. Dies werde insbesondere daran deutlich, dass mit der unrichtigen Werbung auch ein typisierter Verhaltensvorwurf verbunden sei. Im Übrigen sei die Beschränkung innerhalb des § 831 Abs. 1 BGB auf weisungsabhängige Verrichtungsgehilfen nicht auf § 434 Abs. 1 Satz 3 BGB übertragbar, da die Zurechnung der öffentlichen Äußerung im Zusammenhang mit einem Rechtsgeschäft stehe. Darüber hinaus weise der Wortlaut des § 434 Abs. 1 Satz 3 BGB nicht auf eine solche Beschränkung der Zurechnung hin.[426]

Nach *Faust* soll entscheidend sein, dass die Äußerung erstens nach außen wie eine solche des Verkäufers oder des Herstellers erscheint (nicht z.B., wenn sie als redaktioneller Beitrag eines Mediums „getarnt" ist) und dass sie zweitens dem Verkäufer oder dem Hersteller zurechenbar ist.[427] *Bernreuther* hingegen verzichtet auf das Erfordernis eines unmittelbaren und direkten Zusammenhangs zwischen Hersteller und Gehilfen. Der Begriff des Gehilfen sei gleichbedeutend mit den Begriffen „Angestellter" oder „Beauftragter" im Sinne des § 13 Abs. 4 UWG a.F. (§ 8 Abs. 2 UWG n.F.[428]).[429]

Westermann meint, da sowohl Stellvertretung im Sinne der §§ 164 ff. BGB als auch die Zurechnung des Handelns des Erfüllungsgehilfen im Sinne des § 278 BGB nicht vorliege, könne es im Rahmen der Gehilfenzurechnung im Sinne des § 434 Abs. 1 Satz 3 BGB nur darauf ankommen, ob die konkrete Äußerung auf den Willen des Herstellers oder Importeurs des End- oder Teilproduktes zurückzuführen sei. Einverständnis mit der Veröffentlichung genüge hierbei.

Zum Teil wird auch vertreten, bei der Einbeziehung von Drittäußerungen im Sinne des § 434 Abs. 1 Satz 3 BGB handele es sich eine Einbeziehung von Drittverhalten, welche dogmatisch auf vergleichbarer Linie wie sonstige Zurechnungs-

---

426 Grigoleit/Herresthal, Die Beschaffenheitsvereinbarung und ihre Typisierungen in § 434 I BGB, JZ 2003, 233, 237.

427 Faust, in: Bamberger/Roth, BGB, § 434, Rdnr. 78.

428 § 8 Abs. 2 UWG n.F. beinhaltet nunmehr die Begriffe „Mitarbeiter" und „Beauftragter"; vgl. zum UWG n.F.: Matutis, UWG, § 8, Rdnr. 9; Piper/Ohly, UWG, 4. Auflage, § 8, Rdnr. 170.

429 Bernreuther, Sachmangelhaftung und Werbung, MDR 2003, 63, 66.

tatbestände nach §§ 166, 278 BGB lägen, allerdings auf gesetzlicher Grundlage.[430]

Ein dogmatischer Vergleich zu anderen Zurechnungsnormen verdeutlicht, dass auf einen Zurechnungszusammenhang zwischen dem Hersteller und seinem Gehilfen nicht verzichtet werden kann. Im Rahmen der rechtsgeschäftlichen Stellvertretung wird der Umfang der Zurechnung durch den Umfang der Vertretungsmacht beschränkt. Eine Zurechnung fremden Verschuldens kommt gemäß § 278 Satz 1 BGB nur dann in Betracht, wenn die Drittperson mit Wissen und Wollen des Schuldners gehandelt hat. Liegt diese Voraussetzung nicht vor, ist nach geltendem Recht eine Zurechnung gerade nicht gegeben; sie würde als grob ungerecht empfunden. Entscheidender Punkt für die Zurechnung ist, dass derjenige, der den Vorteil der arbeitsteiligen Erfüllung schuldvertraglicher Verpflichtungen nutzt, auch die daraus entstehenden Nachteile zu tragen hat.

Im Rahmen des § 831 Abs. 1 Satz 1 BGB ist die Interessenlage zumindest ähnlich: Auch hier wird für eine Drittbeteiligung gehaftet. Limitierend wirkt jedoch hier, dass zum einen als Verrichtungsgehilfe nur gilt, wer dem Geschäftsherren durch ein Weisungsrecht unterliegt und zum anderen die Schadenszufügung in Ausführung der Verrichtung erfolgen muss.

All dies verdeutlicht, dass die Zurechnung von Drittverhalten an gewisse „Sondersituationen" gebunden ist und insofern – natürlich – nicht sämtliches Verhalten irgendwelcher Drittpersonen erfassen kann. Dieser Grundsatz muss meines Erachten auch im Rahmen des § 434 Abs. 1 Satz 3 BGB Anwendung finden. § 434 Abs. 1 Satz 3 BGB normiert die Informationsverantwortlichkeit des Verkäufers nach dem Willen des Gesetzgebers gerade deshalb, weil der Verkäufer von Marketing- und Werbemaßnahmen Dritter in der Regel zielgerichtet profitiert. Die Vorschrift trägt also dem Umstand Rechnung, dass arbeitsteilige Vertriebsmethoden im heutigen Wirtschaftsalltag massenhaft vorkommen. Derjenige, der im Rahmen seiner Verkaufsaktivitäten auf eine Arbeitsteilung setzt und deren Vorteile in Anspruch nimmt, soll auch bei Nichterfüllung der diesbezüglichen Erwartungen deren Nachteile tragen müssen. Liegt eine arbeitsteilige Vertriebsmethode mangels diesbezüglichen Wissens und Wollens jedoch nicht vor, weil der Äußernde nicht mit Wissen und Wollen des Herstellers agiert, so ist es nicht überzeugend zu begründen, dem Verkäufer die Nachteile dennoch zuzuweisen. In diesem Fall ist der die Haftung des Verkäufers rechtfertigende Vorteil jedoch nicht Ziel, nicht der typische Effekt des Drittverhaltens, sondern allenfalls ein

430 Büdenbender, Das Kaufrecht nach dem Schuldrechtsreformgesetz Teil 2, DStR 2002, 361; AnwK-BGB/Büdenbender, § 434, Rdnr. 11.

ungewollter Nebeneffekt.[431] Überdies ist es nicht unwahrscheinlich, dass ein solcher Vorteil in dem beschriebenen Fall überhaupt nicht vorliegt, weil die Werbemaßnahmen mit dem Hersteller nicht abgestimmt sind und insofern auch nicht gleich effektiv sein können wie eine Marketingmaßnahme innerhalb eines arbeitsteilig geplanten Vertriebs. *Weiler* ist der zutreffenden Ansicht, dass in diesem Zusammenhang die durch die Werbung geweckten Käufererwartungen nicht alleine maßgeblich sein können.[432] Diese sind zwar ein wichtiger Aspekt, jedoch auch nicht derart schutzwürdig, als dass die Interessen des Verkäufers stets hinter diesen zurückzustehen hätten. Ein Vergleich zu § 278 Satz 1 BGB und § 831 Abs. 1 Satz 1 BGB zeigt insoweit, dass der Schutz von Drittinteressen auch an anderer Stelle nicht unbegrenzt eingreifen kann.

Der Wille des deutschen Gesetzgebers, wonach von dem Begriff des Gehilfen Hilfspersonen, die für den Hersteller bei Äußerungen über Tatsachen eingeschaltet worden sind, erfasst werden sollen,[433] belegt die hier vertretene Ansicht. Auch der allgemeine Sprachgebrauch kann unter dem Begriff „Gehilfen" schlechterdings nicht jede Drittperson verstehen. Erforderlich ist vielmehr, dass der „Gehilfe" tatsächlich mit Wissen und Wollen des Herstellers agiert, damit er für ihn auch tatsächlich helfend tätig werden kann.

Darüber hinaus spricht für dieses Ergebnis auch eine richtlinienkonforme Auslegung. Nach der Wortwahl der VerbrGüKRL muss es sich um den „Vertreter" des Herstellers handeln. In sprachlicher Hinsicht kann von dem Begriff des „Vertreters" jedoch sicherlich nicht jeder Dritte erfasst sein, der sich zu den Produkteigenschaften äußert. Vielmehr impliziert der Begriff des „Vertreters" geradezu, dass hier in jedem Fall eine Sonderbeziehung zwischen dem Hersteller und der Drittperson vorhanden sein muss.

c) Ergebnis

Im Ergebnis bleibt festzuhalten, dass auf das Erfordernis eines spezifischen Zurechnungszusammenhangs zwischen dem Hersteller und seinem Gehilfen nicht verzichtet werden kann. Dieser Zusammenhang ist nur dann gegeben, wenn die Äußerungen des Gehilfen mit Wissen und Wollen des Herstellers erfolgt sind.[434]

---

431 Weiler, Haftung für Werbeangaben nach neuem Kaufrecht, WM 2002, 1784, 1790 bezeichnet dies als „Seiteneffekt".

432 Weiler, Haftung für Werbeangaben nach neuem Kaufrecht, WM 2002, 1784, 1790.

433 BT-Drucks. 14/6040, S. 214 = Canaris, Schuldrechtsmodernisierung 2002, S. 816.

434 Weiler, Haftung für Werbeangaben nach neuem Kaufrecht, WM 2002, 1784, 1790; Westermann, Das neue Kaufrecht, NJW 2002, 241, 245; Grigoleit/Herresthal, Die Beschaffenheitsvereinbarung und ihre Typisierungen in § 434 I BGB, JZ 2003, 233, 237.

Als Gehilfe im Sinne des § 434 Abs. 1 Satz 3 BGB kommt somit jede Person in Betracht, die eine sachbezogene Beschaffenheitsvereinbarung mit Wissen und Wollen des Herstellers publiziert.

2. *Beispiele*

Arbeitnehmer und in einem ähnlichen sozialen Abhängigkeitsverhältnis stehende Personen werden somit erfasst.[435] Darüber hinaus ist die Werbung von selbstständigen Unternehmen[436] (z.B. Verlag[437]), Werbeagenturen[438] sowie Äußerungen von beauftragten Gutachtern (nicht aber von unabhängigen Testinstituten und auch nicht von unabhängigen Händlern) dem Verkäufer zuzurechnen.[439]

Nach dem Wortlaut von § 434 Abs. 1 Satz 3 BGB werden Äußerungen von Zwischenhändlern nicht erfasst. Fraglich ist demnach, ob eine analoge Anwendung von § 434 Abs. 1 Satz 3 BGB auf Zwischenhändler gerechtfertigt ist. *Faust* vertritt die Ansicht, dass eine analoge Anwendung von § 434 Abs. 1 Satz 3 BGB auf Zwischenhändler nicht in Betracht zu ziehen sei. In Betracht kämen hier nur die Äußerungen solcher Zwischenhändler, von denen der Verkäufer seine Ware bezieht. Dies wiederum könne der Käufer niemals einschätzen und sich insofern ohnehin nicht auf Äußerungen von Zwischenhändlern verlassen.[440] Dies ist meines Erachtens bereits deshalb zutreffend, weil der Wortlaut des § 434 Abs. 1 Satz 3 BGB insoweit eindeutig ist und eine Erweiterung des Kreises der Äußernden den Verkäufer unkalkulierbaren Risiken aussetzen würde.

3. *Gehilfe nur des Herstellers oder auch des Verkäufers?*

Sprachlich ist die Formulierung „... seines Gehilfen..." nicht eindeutig. Hier ist denkbar, dass entweder nur der Gehilfe des Verkäufers, nur der Gehilfe des Herstellers oder der Gehilfe des Herstellers und der des Verkäufers gemeint sein soll.

Recht eindeutig ist zunächst, dass nicht ausschließlich der Gehilfe des Verkäufers gemeint sein soll. Dies ergibt sich aus der Entstehungsgeschichte der

---

435 Grigoleit/Herresthal, Die Beschaffenheitsvereinbarung und ihre Typisierungen in § 434 I BGB, JZ 2003, 233, 237.

436 Palandt/Putzo, BGB, 64. Auflage, § 434, Rdnr. 36; Faust, in: Bamberger/Roth, BGB, § 434, Rdnr. 78; Grigoleit/Herresthal, Die Beschaffenheitsvereinbarung und ihre Typisierungen in § 434 I BGB, JZ 2003, 233, 237; Bernreuther, Sachmangel und Werbung, MDR 2003, 62, 66.

437 Bernreuther, Sachmangel und Werbung, MDR 2003, 62, 66.

438 Staudinger/Matusche-Beckmann (2004), § 434, Rdnr. 86; Medicus, Schuldrecht II, 12. Auflage, S. 20; Palandt/Putzo, BGB, 64. Auflage, § 434, Rdnr. 36.

439 MünchKomm-H.P.Westermann, 4. Auflage, § 434, Rdnr. 26.

440 Faust, in: Bamberger/Roth, BGB, § 434, Rdnr. 79.

VerbrGüKRL. Diese sah in ihrer Entwurffassung aus dem Jahre 1998 eine Definition des „Vertreters des Herstellers“ vor.[441] Zwar wurde diese im Hinblick auf die unterschiedliche Bedeutung des Begriffes des Vertreters nicht in die endgültige Fassung übernommen; eine Definition sollte jedoch den Mitgliedsstaaten überlassen bleiben.

Fraglich ist allerdings, ob sich das Tatbestandsmerkmal „seines Gehilfen“ im Sinne des § 434 Abs. 1 Satz 3 BGB nur auf den Hersteller oder gleichermaßen auf den Hersteller *und* den Verkäufer bezieht. Es geht hierbei um die praktisch hochbedeutsame Frage, ob eine Verkäuferhaftung nur durch Äußerungen des Gehilfen des Herstellers oder auch durch solche eines Gehilfen des Verkäufers selbst begründet werden kann.

Es wird vertreten, dass sowohl Äußerungen des Gehilfen des Herstellers als auch Äußerungen des Gehilfen des Verkäufers haftungsbegründende Wirkung zukommen könne.[442] Zwar würden öffentliche Äußerungen eines Gehilfen des Verkäufers schon weitgehend über die §§ 164 ff. BGB, §§ 54 ff. HGB sowie von den Grundsätzen über die Rechtsscheinvollmacht erfasst. Jedoch setzten diese Regeln im Vergleich zu § 434 Abs. 1 Satz 3 BGB besondere Zurechnungsvoraussetzungen voraus. Darüber hinaus sei nicht einzusehen, warum gerade der Hersteller in einem weiteren Umfang einstehen solle als der Verkäufer.[443] Schließlich handele es sich bei § 434 Abs. 1 Satz 3 BGB um einen Haftungstatbestand, der unmittelbar an das Bestehen eines Kaufvertrages anknüpfe. Demzufolge erstrecke sich die haftungsbegründende Zurechnung des Gehilfenverhaltens nicht nur auf den Hersteller, sondern erst recht auch auf den Verkäufer.[444]

Teilweise wird sogar vertreten, die Nennung der Hilfspersonen des Verkäufers sei auch deshalb nicht erforderlich gewesen, weil der Verkäufer für die Äußerungen seiner Hilfspersonen sowieso gemäß § 278 Satz 1 BGB einzustehen habe.[445] Aus § 434 Abs. 1 Satz 3 BGB folge, dass zutreffende Werbung in den

---

441 Vgl. oben.

442 Faust, in: Bamberger/Roth, BGB, § 434, Rdnr. 78; Grigoleit/Herresthal, Die Beschaffenheitsvereinbarung und ihre Typisierungen in § 434 I BGB, JZ 2003, 233, 237 f.; so wohl auch: Westermann, Das neue Kaufrecht, NJW 2002, 241, 245; MünchKomm-H.P.Westermann, 4. Auflage, § 434, Rdnr. 21; Graf v. Westphalen, in: Hennsler/Graf v. Westphalen, Praxis der Schuldrechtsreform, 2002, § 434, Rdnr. 36.

443 Faust, in: Bamberger/Roth, BGB, § 434, Rdnr. 78; Grigoleit/Herresthal, Die Beschaffenheitsvereinbarung und ihre Typisierungen in § 434 I BGB, JZ 2003, 233, 237.

444 Grigoleit/Herresthal, Die Beschaffenheitsvereinbarung und ihre Typisierungen in § 434 I BGB, JZ 2003, 233, 238.

445 Olzen/Wank, Die Schuldrechtsreform, S. 72, Rdnr. 347; Homann, Werbeaussagen und Käufererwartungen, Diss. jur. 2004, S. 241.

Pflichtenkreis des Verkäufers gegenüber dem Käufer falle. Werde dem Verkäufer sogar das schuldhafte Verhalten eines Erfüllungsgehilfen zugerechnet, so müsse dies erst recht dann gelten, wenn es auf ein Verschulden gar nicht ankomme.[446]

Diese Ansicht verkennt jedoch, dass es sich bei der Bewerbung durch öffentliche Äußerungen gerade nicht um die Einschaltung in Pflichten des Verkäufers handeln kann.[447] Bei der Bewerbung der Kaufsache durch den Verkäufer handelt es sich nicht um die Erfüllung von Verbindlichkeiten des Schuldners, sondern lediglich um Maßnahmen zur Steigerung des Absatzes. Möchte man die zutreffende Werbung in den Pflichtenkreis des Verkäufers gegenüber dem Käufer einbeziehen, würde man aus der Verantwortlichkeit für die Unrichtigkeit fehlerhafter Werbung gemäß § 434 Abs. 1 Satz 3 BGB contra legem ein umfassendes Informationsgebot herleiten. Dies ist jedoch nicht die gesetzgeberische Intention gewesen. Darüber hinaus hätte diese Ansicht zur Folge, dass der Verkäufer bei unrichtigen Aussagen seiner Hilfspersonen immer nur dann haften würde, wenn diese Hilfspersonen tatsächlich ein Verschulden trifft. Die Informationsverantwortung gemäß § 434 Abs. 1 Satz 3 BGB ist demgegenüber aber nicht davon abhängig, dass die Falschinformation schuldhaft erfolgt ist. Das Argument, eine Zurechnung müsse erst recht erfolgen, wenn ein Verschulden nicht Anspruchsvoraussetzung ist, kann nicht überzeugen. Es wird hierbei verkannt, dass nach unbestrittener Ansicht das Vorliegen eines Verschuldens konstitutive Voraussetzung einer Verantwortlichkeit nach § 278 Satz 1 BGB ist. Der Wortlaut des § 278 Satz 1 BGB „... hat ein Verschulden... in gleichem Umfang zu vertreten wie eigenes Verschulden“ ist eindeutig. Andernfalls wäre die Zurechnung gemäß § 278 Satz 1 BGB auf alle Fälle der verschuldensunabhängigen Verantwortlichkeit des Schuldners erstreckt. Dies ist mit dem Zweck der Vorschrift, deren Anwendungsbereich immer nur dann eröffnet sein soll, wenn auch tatsächlich das schuldhafte Fehlverhalten des Gehilfen einem hypothetischen Fehlverhalten des Schuldners im Sinne einer Vertragspflichtverletzung gleichzusetzen wäre, nicht zu vereinbaren. Darüber hinaus würde diese Ansicht auch die Unterschiede innerhalb der Rechtsfolgen eines Sachmangels einebnen. Denn während Nacherfüllung, Rücktritt und Minderung kein Vertretenmüssen des Verkäufers voraussetzen, ist dies bei einem Anspruch auf Schadensersatz gemäß §§ 437 Nr. 3, 280 ff. BGB gerade der Fall. Während demnach nur im Falle des Anspruchs auf Schadensersatz eine Anwendung von § 278 Satz 1 BGB in Betracht kommt, würde man § 278 Satz 1 BGB auch in den Fällen von Nacherfüllung, Rücktritt und Minderung jedenfalls mittelbar zur Anwendung bringen. Dies ist wohl nicht im Sinne des Gesetzgebers. Somit kann die Frage, ob sich die Person des Gehilfen

---

446 Homann, Werbeaussagen und Käufererwartungen, Diss. jur. 2004, S. 241.
447 MünchKomm-H.P.Westermann, 4. Auflage, § 434, Rdnr. 26.

im Sinne des § 434 Abs. 1 Satz 3 BGB auch auf den Verkäufer bezieht, nicht dadurch beantwortet werden, dass der Verkäufer für seine Hilfspersonen grundsätzlich über § 278 Satz 1 BGB haftet.

Zwar mag zutreffend sein, dass Äußerungen des Gehilfen weitgehend über die Regeln der Stellvertretung gemäß §§ 164 ff. BGB und §§ 54 ff. HGB erfasst werden. Dabei ist jedoch zu beachten – und alleine daraus ergibt sich bereits zwingend ein eigener Anwendungsbereich des Gehilfenbegriffs und das Erfordernis einer exakten Abgrenzung –, dass § 434 Abs. 1 Satz 3 BGB in einem solchen Fall lex specialis zu den §§ 164 ff. BGB und §§ 54 ff. HGB ist. Der Einwand von *Faust*, es sei nicht einzusehen, weshalb der Hersteller in einem weiteren Umfang als der Verkäufer der Sache einzustehen habe und demnach der Begriff des Gehilfen sowohl auf den Hersteller als auch auf den Verkäufer zu beziehen sei,[448] ist berechtigt. Es ist auch zuzugestehen, dass rein sprachlich gesehen, der Bezug auch auf den Verkäufer durchaus nahe liegt. Die Formulierung „seines" bezieht sich nicht zwingend lediglich auf den Hersteller. Völlig eindeutig wäre es hingegen dann, wenn es hieße „...des Verkäufers, des Herstellers ... oder *deren* Gehilfen...". Diese Formulierung wurde jedoch nicht gewählt. Der bundesdeutsche Gesetzgeber hat lediglich an Hilfspersonen des Herstellers gedacht.[449] Darüber hinaus spricht sowohl der Wortlaut von Art. 2 Abs. 2 d) VerbrGüKRL als auch derjenige von § 434 Abs. 1 Satz 3 BGB für dieses Ergebnis. Art. 2 Abs. 2 d) VerbrGüKRL spricht von dem Hersteller „oder dessen Vertreters". § 434 Abs.1 Satz 3 BGB spricht von dem Hersteller „oder seines Gehilfen". In beiden Fällen sind die Pronomen singularisch formuliert. Dies macht deutlich, dass sich der Begriff des Vertreters beziehungsweise des Gehilfen gerade nicht auf den erstgenannten Verkäufer, sondern lediglich auf den zweitgenannten Hersteller beziehen kann. Insofern wird unter Zugrundelegung des Wortlautes der nationalen Vorschrift in Verbindung mit den Motiven des deutschen Gesetzgebers eindeutig, dass der Begriff des Gehilfen im Sinne des § 434 Abs. 1 Satz 3 BGB sich nicht auf den Verkäufer, sondern lediglich auf die Person des Herstellers bezieht.

Darüber hinaus ist auch an dieser Stelle wiederum das Gebot der richtlinienkonformen Auslegung zu wahren. Für den Anwendungsbereich der VerbrGüKRL ist im Hinblick auf deren Entstehungsgeschichte unzweifelhaft, dass sich der dort verwendete Begriff des Vertreters lediglich auf den Hersteller und gerade nicht auf den Verkäufer bezieht. Im Jahre 1998 wurde im Richtlinienentwurf der Begriff „Vertreter des Herstellers" definiert. Dies belegt ebenfalls, dass nur der Bezug zu dem Hersteller angedacht war. Dennoch wurde in der endgültigen Version

448 Faust, in: Bamberger/Roth, BGB, § 434, Rdnr. 78.
449 BT-Drucks. 14/6040, S. 214 = Canaris, Schuldrechtsmodernisierung 2002, S. 816.

der VerbrGüKRL von einer Definition abgesehen, damit die Mitgliedsstaaten diesen Begriff selbst festlegen können.

Neben den formulierungstechnischen Gesichtspunkten spricht somit auch die Entstehungsgeschichte der VerbrGüKRL dafür, dass der Gehilfe des Verkäufers nicht erfasst sein soll. Meines Erachtens muss daher davon ausgegangen werden, dass der EuGH bei der Auslegung des Begriffs „Gehilfe“ im Hinblick auf die Intention und Entstehungsgeschichte der VerbrGüKRL entscheiden wird, dass sich der Begriff lediglich auf den Hersteller im Sinne der Vorschrift bezieht.

Im Ergebnis ist somit festzuhalten, dass der Begriff des „Gehilfen“ im Sinne des § 434 Abs. 1 Satz 3 BGB sich nicht auf den Verkäufer bezieht. Die Verantwortlichkeit des Verkäufers für Drittäußerungen, die nicht vom Hersteller und dessen Gehilfen stammen, richtet sich nach den allgemeinen Zurechnungsgrundsätzen des BGB und beschränkt sich demnach auf die Fälle der §§ 164 ff. BGB, der Anscheinsvollmacht und §§ 54 ff. HGB.

4. Äußerungen sonstiger „Leute“ des Verkäufers/ Wissenszurechnung

Fraglich ist, ob § 434 Absatz 1 Satz 3 BGB auch dann anzuwenden ist, wenn die Äußerung durch Personen erfolgt, die weder vom Begriff des Herstellers noch des Gehilfen im Sinne des § 434 Abs. 1 Satz 3 BGB erfasst werden. Dies könnte dann relevant werden, wenn eine Person sich im Sinne des § 434 Abs. 1 Satz 3 BGB öffentlich äußert, die weder Hersteller noch dessen Gehilfe ist, jedoch in irgendeiner Weise innerhalb des „Lagers“ des Verkäufers steht, weswegen der Verkäufer so zu behandeln sein könnte, als ob er die Äußerung selbst gekannt hätte.

Nach *Graf von Westphalen* wird diese Frage dann relevant, wenn irgendein Mitarbeiter des Verkäufers Kenntnis oder fahrlässige Unkenntnis von der werbemäßigen Äußerung des Herstellers etc. habe.[450] Die haftungsbegründende Wirkung des § 434 Abs. 1 Satz 3 BGB greife bereits dann ein. Anhand des Ausschlusstatbestandes im Sinne des § 434 Abs. 1 Satz 3, 2. HS, 1. Alt. BGB werde deutlich, dass es sich im Rahmen der Informationsverantwortung eben auch um eine Art der Wissenszurechnung handeln könne. Der Verkäufer müsse den Nachweis der fehlenden Kenntnis und der nicht fahrlässigen Unkenntnis nicht nur für sich selbst, sondern auch für „seine Leute“ als Wissensvertreter führen. Darüber hinaus gehe die Pflicht zum Informationsaustausch zwischen den innerhalb der Vertriebsorganisation des Verkäufers beteiligten Personen sogar „wesentlich weiter“ als die Wissenszurechnung im Rahmen des § 166 BGB. Sie beschränke

450 Graf v. Westphalen, in: Henssler/Graf v. Westphalen, Praxis der Schuldrechtsreform, 2002, § 434, Rdnr. 39.

sich insbesondere nicht auf typischerweise aktenmäßig festzuhaltendes Wissen, da es nicht um den Nachweis eines pflichtwidrig nicht weitergegebenen Wissens gehe. Vielmehr handele es sich in diesem Falle um den Nachweis der fehlenden Kenntnis einer in § 434 Abs. 1 Satz 3 BGB beschriebenen Äußerung durch den Hersteller, den Importeur oder den Quasi-Hersteller bei den Leuten des Verkäufers. „Denn wenn dem Verkäufer die Tätigkeit eines Gehilfen auf Seiten des Herstellers – und die damit verbundene Werbung bzw. Kennzeichnung der Kaufsache – zugerechnet wird, dann muss das gleiche auch für den negativen Tatbestand, nämlich: für die entsprechende fehlende Kenntnis gelten."[451]

Diese Ansicht ist meines Erachtens unzutreffend. Sie steht in unmittelbarem Widerspruch zum Wortlaut des Gesetzes, wonach der Verkäufer lediglich für die öffentlichen Drittäußerungen des Herstellers oder seines Gehilfen haftet. Zwar ist § 166 Abs. 1 BGB Ausdruck des allgemeinen Rechtsgedankens, dass derjenige, der einen anderen mit der Erledigung bestimmter Angelegenheiten in eigener Verantwortung beauftragt, sich das in diesem Rahmen erlangte Wissen zurechnen lassen muss.[452] Jedoch ist eben auch in diesem Fall zunächst der Wortlaut der primären Haftungsvorschrift maßgeblich. Darüber hinaus ist zu beachten, dass der Verkäufer in der Regel die in seinem „Lager" stehenden Personen nicht mit der Erledigung von bestimmten Geschäften in eigener Verantwortung betraut, ein Fall der typischen Wissenszurechnung somit gar nicht vorliegt. Letztlich würde dieser Ansatz dem Verkäufer ein Haftungsrisiko aufbürden, welches ökonomisch nicht sinnvoll ist, da der Verkäufer faktisch das vollständige Gewährleistungsrisiko für sämtliche Vorgänge in seiner Sphäre tragen würde.

Nach dem hier vertretenen Ansatz ist – da sich der Begriff des „Gehilfen" im Sinne des § 434 Abs.1 Satz 3 BGB nicht auf den Verkäufer bezieht – daher eine Zurechnung von Äußerungen außer im Fall der Herstelleräußerung auf die gesetzlich angeordneten Fälle der Zurechnung gemäß §§ 164 ff. BGB, 54 ff. HGB beschränkt. Somit finden die Grundsätze des § 166 BGB direkte Anwendung, jedoch beschränkt auf das Wissen des Stellvertreters, des Handlungsvertreters und -gehilfen. Eine andere Sichtweise würde entgegen dem Wortlaut sowohl von § 434 Abs. 1 Satz 3 BGB als auch der VerbrGüKRL die Verantwortlichkeit auf die Äußerung dort nicht genannter Personen ausweiten.

---

451 Graf v. Westphalen, in: Henssler/Graf v. Westphalen, Praxis der Schuldrechtsreform, 2002, § 434, Rdnr. 39.

452 Palandt/Heinrichs, BGB, 61. Auflage, § 166, Rdnr. 9, m.w.N.

D. Bestimmte Eigenschaften, die der Käufer erwarten kann

I. Entstehungsgeschichte

Gemäß § 434 Abs. 1 Satz 3 BGB gehören zu der Beschaffenheit nach Satz 2 Nr. 2 solche Eigenschaften, die der Käufer aufgrund des Äußerungstatbestandes erwarten kann. Der deutsche Gesetzgeber hat auch hinsichtlich dieser geschützten Erwartungen davon abgesehen, den Regelungsgehalt der VerbrGüKRL vollständig zu übernehmen.

Art. 2 Abs. 2 d) VerbrGüKRL lautet: „... eine Qualität und Leistungen aufweisen, die bei Gütern der gleichen Art üblich sind und die der Verbraucher *vernünftigerweise* erwarten kann, ...“.

Das Tatbestandsmerkmal „vernünftigerweise“ wurde nicht in die Vorschrift des § 434 Abs. 1 Satz 3 BGB aufgenommen. Diese Überlegung des Gesetzgebers ist in engem Zusammenhang mit § 434 Abs. 1 Satz 2 Nr. 2 BGB zu sehen. Auch hier wurde lediglich festgeschrieben, dass es sich um eine Beschaffenheit handeln muss, die der „Käufer nach der Art der Sache erwarten kann“. In der Begründung hierzu heißt es: „Darüber hinaus bestimmt Absatz 2 Nr. 2, dass die Sache in diesen Fällen eines Fehlens bestimmter Vorstellungen der Parteien über die Verwendung der Sache eine Beschaffenheit aufweisen muss, die bei Sachen der gleichen Art üblich ist und die der Käufer nach der Art der Sache erwarten kann. Damit wird der erste Teil des Artikels 2 Abs. 2 Buchstabe d der VerbrGüKRL umgesetzt. Dabei fasst der Begriff der ‚Beschaffenheit‘ als maßgeblicher Anknüpfungspunkt die Ausdrücke ‚Qualität und Leistungen‘ zusammen, die die Richtlinie verwendet. Satz 2 Nr. 2 enthält nicht die zusätzliche Beschränkung auf solche Beschaffenheitsmerkmale, die der Käufer ‚vernünftigerweise‘ erwarten kann. Dies scheint nicht erforderlich: Welche Beschaffenheit erwartet werden kann, bestimmt sich nach dem Erwartungshorizont eines Durchschnittskäufers. Der dem Bürgerlichen Gesetzbuch fremde Begriff ‚vernünftigerweise‘ soll nicht verwendet werden. Er umschreibt nur, was ohnehin zu prüfen ist, nämlich wie ein durchschnittlicher ‚vernünftiger‘ Käufer die Äußerungen von Verkäufer bzw. Hersteller zum Beispiel in Werbeaussagen in Bezug auf das Vorhandensein konkreter Eigenschaften auffassen durfte. In diesem Sinne wird der Begriff jedenfalls in Artikel 1.302. ‚Reasonableness‘ der Principle of European Contract Law verwendet.“[453]

453 BT-Drucks. 6857 = BR-Drucks. 338/01 (textgleich mit Fraktionsbegründung SPD/Bündnis 90/Die Grünen, BT-Drucksache 14/6040) = Canaris, Schuldrechtsmodernisierung 2002, S. 569, 814.

II. Eigenschaften

1. Der Begriff der Eigenschaft

Gemäß § 434 Abs. 1 Satz 3 BGB haftet der Verkäufer nur dann, wenn eine Eigenschaft nicht vorliegt, welche der Käufer aufgrund der öffentlichen Äußerung erwarten kann. Somit haftet der Verkäufer also nicht für jede denkbare öffentliche Äußerung, die beim Käufer zunächst eine gewisse Erwartung an die Beschaffenheit der Kaufsache geweckt, im Nachhinein aber tatsächlich nicht vorgelegen hat. Wie bereits erwähnt, bestimmt § 434 Abs. 1 Satz 3 BGB in sprachlich unglücklicher Weise[454] eine doppelte Relevanz des Eigenschaftsbegriffes. Denn es muss sich für eine Haftung des Verkäufers aus § 434 Abs. 1 Satz 3 BGB zum einen hinsichtlich der beschreibenden Äußerung um „bestimmte Eigenschaften", zum anderen um solche „Eigenschaften" handeln, die der Käufer erwarten kann. Im Folgenden ist derjenige Bereich der Eigenschaften zu untersuchen, der für die Erwartungen des Käufers maßgeblich ist.

Fraglich ist hier, was unter dem Eigenschaftsbegriff des § 434 Abs. 1 Satz 3 BGB zu verstehen ist. Problematisch erscheint dies insofern, als dass § 434 Abs. 1 Satz 3 BGB auf § 434 Abs. 1 Nr. 2 BGB verweist. Eine Verweisung auf die subjektiven Kriterien des § 434 Abs. 1 Nr. 1 BGB findet nicht statt. Vielmehr wird durch § 434 Abs. 1 Satz 3 BGB auf objektive Kriterien verwiesen. Zum Teil wird deshalb eine Übernahme des zu § 459 Abs. 2 BGB a.F. vorherrschenden Eigenschaftsbegriffes als zumindest nicht unproblematisch angesehen.[455]

Meines Erachtens wird durch den Verweis „zu der Beschaffenheit nach Satz 2 Nr. 2" innerhalb § 434 Abs. 1 Satz 3 BGB deutlich, dass die Vorschrift die Erwartungen des Käufers – soweit er diese auch tatsächlich haben konnte[456] – als beschaffenheitsdefinierend festlegt. Demzufolge kann kein Umstand als Eigenschaft gelten, soweit er nicht gleichzeitig eine Beschaffenheit im Sinne von § 434 Abs. 1 Satz 1, Satz 2 Nr. 2 BGB darstellen kann. Die Verwendung des Begriffes „Eigenschaft" in § 434 Abs. 1 Satz 3 BGB soll nach meiner Auffassung keinen sachlichen Unterschied zum Begriff der „Beschaffenheit" im Sinne des § 434 Abs. 1 Satz 1, Satz 2 Nr. 2 BGB begründen. Vielmehr sind die beiden Begriffe synonym zu verwenden und wurden lediglich deshalb in den Gesetzestext aufge-

---

454 Vgl.: Honsell, Die Umsetzung der EU Richtlinie über den Verbrauchsgüterkauf und ihre Umsetzung ins BGB, JZ 2001, 278, 280; Jorden/Lehmann, Verbrauchsgüterkauf und Schuldrechtsmodernisierung, JZ 2001, 952, 956.

455 So auch: Weiler, Haftung für Werbeangaben nach neuem Kaufrecht, WM 2002, 1784, 1787.

456 Hierzu sogleich unten.

nommen, um eine sprachliche Wiederholung zu vermeiden.[457] Insoweit lässt sich auch der Begriff der Eigenschaft im Sinne der §§ 459 ff. BGB a.F., wonach jedes, der Sache auf gewisse Dauer anhaftende physische Merkmal, das für den Wert der Sache, ihren vertraglich vorausgesetzten Gebrauch oder aus sonstigen Gründen für den Käufer erheblich ist, durchaus auf § 434 Abs. 1 Satz 3 BGB übertragen.[458] Der Gesetzgeber wollte durch die Verwendung des Begriffes „Eigenschaften" kein weiteres eigenes Sachmangelkriterium neben dem der Beschaffenheit für die Bestimmung der Kaufsache aufstellen. Mit anderen Worten kann Gegenstand der Käufererwartung in Bezug auf die Wesensmerkmale der Kaufsache immer nur das sein, was auch Gegenstand der Beschaffenheit sein könnte.

Entscheidend ist deshalb in diesem Zusammenhang einzig und allein, dass sich die Erwartungshaltung des Käufers auf Eigenschaften im Sinne des § 434 Abs. 1 Satz 3 BGB und somit mittelbar auf die Beschaffenheit bezieht. Nicht erfasst werden demnach Erwartungen, die über konkrete Sacheigenschaften hinausgehen.

Nach dem Wortlaut des § 434 Abs. 1 Satz 3 BGB kommt es im Falle der Eigenschaften, die der Käufer erwarten kann, nicht darauf an, dass es sich um bestimmte Eigenschaften handelt. Denn § 434 Abs. 1 Satz 3 bezieht das Adjektiv „bestimmte" nur auf diejenigen Eigenschaften, die durch öffentliche Äußerungen, in der Werbung oder bei der Kennzeichnung beschrieben werden. Demgegenüber spricht § 434 Abs. 1 Satz 3 BGB am Satzanfang lediglich von Eigenschaften, die zur Beschaffenheit nach Satz Nr. 2 gehören. Anders als die durch öffentliche Äußerungen etc. beschriebenen Eigenschaften müssen sich die Erwartungen des Käufers gerade nicht auf „bestimmte" Eigenschaften beziehen.

Dies macht freilich nicht entbehrlich, dass sich die Erwartung des Käufers dennoch auf konkrete Eigenschaften beziehen muss, da auch im Rahmen von § 434 Abs. 1 Satz 2 Nr. 2 grundsätzlich nur konkrete Eigenschaften Berücksichtigung finden können.[459]

2. *Die falsche Preisankündigung in der Werbung*

Teilweise wird in Erwägung gezogen, den Fall der falschen Preisankündigung beziehungsweise die Irreführung über den Preis in der Werbung als Sachmangel

457 Grigoleit/Herresthal, Die Beschaffenheitsvereinbarung und ihre Typisierungen in § 434 I BGB, JZ 2003, 233, 237.

458 Staudinger/Matusche-Beckmann (2004), § 434, Rdnr. 48; Palandt/Putzo, BGB, 65. Auflage, § 434, Rdnr. 12, m.w.N.

459 Palandt/Putzo, BGB, 65. Auflage, § 434, Rdnr. 37 und 30.

im Sinne des § 434 Abs. 3 BGB zu qualifizieren.[460] Dies erscheint meines Erachtens als äußerst fragwürdig.

Denkbar sind hier zwei verschiedene Grundkonstellationen. Die falsche Preisankündigung kann auf einem Versehen beruhen.

Beispiel: Eine Discountkette kündigt in ihrem wöchentlich erscheinenden Werbeprospekt versehentlich einen DVD-Rekorder nicht, wie eigentlich beabsichtigt, für € 399, sondern zum Preis von € 99 an. Das Versehen beruht auf einem Schreibfehler in der Sonderangebotsliste der Discountkette, die bereits falsch von der Preisgestaltungsabteilung zu der betriebseigenen Marketing- und Werbeabteilung gegeben wurde. Dem Werbetexter ist das Versehen ebenfalls nicht aufgefallen, da er nur das Schlagwort „DVD" bewusst wahrgenommen hat und eigentlich davon ausging, es handele sich um einen DVD-Player, für den € 99 durchaus angemessen gewesen wären. Nach Erscheinen des Prospektes verlangen die am Auslieferungsdatum erschienenen Kunden den Verkauf des DVD-Rekorders zum Preis von € 99.

Allerdings kann auch eine gewollte Irreführung über den Preis vorliegen. In der Praxis ist die Irreführung über den Preis eine der wohl häufigsten Erscheinungsformen der irreführenden Werbung.[461] Im Wesentlichen gibt es hierbei zwei gängige Methoden:

Zum einen wird häufig der verlangte Kaufpreis als ungewöhnlich niedrig suggeriert, indem ein Vergleich zu der ehemaligen unverbindlichen Preisempfehlung des Herstellers (UVP) gezogen wird. Die in der Werbung genannte ehemalige UVP des Herstellers ist jedoch bewusst wahrheitswidrig zu hoch angegeben.

Beispiel: Eine Elektronik-Discountkette wirbt mit einem Marken-PC zum Preis von € 999. In der diesbezüglichen Prospektanzeige wird in einem kleinen Kästchen neben der Beschreibung des PC auf die UVP des Herstellers verwiesen. Diese beliefe sich auf € 1499. Tatsächlich lag die UVP des Herstellers jedoch nur bei € 1099. [462]

Zum anderen wird in der Praxis auch häufig zu lange mit einer – an sich zulässigen – Preisangabe geworben. Erforderlich ist hierbei stets, dass die Werbung mit der Preisreduzierung der Wahrheit entspricht und der Umworbene nicht irregeführt oder verunsichert wird.[463] Somit darf zwar grundsätzlich mit einer Preisreduzierung über einen längeren Zeitraum geworben werden, jedoch darf dabei

460 Bernreuther, Sachmangelhaftung durch Werbung, WRP 2002, 368, 375.
461 Bernreuther, Sachmangelhaftung durch Werbung, WRP 2002, 368, 375, m.w.N.
462 Beispiel nach: Bernreuther, Sachmangelhaftung durch Werbung, WRP 2002, 368, 375.
463 BGH GRUR 75, 78, 79; Baumbach/Hefermehl, Wettbewerbsrecht, 22. Auflage, § 3 UWG, Rdnr. 292.

nicht der Eindruck erweckt werden, als hätte die Preisreduzierung soeben stattgefunden.[464]

Beispiel: Ein Elektronik-Einzelhändler hat ein bestimmtes Farbfernsehgerät seit längerer Zeit im Sortiment und möchte nunmehr die noch in seinen Beständen verbliebenen 19 Stück auf die Hälfte reduziert verkaufen. Hierzu stellt der Einzelhändler in seinen Geschäftsräumen ein Schild auf, welches auf die Preisreduzierung der Fernsehgeräte aufmerksam macht. Eine Werbeanzeige in Prospekten etc. wird jedoch zu keiner Zeit geschaltet. Der erwünschte Absatzerfolg bleibt zunächst aus, weshalb der Einzelhändler nach einigen Wochen ein weiteres Schild mit folgendem Inhalt aufstellt: „Tiefpreis: aus unserer Wochenwerbung!".[465]

Fraglich ist, ob in der versehentlichen oder bewusst falschen Preisankündigung eine Eigenschaft, die der Käufer erwarten durfte, liegen kann. Dies ist meines Erachtens nicht der Fall. Zum einen ist es nach alter Rechtslage unbestritten gewesen, dass der Preis oder der Wert der Sache regelmäßig keine verkehrswesentliche Eigenschaft der Sache im Sinne des § 119 Abs. 2 BGB ist. Während die Rechtsprechung dieses Ergebnis maßgeblich damit begründet, dass ein Irrtum über den Preis oder den Wert der Sache schlicht keine Eigenschaft im Sinne des § 119 Abs. 2 BGB betreffe[466], geht die Überlegung in der Literatur zum Teil davon aus, dass der Ausschluss der Irrtumsanfechtung in diesen Fällen aus der Funktionsweise des marktwirtschaftlichen Systems der freien Preisbildung und der dadurch determinierten Risikoverteilung resultiere.[467] So meint *Larenz*: „Jeder, der für eine bestimmte Ware einen bestimmten Preis bietet oder bewilligt, wirkt an dieser ständigen Neubildung der Preise zu seinem Teil mit. Folgerichtig muss jeder Beteiligte das Risiko selbst tragen, dass seine eigene Bewertung von derjenigen der übrigen Marktteilnehmer abweicht, dass er sich also mit einem niedrigeren Verkaufspreis begnügt als dem, den er hätte erzielen können, oder als Käufer einen höheren Preis bewilligt als den, um den er die Ware hätte erlangen können."[468]

---

464 Baumbach/Hefermehl, Wettbewerbsrecht, 22. Auflage, § 3 UWG, Rdnr. 292; BGH GRUR 75, 78, 79; zur weitergehenden Frage, wie lange mit der Preisreduzierung geworben werden darf vgl.: Bernreuther, Sachmangelhaftung durch Werbung, WRP 2002, 368, 375, m.w.N.

465 Beispiel nach: Bernreuther, Sachmangelhaftung durch Werbung, WRP 2002, 368, 375.

466 Vgl. BGHZ 16, 54, 57.

467 Staudinger/Coing, BGB, 1995, § 119, Rdnr. 21; Larenz, Allgemeiner Teil des deutschen bürgerlichen Rechts, 4. Auflage (1976), § 20 II b.

468 Larenz, Allgemeiner Teil des deutschen bürgerlichen Rechts, 4. Auflage (1976), § 20 II b.

Nach meiner Auffassung sprechen zahlreiche Gründe dafür, die für § 119 Abs. 2 BGB geltenden Grundsätze auch auf § 434 Abs. 1 Satz 3 BGB zu übertragen. Zum einen ist zu beachten, dass der Kaufpreis einer Sache unter diesem Gesichtspunkt keine Sacheigenschaft darstellt, sondern lediglich die Gegenleistung dafür, die verkaufte Sache mit den vereinbarten Eigenschaften übergeben und übereignet zu bekommen. Zum anderen beanspruchen die von *Larenz* zum Irrtum über verkehrswesentliche Eigenschaften der Sache entwickelten Überlegungen auch im Rahmen von § 434 Abs. 1 Satz 3 BGB uneingeschränkt Geltung. Denn auch und gerade im Bereich der Sachmangelgewährleistung im Kaufvertrag müssen die Grundsätze der freien Preisgestaltung im Rahmen der Marktwirtschaft berücksichtigt werden.

Anderes mag dann gelten, wenn nicht konkret über den Wert der Sache, sondern über die wertbildenden Faktoren der Kaufsache geirrt wurde. Dann kann zwar unter Umständen ein Anfechtungsrecht gemäß § 119 Abs. 2 BGB in Betracht kommen.[469] Auf den Anwendungsbereich des § 434 Abs. 1 Satz 3 BGB kann dieser – theoretische – Fall jedoch nicht direkt übertragen werden. Denn Umstände, welche unter gewissen Voraussetzungen ein Anfechtungsrecht nach § 119 Abs. 2 BGB rechtfertigen, sind nicht alleine wegen deren Anfechtungsrelevanz auch innerhalb des Gewährleistungsrechtes von Bedeutung. Vereinfacht ausgedrückt setzen Anfechtungsrechte gemäß § 119 BGB das Auseinanderfallen von Wille und Erklärtem, Gewährleistungsrechte demgegenüber das Auseinanderfallen der geschuldeten und der tatsächlichen Beschaffenheit der Sache voraus. Wertbildende Faktoren der Sache selbst haben jedoch in aller Regel nichts mit der vertraglich geschuldeten Beschaffenheit zu tun, sondern sind oftmals einseitige Vorstellung einer der Vertragsparteien. Solange also über die den wertbildenden Faktoren zugrundeliegenden Eigenschaften keine ausdrückliche oder konkludente Vereinbarung getroffen worden ist, kann das Nichtvorliegen solcher Umstände auch keine Abweichung von der geschuldeten Beschaffenheit darstellen. Selbst wenn also unter den Begriff der Eigenschaften auch die wertbildenden Faktoren der Kaufsache selbst zu zählen sind, würde ein Gewährleistungsrecht wegen unrichtiger öffentlicher Äußerungen gemäß § 434 Abs. 1 Satz 3 BGB nicht in Betracht kommen, da allenfalls ein einseitiger, gegebenenfalls auch beidseitiger Irrtum vorliegt. Gerade nicht gegeben ist jedoch in aller Regel mangels vertraglicher Vereinbarung oder, im Falle des § 434 Abs. 1 Satz 3 BGB mangels diesbezüglicher öffentlicher Äußerung, eine Abweichung der vertraglich geschuldeten von der tatsächlichen Beschaffenheit. Somit wäre in dem genannten Fall § 434 Abs. 1 Satz 3 BGB nicht einschlägig.

---

469 Palandt/Heinrichs, BGB, 65. Auflage, § 119, Rdnr. 27.

Zum anderen spricht jedoch auch die Systematik der Sachmangelgewährleistung dagegen, den Preis als Sacheigenschaft zu beurteilen. Wie sich aus § 437 Nr. 1 BGB ergibt, geht der Gesetzgeber davon aus, dass primär durch Nacherfüllung Gewähr geleistet werden soll. Dies ist im Falle der falschen Preisankündigung jedoch nicht möglich.[470]

Gleiches dürfte auch für den Fall gelten, dass mit einem sehr günstigen Preis-Leistungsverhältnis geworben wird. Zwar kann hierin ein wettbewerbsrechtlich relevanter Verstoß, mangels Vorliegens einer konkreten Eigenschaft nicht jedoch ein Sachmangel im Sinne des § 434 Abs. 1 Satz 3 BGB gegeben sein.[471]

Festzuhalten bleibt daher, dass unrichtige Preisangaben in der Werbung in keinem Fall einen Sachmangel unter dem Gesichtspunkt der unrichtigen öffentlichen Äußerung im Sinne des § 434 Abs.1 Satz 3 BGB begründen können.

3. Eignung zur gewöhnlichen Verwendung?

Aus dem systematischen Zusammenhang von § 434 Abs. 1 Satz 3 BGB und § 434 Abs. 1 Satz 2 Nr. 2 BGB ergibt sich weiterhin die Frage, ob sich die Sache für die gewöhnliche Verwendung im Sinne des § 434 Abs. 1 Satz 2 Nr. 2 BGB eignen muss. Dies wäre jedenfalls dann der Fall, wenn die Formulierung in § 434 Abs. 1 Satz 3 auf Satz 2 Nr. 2 BGB als umfassende Verweisung zu verstehen wäre.

Die Tragweite dieses Problems ist nach meiner Auffassung nicht zu unterschätzen. Es geht hierbei nämlich um die Frage, durch welche Leistung der Verkäufer seine Verpflichtung zur Verschaffung eines sachmangelfreien Kaufgegenstandes erfüllt. Wäre man der Ansicht, die Voraussetzung der „Eignung zur gewöhnlichen Verwendung" innerhalb § 434 Abs. 1 Satz 2 Nr. 2, 1. Alt. BGB müsse auch im Falle des § 434 Abs. 1 Satz 3 BGB vorliegen, hätte dies eine Limitierung der Verkäuferverantwortlichkeit zur Folge. Denn dann wäre es ausreichend, dass sich die Kaufsache zur gewöhnlichen Verwendung eignet. Insoweit würde wiederum eine gewisse Objektivierung des Sachmangelbegriffes dazu führen, das Fehlen allzu subjektiv geprägter Erwartungen aufgrund von Werbung sanktionslos hinzunehmen.

Wäre man hingegen der gegenteiligen Auffassung, die Eignung zur gewöhnlichen Verwendung im Sinne des § 434 Abs. 1 Satz 2 Nr. 2, 1. Alt. BGB müsse im Rahmen des § 434 Abs. 1 Satz 3 BGB nicht vorliegen, hätte dies eine Erweite-

470 Bernreuther, Sachmangelhaftung durch Werbung, WRP 2002, 368, 375, der dieses Argument sogar als besonders erheblich bezeichnet.

471 So auch: Bernreuther, Sachmangelhaftung und Werbung, MDR 2003, 63, 67.

rung der Haftung zur Konsequenz. Denn dann wäre es nicht ausreichend, dass sich die Sache zur gewöhnlichen Verwendung eignet.

Beispiel: Der Verkäufer V bewirbt durch öffentliche Äußerungen bestimmte Eigenschaften der Kaufsache. Tatsächlich verfügt die Kaufsache über die durch die öffentlichen Äußerungen beschriebenen Beschaffenheit. Jedoch verfügt die Kaufsache nicht über die Eignung zur gewöhnlichen Verwendung, da die Sache nicht über die Beschaffenheit verfügt, welche objektiv aus der Art der Sache abzuleiten beziehungsweise subjektiv anhand des Verkehrskreises des Käufers zu ermitteln ist.[472]

Westermann ist wohl der zweitgenannten Ansicht. Er meint, dass im Rahmen des § 434 Abs. 1 Satz 3 BGB auch solche Äußerungen herangezogen werden können, die an sich nicht zur gewöhnlichen Beschaffenheit gehörende Umstände beträfen. Zwar führe dieses Verständnis zu einer spürbaren Erweiterung der Verkäuferverantwortung. Aus dem Wortlaut des § 434 Abs. 1 Satz 3 BGB sei jedoch nicht zu entnehmen, dass der Verkäufer nur für solche Angaben einzustehen hätte, die die gewöhnliche Verwendung der Kaufsache im Sinne des objektiven Fehlerbegriffes beträfen.[473]

Meines Erachtens verweist § 434 Abs. 1 Satz 3 BGB nicht auf die Eignung zur gewöhnlichen Verwendung im Sinne von § 434 Abs. 1 Satz 2 Nr. 2 BGB. Dafür spricht der Wortlaut der Vorschrift. § 434 Abs. 1 Satz 3 BGB verweist nur auf die „Beschaffenheit nach Satz 2 Nr. 2". § 434 Abs. 1 Satz 2 Nr. 2 BGB hingegen unterscheidet eindeutig zwischen der Eignung zur gewöhnlichen Verwendung einerseits und der üblichen Beschaffenheit andererseits. Zwar müssen die Eignung zur gewöhnlichen Verwendung und die Beschaffenheit im Sinne des § 434 Abs. 1 Satz 2 Nr. 2 BGB kumulativ vorliegen, da das Gesetz die Alternativen durch das Wort „und" verbindet. Dies bedeutet hingegen nicht zwingend, dass diese Kumulation auch dann vorliegen muss, wenn ein Sachmangel gemäß § 434 Abs. 1 Satz 3 BGB gegeben sein soll. Im Gegenteil: Sollte sich die Verweisung in § 434 Abs. 1 Satz 3 BGB auf die Eignung zur gewöhnlichen Verwendung beziehen, so hätte dies explizit festgeschrieben werden müssen. § 434 Abs. 1 Satz 3 BGB lautet aber gerade nicht: „Zu der Eignung zur gewöhnlichen Verwendung und der Beschaffenheit nach Satz 2 Nr. 2 gehören auch...". Vielmehr wird nur auf die Beschaffenheit nach Satz 2 Nr. 2 Bezug genommen.

Darüber hinaus spricht auch eine teleologische Auslegung dagegen, einen Sachmangel im Sinne des § 434 Abs. 1 Satz 3 BGB nur dann zu bejahen, wenn

---

472 Vgl. insoweit zum Begriff der gewöhnlichen Verwendung: Staudinger/Matusche-Beckmann (2004), § 434, Rdnr. 69; Palandt/Putzo, BGB, 65. Auflage, § 434, Rdnr. 27.

473 MünchKomm-H.P.Westermann, 4. Auflage, § 434, Rdnr. 21.

sich die Kaufsache nicht zur gewöhnlichen Verwendung eignet. Denn mit der Einführung der neuen Sachmangelkategorie aufgrund unzutreffender Werbeaussagen wollte der Gesetzgeber dem Umstand Rechnung tragen, dass in einer modernen und arbeitsteilig organisierten Volkswirtschaft das individuelle Verkaufsgespräch zunehmend durch Werbung und ähnliche öffentliche Äußerungen ersetzt wird. Demzufolge handelt es sich wertungsmäßig bei der Sachmangelkategorie des § 434 Abs. 1 Satz 3 BGB um Aspekte des Mangelbegriffes, die zumindest ansatzweise auch subjektive Elemente beinhalten. Denn die Haftung für Werbeaussagen soll aufgrund geänderter Vertriebsbedingungen die Haftung für individuell, d.h. im Rahmen des Kaufvertragsabschlusses gemachte Versprechungen fortführen. Dem würde es jedoch zumindest teilweise widersprechen, wenn im Rahmen des § 434 Abs. 1 Satz 3 BGB erforderlich wäre, dass sich die Sache zur gewöhnlichen Verwendung eignet. Im Übrigen ist zu beachten, dass auch Art. 2 Abs. 2 d) VerbrGüKRL nur davon spricht, dass die Sache eine Qualität und Leistungen aufweisen muss, die bei Gütern der gleichen Art üblich sind. Die Eignung zum gewöhnlichen Gebrauch gemäß Art. 2 Abs. 2 c) VerbrGüKRL spielt im Rahmen der Haftung für Werbeangaben innerhalb der VerbrGüKRL gerade keine Rolle.

Insofern ist davon auszugehen, dass die Verweisung in § 434 Abs. 1 Satz 3 BGB sich nicht auf die Eignung zur gewöhnlichen Verwendung bezieht.

4. Üblichkeit der Beschaffenheit?

Zum anderen ist fraglich, ob die Beschaffenheit im Sinne des § 434 Abs. 1 Satz 3 BGB üblich im Sinne von § 434 Abs. 1 Satz 2 Nr. 2 BGB sein muss. Man könnte wegen des direkten Verweises von § 434 Abs. 1 Satz 3 auf Satz 2 Nr. 2 BGB der Auffassung sein, dass ein Sachmangel gemäß § 434 Abs. 1 Satz 3 BGB immer nur dann vorliegt, wenn die durch die öffentliche Äußerung beschriebene Eigenschaft nicht nur vom Käufer „erwartet werden kann", sondern auch im Sinne des § 434 Abs. 1 Satz 2 Nr. 2 BGB bei „Sachen gleicher Art üblich" sein muss.

Bernreuther ist der Ansicht, auf die „Üblichkeit" im Sinne des § 434 Abs. 1 Satz 2 Nr. 2 BGB komme es innerhalb des § 434 Abs. 1 Satz 3 BGB nicht an.[474] Zum Teil wird jedoch auch die Ansicht vertreten, dass die Kaufsache eine Beschaffenheit aufweisen müsse, die bei Sachen der gleichen Art üblich ist und die der Käufer nach der Art der Sache erwarten kann.[475]

474 Bernreuther, Sachmangelhaftung durch Werbung, WRP 2002, 368, 371, 372.

475 Weiler, Haftung für Werbeangaben nach neuem Kaufrecht, WM 2002, 1784, 1786; so wohl auch: Palandt/Putzo, BGB, 62. Auflage, § 434, Rdnr. 33.

Meiner Meinung nach ist davon auszugehen, dass es sich um eine Beschaffenheit handeln muss, die bei Sachen der gleichen Art üblich ist. Dafür spricht zunächst der Umstand, dass § 434 Abs. 1 Satz 3 BGB die dort als relevant normierten Umstände als „zu der Beschaffenheit nach Satz 2 Nr. 2“ gehörend bezeichnet. § 434 Abs. 1 Satz 2 Nr. 2 BGB erklärt jedoch nur solche Beschaffenheitsmerkmale für erheblich, die „bei Sachen der gleichen Art üblich“ sind „und die der Käufer nach der Art der Sache erwarten kann“. Die Verweisung bezieht sich nach ihrem eindeutigen Wortlaut auf die in § 434 Abs. 1 Satz 2 Nr. 2 genannte Beschaffenheit. Dazu gehört, dass die Beschaffenheit bei Sachen der gleichen Art üblich sein muss. Das Kriterium des „Erwartenkönnens“ gemäß § 434 Abs. 1 Satz 2 Nr. 2 BGB spielt keine eigenständige Rolle, da dieses Tatbestandsmerkmal bereits in § 434 Abs. 1 Satz 3 BGB enthalten ist.

III. Berechtigte Erwartungen des Käufers

1. Erwartungen des konkreten oder eines durchschnittlichen Käufers?

a) Normativer Ansatz

Gemäß § 434 Abs. 1 Satz 3 BGB sind im Rahmen der Informationsverantwortung nur solche Eigenschaften relevant, die der Käufer aufgrund der öffentlichen Äußerung erwarten kann. Hinsichtlich der Person des Käufers sind zwei verschiedene Ansätze denkbar: Entweder stellt man auf die Erwartungen des konkreten Käufers oder aber auf die Erwartungen eines durchschnittlichen Käufers ab. Wie bereits dargelegt, hat der deutsche Gesetzgeber das Wort „vernünftigerweise“ nicht aufgenommen und somit eine Beschränkung auf solche Beschaffenheitsmerkmale, die der Käufer „vernünftigerweise“ erwarten kann, nicht vorgenommen. Der dem Bürgerlichen Gesetzbuch fremde Begriff „vernünftigerweise“ sollte nicht verwendet werden. Dies erschien dem Gesetzgeber als nicht erforderlich: Welche Beschaffenheit erwartet werden könne, bestimme sich nach dem Erwartungshorizont eines Durchschnittskäufers. Der Begriff umschreibe nur das, was ohnehin zu prüfen sei, nämlich wie ein durchschnittlicher „vernünftiger“ Käufer die Äußerungen von Verkäufer beziehungsweise Hersteller zum Beispiel in Werbeaussagen in Bezug auf das Vorhandensein konkreter Eigenschaften auffassen dürfe.[476]

476 BT-Drucks. 6857 = BR-Drucks. 338/01 (textgleich mit Fraktionsbegründung SPD/Bündnis 90/Die Grünen, BT-Drucksache 14/6040) = Canaris, Schuldrechtsmodernisierung 2002, S. 814.

Demzufolge wird im Rahmen der für § 434 Abs. 1 Satz 3 BGB relevanten Erwartungen nicht auf den Blickwinkel des konkreten Käufers, sondern auf die Erwartungshaltung eines durchschnittlichen Käufers abgestellt.[477] Dies ergebe sich aus der Formulierung „erwarten kann".[478]

Dem ist zuzustimmen. Neben dem Willen des Gesetzgebers und dem Wortlaut „erwarten kann" weist *Homann* zutreffend auf ein weiteres Argument hin: Die Maßgeblichkeit der Erwartungshaltung eines durchschnittlichen Käufers ergibt sich bereits aus der Natur der öffentlichen Äußerung. Dem Urheber einer öffentlichen Äußerung ist es auch bei allerhöchster Sorgfalt nicht zuzumuten, den Kenntnis-, Bildungs- und Erfahrungsstand des konkreten Käufers zu erkennen. Würde man von dem Verkäufer die Rücksichtnahme auf alle denkbaren individuellen Hintergründe des konkreten Käufers verlangen, wäre die Zulässigkeit öffentlicher Äußerungen an sich in Frage gestellt.[479]

b) Allgemeine und individuelle Erwartungen des angesprochenen Verkehrskreises

Fraglich ist, ob ein Sachmangel auch dann vorliegt, wenn das Vorhandensein der Sacheigenschaft von einem durchschnittlichen Käufer erwartet werden kann, der Käufer jedoch aufgrund der Zugehörigkeit zu einem bestimmten Verkehrskreis üblicherweise über ein Spezialwissen hinsichtlich des konkreten Kaufgegenstandes verfügt, welches ihm nicht erlaubt, die beworbene Sacheigenschaft ernsthaft erwarten zu dürfen. Es geht hierbei um die Frage, ob im Rahmen der Erwartungshaltung des durchschnittlichen Käufers nach dem *angesprochenen Verkehrskreis* zu differenzieren ist oder ob hierbei eine einheitliche Erwartungshaltung aller potenziellen Käufer maßgeblich ist.

Beispiel: Der Hersteller eines speziellen elektronischen Tuningchips für Automotoren bewirbt den hergestellten Gegenstand mit bestimmten Sacheigenschaften innerhalb der einschlägigen motorsportlichen Fachpresse. Diese Fachpresse wird in der Regel nur von interessierten und entsprechend vorinformierten Kreisen wahrgenommen. Die Sachbeschreibungen sind derart abstrakt und knapp formuliert, dass der eigentliche Inhalt der Sachbeschreibung von einem Laien ohne fachspezifisches Hintergrundwissen nicht erfasst werden kann.

---

477 Weiler, Haftung für Werbeangaben nach neuem Kaufrecht, WM 2002, 1784, 1785.

478 Mees, Schuldrechtsmodernisierung und Wettbewerbsrecht, WRP 2002, 135, 136; Zerres, Der Begriff des Sachmangels im neuen Kaufrecht, JA 2002, 713, 716; MünchKomm-H.P.Westermann, 4. Auflage, § 459, Rdnr. 23; Weiler, Haftung für Werbeangaben nach neuem Kaufrecht, WM 2002, 1784, 1785.

479 Homann, Werbeaussagen und Käufererwartungen, Diss. jur. 2004, S. 235.

Unter Zugrundelegung des Verständnishorizontes des fachspezifisch vorinformierten Adressatenkreises (angesprochener Verkehrskreis) ergibt sich ein anderes Erwartungsbild als bei Zugrundelegung der Erwartungshaltung aller potenziellen Käufer.

Hiervon streng zu unterscheiden ist die Frage, ob der *konkrete* Käufer aufgrund gewisser Umstände über ein die Sacheigenschaften betreffendes Spezialwissen verfügt.[480]

Beispiel: Ein Angestellter des Verkäufers hat aus geschäftsinternen Vorgängen Kenntnis über einen Materialfehler. Dennoch kauft er das Produkt und behauptet, er habe aufgrund der öffentlichen Äußerung des Verkäufers eine nicht vorhandene Sacheigenschaft erwarten können.

Grunewald ist der Ansicht, dass solche Beschaffenheitsangaben in öffentlichen Äußerungen, die in einem überwiegend auf einen bestimmten Personenkreis zugeschnittenen Medium (z.B. Fachzeitschrift) publiziert werden, aus Sicht des jeweiligen Adressatenkreises interpretiert werden müssten.[481] Auch *Jorden/Lehmann* meinen, dass im Rahmen einer wertenden Betrachtung berücksichtigt werden müsse, welche Erwartungen an die Beschaffenheit der Kaufsache als „berechtigt" angesehen werden könnten. Ob der Käufer beispielsweise zu privaten oder gewerblichen beziehungsweise beruflichen Zwecken handele, könne bei der Auslegung des Gesetzes und zwar insbesondere bei der Frage berücksichtigt werden, wie der Käufer eine öffentliche Äußerung vernünftigerweise verstehen dürfe.[482] Dies ist meines Erachtens zutreffend. Es kommt innerhalb von § 434 Abs. 1 Satz 3 BGB zur Festlegung der berechtigten Erwartungshaltung auf diejenige eines durchschnittlichen Käufers des durch die Werbung angesprochenen Verkehrskreises an. Dies ergibt zunächst ein Vergleich zu wettbewerbsrechtlichen Vorschriften über Werbung. Innerhalb des Wettbewerbsrechtes kommt es zur Beurteilung der Irreführungseignung einer Werbeangabe auf die Auffassung derjenigen Verkehrskreise an, an die sich die Werbung richtet. „Die Werbung ist für den Verkehr bestimmt, und darum muss dessen Auffassung über ihren Inhalt entscheiden."[483] Eine Werbeangabe kann sich an ein breites Publikum oder an einen bestimmten Verkehrskreis richten. Je nach Adressat kann die Auffassung

480 Dies ist eine Frage, die den Ausschlusstatbestand der fehlenden Beeinflussungsmöglichkeit betrifft und wird daher später erörtert.
481 Erman/Grunewald, BGB, 11. Auflage, § 434, Rdnr. 24.
482 Jorden/Lehmann, Verbrauchsgüterkauf und Schuldrechtsmodernisierung, JZ 2001, 952, 955; Lehmann, Informationsverantwortung und Gewährleistung für Werbeangaben beim Verbrauchsgüterkauf, JZ 2000, 280, 284, 288.
483 Baumbach/Hefermehl, Wettbewerbsrecht, 22. Auflage, § 3 UWG, Rdnr. 23 und 27 mit zahlreichen Nachweisen aus der Rechtsprechung.

über die Bedeutung der Werbeangabe grundverschieden sein. Dies beruht im Ergebnis auf der Erwägung, dass gegenüber den Interessen der unkundigen auch die der kundigen Verbraucher und die Interessen der Allgemeinheit an einem funktionsfähigen Wettbewerb zu berücksichtigen sind. Würde man hier auf den Verständnishorizont der Allgemeinheit und nicht auf denjenigen des angesprochenen Verkehrskreises abstellen, liefe dies dem Informationsinteresse der angesprochenen Verkehrkreise zuwider.[484] Auch im Rahmen von § 13a Abs. 1 UWG a.F. kam es auf den angesprochenen Personenkreis an.

Meines Erachtens lassen sich diese Erwägungen unmittelbar auf die bürgerlichrechtliche Informationsverantwortung übertragen. Auch hier gilt es, ein berechtigtes Interesse der Abnehmerseite an möglichst umfassender Produktinformation zu schützen. Diese Informationen können und sollen umso spezifischer sein, je mehr sich die Beschaffenheitsinformation an einen speziellen Verkehrskreis richtet. Würde man im Rahmen der zu ermittelnden berechtigten Erwartungen aber nicht auf den spezifisch angesprochenen Verkehrskreis abstellen, so wäre letztlich derjenige benachteiligt, der seine Informationen dem Adressatenkreis entsprechend präzise ausgestaltet. Müsste also die Absatzseite davon ausgehen, dass ihre Informationspublikationen immer an der Erwartungshaltung aller potenziellen Käufer und nicht an der Auffassung des angesprochenen Verkehrskreises gemessen würden, könnte dies eine nachhaltige Entwertung der Produktinformation durch Werbung zur Folge haben. Denn aus Angst vor der weitreichenden Wirkung ihrer öffentlichen Äußerungen könnte die Angebotsseite dazu verleitet werden, möglichst wenig konkrete Aussagen zu machen, um damit das Haftungsrisiko zu vermindern und so eine wichtige Produktinformationsquelle der Abnehmerseite erheblich beeinträchtigen.[485]

Auch unter ökonomischen Gesichtspunkten erscheint es durchaus sinnvoll, auf die Erwartungshaltung des jeweils angesprochenen Verkehrskreises abzustellen. Denn zur Vermeidung unnötiger Transaktionskosten würde es beitragen, wenn solche Güteraustauschvorgänge nicht kaufrechtlich sanktioniert würden, die letztlich deshalb als fehlgeschlagen gelten, weil sie losgelöst von dem tatsächlich beteiligten Verkehrskreis in einer generalisierenden Betrachtungsweise bewertet werden.

Weiler macht darüber hinaus ein weiteres, zutreffendes Argument geltend: Wegen der Entscheidung des Gesetzgebers, die Haftung des Verkäufers für Werbeaussagen innerhalb des allgemeinen Kaufrechtes zu verankern und somit diese

---

484 Baumbach/Hefermehl, Wettbewerbsrecht, 22. Auflage, § 3 UWG, Rdnr. 27.

485 So auch: Wolf, Reform des Kaufrechts durch EG-Richtlinie – ein Vorteil für die Wirtschaft?, RIW 1997, 899, 900; Amann/Brambring/Hertel, Die Schuldrechtsreform in der Vertragspraxis, S. 106; Lehmann, Informationsverantwortung und Gewährleistung für Werbeangaben beim Verbrauchsgüterkauf, JZ 2000, 280, 284.

Haftung nicht nur bei dem Verbrauchsgüterkauf oder beim Kauf zwischen zwei Unternehmern im Sinne des § 14 BGB, sondern auch bei dem Kaufvertrag zwischen Privaten eingreifen zu lassen, ist eine Unterscheidung nach den jeweiligen Verkehrskreisen, an die sich die Werbung richtet, erforderlich.[486] Zielt die Werbung zum Beispiel auf Fachleute wie Zwischenhändler oder weiterverarbeitende Unternehmer ab, so kommt es auf deren Verständnis an. Die gleiche Werbung kann jedoch für einen privaten Endverbraucher irreführend sein. Wegen der Vergleichbarkeit der wettbewerbsrechtlichen und der kaufrechtlichen Sachverhalte ist es daher geboten, diese Differenzierung nach Zielgruppen auch auf die kaufrechtliche Haftung gemäß § 434 Abs. 1 Satz 3 BGB zu übertragen. *Weiler* betrachtet dieses Kriterium zutreffend als erforderliches Haftungskorrektiv. Die normative Bewertung einzelner Werbezielgruppen sei letztlich eine Möglichkeit, die Haftung im Rahmen des ansonsten statischen § 434 Abs. 1 Satz 3 BGB einzuschränken. So sei es beispielsweise nicht interessengerecht, den nicht für gewerbliche Zwecke handelnden privaten Verkäufer ebenso für die Werbeaussagen des Herstellers haften zu lassen wie den gewerblichen Verkäufer. Denn der in die Absatzkette unmittelbar eingebundene gewerbliche Verkäufer profitiert von der Herstellerwerbung ungleich mehr als der private Verkäufer.[487]

Auch folgt aus dem Wortlaut „erwarten kann" des § 434 Abs. 1 Satz 3 BGB nicht zwingend, dass die Berechtigung der Erwartungen im Einzelfall ausschließlich anhand eines fiktiven Käufers, der gleichsam alle verschiedenen Käufergruppen repräsentiert, zu bestimmen ist. Vielmehr spricht im Sinne einer richtlinienkonformen Auslegung der Wortlaut der VerbrGüKRL für ein Abstellen auf den jeweils angesprochenen Verkehrskreis. Art. 2 Abs. 2 d) VerbrGüKRL verwendet die Formulierung „... eine Qualität und Leistungen aufweisen, die bei Gütern der gleichen Art üblich sind und die der Verbraucher *vernünftigerweise* erwarten kann, ...". Das Wort „vernünftigerweise" hat der deutsche Gesetzgeber nur deshalb nicht übernommen, weil es in der Terminologie des BGB nicht verwendet wird. Aus dem Gebrauch des Wortes „vernünftigerweise" ergibt sich jedoch, dass der Erwartungshorizont eines Durchschnittskäufers des angesprochenen Verkehrskreises und gerade nicht die Auffassung des Kreises aller denkbaren Käufer maßgeblich ist.[488]

Zwar wird man gegen diese Sichtweise, welche auf die Auffassung des angesprochenen Verkehrskreises abstellt, einwenden können, dass sie aufgrund der Differenzierung zu einem verstärkten Maß an Rechtsunsicherheit und Rechtsan-

---

486 Weiler, Haftung für Werbeangaben nach neuem Kaufrecht, WM 2002, 1784, 1785.
487 Weiler, Haftung für Werbeangaben nach neuem Kaufrecht, WM 2002, 1784, 1785.
488 So auch: Weiler, Haftung für Werbeangaben nach neuem Kaufrecht, WM 2002, 1784, 1785.

wendungsproblemen führen wird. Nach dem Willen des Gesetzgebers sollte § 434 Abs. 1 Satz 3 BGB deshalb nicht auf die Fälle des Verbrauchsgüterkaufes beschränkt werden, um die Einheitlichkeit des Mangelbegriffs zu wahren. Zu diesem möglichen Einwand sei zweierlei gesagt: Zum einen ist die Differenzierung hinsichtlich einzelner Personengruppen nicht fremd. Wie aufgezeigt wurde, ist die Differenzierung nach dem jeweils angesprochenen Verkehrskreis innerhalb des Wettbewerbsrechtes üblich. Im gesetzlichen Bereich wird eine Differenzierung nach verschiedenen Personengruppen insbesondere durch die Schaffung von verbraucherspezifischem Recht und der Existenz des bürgerlichen Rechtes einerseits und dem Handelsrecht andererseits deutlich. Zum anderen dürften sich die aus der Differenzierung nach jeweiligen Gruppen resultierenden Rechtsanwendungsprobleme in Grenzen halten. Die Bewältigung dieser Probleme wird man dem Rechtsanwender umso mehr zumuten können und zumuten müssen, als dass die vorgeschlagene Differenzierung zu interessengerechten Ergebnissen im Einzelfall und somit zur direkten Vermeidung von unnötigen Transaktionskosten führt. Denn sie schließt jedenfalls solche Fälle von einer kaufrechtlichen Sanktionierung aus, in denen der Käufer aufgrund seines Spezialwissens mit der tatsächlichen Sachbeschaffenheit rechnen musste und er insoweit auch hinsichtlich des Nichtvorliegens bestimmter Merkmale nicht schützenswert ist.

Im Ergebnis ist daher festzuhalten, dass es im Rahmen der „berechtigten" Erwartungen gemäß § 434 Abs. 1 Satz 3 BGB grundsätzlich auf diejenige Erwartungshaltung ankommt, die ein durchschnittlicher Käufer des durch die Werbung angesprochenen Verkehrskreises haben kann. Nicht maßgeblich ist der Erwartungshorizont aller potenziellen Käufer. Hier ist daher danach zu differenzieren, ob sich die Werbemaßnahme im Extremfall an potenziell alle Personen auf der Abnehmerseite (z.B. Fernsehwerbung oder Prospektwurfsendungen mit der Tagespost) oder an einen spezifischen Abnehmerkreis wendet (z.B. Werbeannoncen in Fachzeitschriften etc.).

2. *„Erwarten können"*

Fraglich ist, wie das Tatbestandsmerkmal „bestimmte Eigenschaften der Sache [die der Käufer] erwarten kann" inhaltlich auszulegen ist. Es geht hierbei um das Problem, welche Erwartungen ein durchschnittlicher Käufer des jeweiligen Verkehrskreises tatsächlich haben „kann", mithin darum, anhand welcher Umstände die Berechtigung der jeweiligen Erwartungshaltung gemessen werden muss.

Nach Art. 2 Abs. 2 d) der VerbrGüKRL ist Voraussetzung der Sachmangelhaftung des Verkäufers, dass es sich um Eigenschaften handelt, die der Käufer „vernünftigerweise erwarten kann".

Die Verwendung des Begriffes „vernünftigerweise“ innerhalb der VerbrGüKRL hat teilweise dazu geführt, dass die berechtigten Erwartungen im Sinne des § 434 Abs. 1 Satz 3 BGB sehr extensiv ausgelegt werden. So wird die Auffassung vertreten, es handele sich hierbei um ein Tatbestandsmerkmal, welches soziale Verbraucherschutzabsichten verfolge. Insbesondere Art 2 Abs. 2 d) der VerbrGüKRL entscheide sich somit für das Konzept der berechtigten/legitimen Erwartungen des Käufers. Der Gesetzgeber habe sich durch diese Formulierung dazu entschieden, die Belange des Käufers gegenüber denen des Verkäufers bzw. des Herstellers als grundsätzlich schützenswerter einzustufen („Konzept der legitimen Erwartungen“).[489] Bei dem Prinzip der legitimen Erwartungen handelt es sich um eine rechtspolitische Erwägung, welche zuerst in der Produkthaftungsrichtlinie[490] Niederschlag gefunden hat. Gemäß des auf dieser Richtlinie beruhenden § 3 Abs. 1 ProdHaftG hat ein Produkt dann einen Fehler, wenn es nicht die Sicherheit bietet, die unter Berücksichtigung aller Umstände berechtigterweise erwartet werden kann. Darüber hinaus ist dieses Prinzip zumindest ansatzweise in die Produktsicherheitsrichtlinie[491] aufgenommen worden. Gemäß § 6 ProdSG ist ein Produkt dann als sicher anzusehen, wenn von ihm bei bestimmungsgemäßer oder zu erwartender Verwendung unter der Einbeziehung der üblichen oder zu erwartenden Gebrauchsdauer keine bestimmten Gefahren für die Gesundheit und Sicherheit von Personen ausgeht. Das Prinzip der legitimen Erwartungen beruht damit im Ergebnis auf sozialen Schutzgedanken. Teilweise wird gar für eine Übernahme des Prinzips der legitimen Erwartungen in die VerbrGüKRL aus Gründen der Gerechtigkeit plädiert.[492] Ziel dieses Prinzips sei es, einen Interessenausgleich zwischen Hersteller/Händler und Verbraucher herbeizuführen. Dabei gründe es sich sowohl auf das Recht des Verbrauchers, Schutz zu verlangen, als auch auf ein Recht des Händlers auf Freiheit des Handels. Zum Ausgleich dieser widerstreitenden Interessen sei das Prinzip der legitimen Erwartungen erforderlich und geeignet.

---

489 Reich, Die Umsetzung der Richtlinie 1999/44/EG in das deutsche Recht, NJW 1999, 2397, 2400, m.w.N.; vgl. für den Text des VerbrGüKRL-Entwurfes von 1996: Micklitz, Ein einheitliches Kaufrecht für Verbraucher?, EuZW 1997, 228, 231 f. und 237.

490 Richtlinie 85/374/EWG des Rates vom 25. Juli 1985 zur Angleichung der Rechts- und Verwaltungsvorschriften der Mitgliedsstaaten über die Haftung für fehlerhafte Produkte, ABL. Nr. L 210 v. 27.07.1985, S. 29.

491 Richtlinie 92/59/EWG des Rates vom 29. Juni 1992 über die allgemeine Produktsicherheit, ABL. Nr. L 228 v. 29.06.1992, S. 24.

492 Micklitz, Ein einheitliches Kaufrecht für Verbraucher?, EuZW 1997, 228, 237; Reich, Die Umsetzung der Richtlinie 1999/44/EG in das deutsche Recht, NJW 1999, 2397, 2400.

Demgegenüber vertritt *Weiler* die Ansicht, eine Übernahme des Prinzips der legitimen Erwartungen des Verbrauchers in die Auslegung des § 434 Abs. 1 Satz 3 BGB führe zu einer unangemessenen Ausweitung der Verkäuferhaftung. Sowohl die VerbrGüKRL als auch § 434 Abs. 1 Satz 3 BGB habe nicht das Prinzip der legitimen Verbrauchererwartungen übernommen.[493] Im Ergebnis sei daher nach dem Inhalt und der gewählten Darstellungsweise abzugrenzen. Je übertriebener eine Eigenschaftsangabe sei, desto mehr könne auch von einem Verbraucher erwartet werden, dass er solche Werbeaussagen kritisch beurteile. Demgegenüber dürfe der Käufer Werbung, die in nüchterner, auf Fakten abstellende und ohne Übertreibung auf informierende Weise publiziert werde, regelmäßig mehr Vertrauen entgegenbringen.[494]

Lehmann dagegen meint, dass die VerbrGüKRL als Maßstab dessen, was der Käufer aufgrund öffentlicher Äußerungen erwarten dürfe, das Verbraucherleitbild des Gemeinschaftsrechtes zugrunde lege. Dieses Verbraucherleitbild stelle, wenn es um den Schutz der Verbraucher als Gruppe vor Irreführung durch öffentliche Äußerungen, insbesondere durch Werbung gehe, auf den Verständnishorizont eines Durchschnittsverbrauchers ab. Diesem Durchschnittsverbraucher wird durchaus eine gewisse Vernunft, Kritik- und Beurteilungsfähigkeit zugesprochen.[495] Das Verbraucherleitbild des Gemeinschaftsrechtes gehe also gerade nicht von dem grundsätzlich unvernünftigen, naiven und leichtgläubigen Verbraucher aus, der jede Werbeaussage völlig undifferenziert für bare Münze nehme.[496] Da das Verbraucherleitbild jedoch nicht in allen Mitgliedsstaaten das gleiche sei[497], habe der europäische Gesetzgeber zur Klarstellung in Art. 2 Abs. 2 d) VerbrGüKRL ausdrücklich festgehalten, dass es darauf ankomme, was der Verbraucher aufgrund der öffentlichen Äußerungen „vernünftigerweise" erwarten könne. Damit sei ein gewisser objektiver Maßstab vorgegeben.

Bernreuther hingegen ist der Meinung, dass das Tatbestandsmerkmal des „Erwartendürfens" identisch mit dem Verständnishorizont des Verbrauchers bei irreführender Werbung oder bei Wertreklame sowie im Fall der Verwechse-

493 Weiler, Haftung für Werbeangaben nach neuem Kaufrecht, WM 2002, 1784, 1790.

494 Weiler, Haftung für Werbeangaben nach neuem Kaufrecht, WM 2002, 1784, 1791.

495 Lehmann, Informationsverantwortung und Gewährleistung für Werbeangaben beim Verbrauchsgüterkauf, JZ 2000, 280, 284, m. zahlreichen w.N. auf die Rechtsprechung des EuGH.

496 Lehmann, Informationsverantwortung und Gewährleistung für Werbeangaben beim Verbrauchsgüterkauf, JZ 2000, 280, 284.

497 Hierzu verweist Lehmann, Informationsverantwortung und Gewährleistung für Werbeangaben beim Verbrauchsgüterkauf, JZ 2000, 280, 284 (Fn. 40, 49) auf das Verbraucherleitbild des BGH, welches sich an einem unterdurchschnittlich begabten, flüchtigen und unkritischen Verbraucher orientiere; m. zahlreichen weiteren Nachweisen auf die Rechtsprechung des BGH.

lungsgefahr von Marken sowie geschäftlichen Bezeichnungen sei. Demzufolge sei auf die situationsbedingte und situationsangemessene Aufmerksamkeit des durchschnittlichen Betrachters abzustellen, wie sie der BGH zum Wettbewerbs-[498] und Markenrecht[499] entwickelt habe.[500] Dieses Verbraucherleitbild des BGH stehe im Einklang mit der Rechtsprechung des EuGH.[501] Demzufolge sei die Auslegung dieses Tatbestandsmerkmales recht eindeutig, weshalb es nur in besonderen Ausnahmefällen zum Streit über die Auslegung dieses Merkmales kommen werde. Ein solcher Ausnahmefall könne zum Beispiel dann vorliegen, wenn die Werbung eine falsche Beschaffenheitsangabe zu einer leicht nachprüfbaren, objektiven Tatsache enthalte. Maßgeblich sei, welche Werbemittel unter welchen Umständen zur Vermarktung welches Gegenstandes eingesetzt würden.[502]

Dieser Einschätzung stimmt *Westermann* im Grundsatz zu. Die Ergebnisse des Wettbewerbsrechtes hinsichtlich der situationsbedingten und situationsangemessenen Aufmerksamkeit eines durchschnittlichen Betrachters und hinsichtlich der Frage, welchen Inhalt die von der Werbung angesprochenen Verkehrskreise einer Äußerung zumessen, seien auf das Merkmal des „Erwartendürfens" im Rahmen des § 434 Abs. 1 Satz 3 BGB übertragbar. Allerdings erkennt auch *Westermann* an, dass der Anwendung dieser wettbewerbsrechtlichen Grundsätze zum Teil die unterschiedlichen Zwecksetzungen des Wettbewerbsrechtes und der kaufrechtlichen Informationsverantwortung entgegenstünden: Zweck des Wettbewerbsrechtes sei der Schutz des Verbrauchers vor falschen, weil irreführenden Informationen, wohingegen es im Rahmen des § 434 Abs. 1 Satz 3 BGB um den Schutz durch Informationen geweckter Erwartungen bezüglich der Beschaffenheit der Kaufsache gehe.[503]

Meiner Meinung nach kann das Prinzip der legitimen Erwartungen innerhalb des § 434 Abs. 1 Satz 3 BGB keine Berücksichtigung finden. Es findet sich weder in der VerbrGüKRL noch in § 434 Abs. 1 Satz 3 BGB ein Anhaltspunkt hierfür.[504] Vielmehr ist mit *Lehmann* davon auszugehen, dass das Wort „vernünftigerweise" in Art. 2 Abs. 2 d) VerbrGüKRL deshalb verwendet wurde, um klarzu-

---

498 BGH GRUR 2000, 528; GRUR 2000, 619; GRUR 2002, 550.
499 BGH GRUR 1998, 1575.
500 Bernreuther, Sachmangel und Werbung, MDR 2003, 62, 66.
501 Bernreuther, Sachmangelhaftung durch Werbung, WRP 2002, 368, 371, 372; Bernreuther, Sachmangel und Werbung, MDR 2003, 62, 66, jeweils m.w.N.
502 Bernreuther, Sachmangel und Werbung, MDR 2003, 62, 66.
503 MünchKomm-H.P.Westermann, 4. Auflage, § 434, Rdnr. 23.
504 So auch: Grundmann, Verbraucherrecht, Unternehmensrecht, Privatrecht – warum sind sich UN-Kaufrecht und EU-Kaufrechtsrichtlinie so ähnlich?, AcP 202 (2002), 40, 46.

stellen, dass einzig und alleine maßgeblich sein kann, was der Käufer aufgrund der öffentlichen Äußerungen „vernünftigerweise" erwarten kann. In der Tat ist damit ein gewisser objektiver Maßstab vorgegeben.[505] Aus dem Tatbestandsmerkmal „vernünftigerweise" in Art. 2 Abs. 2 d) VerbrGüKRL kann nur gefolgert werden, dass es gerade nicht auf die (unter Umständen völlig vermessenen) individuellen Erwartungen des betroffenen Käufers, sondern auf die Erwartungen eines vernünftigen Käufers ankommt. Dies wird im Sinne einer richtlinienkonformen Auslegung immer zu berücksichtigen sein. Wenn schon öffentliche Äußerungen zur Begründung von Gewährleistungsrechten herangezogen werden, so muss zumindest auf Tatbestandsseite zur Ermittlung der Äußerung und der daraus abzuleitenden Erwartungen des Verbrauchers ein entsprechend restriktiver Maßstab angewendet werden. Das Abstellen auf den Verständnishorizont eines naiven, leichtgläubigen und unvernünftigen Verbrauchers würde zu einem überzogenen und für den Verkäufer und die gesamte Angebotsseite nicht überschaubaren Haftungsrisiko führen.[506] Dies ist von der Richtlinie nicht bezweckt und würde auch den Interessen der Verbraucher zuwiderlaufen: Denn aus Angst vor der weitreichenden Wirkung ihrer öffentlichen Äußerungen könnte die Angebotsseite in der Konsequenz verstärkt unbestimmte und wenig konkrete Aussagen machen, um damit das Haftungsrisiko zu vermindern. Damit wäre eine wichtige Produktinformationsquelle der Verbraucher nachhaltig entwertet. Der Grundsatz laute also: „Schutz durch Informationen, kein Schutz vor Informationen".[507] Die hier befürchteten Unklarheiten wurden in diesem Zusammenhang bereits vor Inkrafttreten des Schuldrechtsmodernisierungsgesetzes bemängelt.[508]

Darüber hinaus ist zu berücksichtigen, dass es sich bei § 434 Abs. 1 Satz 3 BGB allein schon aufgrund seiner systematischen Stellung nicht um eine rein verbraucherschützende Norm handelt. Formal betrachtet werden durch die Vorschrift Verbraucher und Unternehmer gleichermaßen geschützt. Davon zu unterscheiden ist freilich die Frage, ob in der Anwendung von § 434 Abs. 1 Satz 3 BGB danach zu differenzieren ist, ob der Käufer Verbraucher oder Unternehmer

505 Buck, in: Westermann, Das Schuldrecht 2002, 105, 113.

506 Lehmann, Informationsverantwortung und Gewährleistung für Werbeangaben beim Verbrauchsgüterkauf, JZ 2000, 280, 284.

507 Lehmann, Informationsverantwortung und Gewährleistung für Werbeangaben beim Verbrauchsgüterkauf, JZ 2000, 280, 285.

508 Vgl. im Übrigen auch Jorden/Lehmann, Verbrauchsgüterkauf und Schuldrechtsmodernisierung, JZ 2001, 952, 964, wo vorgeschlagen wird, § 434 BGB-RE insoweit zu ändern, als dass anstelle des „... Eigenschaften... [die der Käufer]... erwarten kann" die Formulierung „... Eigenschaften... [die der Käufer]... erwarten darf" zu verwenden. So auch bereits der Vorschlag von Lehmann, Informationsverantwortung und Gewährleistung für Werbeangaben beim Verbrauchsgüterkauf, JZ 2000, 280, 292.

ist. Handelt es sich bei dem Käufer um einen Verbraucher, verbietet sich bereits aufgrund des gewandelten Verbraucherleitbildes die Annahme, bei der Ermittlung der berechtigten Erwartungen sei das Vorstellungsbild eines unterdurchschnittlichen und uninformierten Abnehmers zugrunde zu legen. Dieses Verbraucherbild dürfte durch die geänderte Rechtsprechung des BGH[509] und aufgrund des normativen Verbraucherleitbilds des EuGH[510] endgültig der Vergangenheit angehören und kann somit keine Berücksichtigung innerhalb von § 434 Abs. 1 Satz 3 BGB finden.

Im Ergebnis muss daher festgehalten werden, dass es zur Ermittlung der berechtigten Erwartungen im Rahmen des § 434 Abs. 1 Satz 3 BGB immer auf den Horizont eines situationsadäquat aufmerksamen und vernünftigen Durchschnittskäufers ankommt.

3. Berechtigte Erwartungen bei gebrauchten Sachen

Art. 2 Abs. 2 d) der VerbrGüKRL ist in engem Zusammenhang mit dem Erwägungsgrund Nr. 8 Satz 4 der VerbrGüKRL zu sehen. Dort heißt es: „Die Qualität und die Leistung, die der Verbraucher vernünftigerweise erwarten kann, hängen unter anderem davon ab, ob die Güter neu oder gebraucht sind."

In der Begründung des deutschen Gesetzgebers zu § 434 Abs. 1 Satz 2 Nr. 2 BGB heißt es hierzu: „Der Vergleichsmaßstab sind ‚Sachen gleicher Art'. Dies wird vor allem bei gebrauchten Sachen zu berücksichtigen sein. Ein gebrauchter PKW etwa ist nicht von ‚der gleichen Art' wie ein Neuwagen desselben Typs, darf mit diesem also nicht verglichen werden. Vielmehr kommt es darauf an, welche Eigenschaften der Durchschnittskäufer anhand der „Art der Sache" erwarten kann. Das ist bei einem Neuwagen naturgemäß anders als bei einem gebrauchten Fahrzeug. Bei letzterem wird etwa das Alter und die Laufleistung die berechtigten Erwartungen des Käufers wesentlich beeinflussen, Umstände, die bei einem Neuwagen keine Rolle spielen können."[511]

Weiler ist der Ansicht, dass im Falle des Kaufes gebrauchter Sachen stets eine Einzelfallbetrachtung vorzunehmen sei. Im Rahmen dieser Einzelfallbetrachtung seien dann die konkrete Eigenschaftsangabe, das Alter der Kaufsache und ihre bisherige Nutzung als die entscheidenden Faktoren zu berücksichtigen.[512] Be-

509 BGH NJW-RR 2000, 1490 = GRUR 2000, 619; NJW 2001, 153; NJW 2001, 3193, 3195.

510 Zuletzt: EuGH Slg. 2000, I-2321, 2334, 2336 = EuZW 2000.

511 BT-Drucks. 6857 = BR-Drucks. 338/01 (textgleich mit Fraktionsbegründung SPD/Bündnis 90/Die Grünen, BT-Drucksache 14/6040).= Canaris, Schuldrechtsmodernisierung 2002, S. 814.

512 Weiler, Haftung für Werbeangaben nach neuem Kaufrecht, WM 2002, 1784, 1788.

zieht sich die Werbung oder öffentliche Äußerung demgegenüber (wie üblich) auf neue Sachen, so ist nach der Ansicht von *Grunewald* durch Auslegung zu ermitteln, ob hierin auch Aussagen über gebrauchte Waren zu sehen seien. Dies sei beispielsweise im Falle von Haltbarkeitsgarantien und langlebigen Produkteigenschaften gegeben.[513]

Dem ist nach meiner Ansicht zuzustimmen. Nach dem Erwägungsgrund Nr. 8 Satz 4 der VerbrGüKRL und dem insoweit eindeutigen Willen des deutschen Gesetzgebers ist beim Kauf gebrauchter Sachen im Rahmen einer wertenden Gesamtbetrachtung zu ermitteln, inwieweit die beworbene Sacheigenschaft bei einem gebrauchten Artikel überhaupt noch vorliegen kann und wie wesentlich diese Eigenschaft für die Sache auch noch im gebrauchten Zustand ist. Hier ist gleichfalls die Auffassung eines durchschnittlichen und vernünftigen Käufers des durch die Werbung angesprochenen Verkehrskreises maßgeblich. Dies wird beispielsweise beim Kauf eines gebrauchten KFZ hinsichtlich der Herstellerangaben zum Kraftstoffverbrauch der Fall sein. Denn dieser Umstand ist auch bei einem gebrauchten KFZ von erheblicher Bedeutung und erfahrungsgemäß steigt der Kraftstoffverbrauch bei einem älteren KFZ jedenfalls nicht wesentlich an.[514]

4. Berechtigte Erwartungen bei Äußerungen des Herstellers eines Teilproduktes oder Grundstoffes

Fraglich ist der Fall, in dem eine Äußerung des Herstellers im Sinne des § 434 Abs. 1 Satz 3 BGB in Verbindung mit § 4 Abs. 1 und 2 ProdHaftG hinsichtlich eines Teilproduktes oder eines Grundstoffes vorliegt. Hier ist problematisch, inwieweit verlangt werden kann beziehungsweise verlangt werden muss, dass aus der Äußerung hinsichtlich des Teilproduktes oder des Grundstoffes auch und gerade hinsichtlich des konkret verkauften Endproduktes der Schluss auf das Vorliegen bestimmter Sacheigenschaften gezogen werden kann. Ausgangspunkt muss hier ebenfalls sein, dass es im Rahmen der Äußerungen des Herstellers zunächst auf die Erwartungshaltung eines durchschnittlichen Käufers der jeweiligen Gruppe ankommt. Somit ist auch hier danach zu fragen, welche Erwartungen ein durchschnittlicher Käufer der jeweiligen Gruppe aufgrund der Äußerungen hinsichtlich des Teilproduktes oder des Grundstoffes haben durfte. Somit bleibt es prinzipiell bei der gleichen Prüfung wie im Falle der Verkäuferäußerung oder der Äußerung des Herstellers in Bezug auf die fertige Kaufsache. In der Einhaltung des genannten Grundsatzes ergeben sich Besonderheiten lediglich im Hinblick

---

513 Erman/Grunewald, BGB, 11. Auflage, § 434, Rdnr. 24.

514 Hermanns, Gewährleistungsvorschriften und Gebrauchsgüterrichtlinie, zfs 2001, 437, 438.

darauf, dass die Äußerung bezüglich eines Teilproduktes oder Grundstoffes unter Umständen nicht in jeder Hinsicht auch für die Beschaffenheit der Kaufsache (also in diesem Fall das Endprodukt) ausschlaggebend sein wird. So sind Fälle denkbar, in denen die Äußerungen hinsichtlich der Sachbeschaffenheit eines Grundstoffes mit den Eigenschaften der aus diesen Grundstoffen hergestellten Kaufsache überhaupt nichts mehr zu tun haben.

Beispiel: Der Hersteller einer besonders wasserundurchlässigen Textilmembran Y behauptet in einem seiner Werbespots, dass die besagte Textilmembran ca. zwei Stunden in einem mittleren Regen (Wassermenge X pro Stunde) wasserdicht bleibt. Der Outdoorzubehör-Hersteller X verwendet die von Y hergestellte Textilmembran bei der Herstellung von Rucksäcken. Die Rucksäcke werden jedoch nicht komplett aus der Spezialmembran gefertigt. Lediglich die besonders regenbelasteten Oberseiten der Rucksäcke werden aus dem besagten Material gefertigt. Käufer K, der einen solchen Rucksack erworben hat, ist enttäuscht, als er bemerkt, dass während eines mittleren Regens bereits nach 45 Minuten die Seitenteile des Rucksackes durchnässt sind, und verlangt von dem Verkäufer des Rucksackes Gewährleistung.

In solchen Fällen wird zu fordern sein, dass die Äußerung des Herstellers hinsichtlich des Teilproduktes oder des Grundstoffes auch tatsächlich den Schluss auf eine gewisse Sacheigenschaft der (Gesamt-) Kaufsache berechtigterweise zulässt.[515] Denn es sind Fälle denkbar, in denen Äußerungen des Herstellers eines Teilproduktes oder des Grundstoffes sich auf zahlreiche aus diesen Komponenten hergestellte und verschiedenartige Endprodukte beziehen. Es kann aber nicht aus der Äußerung über Eigenschaften von diesen Komponenten der Endprodukte generell der Schluss gezogen werden, dass bei jedem dieser Endprodukte die beschriebenen Eigenschaften der Komponenten im gleichen Umfang vorliegen. Darüber hinaus sind die Beschreibungen der Komponenten oftmals gegenüber den Eigenschaften des Endproduktes abstrakt und können daher nicht immer Rückschlüsse auf die Eigenschaften des Endproduktes zulassen. Es würde letztlich die Verkäuferverantwortlichkeit „überspannen“[516], wenn jede Äußerung eines in der Kette von Produzenten einer Komponente befindlichen Unternehmens zur Verantwortlichkeit des Verkäufers im Falle deren Nichtvorliegens führen würde. Im obigen Beispiel können die berechtigten Erwartungen des Käufers sich daher nicht auf die erhöhte Wasserundurchlässigkeit des gesamten Rucksackes beziehen.

515 MünchKomm-H.P.Westermann, 4. Auflage, § 434, Rdnr. 24.
516 So auch: MünchKomm-H.P.Westermann, 4. Auflage, § 434, Rdnr. 24.

5. Definition des Leistungsumfanges durch Werbung?

Beispiel: Ein namhafter PC-Hardware-Hersteller versendet einmal monatlich im Rahmen des von ihm betriebenen Direktvertriebes einen selbst erstellten Werbeprospekt. In dem Werbeprospekt wird ein bestimmter PC „Basic" mit guten Office-Eigenschaften zum Preis von € 349 angeboten. Auf dem dazugehörigen Foto innerhalb des Werbeprospektes ist der PC mitsamt einem 17" Monitor abgebildet. In der Produktbeschreibung des PC findet sich keinerlei Bemerkung hinsichtlich der Frage, ob der 17" Monitor zum Lieferumfang gehört oder nicht.
K bestellt den PC „Basic" in der Erwartung, dass dieser mit dem abgebildeten 17" Monitor geliefert werde. Der PC-Hardware-Hersteller hatte jedoch zu keiner Zeit die Absicht, für den Preis von € 349 auch noch einen Monitor mitzuliefern. Als K den PC ohne Monitor ausgeliefert bekommt, ist er enttäuscht und fragt sich, ob er einen Anspruch auf Lieferung des Monitors hat.

Meiner Meinung nach verdeutlicht das Beispiel, dass eine Definition des Leistungsumfanges durch öffentliche Äußerungen nicht in Betracht kommt. § 434 Abs. 1 Satz 3 BGB bezieht sich nach seinem eindeutigen Wortlaut hinsichtlich des Erklärungsinhaltes einer öffentlichen Äußerung auf bestimmte Eigenschaften. Der Leistungsumfang selbst stellt jedoch keine Beschaffenheit im Sinne einer konkreten Eigenschaft dar, sondern ist lediglich die zwangsläufig individuell zu treffende Kaufentscheidung selbst. Welche Leistung für welche Gegenleistung geschuldet sein soll, ergibt sich regelmäßig unmittelbar aus den essentialia des jeweiligen Kaufvertrages.

6. Distanzierung von der geweckten Erwartung

Eine „Distanzierung" des Verkäufers von öffentlichen Äußerungen etc. des Herstellers oder seines Gehilfen ist möglich.[517] Denkbar ist demnach, dass der Verkäufer, angesprochen auf die öffentliche Äußerung beispielsweise des Herstellers, zu erkennen gibt, dass er der Kaufsache öffentlich beschriebene Eigenschaften abspricht. Dogmatisch handelt es sich dabei um den Fall der vorrangig zu berücksichtigenden Beschaffenheitsvereinbarung im Sinne des § 434 Abs. 1 Satz 1 BGB. Diese modifiziert in einem solchen Fall die vertraglich geschuldeten Beschaffenheitsanforderungen. Vertraglich vereinbarte Eigenschaften der Kaufsa-

517 Staudinger/Matusche-Beckmann (2004), § 434, Rdnr. 80; Lorenz/Riehm, Lehrbuch zum neuen Schuldrecht, S. 260; Medicus, Schuldrecht II, 12. Auflage, S. 20; MünchKomm-H. P. Westermann, BGB, 4. Auflage, § 434, Rdnr. 25.

che schließen insoweit eine inhaltliche Bestimmung des Sachmangels anhand der Werbung aus.[518]

Westermann meint, die Distanzierung müsse denselben Grad an Konkretheit aufweisen, über den auch die öffentliche Äußerung verfügen muss.[519] Dies ist nach meiner Ansicht jedoch nicht zutreffend. Die Abstandnahme des Verkäufers von der öffentlichen Äußerung eines Dritten ist gerade nicht die Kehrseite der öffentlichen Äußerung im Sinne des § 434 Abs. 1 Satz 3 BGB. Die Ausnahmen von der Verkäuferhaftung für Werbeinformationen sind abschließend in den drei Ausschlusstatbeständen des § 434 Abs. 1 Satz 3 BGB geregelt. Nur unter den dort genannten Voraussetzungen kann sich der Verkäufer seiner Informationsverantwortung entziehen, wenn eine abweichende Beschaffenheitsvereinbarung im Sinne des § 434 Abs. 1 Satz 1 BGB nicht vorliegt.

Will sich der Verkäufer dem Inhalt einer Werbebotschaft entziehen, so ist hierfür die abweichende Vereinbarung das richtige Mittel. Insofern haben Distanzierung und öffentliche Äußerung nichts gemein, so dass auch nicht verlangt werden kann, dass die Distanzierung ebenso konkret zu sein hat wie die öffentliche Äußerung selbst. Erforderlich ist hierzu demnach lediglich, dass die Distanzierung von der öffentlichen Äußerung die Voraussetzungen der hinreichend konkreten Beschaffenheitsvereinbarung im Sinne § 434 Abs. 1 Satz 1 BGB erfüllt.

Nach *Westermann* soll hierzu ausreichend sein, wenn der Verkäufer auf eine Frage des Käufers hinsichtlich einer beworbenen Eigenschaft ausweichend oder mit Nichtwissen antwortet.[520] Dies kann meines Erachtens nicht genügen, da ein solches Verhalten auch nicht ausreichend wäre, um eine Beschaffenheitsvereinbarung im Sinne des § 434 Abs. 1 Satz 3 BGB zu begründen. Erforderlich ist demnach eine deutliche Distanzierung.[521]

7. Ergebnis

Welche Eigenschaften der Käufer im Sinne von § 434 Abs. 1 Satz 3 BGB tatsächlich erwarten kann, bestimmt sich anhand des Erwartungshorizontes eines vernünftigen Durchschnittskäufers des jeweils durch die öffentliche Äußerung angesprochenen Verkehrskreises.

---

518 Lehmann, Die Haftung für Werbeangaben nach neuem Schuldrecht, DB 2002, 1090, 1091.

519 MünchKomm-H. P. Westermann, BGB, 4. Auflage, § 434, Rdnr. 25.

520 MünchKomm-H. P. Westermann, BGB, 4. Auflage, § 434, Rdnr. 25.

521 Medicus, Schuldrecht II, 12. Auflage, S. 20

E. Die Ausnahmetatbestände

I. Einleitung

Gemäß § 434 Abs. 1 Satz 3, 2.HS BGB greift die Informationsverantwortung des Verkäufers dann nicht ein, wenn der Verkäufer die Äußerung nicht kannte oder nicht kennen musste, wenn die Äußerung im Zeitpunkt des Vertragsschlusses in gleichwertiger Weise berichtigt war oder wenn die Äußerung die Kaufentscheidung nicht beeinflussen konnte. Mit diesen Ausnahmebestimmungen hat der deutsche Gesetzgeber Art. 2 Abs. 4 VerbrGüKRL in nationales Schuldrecht umgesetzt. Die Ausnahmevorschriften haben im Vorfeld der Regelung vielfach zu der Einschätzung geführt, die Berücksichtigung öffentlicher Äußerungen führe im Vergleich zur früheren Rechtslage zu keiner wesentlichen Haftungserweiterung zu Lasten des Verkäufers.[522]

Hinsichtlich der Qualifizierung einer Vorschrift als Ausnahmetatbestand geht *Larenz* davon aus, dass eine Vorschrift mit Ausnahmecharakter vornehmlich dann vorliegt, wenn „das Gesetz eine Regel, der es in möglichst weitem Umfang Geltung zu verschaffen sucht, für bestimmte, meist eng umgrenzte Fälle durchbrochen hat, weil ihre Durchführung auch in diesen Fällen dem Gesetzgeber unangebracht erschien und er deshalb hier glaubte, darauf verzichten zu können".[523] Der Gesetzgeber hat die Haftung für unrichtige Äußerungen durch § 434 Abs. 1 Satz 3 BGB grundsätzlich und umfassend angeordnet. Entgegen der Konzeption der VerbrGüKRL hat er diese Haftung nicht auf Fälle des Verbrauchsgüterkaufes beschränkt, sondern in den allgemeingültigen Sachmangelbegriff eingefügt. Die Ausnahmen von dieser Haftung sind in § 434 Abs. 1 Satz 3, 2. HS BGB umschrieben. Insoweit ist davon auszugehen, dass es sich hierbei um eine Vorschrift mit Ausnahmecharakter handelt. Liegt eine Ausnahmevorschrift vor, so ist diese jedenfalls insoweit eng auszulegen, als „durch eine allzu weite Auslegung der Ausnahmebestimmung oder durch deren analoge Anwendung die Regelungsabsicht des Gesetzgebers schließlich in ihr Gegenteil verkehrt wird".[524]

---

522 Micklitz, Ein einheitliches Kaufrecht für Verbraucher?, EuZW 1997, 228, 232; Weiler, Haftung für Werbeangaben nach neuem Kaufrecht, WM 2002, 1784, 1791, m.w.N.

523 Larenz, Methodenlehre der Rechtswissenschaft, 2. Auflage, S. 244.

524 Larenz, Methodenlehre der Rechtswissenschaft, 2. Auflage, S. 244.

II. Die Ausnahmetatbestände im Einzelnen

1. Keine Kenntnis oder Kennenmüssen, § 434 Abs. 1 Satz 3, 2. HS, 1. Alt. BGB

Gemäß § 434 Abs. 1 Satz 3 BGB Satz 3, 2. HS, 1. Alt. BGB ist die Verkäuferverantwortlichkeit dann ausgeschlossen, wenn der Verkäufer die Äußerung nicht kannte oder nicht kennen musste.

a) Entstehungsgeschichte

Der Gesetzgeber ist bei der Umsetzung dieses Ausschlusstatbestandes vom Wortlaut der VerbrGüKRL erheblich abgewichen. In Art. 2 Abs. 4 erster Spiegelstrich VerbrGüKRL heißt es: „Der Verkäufer ist durch die in Absatz 2 Buchstabe d) genannten öffentlichen Äußerungen nicht gebunden, wenn er nachweist, dass er die betreffende Äußerung nicht kannte und vernünftigerweise nicht davon Kenntnis haben konnte.“ In der Einzelbegründung zum Regierungsentwurf finden sich zu der von dem deutschen Gesetzgeber gewählten Formulierung die folgenden Erwägungen:[525] Der Verkäufer könne sich von der Haftung für Werbeaussagen des Herstellers oder des Gehilfen dadurch befreien, dass er die Werbeaussagen weder kannte noch kennen musste, also seine Unkenntnis auch nicht auf Fahrlässigkeit beruhe (vgl. § 122 Abs. 2). Dies diene der Umsetzung des Artikel 2 Abs. 4 erster Spiegelstrich der Richtlinie. Durch das Abstellen auf das Kennenmüssen solle wiederum die Übernahme des von der Richtlinie verwendeten, dem bürgerlichen Gesetzbuch aber fremden, auf die Kenntnis des Verkäufers bezogenen Begriffes „vernünftigerweise“ vermieden werden. In der Sache solle den Verkäufer nur diejenige Unkenntnis entlasten, welche nicht auf Fahrlässigkeit beruhe. Eine weitere Beschränkung etwa auf grobfahrlässige Unkenntnis, die wohl noch durch den Wortlaut der Richtlinie gedeckt wäre, sei nicht angezeigt. Dabei sei zu berücksichtigen, dass der Verkäufer insoweit Vorteile aus der Werbung ziehe, als sie die Kaufentscheidung beeinflusse. Der Verkäufer solle aber von falschen Werbeaussagen Dritter jedenfalls dann nicht profitieren, wenn ihm ein Fahrlässigkeitsvorwurf hinsichtlich seiner Kenntnis gemacht werden könne.

Dieser Umsetzungsvorschlag blieb im weiteren Gesetzgebungsverfahren unbeanstandet und wurde nicht abgeändert.

---

525 BT-Drucks. 6857 = BR-Drucks. 338/01 (Entwurf der Bundesregierung; wortgleich hierzu BT-Drucks. 14/6040 (Fraktionsentwurf von SPD und BÜNDNIS 90/Die Grünen) = Canaris, Schuldrechtsmodernisierung 2002, S. 816.

b) Keine Kenntnis

aa) Begriff

Begrifflich liegt keine Kenntnis im Sinne des § 434 Abs. 1 Satz 3, 2. HS, 1. Alt. BGB vor, wenn dem Verkäufer öffentliche Äußerungen nicht bekannt waren, er also tatsächlich in Unkenntnis war. Dem Verkäufer darf demnach weder bekannt sein, dass überhaupt eine Werbeaussage existiert, noch welchen Inhalt die jeweilige Äußerung konkret gehabt hat.

bb) Der maßgebliche Zeitpunkt

Als maßgeblicher Zeitpunkt kommt alleine der des Vertragsschlusses in Betracht.[526] Denn die geschuldete Beschaffenheit definierende Umstände können grundsätzlich nur bis zum Zeitpunkt des Vertragsabschlusses Berücksichtigung finden.

cc) Die Äußerungen des Verkäufers

Der Ausschlussgrund der fehlenden Kenntnis des Verkäufers gemäß § 434 Abs. 1 Satz 3, 2. HS, 1. Alt., 1. Unteralternative BGB hat jedenfalls dann keinen Anwendungsbereich, wenn es sich um eine Äußerung des Verkäufers selbst handelt. Denn es ist davon auszugehen, dass der Verkäufer seine eigenen Äußerungen stets kennt.[527] Dieser Ausnahmetatbestand kommt folglich in der Regel nur in Betracht, wenn eine Äußerung des Herstellers oder des Gehilfen im Sinne des § 434 Abs. 1 Satz 3 BGB vorliegt. Etwas anderes ist denkbar, wenn objektiv eine Äußerung gegeben ist, dieser jedoch kein willensgesteuertes Verhalten zugrunde liegt. Auch hier wird wieder die Frage relevant, ob es sich bei der öffentlichen Äußerung im Sinne des § 434 Abs. 1 Satz 3 BGB um eine Willenserklärung handelt oder ob, zumindest teilweise, die Vorschriften über Willenserklärungen analoge Anwendung finden.

Beispiel: In einem Zustand der vorübergehenden Geschäftsunfähigkeit behauptet der Verkäufer V im Rahmen einer öffentlichen Verkaufspräsentation gegenüber den Besuchern, zu denen auch der Käufer K gehört, dass die von ihm offerierte Oberklasselimousine im Drittelmix einen durchschnittlichen Kraftstoff-

---

526 Faust, in: Bamberger/Roth, BGB, § 434, Rdnr. 85.

527 Weiler, Haftung für Werbeangaben nach neuem Kaufrecht, WM 2002, 1784, 1791; Grigoleit/Herresthal, Die Beschaffenheitsvereinbarung und ihre Typisierungen in § 434 I BGB, JZ 2003, 233, 238.

verbrauch von 3,9 Litern pro 100 km habe. Tatsächlich liegt der durchschnittliche Kraftstoffverbrauch bei 9,4 Litern pro 100 km. Einige Tage später kommt es sodann im Zustand der uneingeschränkten Geschäftsfähigkeit zum Kaufvertragsabschluss.

Nach der hier vertretenen Ansicht, wonach es sich bei öffentlichen Äußerungen im Sinne des § 434 Abs. 1 Satz 3 BGB um rechtsgeschäftsähnliche Handlungen handelt, wäre das genannte Beispiel über die §§ 105 ff. BGB zu lösen. Die geschuldete Sollbeschaffenheit wäre somit nicht durch die öffentliche Äußerung beeinflusst worden. Demzufolge würde in dem obigen Beispiel schon keine öffentliche Äußerung vorliegen.

Es ist auch denkbar, dass der Verkäufer zwar objektiv eine öffentliche Äußerung getätigt hat, ihm subjektiv hierzu aber das entsprechende Bewusstsein fehlte (Parallele zum „Trierer Weinversteigerungsfall"). Nach der hier vertretenen Auffassung ließe sich dieser Fall nach den herrschenden Grundsätzen des fehlenden Erklärungsbewusstseins interessengerecht lösen. Danach würde zwar eine öffentliche Äußerung vorliegen, der Verkäufer könnte diese jedoch analog § 119 Abs. 1, 2. Alt. BGB anfechten und dem Käufer gegebenenfalls analog § 122 Abs. 1 BGB Ersatz schulden. Ein Sachmangel könnte vorliegend allerdings deshalb ausscheiden, da der Verkäufer unter Umständen die öffentliche Äußerung nicht kannte im Sinne des § 434 Abs. 1 Satz 3, 2. HS, 1. Alt., 1. Unteralternative BGB. Freilich stellt sich dann weiter die Frage, ob der Verkäufer die öffentliche Äußerung nicht gemäß § 434 Abs. 1 Satz 3, 2. HS, 1. Alt., 2. Unteralternative BGB kennen musste. Dies dürfte oftmals der Fall sein.

dd) Die Äußerungen des Gehilfen

Nach der hier vertretenen Ansicht, wonach sich das Tatbestandsmerkmal Gehilfe innerhalb des § 434 Abs. 1 Satz 3 BGB aufgrund des Wortlautes „des Herstellers ... oder seines Gehilfen" anstatt beispielsweise „des Verkäufers, des Herstellers oder deren Gehilfen"[528] ausschließlich auf den Hersteller und gerade nicht auf den Verkäufer bezieht, bleibt demnach auch für den Ausschlussgrund des § 434 Abs. 1 Satz 3, 2. HS, 1. Alt., 1. Unteralternative BGB kein Anwendungsbereich. Denn wenn bereits tatbestandlich eine Äußerung des Gehilfen des Verkäufers von § 434 Abs. 1 Satz 3 BGB nicht erfasst wird, kann der Ausschlusstatbestand in diesem Fall nicht zur Geltung kommen.

528 Siehe bereits oben.

ee) Die Äußerungen des Herstellers

Im Fall der Drittäußerung durch den Hersteller wird in der Regel der Hauptanwendungsbereich des Ausschlusstatbestandes gemäß § 434 Abs. 1 Satz 3, 2. HS, 1. Alt., 1. Unteralternative BGB liegen. Hier kann die Konstellation auftreten, dass der Verkäufer die öffentliche Äußerung des Herstellers nicht kannte. Im Bereich der arbeitsteilig agierenden Produktions- und Absatzwirtschaft ist es nicht ungewöhnlich, dass der Hersteller eine vom Verkäufer unabhängige Marketingstrategie betreibt. Denkbar ist in dieser Fallkonstellation zunächst, dass der Letztverkäufer innerhalb einer Vertriebskette die Werbeaussage des Herstellers nicht kannte. Möglich ist aber auch, dass ein Wiederverkäufer – z.B. der Eigentümer eines PKW, der diesen einige Zeit selbst benutzt hat und jetzt verkaufen möchte – eine Werbeaussage nicht kannte. Selbstverständlich schließt sich dann immer die Prüfung an, ob der Verkäufer die öffentliche Äußerung nicht hätte kennen müssen.

ff) Die Kenntnis des Verkäufers von der Unrichtigkeit erforderlich?

Fraglich ist, ob der Verkäufer wissen muss, dass die Äußerung nicht der tatsächlichen Sachqualität entspricht. Dies ist meines Erachtens zu verneinen. Zum einen ist es für das Vorliegen eines Sachmangels generell unbeachtlich, ob der Verkäufer Kenntnis von den mangelbegründenden Umständen hat. Dies ergibt sich letztlich auch daraus, dass es für das Vorliegen eines Sachmangels gerade nicht darauf ankommt, ob den Verkäufer ein Vertretenmüssen trifft. Dies ist lediglich dann relevant, wenn das Vorliegen eines Mangels feststeht und gemäß § 437 Nr. 3 BGB in Verbindung mit § 280 Abs.1 BGB Schadensersatz oder der Ersatz vergeblicher Aufwendungen gefordert wird. Würde man im Rahmen des § 434 Abs. 1 Satz 3 BGB die Kenntnis der Verkäufers von der Unrichtigkeit der öffentlichen Äußerung verlangen, hätte dies zur Folge, dass in den Bereich des Sachmangels wegen unrichtiger Information eine im Vergleich zu anderen Sachmangeltypen systemwidrige Voraussetzung integriert würde. Hierfür gibt es jedoch keinen Anhaltspunkt im Gesetz. Festzuhalten ist daher, dass die fehlende Kenntnis des Verkäufers von der Unrichtigkeit der Aussage unerheblich ist, dem Vorliegen eines Sachmangels mithin also entgegensteht.[529]

529 Faust, in: Bamberger/Roth, BGB, § 434, Rdnr. 85.

c) Kein Kennenmüssen

aa) Allgemeines/ Relativität der Nachforschungspflicht

Gemäß § 434 Abs. 1 Satz 3 2. HS, 1. Alt., 2. Unteralternative BGB ist die Haftung des Verkäufers auch dann ausgeschlossen, wenn der Verkäufer die Äußerung nicht kennen musste. Dieser Ausschlusstatbestand verdient wegen seiner enorm hohen Voraussetzungen besondere Aufmerksamkeit. Hier hat der deutsche Gesetzgeber die wahrscheinlich tiefgreifendste Abweichung von dem Wortlaut der VerbrGüKRL vorgenommen. Art. 2 Abs. 4 erster Spiegelstrich VerbrGüKRL lautet: „Der Verkäufer ist durch die in Absatz 2 Buchstabe d) genannten öffentlichen Äußerungen nicht gebunden, wenn er nachweist, dass er die betreffende Äußerung nicht kannte und vernünftigerweise nicht davon Kenntnis haben konnte." Anstatt der Verwendung der Formulierung „vernünftigerweise nicht davon Kenntnis haben konnte" hat der deutsche Gesetzgeber die Formulierung „und auch nicht kennen musste" gewählt.

Die von dem deutschen Gesetzgeber verwendete Formulierung hat zu unterschiedlichen Verständnisansätzen innerhalb des Schrifttums geführt. So ist *Bernreuther* beispielsweise der Ansicht, „die Pflicht des Kennenmüssens ist nur und erst dann nicht verletzt, wenn entweder objektiv die Werbung nicht bekannt sein konnte oder subjektiv die Verwirklichung der Pflicht zur Kenntniserlangung der Werbung in einem unangemessenen Verhältnis zu den aufzuwendenden Kosten oder der aufzuwendenden Zeit stünde". Bezugspunkt sei neben dem zu erwartenden Zeit- und Kostenaufwand auch das jeweils betroffene Schutzgut, welches durch die unzutreffende Werbeangabe verletzt werde, sowie die durch die fehlerhafte Produktinformation mögliche Umsatzmehrung. So bestünden beispielsweise jedenfalls dann erhöhte Nachforschungspflichten, wenn die Nichtverkörperung der beworbenen Sacheigenschaft Auswirkungen auf die Gesundheit des Kunden oder eine erhebliche Umsatzmehrung zur Folge haben könnte.[530]

Dagegen spricht jedoch meines Erachtens der Umstand, dass der Verkäufer gerade im Falle des Nichtkennenmüssens mangels vorliegender Anhaltspunkte und Informationen über den jeweiligen Äußerungstatbestand gar keine Kenntnis über die Umstände des Falles hat. Dem Verkäufer würden dadurch erhöhte Nachforschungspflichten auferlegt, denen er nicht nachkommen kann, weil er nicht weiß, dass ihn aufgrund hochrangig gefährdeter Rechtsgüter besondere Nachforschungspflichten treffen. Die Rechtsordnung würde dem Verkäufer also etwas Unmögliches auferlegen.

530 Bernreuther, Sachmangelhaftung und Werbung, MDR 2003, 63, 67.

Nach *Büdenbender* treffe den Verkäufer grundsätzlich die Pflicht, einschlägige und für ihn ohne weiteres zugängliche Werbemaßnahmen im Fernsehen, im Radio, in der Tagespresse sowie in für seinen Verkaufsgegenstand einschlägigen Fachpublikationen zu verfolgen. Eine darüber hinaus gehende Verpflichtung, auch entferntere Äußerungen, insbesondere im Ausland oder in fremder Sprache zu erfassen, bestünde nicht.[531]

Zum Teil wird vertreten, dass diese Informationspflicht („Produktinformationspflicht") lediglich innerhalb des Fachhandels bestünde. Hier habe sich der Verkäufer aus den allgemein zugänglichen Quellen zu informieren.[532] Insoweit wird auch eine abgestufte Sorgfaltspflicht je nach Person des Verkäufers vertreten: Bei einem Verkauf durch Private bestünde keine oder nur eine geringe Sorgfaltspflicht, bei einem Verkauf durch Händler bestünden gehobene bis hohe Sorgfaltspflichten. Es komme dann entscheidend auf den Wert der Ware, ihre Bedeutung im Sortiment des Verkäufers und auf die Häufigkeit und Verbreitung der Werbung an. Im Falle des Verkaufes durch Vertragshändler bestünden demgegenüber höchste Sorgfaltspflichten.[533]

bb) Anwendbarkeit des § 122 Abs. 2 BGB?

Unabhängig von der Konkretisierung der Sorgfaltspflicht des Verkäufers stellt sich jedoch das Problem, ob § 122 Abs. 2 BGB in diesem Zusammenhang überhaupt Anwendung finden kann. Im Ergebnis geht es hierbei um die Frage, ob der deutsche Gesetzgeber durch die abweichende Umsetzung der VerbrGüKRL unter Umständen die bestehende Umsetzungspflicht verletzt hat. Gemäß § 434 Abs. 1 Satz 3, 2. HS, 1. Alt., 2. Unteralternative BGB ist die Verantwortlichkeit des Verkäufers dann ausgeschlossen, wenn der Verkäufer die Äußerung nicht kennen musste. Nach der Legaldefinition des § 122 Abs. 2 BGB bedeutet das Tatbestandsmerkmal des Kennenmüssens, dass ein Umstand infolge von Fahrlässigkeit nicht bekannt gewesen ist. Hinsichtlich des Verschuldensmaßstabes kommen hier sämtliche Formen der Fahrlässigkeit in Betracht. Gemeinhin wird davon ausgegangen, dass die in § 122 Abs. 2 BGB enthaltene Legaldefinition von „kennen

531 AnwK-BGB/Büdenbender, § 434, Rdnr. 14.

532 Erman/Grunewald, BGB, 11. Auflage, § 434, Rdnr. 25.

533 Siehe beispielsweise: Haas/Medicus/Rolland/Schäfer/Wendtland, Das neue Schuldrecht, 5, Rdnr. 114, S. 192; so auch: MünchKomm-H.P. Westermann, BGB, 4. Auflage, § 434, Rdnr. 27; vgl. auch: Homann, Werbeaussagen und Käufererwartungen, Diss. jur. 2004, S. 248, 249, der davon ausgeht, es handele sich bei der Kenntnispflicht nicht um eine klassische Sorgfaltspflicht im Sinne des § 276 Abs. 2 BGB, deren Einhaltung primär im Interesse des Verkäufers liege.

müssen" für das gesamte Privatrecht gilt.[534] Weitgehend wird demzufolge angenommen, dass § 122 Abs. 2 BGB als allgemeingültige Legaldefinition auch im Bereich des § 434 Abs. 1 Satz 3, 2. HS, 1. Alt., 2. Unteralternative BGB Anwendung findet und somit bereits eine leichtfahrlässige Unkenntnis dem Verkäufer schadet.[535] Demgegenüber wird jedoch davon ausgegangen, dass der Begriff „vernünftigerweise" im Sinne des Art. 2 Abs. 4 erster Spiegelstrich VerbrGüKRL den Verschuldensmaßstab auf grobfahrlässige Unkenntnis beschränkt.[536] Diese Sichtweise wird auch in der Einzelbegründung zum Regierungsentwurf[537] geteilt: Der Verkäufer könne sich von der Haftung für Werbeaussagen des Herstellers oder des Gehilfen dadurch befreien, dass er die Werbeaussagen weder kannte noch kennen musste, also seine Unkenntnis auch nicht auf Fahrlässigkeit beruhe (vgl. § 122 Abs. 2). Eine weitere Beschränkung etwa auf grobfahrlässige Unkenntnis, die wohl auch noch durch den Wortlaut der Richtlinie gedeckt wäre, sei nicht angezeigt. Dabei sei zu berücksichtigen, dass der Verkäufer insoweit Vorteile aus der Werbung ziehe, als sie die Kaufentscheidung beeinflusse. Der Verkäufer solle aber von falschen Werbeaussagen Dritter jedenfalls dann nicht profitieren, wenn ihm ein Fahrlässigkeitsvorwurf hinsichtlich seiner Kenntnis gemacht werden könne.

Ob hierbei jedoch ohne weiteres auf die Legaldefinition des § 122 Abs. 2 BGB zurückgegriffen werden kann, soll im Folgenden untersucht werden. Wegen des eingeschränkten Geltungsbereichs der VerbrGüKRL muss an dieser Stelle nach dem Verbrauchsgüterkauf im Sinne der §§ 475 ff. BGB und dem allgemeinen Kaufrecht gemäß §§ 433 ff. BGB unterschieden werden.

(1) Im Falle des Verbrauchsgüterkaufes: Art. 8 Abs. 2 VerbrGüKRL

Gemäß Art. 8 Abs. 2 VerbrGüKRL können die Mitgliedsstaaten „in dem unter diese Richtlinie fallenden Bereich mit dem Vertrag in Einklang stehende strengere Bestimmungen erlassen oder aufrechterhalten, um ein höheres Schutzniveau für die Verbraucher sicherzustellen". Es ist somit für die Mitgliedsstaaten zwar

---

534 Palandt/Heinrichs, BGB, 62. Auflage § 122, Rdnr. 5.

535 Staudinger/Matusche-Beckmann (2004), § 434, Rdnr. 89; AnwK-BGB/Büdenbender, § 434, Rdnr. 12; Oechsler, Schuldrecht Besonderer Teil – Vertragsrecht, § 2 Rdnr. 101, S. 69; Weber/Dospil/Hanhörster, Mandatspraxis neues Schuldrecht, S. 118; Grigoleit/Herresthal, Die Beschaffenheitsvereinbarung und ihre Typisierungen in § 434 I BGB, JZ 2003, 233, 238.

536 Weiler, Haftung für Werbeangaben nach neuem Kaufrecht, WM 2002, 1784, 1791.

537 BT-Drucks. 6857 = BR-Drucks. 338/01 (Entwurf der Bundesregierung; wortgleich hierzu BT-Drucks. 14/6040 (Fraktionsentwurf von SPD und BÜNDNIS 90/Die Grünen) = Canaris, Schuldrechtsmodernisierung 2002, S. 816.

grundsätzlich möglich, im Vergleich zur VerbrGüKRL strengere Vorschriften zu erlassen oder aufrecht zu erhalten. Um eine Verletzung der Umsetzungspflicht zu vermeiden, ist jedoch erforderlich, dass die gewählte Abweichung mit dem EG-Vertrag in Einklang steht. Dies wird oft verkannt, wenn davon ausgegangen wird, dem Verbraucher günstige Abweichungen seien generell zulässig. So hat der Gesetzgeber hinsichtlich der Umsetzung der VerbrGüKRL ausgeführt, dass der Entwurf auf die Übernahme des zweiten Spiegelstriches aus Artikel 2 Abs. 4 VerbrGüKRL verzichte. Hierin sei kein Abweichen, sondern nur eine Klarstellung des von der Richtlinie Gewollten zu sehen. Selbst wenn man anderer Ansicht wäre, weil die Richtlinie ihrem Wortlaut nach auch eine Berichtigung ausreichen ließe, die weder gegenüber dem Käufer erfolgt sei noch diesem auf irgendeine Weise bekannt geworden sein könne, so wäre diese Abweichung schon deshalb zulässig, weil sie dem Käufer (Verbraucher) günstig wäre.[538]

α) „In dem unter die Richtlinie fallenden Bereich"

Gemäß Art. 8 Abs. 2 VerbrGüKRL muss es sich zunächst um den „unter die Richtlinie fallenden Bereich" handeln. Gemäß Art. 1 Abs. 2 VerbrGüKRL ist hierzu erforderlich, dass es sich um den Kauf eines Verbrauchsgutes zwischen einem Verbraucher und Verkäufer handelt. Nach Art. 1 Abs. 2 a) VerbrGüKRL handelt es sich bei einen Verbraucher um jede natürliche Person, die im Rahmen der unter diese Richtlinie fallenden Verträge zu einem Zweck handelt, der nicht ihrer beruflichen oder gewerblichen Tätigkeit zugerechnet werden kann. Unter dem Begriff Verkäufer ist gemäß Art. 1 Abs. 2 c) VerbrGüKRL jede natürliche oder juristische Person zu verstehen, die aufgrund eines Vertrages im Rahmen ihrer beruflichen oder gewerblichen Tätigkeit Verbrauchsgüter verkauft. Dies ist vorliegend bei einem Verbrauchgüterkauf nach § 475 BGB, also bei dem Kauf einer beweglichen Sache durch einen Verbraucher von einem Unternehmer gegeben.

Hiervon abzugrenzen ist der Fall, wenn es sich nicht um einen Verbrauchsgüterkauf handelt, jedoch wegen der Verankerung von § 434 Abs. 1 Satz 3 BGB außerhalb der Verbrauchsgüterkaufes doch eine Verantwortlichkeit des Verkäu-

538 BT-Drucks. 6857 = BR-Drucks. 338/01 (Entwurf der Bundesregierung; wortgleich hierzu BT-Drucks. 14/6040 (Fraktionsentwurf von SPD und BÜNDNIS 90/Die Grünen) = Canaris, Schuldrechtsmodernisierung 2002, S. 816 ff.; siehe auch: Weiler, Haftung für Werbeangaben nach neuem Kaufrecht, WM 2002, 1784, 1786: „... geht es über das Schutzniveau der Richtlinie hinaus. Dies ist indessen nach Art. 8 Abs. 2 RL ohne weiteres zulässig, da die RL nur ein Mindestschutzniveau schaffen will, von dem zugunsten des Verbrauchers nach oben abgewichen werden kann."

fers für Werbeaussagen einschlägig ist. Dann handelt es sich nicht um den „unter die Richtlinie fallenden Bereich“ im Sinne des Art. 8 Abs. 2 VerbrGüKRL. Dieser Fall ist somit nicht am Maßstab des Art. 8 Abs. 2 VerbrGüKRL zu überprüfen (hierzu später).

β) „Strengere Bestimmung erlassen oder aufrechterhalten, um ein höheres Schutzniveau der Verbraucher sicherzustellen“

Eine „strengere Bestimmung“ im Sinne des Art. 8 Abs. 2 VerbrGüKRL ist dann gegeben, wenn das durch sie verwirklichte Schutzniveau für den Verbraucher höher ist, als es der Wortlaut der Richtlinie vorsieht. Dieses Tatbestandsmerkmal ist insoweit in engem Zusammenhang mit dem des „höheren Schutzniveaus“ im Sinne des Art. 8 Abs. 2 VerbrGüKRL zu sehen.[539] Ein „höheres Verbraucherschutzniveau“ liegt vor, wenn gemäß dem „Günstigkeitsprinzip“ die nationale Bestimmung verbraucherfreundlicher, das heißt für den Verbraucher vorteilhafter ist als die Regelung der Richtlinie.[540] Vorliegend ist eine strengere Bestimmung im Sinne des Art. 8 Abs. 2 VerbrGüKRL gegeben, da sie dem Käufer die Verwirklichung seiner Rechte im Vergleich zu den Voraussetzungen der Richtlinie erleichtert. Gemäß § 434 Abs. 1 Satz 3, 2. HS, 1. Alt., 2. Unteralternative BGB kann sich der Verkäufer nur durch den Beweis der leichtfertigen Unkenntnis der Haftung entziehen, anstatt durch den in der VerbrGüKRL vorgesehenen Nachweis, dass er vernünftigerweise keine Kenntnis haben konnte.

γ) „Mit dem Vertrag in Einklang stehend“

Letztlich muss die strengere nationale Regelung gemäß Art. 8 Abs. 2 VerbrGüKRL mit dem EG-Vertrag in Einklang stehen.[541] Aus diesem Erfordernis ergibt sich zunächst, dass die besonderen Schutzvorschriften nicht zu ungerechtfertigten Einschränkungen der Grundfreiheiten führen dürfen und insbesondere im Falle von Kaufverträgen nicht die Warenverkehrsfreiheit gemäß Art. 28 EG durch mengenmäßige Einfuhrbeschränkungen, Wettbewerbsverzerrungen

539 Grundmann in: Grundmann/Bianca, EU-Kaufrechts-Richtlinie, Art. 8, Rdnr. 7; Wolf, in: Wolf/Horn/Lindacher, AGBG, 3. Auflage, Art. 8 RiLi, Rdnr. 3.

540 Wolf, in: Wolf/Horn/Lindacher, AGBG, 3. Auflage, Art. 8 RiLi, Rdnr. 3.

541 Das Erfordernis der Konformität mit dem EG-Primärrecht ergibt sich bereits aus dogmatischen Gesichtspunkten. Denn das gemeinschaftliche Primärrecht kann niemals durch sekundäres Gemeinschaftsrecht geändert werden. Vgl. hierzu: Schroeder, in: Streinz (Hrsg.), EUV/EGV, Art. 28 EGV, Rdnr. 57, m.w.N.

oder andere Beschränkungen in Form von Maßnahmen gleicher Wirkung beeinträchtigt wird.[542]

Man könnte der Auffassung sein, dass vorliegend die national strengere Norm nicht „mit dem Vertrag“ in Einklang stehend im Sinne des Art. 8 Abs. 2 VerbrGüKRL ist. Dies könnte deshalb der Fall sein, weil durch die Erweiterung der Verantwortlichkeit des Verkäufers auch für leichte Fahrlässigkeit gemäß § 434 Abs. 1 Satz 3, 2. HS, 1. Alt., 2. Unteralternative BGB in grenzüberschreitenden Fällen ein Verstoß gegen die Warenverkehrsfreiheit gemäß Art. 28 EG liegen könnte.

Beispiel 1: Der Autohersteller X aus dem EU-Mitgliedsstaat Z vertreibt die von ihm in Z hergestellten KFZ in ganz Europa und der übrigen Welt über ein Netz von Vertragshändlern, welche die Autos im eigenen Namen weiterverkaufen. Der Autohersteller X wird nunmehr von einem seiner deutschen Vertragshändler Y im Wege des Regresses (unter Anwendung des § 478 Abs. 1 BGB) in Anspruch genommen, weil Y wegen einer unrichtigen Werbeangabe des X (zu niedrig angegebener Durchschnittsverbrauch) gegenüber einem Autokäufer Gewähr für Sachmängel leisten musste. Händler Y war in leichtfahrlässiger Weise in Unkenntnis über die Werbeaussage des Herstellers X. Händler Y erklärt dem Hersteller X, dass er aufgrund § 434 Abs. 1 Satz 3 in Verbindung mit § 122 Abs. 2 BGB auch für die leichtfahrlässige Unkenntnis der Werbeaussage einzustehen habe.
X wundert sich und entgegnet, dass ein von ihm im EU-Mitgliedstaat W belieferter Händler lediglich für grobfahrlässige Unkenntnis der Werbeaussagen des Herstellers einzustehen habe.[543]

Beispiel 2: Wie oben, jedoch vertreibt der Autohersteller X die Autos auch in Deutschland im eigenen Namen und schließt somit mit dem Verbraucher V direkt einen Kaufvertrag in Deutschland ab.

Beispiel 3: Wie Beispiel 2, jedoch wird innerhalb des in Deutschland abgeschlossenen Kaufvertrages vereinbart, dass das Recht des EU-Mitgliedstaates Z (hier ist nur ein Verschuldensmaßstab hinsichtlich der Unkenntnis des Verkäufers gemäß dem Wortlaut der VerbrGüKRL normiert) gelten soll.

---

542 Grundmann in: Grundmann/Bianca, EU-Kaufrechts-Richtlinie, Art. 8, Rdnr. 10; Wolf, in: Wolf/Horn/Lindacher, AGBG, 3. Auflage, Art. 8 RiLi, Rdnr. 4.

543 Namentlich kommen hier in Betracht: Vereinigtes Königreich, Sales of Goods Act 1979, Part II, Section 14, (2D) (a) „at the time the contract was made, he was not, and could not reasonably have been, aware of the statement“; Österreich, Allgemeines Bürgerliches Gesetzbuch, § 922 Abs. 2 „Solche öffentlichen Äußerungen binden den Übergeber nicht, wenn er sie weder kannte noch kennen konnte,...“; Italien, II Codice civile, Art. 1519-ter Abs. 4 a) „er die öffentliche Äußerung nicht kannte und bei gewöhnlicher Aufmerksamkeit auch nicht kennen konnte“; vgl: Schermaier, Verbraucherkauf in Europa, S. 153 ff.

αα) Die „Dassonville"-Formel

Gemäß Art. 28 EG sind mengenmäßige Einfuhrbeschränkungen sowie alle Maßnahmen gleicher Wirkung zwischen den Mitgliedstaaten verboten. Eine mengenmäßige Einfuhrbeschränkung kann in der Haftungserweiterung des § 434 Abs. 1 Satz 3, 2. HS, 1. Alt., 2. Unteralternative BGB nicht erblickt werden, da hierunter nur solche Maßnahmen fallen, welche die Einfuhr einer Ware in einen Mitgliedsstaat ganz oder teilweise untersagen.[544]

Eine Maßnahme gleicher Wirkung im Sinne des Art. 28 EG liegt nach der „*Dassonville*"-Formel des EuGH in jeder Regelung „der Mitgliedsstaaten, die geeignet ist, den innergemeinschaftlichen Handel unmittelbar oder mittelbar, tatsächlich oder potenziell zu behindern".[545] Unter einer Behinderung ist jede, nicht zwingend unmittelbar auf die Einfuhr bezogene negative Beeinflussung der Handelsströme durch Beeinträchtigung der Marktteilnehmer zu verstehen.[546] Grundsätzlich reicht bereits die bloße Eignung zur Behinderung des innergemeinschaftlichen Handels aus. Der Nachweis, dass die Maßnahme tatsächlich zu einem Rückgang der Einfuhren geführt hat, ist dabei gerade nicht erforderlich.[547] Ausreichend ist eine mittelbare Auswirkung, weshalb die Maßnahme sich nicht unmittelbar auf die Einfuhr von Waren beziehen muss.[548] Unter Zugrundelegung eines weiten Verständnisses des Art. 28 EG entwickelte sich die Vorschrift dadurch zu einem Absatzbehinderungsverbot und somit zu einer Integrationsnorm zur Verwirklichung des Binnenmarktes, das heißt dem Abbau spezifischer Zugangshindernisse für den grenzüberschreitenden Warenverkehr gemäß Art. 14 Abs. 2 EG.[549]

Grundsätzlich ist davon auszugehen, dass auch privatrechtliche Normen eine Maßnahme gleicher Wirkung darstellen können, da das Gemeinschaftsrecht nicht nach der Art der Regelung, sondern nur nach ihrer Wirkung unterscheidet. Entscheidend ist daher auch bei Normen des Privatrechts, ob sie geeignet sind, den innergemeinschaftlichen Handel unmittelbar oder mittelbar, tatsächlich oder po-

---

544 Schroeder, in: Streinz (Hrsg.), EUV/EGV, Art. 28 EGV, Rdnr. 32, m.w.N.

545 EuGH, Rs. 8/74, Dassonville, Slg. 1974, 837, Rdnr. 5 ; in dieser Entscheidung verwendete der EuGH noch den Begriff der „Handelsbestimmung", in späteren Entscheidungen zu diesem Themenkreis wurde jedoch nur noch der Begriff „Regelung" oder „Maßnahme" verwendet, vgl. die Nachweise bei: Schroeder, in: Streinz (Hrsg.), EUV/EGV, Art. 28 EGV, Rdnr. 36; Leible, in: Grabitz/Hilf, Das Recht der Europäischen Union, Art. 28 EGV, Rdnr. 14.

546 Schroeder, in: Streinz (Hrsg.), EUV/EGV, Art 28. EGV, Rdnr. 37, m.w.N.

547 EuGH, Rs. C–12/74, Sekt/Weinbrand, Slg. 1975, 181, 198.

548 Schroeder, in: Streinz (Hrsg.), EUV/EGV, Art 28. EGV, Rdnr. 37, m.w.N.

549 Schroeder, in: Streinz (Hrsg.), EUV/EGV, Art 28. EGV, Rdnr. 44, m.w.N.

tenziell zu behindern.[550] Art. 28 EG erfasst insoweit gleichermaßen einfuhrdiskriminierende und unterschiedslos anwendbare Vorschriften.[551]

Nach der Rechtsprechung des EuGH kann jedoch eine privatrechtliche Norm nur dann eine Maßnahme gleicher Wirkung im Sinne des Art. 28 EG darstellen, wenn die Vertragsparteien nicht die Möglichkeit haben, die Geltung der einschlägigen Vorschrift mittels Rechtswahl (Art. 27 Abs. 1 Satz 1 EGBGB) zu umgehen.[552] Die Verschuldensregelung des § 434 Abs. 1 Satz 3, 2. HS, 1. Alt., 2. Unteralternative BGB kann somit nur dann eine Maßnahme gleicher Wirkung im Sinne des Art. 28 EG sein, wenn potenzielle Vertragsparteien nicht die Möglichkeit haben, der Geltung der Vorschrift durch eine zulässige Rechtswahl im Sinne des Art. 27 Abs. 1 Satz 1 EGBGB zu entkommen.

In diesem Zusammenhang sind die Vorschriften der Art. 29 und Art. 29a EGBGB zu beachten. Gemäß Art. 29 Abs. 1 EGBGB darf unter anderem bei Verträgen über die Lieferung von beweglichen Sachen, die nicht der beruflichen oder gewerblichen Tätigkeit des Berechtigten (Verbrauchers) zugerechnet werden können, eine Rechtswahl der Parteien nicht dazu führen, dass dem Verbraucher der durch die zwingenden Bestimmungen des Rechts des Staates, in dem er seinen gewöhnlichen Aufenthalt hat, gewährte Schutz entzogen wird und alternativ die Voraussetzungen des Art. 29 Abs. 1 Nr. 1 – 3 EGBGB vorliegen.

Unterliegt demgegenüber ein Vertrag auf Grund einer Rechtswahl nicht dem Recht eines Mitgliedsstaates der Europäischen Union oder eines anderen Vertragsstaates des Abkommens über den europäischen Wirtschaftsraum, sind gemäß Art. 29 Abs. 1 EGBGB die im Gebiet des Staates zur Umsetzung der Verbraucherschutzrichtlinien geltenden Bestimmungen auch in diesem Fall anwendbar, wenn der Vertrag einen engen Zusammenhang mit dem Gebiet eines Mitgliedsstaates der Europäischen Union aufweist. Ein solcher Zusammenhang ist gemäß Art. 29a Abs. 2 Nr. 2 EGBGB unter anderem insbesondere dann anzunehmen, wenn der andere Teil (der Verbraucher) bei Abgabe seiner auf den Vertragsabschluss gerichteten Erklärung seinen gewöhnlichen Aufenthalt in einem Mitgliedsstaat der Europäischen Union hat. Als Verbraucherschutzrichtlinie im Sinne dieser Vorschrift gilt gemäß Art. 29a Abs. 4 Nr. 4 EGBGB unter anderem die VerbrGüKRL. Art. 29 EGBGB ist gegenüber Art. 29a EGBGB vorrangig, soweit

550 Steindorff, EG-Vertrag und Privatrecht, S. 226 ff.; Klauer, Die Europäisierung des Privatrechtes, S. 62; Leible, in: Grabitz/Hilf, Das Recht der Europäischen Union, Art. 28 EGV, Rdnr. 43.

551 Leible, in: Grabitz/Hilf, Das Recht der Europäischen Union, Art. 28 EGV, Rdnr. 43.

552 EuGH, Rs. C–339/89, Alsthom/Atlantique, Slg. 1991, I–107, Rdnr. 15; a.A. hierzu: Steindorff, EG-Vertrag und Privatrecht, S. 79.

der jeweilige Vertrag auch die Voraussetzungen des Art. 29 EGBGB erfüllt.[553] Insofern ist die freie Rechtswahl zwar auch im Rahmen des Art. 29 EGBGB zulässig, jedoch stellt die Vorschrift die Anwendung der zwingenden Vorschriften zum Schutz des Verbrauchers nach dem an seinem gewöhnlichen Aufenthalt geltenden Recht sicher.[554] Sind die Voraussetzungen der Art. 29 und Art. 29a EGBGB nicht gegeben, greift der Auffangtatbestand des Art. 34 EGBGB. Diese Vorschrift stellt in jedem Fall sicher, dass unabhängig von dem für einen Schuldvertrag nach den Art. 27 – 30 EGBGB geltenden Vertragsstatut in jedem Fall die vertraglich nicht abdingbaren Vorschriften des deutschen Rechts anzuwenden sind, die den Sachverhalt ohne Rücksicht auf das auf den Vertrag anzuwendende Recht international zwingend regeln. Art. 34 EGBGB erfasst grundsätzlich auch Regelungen des Verbraucherschutzes.[555] Faktisch unzulässig ist daher eine Rechtswahl jedenfalls im Recht der Verbraucherverträge.[556]

Zwar wird zum Teil vertreten, dass es trotz der grundsätzlichen Möglichkeit, für innerstaatliche Sachverhalte höhere als die jeweils durch die Richtlinie vorgegebenen Verbraucherschutzstandards festzuschreiben, es den Mitgliedsstaaten grundsätzlich nicht möglich sei, die Durchsetzung dieser erhöhten, über den Mindestschutz hinausgehenden Standards gegenüber Anbietern aus anderen, umsetzungstreuen Mitgliedsstaaten zu fordern.[557] Soweit die jeweilige Harmonisierung reiche, könne dem ausländischen Anbieter das strengere nationale Recht gegenüber Anbietern aus dem EG-Ausland nicht mehr unter Berufung auf „zwingende Gründe des Allgemeininteresses" zur Anwendung gebracht werden.[558] Dieser These ist zugute zu halten, dass sie bei konsequenter Anwendung dazu führt, Behinderungen des freien Warenverkehrs weitestmöglich auszuschließen. Denn ein ausländischer Warenanbieter könnte dann nicht schlechter gestellt werden, als er nach seiner eigenen nationalen Rechtslage stehen würde. Verdeckter Protektionismus durch verschleiert-mittelbare Abschottung der nationalen Märkte würde somit verhindert.

Gegen diese Ansicht spricht jedoch, dass der Gedanke der Mindestharmonisierung ins Gegenteil verkehrt würde, wenn jede Mindestanforderung zugleich Höchstgrenze mitgliedsstaatlicher Eingriffe in grenzüberschreitenden Sachverhalten wäre. Darüber hinaus ist nach dieser Auffassung nicht zu erklären, warum es

553 Palandt/Heldrich, BGB, 62. Auflage, Art. 29 EGBGB, Rdnr. 1 und Art. 29a EGBGB, Rdnr. 7.
554 Palandt/Heldrich, BGB, 62. Auflage, Art. 29 EGBGB, Rdnr. 4.
555 BGHZ 123, 380, 391; Palandt/Heldrich, BGB, 65. Auflage, Art. 34 EGBGB, Rdnr. 3a.
556 Leible, in: Grabitz/Hilf, Das Recht der Europäischen Union, Art. 28 EGV, Rdnr. 43.
557 Grundmann, EG-Richtlinie und nationales Privatrecht, JZ 1996, 274, 279.
558 Grundmann, EG-Richtlinie und nationales Privatrecht, JZ 1996, 274, 279.

den Mitgliedsstaaten aufgrund vieler verbraucherschützenden Richtlinien erlaubt ist, strengere Normen dann aufrechtzuerhalten oder zu erlassen, wenn sie mit dem EG-Vertrag in Einklang stehen.[559] Denn die jeweiligen Klauseln, die strengere Vorschriften erlauben, die „mit dem Vertrag in Einklang stehen", deuten bereits darauf hin, dass es sich nicht nur um Fallgruppen mit innerstaatlichem Bezug handeln kann. Die (deklaratorische) Bezugnahme auf den EG-Vertrag und somit auf die Grundfreiheiten kann nur dann Sinn machen, wenn die Grundfreiheiten auch tatsächlich zur Anwendung kommen können. Dies ist jedoch bei rein innerstaatlichen Sachverhalten nie der Fall; die Grundfreiheiten können immer nur bei grenzüberschreitenden Sachverhalten Anwendung finden. Somit kommt auch in den jeweiligen Richtlinien zum Ausdruck, dass die Mitgliedsstaaten die strengeren Vorschriften auch ausländischen Anbietern entgegenhalten dürfen. Letztlich würde diese Ansicht auch zu einer massiven Beschneidung der Wirkung von verbraucherschützenden Rechtsvorschriften führen. Denn wenn ein Verbraucher im Hinblick auf den zwingenden Charakter der nationalen Rechtsnorm mit einem ausländischen Anbieter einen Verbrauchervertrag abschließt, um im Streitfall dann zu erfahren, dass die zwingende nationale Norm (weil überschießend umgesetzt) dem ausländischen Anbieter nicht entgegengehalten werden kann, würde dies dem Gedanken der zwingend geltenden Verbraucherschutzvorschriften – und somit dem Vertrauen des Verbrauchers in einen funktionierenden Binnenmarkt – maximal entgegenstehen. Außerdem widerspricht diese Ansicht der Regelung des Art. 29 Abs. 2 EGBGB, wonach Verbraucherverträge mangels Rechtswahl (bei Wahl des Rechtes eines nicht EU-Staates gilt Art. 29 a EGBGB) dem Recht des Staates unterliegen, in dem der Verbraucher seinen gewöhnlichen Aufenthalt hat (vgl. auch Art. 28 EGBGB).[560] Somit bleibt festzuhalten, dass es sich bei § 434 Abs. 1 Satz 3, 2. HS, 1. Alt., 2. Unteralternative BGB um eine Regelung handelt, die nicht im Wege der Rechtswahl im Sinne des Art. 27 Abs. 1 Satz 1 EGBGB abbedungen und auch ausländischen Anbietern entgegengehalten werden kann.

Von Art. 28 EG werden grundsätzlich nur solche Regelungen erfasst, die den innergemeinschaftlichen Handel behindern können. Insofern ist erforderlich, dass es sich bei der zu untersuchenden Maßnahme um eine solche handelt, die sich nicht ausschließlich auf rein nationale Warenbewegungen bezieht.[561] Der grenzüberschreitende Tatbestand ist in den oben genannten Beispielen gegeben und somit eine theoretische Auswirkung auf den innergemeinschaftlichen Handel

559 Leible, in: Grabitz/Hilf, Das Recht der Europäischen Union, Art. 28 EGV, Rdnr. 57.

560 Paefgen, Kollisionsrechtlicher Verbraucherschutz im internationalen Vertragsrecht und europäisches Gemeinschaftsrecht, ZEuP 2003, 266, 276 ff.

561 Lux, in: Lenz/Borchardt, EU- und EG-Vertrag, 3. Auflage, Art. 28 EGV, Rdnr. 18.

möglich. Da nach der Rechtsprechung des EuGH anerkannt ist, dass sämtliche wirtschaftslenkende Privatrechtsnormen die abstrakte Möglichkeit besitzen, in die Warenverkehrsfreiheit hemmend einzugreifen, ist vorliegend von der potenziell beschränkenden Wirkung des § 434 Abs. 1 Satz 3, 2. HS, 1. Alt., 2. Unteralternative BGB auszugehen. Damit stellt die Verschuldensregelung des § 434 Abs. 1 Satz 3, 2. HS, 1. Alt., 2. Unteralternative BGB jedenfalls nach der „*Dassonville*"-Formel des EuGH zunächst eine Maßnahme gleicher Wirkung im Sinne des Art. 28 EG dar.

ββ) Diskriminierende oder unterschiedslos anwendbare Regelung

Erforderlich für einen Verstoß gegen Art. 28 EG ist weiterhin, dass es sich entweder um eine diskriminierende Regelung oder um eine solche Regelung handeln muss, die unterschiedslos auf in- und ausländische Produkte anwendbar ist.[562] Diskriminierend ist eine Regelung in diesem Zusammenhang dann, wenn sie ausschließlich auf Waren Anwendung findet, die in den betreffenden Mitgliedsstaat eingeführt werden sollen. Eine Diskriminierung kann jedoch in der Regelung des § 434 Abs. 1 Satz 3, 2. HS, 1. Alt., 2. Unteralternative BGB nicht gesehen werden. Denn diese bezieht sich unterschiedslos auf in- und ausländische Produkte, da sie gleichermaßen den Verkäufer von Waren aus nationaler Herkunft und den ausländischen Verkäufer betrifft, der in Deutschland Waren verkaufen will.

γγ) „Bestimmte Absatzmodalität", „Produktvorschrift" oder „sonstige Absatzmodalität" (Keck)

Da es sich bei § 434 Abs. 1 Satz 3, 2. HS, 1. Alt., 2. Unteralternative BGB um eine Regelung handelt, die nach der hier vertretenen Ansicht unterschiedslos auf in- und ausländische Produkte anwendbar ist, muss vorliegend die sogenannte „*Keck*" Rechtsprechung des EuGH beachtet werden.

Der EuGH stellte bald fest, dass aufgrund der Weite der „*Dassonville*"-Formel nahezu alle irgendwie wirtschaftslenkenden Gesetze, die den Absatz von Waren beeinflussen, mit der Warenverkehrsfreiheit kollidieren können.[563] In dem Urteil „*Keck*"[564] aus dem Jahre 1993 nahm der EuGH sodann eine als „Klarstellung" bezeichnete Einschränkung der weiten Definition vor. Seitdem ist zwischen

562 Leible, in: Grabitz/Hilf, Das Recht der Europäischen Union, Art. 28 EGV, Rdnr. 20 und 31; Schroeder, in: Streinz (Hrsg.), EUV/EGV, Art 28. EGV, Rdnr. 39, m.w.N.
563 Schroeder, in: Streinz (Hrsg.), EUV/EGV, Art 28. EGV, Rdnr. 41, m.w.N.
564 EuGH, verb. Rs. C–267/91 und 268/91, Keck, Slg. 1993, I–6097.

„Verkaufsmodalitäten" und „produktbezogenen Regelungen" zu unterscheiden.[565]

Handelt es sich um Bestimmungen, welche sich auf Erzeugnisse aus den Mitgliedsstaaten beziehen, „die bestimmte Verkaufsmodalitäten beschränken oder verbieten", so sind diese „nicht geeignet, den Handel zwischen den Mitgliedsstaaten im Sinne des Urteils *Dassonville* unmittelbar oder mittelbar, tatsächlich oder potenziell zu behindern, sofern diese Bestimmungen für alle betroffenen Wirtschaftsteilnehmer gelten, die ihre Wirtschaftstätigkeit im Inland ausüben, und sofern sie den Absatz inländischer Erzeugnisse und der Erzeugnisse aus anderen Mitgliedsstaaten rechtlich wie tatsächlich in der gleichen Weise betreffen."[566] Unter einer bestimmte Verkaufsmodalitäten beschränkende oder verbietende Regelung wird eine solche verstanden, die „eine Beschränkung der kommerziellen Freiheit der Wirtschaftsteilnehmer bewirkt, ohne sich auf die Merkmale der erfassten Erzeugnisse selbst zu erstrecken".[567] Sogenannte reine Verkaufsmodalitäten sind nach der Rechtsprechung des EuGH generell nicht geeignet, den Marktzugang für eingeführte Produkte stärker zu versperren als für inländische.[568] Zu Maßnahmen, die Verkaufsmodalitäten betreffen, gehören nach der Rechtsprechung des EuGH[569]: das Verbot des Verkaufs zum Verlustpreis, Regelungen über Ladenschließzeiten, die Apothekenpflicht von Babynahrung, Fernsehwerbebeschränkungen für den Vertrieb von Kraftstoffen, Wettbewerbsregelungen über Preisvergleiche, Werbeverbote für apothekenpflichtige Waren außerhalb von Apotheken und das Verbot von Warenverkäufen mit einer niedrigen Gewinnspanne. Darüber hinaus sind Vorschriften, welche die Art und Weise der Werbung regeln, grundsätzlich als „bestimmte Absatzmodalitäten" einzustufen.[570]

Handelt es sich demgegenüber um eine produktbezogene Regelung, so ist diese per se geeignet, den innergemeinschaftlichen Handel zu beschränken.[571]

565 Epiney, in: Calliess/Ruffert, EUV/EGV, Art. 28. EGV, Rdnr.27, m.w.N.

566 EuGH, verb. Rs. C–267/91 und 268/91, Keck, Slg. 1993, I–6097, Rdnr. 14 und 16.

567 EuGH, Rs. C–391/92, Kommission/Griechenland, Slg. 1995, I–1621, Rdnr. 15; Nach der Formel von Generalanwalt Tesauro handelt es sich hierbei um Maßnahmen, die regeln, „wer verkauft was, wann darf verkauft werden, wo und wie darf verkauft werden", vgl.: EuGH, verb. Rs. C–267/91 und 268/91, Keck, Slg. 1993, I-6097, Rdnr. 15.

568 Schroeder, in: Streinz (Hrsg.), EUV/EGV, Art 28. EGV, Rdnr. 43, m.w.N.

569 Beispiele bei: Schroeder, in: Streinz (Hrsg.), EUV/EGV, Art 28. EGV, Rdnr. 45; Leible, in: Grabitz/Hilf, Das Recht der Europäischen Union, Art. 28 EGV, Rdnr. 32 ff.

570 Vgl. die Nachweise bei: Leible, in: Grabitz/Hilf, Das Recht der Europäischen Union, Art. 28 EGV, Rdnr. 38.

571 Schroeder, in: Streinz (Hrsg.), EUV/EGV, Art 28. EGV, Rdnr. 42.

Eine produktbezogene Regelung liegt dann vor, wenn Anforderungen an die Waren selbst gestellt werden, „wie etwa hinsichtlich ihrer Bezeichnung, ihrer Form, ihrer Abmessungen, ihres Gewichts, ihrer Zusammensetzung, ihrer Aufmachung, ihrer Etikettierung und ihrer Verpackung".[572] In diesen Fällen wird im Gegensatz zu der Regelung von Verkaufsmodalitäten nicht lediglich die Art und Weise des Vertriebs eines Produkts bestimmt, sondern an die Merkmale oder den Inhalt der Ware selbst angeknüpft und gefordert, dass diese beziehungsweise dieser geändert wird.[573]

Im vorliegenden Fall kann in § 434 Abs. 1 Satz 3, 2. HS, 1. Alt., 2. Unteralternative BGB eine die Verkaufsmodalitäten betreffende Vorschrift nicht gesehen werden. Denn die Vorschrift greift in keiner Weise in die Möglichkeiten ein, eine Ware zu vertreiben. Auch wird der Vertrieb einer Ware nicht generell verboten. Durch die Vorschrift wird nicht bestimmt, ob oder in welcher Art und Weise ein Produkt beworben werden darf. Es wird letztlich überhaupt nicht bestimmt, wer welche Ware wann, wo und wie verkaufen darf. Vielmehr regelt § 434 Abs. 1 Satz 3, 2. HS, 1. Alt., 2. Unteralternative BGB lediglich den Verschuldensmaßstab hinsichtlich der Frage, wann der Verkäufer einer Sache für seine Unkenntnis hinsichtlich Äußerungen Dritter einzustehen hat. Selbst wenn man in der Vorschrift eine Regelung von Verkaufsmodalitäten erblicken würde, wäre diese nicht vom Anwendungsbereich des Art. 28 EG erfasst. Denn im Rahmen des Art. 28 EG werden regelmäßig nur solche Regelungen von Verkaufsmodalitäten als Maßnahmen gleicher Wirkung erfasst, die diskriminierend sind. An einer Diskriminierung fehlt es jedoch dann, wenn die einschlägigen Bestimmungen für alle betroffenen Wirtschaftsteilnehmer gelten, die ihre Wirtschaftstätigkeit im Inland ausüben und insoweit den Absatz der inländischen Erzeugnisse und der Erzeugnisse aus anderen Mitgliedsstaaten rechtlich wie tatsächlich in der gleichen Weise berühren.[574] Insofern ist davon auszugehen, dass die Regelung des § 434 Abs. 1 Satz 3, 2. HS, 1. Alt., 2. Unteralternative BGB nicht diskriminierend sein kann: Denn sie bezieht sich auf die Voraussetzungen der Sachmängelhaftung von inländischen Erzeugnissen und Erzeugnissen aus anderen Mitgliedsstaaten gleichermaßen. Es handelt sich somit nicht um eine Verkaufsmodalitäten betreffende Vorschrift. Auch eine produktbezogene Regelung kann in § 434 Abs. 1 Satz 3, 2. HS, 1. Alt., 2. Unteralternative BGB nicht gesehen werden, da keine Anforderungen an die Ware selbst gestellt werden. Eine eindeutige Klassifizierung der Vorschrift des § 434 Abs. 1 Satz 3, 2. HS, 1. Alt., 2. Unteralternative BGB als

572 EuGH, verb. Rs. C–267/91 und 268/91, Keck, Slg. 1993, I–6097, Rdnrn. 14 und 16.

573 Schroeder, in: Streinz (Hrsg.), EUV/EGV, Art. 28 EGV, Rdnr. 51.

574 EuGH, verb. Rs. C–267/91 und 268/91, Keck, Slg. 1993, I–6097, Rdnr. 14.

Regelung über Verkaufsmodalitäten oder als produktbezogene Regelung ist demnach nicht möglich.

Nach der Rechtsprechung des EuGH gibt es jedoch Fälle, die sich nicht in die schematische Aufteilung in Regelungen von Verkaufsmodalitäten und Produktregelungen einordnen lassen. Aus der „*Keck*"-Rechtsprechung, durch die nur „bestimmte Verkaufsmodalitäten" von der „*Dassonville*"-Rechtsprechung ausgenommen werden, ergibt sich nämlich im direkten Umkehrschluss, dass es einen Bereich „sonstiger Absatzmodalitäten" („sonstige Zugangsbeschränkungen") gibt, die eine Verletzung von Art. 28 EG bewirken können.[575] Denn in allen EG-Mitgliedsstaaten gibt es Normen, die zwar unterschiedslos anwendbar und nicht unmittelbar produktbezogen sind, sondern lediglich die Art des Produktvertriebes oder des Produktabsatzes (also letztlich eine Verkaufsmodalität) regeln, den gemeinschaftlichen Warenverkehr aber dennoch empfindlich stören können. Eine Beurteilung allein anhand einer ausschließlich am Begriff der Verkaufsmodalität und Produktregelung orientierten Unterscheidung unter Außerachtlassung der Binnenmarktrelevanz würde jedoch der Reichweite der Warenverkehrsfreiheit im Sinne des Art. 28 EG (deren Zweck unstreitig zumindest auch die Verwirklichung des Binnenmarktes gemäß Art. 14 Abs. 2 EG ist) nicht gerecht werden.[576] In diesen Fällen, in denen eine klare Unterscheidung zwischen Verkaufsmodalitäten einerseits und produktbezogenen Regelungen andererseits nicht möglich ist, hat der EuGH letztlich immer auf das Kriterium des Marktzuganges abgestellt.[577]

So hat der EuGH (hinsichtlich einer produktbezogenen Maßnahme) ausgeführt, dass eine Marktzugangsschranke dadurch geschaffen werden kann, dass sie einen Wirtschaftsteilnehmer, dessen Produkte noch nicht in dem beabsichtigten Einfuhrstaat vertrieben werden, „von einem eventuell beabsichtigten Vertrieb der Erzeugnisse (im Einfuhrstaat) abschrecken".[578]

In der Entscheidung „*Alsthom*" hat der EuGH die Frage erörtert, ob die strengeren Prinzipien der französischen Verkäuferhaftung in der Absatzkette die Warenströme insofern beeinträchtigen können, als diese eine Exportbeschränkung zum Nachteil französischer Exporteure darstellen, die in anderen Ländern angesiedelte Wirtschaftssubjekte nicht tragen müssen: Die französische Gesellschaft

575 Leible, in: Grabitz/Hilf, Das Recht der Europäischen Union, Art. 28 EGV, Rdnr. 28 in der Mitte, m.w.N.; Schroeder, in: Streinz (Hrsg.), EUV/EGV, Art. 28 EGV, Rdnr. 54; Steindorff, EG-Vertrag und Privatrecht, S. 99.

576 Leible, in: Grabitz/Hilf, Das Recht der Europäischen Union, Art. 28 EGV, Rdnr. 28 in der Mitte.

577 EuGH, Rs. C–93/92, CMC Motorradcenter, Slg. 1993, I–5009, Rdnr. 12; EuGH, Rs. C–96/94, Spediporto, Slg. 1995, I–2883, Rdnr. 41; weitere Nachweise bei: Schroeder, in: Streinz (Hrsg.), EUV/EGV, Art. 28 EGV, Rdnr. 68.

578 EuGH, Rs. C–217/99, Kommission/Belgien, Slg. 2000, I–10251, Rdnr. 18.

Alsthom hatte einer niederländischen Reederei zwei Kreuzfahrtschiffe verkauft. Diese Schiffe hatte Alsthom mit Motoren ausgestattet, welche bei der französischen Firma Sulzer hinzugekauft worden waren, welche diese wiederum von einem deutschen Subunternehmer bezogen hatte. Nach Übergabe der Schiffe machte die Reederei gegenüber der Firma Alsthom die schlechte Funktion der Motoren geltend. Nach der einschlägigen Rechtsprechung des französischen Cour de cassation, basierend auf Art. 1641 und Art. 1643 des französischen Code Civil, besteht die unwiderlegliche Vermutung, dass der gewerbliche Hersteller oder Verkäufer die Mängel der verkauften Sache gekannt hat; er kann diese Vermutung nur im Rahmen von Vertragsbeziehungen mit einem Gewerbetreibenden der gleichen Branche widerlegen. Die in Anspruch genommene Firma Sulzer war der Ansicht, dass es eine Rechtsprechung wie die des französischen Cour de cassation in keinem anderen Mitgliedsstaat gebe und dass diese Rechtsprechung geeignet sei, den Wettbewerb zu verfälschen und den freien Warenverkehr zu behindern. Das erkennende französische Gericht legte dem EuGH die Frage vor, ob eine Rechtsprechung, welche es einem gewerblichen Verkäufer verbiete, den Beweis dafür zu erbringen, dass er den Mangel nicht kannte, mit europäischem Recht vereinbar sei. Es stand somit zur Debatte, ob durch die entsprechenden Haftungsregelungen französische Verkäufer gegenüber ihren ausländischen Mitbewerbern benachteiligt werden, welche keinen entsprechenden Haftungsregelungen unterworfen sind. Der EuGH entschied zum einen, dass kein Verstoß gegen Art. 85 und Art. 86 EWG-Vertrag vorliege, da die durch die französische Rechtsprechung herausgebildete unwiderlegliche Vermutung der Kenntnis der Mängel der verkauften Sache durch die Rechtsprechung aus Gründen des Käuferschutzes entwickelt wurde und nicht geeignet sei, den Abschluss von gegen Artikel 85 EWG-Vertrag gerichtete Maßnahmen von Unternehmen wie abgestimmte Verhaltensweisen, Kartellabsprachen oder sonstige Verfälschungen beziehungsweise Einschränkungen des Wettbewerbes zu begünstigen oder zu erleichtern. Zum anderen machte der EuGH deutlich, dass in der entsprechenden Rechtsprechung kein Verstoß gegen die Warenverkehrsfreiheit zu erblicken sei, da die französische Rechtsprechung unterschiedslos für alle dem französischen Recht unterliegenden Handelsbeziehungen gelte und weder den Zweck noch die Wirkung habe, speziell die Ausfuhrströme zu beschränken und somit die nationale Produktion oder den nationalen Binnenmarkt zu begünstigen.[579]

Auch wenn der EuGH in diesem Zusammenhang eine Relevanz im Hinblick auf die Warenverkehrsfreiheit abgelehnt hat, zeigt diese Entscheidung jedenfalls, dass auch der EuGH zumindest von der theoretischen Möglichkeit der Beeinflussung durch nationale Zivilrechtssätze ausgeht. Darüber hinaus hat der EuGH un-

579 EuGH, Rs. C–339/89, Alsthom, Slg. 1991, I–123 , Rdnr. 10 ff.

ter anderem lediglich deshalb eine Beeinflussung abgelehnt, weil die Maßnahme nicht zielgerichtet sei. Die Berücksichtigung der Zielgerichtetheit einer Maßnahme steht jedoch in direktem Widerspruch zu dem Umstand, dass es für einen Verstoß gegen Art. 28 EG gerade nicht darauf ankommt, dass die Maßnahme zielgerichtet ist. Grundsätzlich reicht bereits die bloße Eignung zur Behinderung des innergemeinschaftlichen Handels aus.[580] Da diese Entscheidung jedoch nicht unmittelbar zu einem Fall mit grenzüberschreitendem Warenverkehr erging, ist die Relevanz für den Warenverkehr letztlich mehr oder weniger offengelassen worden.[581]

Auch in der Literatur wird der Einfluss zivilrechtlicher Vorschriften der Mitgliedsstaaten problematisiert. *Reich* hat zu diesem Themenkreis ausgeführt: „Da die Gemeinschaft inzwischen eine Angleichungskompetenz auch im Bereich des Vertragsrechtes – aus Sozialgesichtspunkten – und des Haftungsrechts – zur Vermeidung von Wettbewerbsverzerrungen – für sich in Anspruch nimmt, ist eine Auswirkung unterschiedlicher zivilrechtlicher Regelungen auf den potenziellen Warenverkehr nicht von vornherein auszuschließen. Haftungsregeln stellen Kostenfaktoren dar, die sich in unterschiedlichen Versicherungsprämien niederschlagen. Zwar mag der Effekt geringfügig sein. Da aber das Gemeinschaftsrecht bei Einschränkungen des freien Warenverkehrs bislang nicht auf ‚Spürbarkeit' abstellt und anders als im Wettbewerbsrecht keine ‚de minimis'-Regel kennt, kann es letztlich hierauf auch nicht ankommen. Allerdings ist nach der „*Keck*"-Rechtsprechung immer zu prüfen, ob zivilrechtliche Vorschriften in Wirklichkeit nicht bloße Verkaufsmodalitäten darstellen, die deshalb nicht in den Anwendungsbereich von Art. 28 fallen, sofern sie ohne Herkunftsdiskriminierung angewendet werden."[582]

Auch *Leible* ist der Ansicht, dass sich solche staatlichen Normen negativ auf die innergemeinschaftlichen Warenströme auswirken. Derjenige, der aufgrund unterschiedlicher Rechtsordnungen innerhalb der Mitgliedsstaaten gezwungen sei, in bestimmten Mitgliedsstaaten seine einheitlich für mehrere Länder oder sogar den Binnenmarkt erstellte Werbekonzeption (Euro-Marketing) zu ändern, werde angesichts der damit verbundenen (Mehr-)Kosten davon abgehalten, den ausländischen Markt tatsächlich zu erschließen. „Dies kann nicht Sinn des Binnenmarktes sein. Ziel von Art. 28 EG ist es, Marktzutrittsschranken zu beseitigen. Auf die Qualität der Normen (absatz- oder produktbezogen), durch die Zugangshindernisse errichtet werden, kann es nicht ankommen, wenn Ware, Werbung und Vertriebsmethoden einen einheitlichen Komplex unternehmerischer

580 Vgl.: Schroeder, in: Streinz (Hrsg.), EUV/EGV, Art 28. EGV, Rdnr. 37, m.w.N.
581 EuGH, Rs. C–339/89, Alsthom, Slg. 1991, I–107, Rdnr. 10 ff.
582 Reich, in: Reich/Micklitz, Europäisches Verbraucherrecht, 4. Auflage, S. 63.

Leistung, gleichsam eine Produkteinheit bilden."[583] Daher müssten von Art. 28 EG auch solche nichtdiskriminierenden (Werbe- und Vertriebs-) Regelungen erfasst werden (sofern ihnen eine den Produktnormen vergleichbare Wirkung zukommt), weil sie „die Vertriebsgestaltung im Kern"[584] träfen. Dies betreffe jedoch nicht nur die Fälle des sogenannten Euro-Marketings, sondern alle einzelstaatlichen Regelungen, die den Anbieter in der Nutzung der gerade für seinen Absatz wichtigen Vertriebsparameter behinderten und damit seinen Marktzutritt erschwerten.[585]

Roth sieht eine erhöhte Kostentragungspflicht des Marktteilnehmers darin, dass aufgrund unterschiedlicher staatlicher Regelungen Formularverträge und Geschäftsbedingungen abgeändert werden müssten.[586]

Steindorff geht davon aus, dass grundsätzlich jede zwingende Privatrechtsnorm zur Differenzierung eines verwendeten Vertragssystems nötige und damit den Handel zwischen den Mitgliedsstaaten als Maßnahme gleicher Wirkung im Sinne des Art. 28 EG betreffen könne.[587] Insbesondere sei dies dann der Fall, wenn ein Anbieter sein Vertriebssystem entsprechend den Rechtsnormen seines Sitzstaates aufgebaut habe und bei Einfuhr der Waren in ein anderes Land wegen der abweichenden Rechtsordnung gezwungen sei, sein Vertriebssystem zu ändern. Ein Verstoß gegen die Prinzipien des Binnenmarktes liege in diesen Fällen deshalb vor, weil der Anbieter der Ware gehindert sei, gemeinschaftsweit einheitlich anzubieten und dem Abnehmer der Zutritt zu unterschiedlichen Produkten und Leistungen verwehrt werde.[588] Es dürfe insoweit nicht in der begrifflichen Einteilung nach bestimmten Verkaufsmodalitäten einerseits und Produktvorschriften andererseits sein Bewenden haben. Entscheidend sei vielmehr die Differenzierung danach, welche Vertriebsparameter der Anbieter und welche Vertriebsmodalitäten für das Funktionieren des Binnenmarktes erheblich und deshalb durch die Grundfreiheiten gegen nationale Beschränkungen zu schützen seien: [589] Es gehe letztlich um die Frage, welche Vertriebsgestaltungen für den Binnenmarkt so wichtig sind, dass ihre Beschränkung durch nationale Normen nicht der Kontrolle durch die Grundfreiheiten entzogen werden dürfe. Werbung stelle auf-

---

583 Leible, in: Grabitz/Hilf, Das Recht der Europäischen Union, Art. 28 EGV, Rdnr. 28.

584 Begriff von: Steindorff, EG-Vertrag und Privatrecht, S. 102.

585 Leible, in: Grabitz/Hilf, Das Recht der Europäischen Union, Art. 28 EGV, Rdnr. 28, unter Verweis auf Roth, FS Großfeld, 929, 949 und m.w.N.; Roth, Freiheiten des EG-Vertrages und nationales Privatrecht, ZEuP 1994, S. 5, 28; im Ergebnis ebenso: Mülbert, Privatrecht, die EG-Grundfreiheiten und der Binnenmarkt, ZHR 159 (1995), S. 2, 24 f.

586 Roth, Freiheiten des EG-Vertrages und nationales Privatrecht, ZEuP 1994, S. 5, 26.

587 Steindorff, EG-Vertrag und Privatrecht, S. 48.

588 Steindorff, EG-Vertrag und Privatrecht, S. 79.

589 Steindorff, EG-Vertrag und Privatrecht, S. 100, 101, 104.

grund ihrer Bedeutung für den Vertrieb selbst eine Maßnahme des Vertriebes und keine bloße Modalität dar. „Gleiches gilt für alle Maßnahmen eines Anbieters, die zum Kern seines Vertriebs zählen. Beschränkende nationale Normen unterstehen deshalb weiter den Grundfreiheiten, soweit sie Werbung oder andere wichtige Vertriebsparameter im Kern beschränken. Sie sind nur dann zulässig, soweit sie sich im Allgemeininteresse rechtfertigen lassen. Nur reinste Begriffsjurisprudenz kann sich dieser Einsicht widersetzen. ... Hieraus folgt, dass staatliche Normen, die Vertriebsgestaltungen der Anbieter im Kern einschränken, trotz Keck weiterhin an den Grundfreiheiten gemessen werden müssen. Sie dürfen nicht zu den Regelungen der Modalitäten, jedenfalls nicht der von Keck betroffenen >bestimmten< Modalitäten zählen."[590]

Meines Erachtens ist in der im Vergleich zu Art. 2 Abs. 4 1. Spiegelstrich, 2. Alt. VerbrGüKRL verschärften Verschuldensform des § 434 Abs. 1 Satz 3, 2. HS, 1. Alt., 2. Unteralternative BGB eine Maßnahme gleicher Wirkung im Sinne des Art. 28 EG in Form einer „sonstigen Absatzmodalität" zu sehen.

Gemäß dem oben Gesagten – auch und gerade im Hinblick auf die einschlägige Rechtsprechung des EuGH – ist davon auszugehen, dass es über die Einteilung von staatlichen Maßnahmen oder Regelungen in „Regelungen bestimmter Verkaufsmodalitäten" einerseits und „Produktvorschriften" andererseits eine weitere Gruppe von Regelungen geben muss, deren Zulässigkeit an Art. 28 EG zu messen ist. Eine andere Sichtweise würde dem Wesen der Grundfreiheiten nicht gerecht. Sie wäre auch nicht mit der „*Dassonville*"-Formel des EuGH zu vereinbaren, die gerade mittelbare und potenzielle Behinderungen des innergemeinschaftlichen Handels verbietet. Darüber hinaus hat der EuGH die Anerkennung einer solchen dritten Gruppe von möglichen Beeinträchtigungen nie in Abrede gestellt. Im Gegenteil: In dem Urteil „*Keck*" wurden ja gerade nur „bestimmte" Verkaufsmodalitäten vom Schutz des Art. 28 EG ausgenommen, und der EuGH hat in anderen Fällen[591] die Existenz bestimmter Konstellationen jenseits der schematischen Einteilung in verkaufs- und produktbezogene Maßnahmen anerkannt. Letztlich ist auch mit *Steindorff* davon auszugehen, dass es sich um „Begriffsjurisprudenz" handeln würde, wenn man eine ausschließlich schematische Abgrenzung unter Außerachtlassung der Binnenmarktrelevanz vornehmen und sich nicht daran orientieren würde, „welche Parameter der Anbieter und welche Vertriebsmodalitäten für das Funktionieren des Binnenmarktes erheblich und deshalb durch die Grundfreiheiten gegen nationale Beschränkungen zu schützen sind".[592] Dabei ist zu beachten, dass Vertriebsstrategien und Werbung für die Er-

590 Steindorff, EG-Vertrag und Privatrecht, S. 102.
591 Nachweise bei: Schroeder, in: Streinz (Hrsg.), EUV/EGV, Art. 28 EGV, Rdnr. 54.
592 Steindorff, EG-Vertrag und Privatrecht, S. 100.

schließung fremder Märkte von erheblicher Bedeutung sind. Allein aus diesem Grund kann es nicht bei einer formalen Unterscheidung bleiben.[593] Auch der EuGH folgt in letzter Konsequenz diesen Erwägungen, wenn sonstige Zugangsbeschränkungen nach den Kriterien des Marktzuganges beurteilt werden.[594]

Nach meiner Ansicht ist die oben beschriebene Fallgruppe vorliegend einschlägig. Bei grenzüberschreitenden Transaktionen führt das Zusammentreffen mehrerer Rechtsordnungen leicht zu unterschiedlichen oder gar widersprüchlichen Anforderungen im Sinne von kollidierenden Rechtsfolgeregelungen.[595] Durch die Regelung des § 434 Abs. 1 Satz 3, 2. HS, 1. Alt., 2. Unteralternative BGB wird ein ausländischer Warenanbieter, der beabsichtigt, seine Waren im Rahmen seiner europaweiten Vertriebsstrategie auch in Deutschland zu vermarkten, mit einer potenziell höheren Kostenbelastung im Rahmen der Sachmängelgewährleistung belastet. Denn derjenige ausländische Verkäufer, der (vermehrt) seine Waren nach Deutschland einführt und dort verkauft, hat im Vergleich zu demjenigen ausländischen Verkäufer, der seine Waren in ein anderes EU-Mitgliedsland importiert, eine erhöhte Einstandspflicht: Er hat nach deutschem Kaufrecht nachzuweisen, dass er die entsprechende (sachmangelbegründende) Äußerung zum Beispiel des Herstellers auch in Folge von nur leichter Fahrlässigkeit nicht kannte. Demgegenüber hat der Verkäufer, der seine Waren in einen EU-Mitgliedsstaat einführt, welcher die VerbrGüKRL nicht in diesem Sinne umgesetzt hat[596], nur nachzuweisen, dass er die entsprechende (sachmangelbegründende) Äußerung etwa des Herstellers nur in Folge von mittlerer oder grober Fahrlässigkeit nicht kannte.

Durch die verschiedenen rechtlichen Anforderungen im Rahmen des Ausschlusstatbestandes gemäß § 434 Abs. 1 Satz 3, 2. HS, 1. Alt., 2. Unteralternative BGB wird im Vergleich zu Art. 2 Abs. 4 1. Spiegelstrich, 2. Alt. VerbrGüKRL

---

593 Roth, Freier Warenverkehr nach „Keck“, in: FS Großfeld, S. 929, 949.

594 EuGH, Rs. C–93/92, CMC-Motorradcenter, Slg. 1993, I–5009, Rdnr. 12; EuGH, Rs. C–96/94, Spediporto, Slg. 1995, I–2883, Rdnr. 41; weitere Nachweise bei: Schroeder, in: Streinz (Hrsg.), EUV/EGV, Art. 28 EGV, Rdnr. 54.

595 So auch: Klauer, Die Europäisierung des Privatrechtes, S. 67.

596 Namentlich kommen hier in Betracht: Vereinigtes Königreich, Sales of Goods Act 1979, Part II, Section 14, (2D) (a) „at the time the contract was made, he was not, and could not reasonably have been, aware of the statement“; Österreich, Allgemeines Bürgerliches Gesetzbuch, § 922 Abs. 2 „Solche öffentlichen Äußerungen binden den Übergeber nicht, wenn er sie weder kannte noch kennen konnte,...“; Italien, Il Codice civile, Art. 1519-ter Abs. 4 a) „er die öffentliche Äußerung nicht kannte und bei gewöhnlicher Aufmerksamkeit auch nicht kennen konnte“; vgl: Schermaier, Verbraucherkauf in Europa, S. 153 ff.

die oben beschriebene Marktbeobachtungsobliegenheit[597] desjenigen Verkäufers, der seine Waren aus dem EU-Ausland nach Deutschland einführt und unter Umständen deutschem Kaufrecht unterliegt, ganz erheblich ausgeweitet. Berücksichtigt man zudem, dass sich der Verkäufer nach überwiegender Meinung auf diesen Ausschlussgrund wegen der Ausdehnung auch auf Verschuldensformen der leichten Fahrlässigkeit im Sinne des § 276 Abs. 2 BGB „faktisch nur in sehr seltenen Fällen auf den Ausnahmetatbestand der Unkenntnis berufen“[598] können wird, wird das ganze Ausmaß des Problems deutlich: Während sich der Verkäufer, der dem Recht eines Mitgliedsstaates unterliegt, welcher auf eine Verschärfung des Verschuldensmaßstabs (und somit der Kenntnispflicht) verzichtet hat, sich bereits mit dem Beweis der grobfahrlässigen Unkenntnis der Gewährleistung entziehen kann, muss derjenige Verkäufer, der deutschem Kaufrecht unterliegt, sich mit einem Beweis begnügen, den bereits die überwiegende Meinung in der Regel für ausgeschlossen hält. Dies wird es für gewisse Vertriebsformen in der Praxis erforderlich machen, europaweit einheitliche Vertriebsstrukturen im Hinblick auf den deutschen Markt abzuändern und die Marktbeobachtungstätigkeit erheblich auszuweiten. Dies wird oftmals nur mit einem erhöhten Kostenaufwand möglich sein.

Für den Fall, dass der Vertrieb einer Ware unter Nutzung eines einheitlichen Vertriebssystems innerhalb eines EU-Mitgliedsstaates aufgrund unterschiedlicher Anforderungen innerhalb dieses Staates nur unter erhöhtem Kostenaufwand möglich ist, hat der EuGH bereits festgestellt, dass gerade die aus den unterschiedlichen Anforderungen resultierenden Zusatzkosten die Einfuhr von Waren erschweren.[599] Dem stimmt die Literatur zu: Werbe- und Vertriebsregelungen sind immer dann Warenverkehrshindernisse, wenn der ausländische Anbieter durch sie gezwungen wird, seine im Herkunftsland rechtmäßig praktizierten Aktionsparameter den Erfordernissen des Bestimmungslandes anzupassen und dadurch Anpassungskosten entstehen.[600]

Aber auch unter dem Gesichtspunkt der Wettbewerbsverzerrung erscheint die vom deutschen Gesetzgeber gewählte Umsetzung problematisch. „Immerhin lie-

---

597 Begriff nach: Weiler, Haftung für Werbeangaben nach neuem Kaufrecht, WM 2002, 1784, 1791; vgl auch: Brüggemeier/Reich, Europäisierung durch große Schuldrechtsreform, BB 2001, 213, 219.

598 Weiler, Haftung für Werbeangaben nach neuem Kaufrecht, WM 2002, 1784, 1791, m.w.N.

599 EuGH, Rs. C–217/99, Kommission/Belgien, Slg. 2000, I–10 251 Rdnr. 17; EuGH, Rs. C–272/95, Deutsches Milch-Kontor, Slg. 1997, I–1905, Rdnr. 25; weitere Nachweise bei: Schroeder, in: Streinz (Hrsg.), EUV/EGV, Art. 28 EGV, Rdnr. 53.

600 Leible, in: Grabitz/Hilf, Das Recht der Europäischen Union, Art. 28 EGV, Rdnr. 28, unter Verweis auf Roth, FS Großfeld, 929, 949 und m.w.N.

ße sich auch fragen, ob etwa eine Beschränkung des Warenverkehrs anzunehmen ist, wenn ein Anbieter durch eine besonders strenge Haftung beschwert wird."[601] Bei einem Verständnis von Art. 28 EG als Beschränkungsverbot muss auch im Falle der auf nationalen Normen beruhenden unterschiedlichen Haftung der Anwendungsbereich der Warenverkehrsfreiheiten bejaht werden.[602] Dabei ist zu berücksichtigen, dass bei der Auslegung von Art. 28 EG neben der Freiheit des Marktzuganges für im EG-Ausland produzierte Waren auch das am Ziel des unverfälschten Wettbewerbs zu orientierende Prinzip der Marktgleichheit zu beachten ist.[603] Insoweit erscheint es auch fragwürdig, warum deutsche Verkäufer für den Fall, dass das nationale Recht des Export-Zielstaates anwendbar ist, letztlich eine verringerte Einstandspflicht für mangelhafte Waren trifft, als denjenigen EU-Ausländer, der ausländische Waren in Deutschland verkauft.

Sicher könnte eingewendet werden, dass aufgrund der hier gewählten Argumentation letztlich jede strengere nationale Vorschrift im Sinne des Art. 8 Abs. 2 VerbrGüKRL nicht mit dem Vertrag vereinbar sein könnte. Nach der hier vertretenen Auffassung ist dies jedoch mit der generellen Möglichkeit der Mitgliedsstaaten durchaus zu vereinbaren, gemäß Art. 8 Abs. 2 VerbrGüKRL strengere Bestimmungen zur Sicherstellung eines noch höheren Verbraucherschutzniveaus erlassen oder aufrechterhalten zu können. Denn die Qualifikation einer strengeren Bestimmung als Wettbewerbsverzerrung im Sinne einer Maßnahme gleicher Wirkung im Sinne des Art. 28 EG sagt schließlich noch nichts über deren generelle Unzulässigkeit aus: Sie kann ja gerade durch zwingende Erfordernisse im Sinne von „*Cassis de Dijon*" oder durch Art. 30 EG gerechtfertigt und somit zulässig sein. Dies stellt meines Erachtens auch ein angemessenes Korrektiv dar, welches der Verwirklichung des Binnenmarktes im Einzelfall gerecht wird. Weiter ließe sich freilich argumentieren, es handele sich hinsichtlich der unterschiedlichen Haftungsmaßstäbe, also bei der Frage, wie und unter welchen Voraussetzungen ein Mitgliedsstaat die Verletzung zivilrechtlicher Vertragspflichten sanktioniert, letztlich nur um eine „ungewisse und indirekte Einwirkung auf die Warenverkehrsfreiheit", wie dies der EuGH teilweise wertet.[604] Aber auch der EuGH

601 Steindorff, EG-Vertrag und Privatrecht, S. 82.

602 Klauer, Die Europäisierung des Privatrechtes, S. 70.

603 Roth, Freier Warenverkehr nach „Keck", in: FS Großfeld, S. 929, 944.

604 Vgl. unter anderem: EuGH, Rs. C–93/92, CMC-Motorradcenter, Slg. 1993, I–5009; hier hat der EuGH für die deutsche Rechtsprechung zur c.i.c. und der daraus resultierenden Aufklärungspflichten des Verkäufers (hier unzureichend durchsetzbare Garantien für parallelimportierte Motorräder) ausgeführt, dass die diesbezüglichen Auswirkungen auf den freien Warenverkehr „zu ungewiss und mittelbar" seien, als dass diese Verpflichtung als geeignet angesehen werden könnte, den Handel zwischen den Mitgliedsstaaten zu behindern. Vgl. auch die Nachweise bei: Schroeder, in: Streinz (Hrsg.), EUV/EGV, Art. 28 EGV, Rdnr. 68.

hat es immer abgelehnt, ein quantitativ zu verstehendes Spürbarkeitskriterium zur Beantwortung der Frage heranzuziehen, ob die Behinderung des Warenverkehrs wegen ihrer Intensität überhaupt erheblich ist. Dies wäre schlichtweg auch nicht mit der „*Dassonville*"-Formel des EuGH zu vereinbaren, nach der grundsätzlich auch mittelbare und potenzielle Hindernisse für den innergemeinschaftlichen Handel von Art. 28 EG erfasst werden.[605] Von der abstrakten Möglichkeit einer mit den Grundsätzen des Binnenmarktes nicht zu vereinbarenden Wettbewerbsverzerrung geht jedoch selbst die VerbrGüKRL aus. Dort heißt es im 3. Erwägungsgrund: „Die Rechtsvorschriften der Mitgliedsstaaten über den Verbrauchsgüterkauf weisen Unterschiede auf; dies hat zur Folge, dass die einzelstaatlichen Absatzmärkte für Verbrauchsgüter uneinheitlich sind und bei den Verkäufern Wettbewerbsverzerrungen eintreten können." Der 23. Erwägungsgrund der VerbrGüKRL besagt, dass zur Durchführung der VerbrGüKRL eine stärkere Harmonisierung in Erwägung zu ziehen ist. Insofern muss davon ausgegangen werden, dass die Haftungserstreckung auf Verschuldensformen jenseits der groben Fahrlässigkeit gemäß § 434 Abs. 1 Satz 3, 2. HS, 1. Alt., 2. Unteralternative BGB den Intentionen der VerbrGüKRL entgegensteht, Wettbewerbsverzerrungen zu verhindern beziehungsweise zu beseitigen.

Als Ergebnis ist daher festzuhalten, dass die abweichende Umsetzung im Rahmen des § 434 Abs. 1 Satz 3, 2. HS, 1. Alt., 2. Unteralternative BGB eine Maßnahme gleicher Wirkung im Sinne des Art. 28 EG darstellt.

δδ) Grundsätzliche Rechtfertigung durch „zwingende Erfordernisse" im Sinne der „Cassis de Dijon"-Rechtsprechung

In der Entscheidung „*Cassis de Dijon*" hat der EuGH festgestellt, dass Hemmnisse für den Binnenhandel hingenommen werden müssen, soweit die jeweiligen Regelungen notwendig sind, um zwingenden Erfordernissen gerecht zu werden. Zu diesen zwingenden Erfordernissen zählt der EuGH unter anderem auch den Verbraucherschutz, der somit ausnahmsweise eine ansonsten verbotene Maßnahme gleicher Wirkung rechtfertigen kann.[606] Die vom deutschen Gesetzgeber gewählte abweichende Umsetzung der VerbrGüKRL soll nach dem Willen des Gesetzgebers zumindest auch dem Verbraucherschutz dienen und ist somit grundsätzlich in der Lage, die Warenverkehrsfreiheit ausnahmsweise zu beschränken.

605 Schroeder, in: Streinz (Hrsg.), EUV/EGV, Art.28 EGV, Rdnr. 70.
606 EuGH, Rs. 120/78, Cassis de Dijon, Slg. 1979, 649, Rdnr. 8.

εε) Verhältnismäßigkeit

Eine Einschränkung der Warenverkehrsfreiheit muss nur dann hingenommen werden, wenn die beschränkende Regelung verhältnismäßig ist. Die beschränkende Regelung muss daher geeignet, erforderlich und angemessen sein.[607]

Geeignetheit im Sinne der Verhältnismäßigkeitsprüfung bedeutet, dass die Maßnahme unter den Aspekten der Kausalität und der Wahrscheinlichkeit den Geschehensablauf in die von dem Mitgliedsstaat beabsichtigte Richtung lenken kann. Nach dem Willen des Gesetzgebers soll die hier zu überprüfende Regelung dem Verbraucherschutz dienen. Die Regelung ist durchaus in der Lage, für deutsche Verbraucher einen effektiven Verbraucherschutz zu realisieren und somit geeignet im Sinne der Verhältnismäßigkeitsprüfung.

Erforderlich ist eine Maßnahme dann, wenn unter mehreren geeigneten Maßnahmen diejenige ausgewählt worden ist, die die geringsten Belastungen entfaltet. Nach der Rechtsprechung des EuGH stellt die Erforderlichkeit das entscheidende Korrektiv im Rahmen der Verhältnismäßigkeitsprüfung dar. Der angestrebte Zweck darf nicht durch Maßnahmen erreicht werden, die den innergemeinschaftlichen Handel weniger beschränken. Grundsätzlich stellt der EuGH strenge Anforderungen an die Erforderlichkeit, da der innergemeinschaftliche Handel als Mittel zur Verwirklichung des Binnenmarktes nur höchst ausnahmsweise und nur so wenig wie irgend möglich beschränkt werden darf.[608]

Im Rahmen der Erforderlichkeit stellen sich im Wesentlichen zwei Fragen. Zum einen ist zu erklären, ob der jeweils durch den Mitgliedsstaat statuierte Schutz in dem gewählten Umfang überhaupt erforderlich ist. Hier ist jedoch zu beachten, dass es grundsätzlich im Ermessen des Mitgliedsstaates steht, das konkrete Schutzniveau selbst festzulegen. Dies ergibt sich aus dem Umstand, dass es sich bei der VerbrGüKRL gemäß Art. 8 Abs. 2 VerbrGüKRL nicht um eine Maßnahme der Voll-, sondern lediglich der Teilharmonisierung handelt. Im Falle einer Totalharmonisierung ist den Mitgliedsstaaten jegliches Abweichen von dem Inhalt der gemeinschaftsrechtlichen Vorgaben nicht gestattet.[609] Im Falle der Teilharmonisierung hingegen ist den Mitgliedsstaaten eine Abweichung von den Vorgaben der gemeinschaftsrechtlichen Maßnahmen gestattet. Im Bereich der Teilharmonisierung sind die Mitgliedsstaaten in ihrem Ermessen hinsichtlich des ihrer Ansicht erforderlichen Schutzniveaus grundsätzlich frei. Zwar ist auch hier zu berücksichtigen, dass der EuGH bereits in der Vergangenheit teilweise im Ergebnis das von den Mitgliedsstaaten festgelegte Schutzniveau nicht akzeptiert

---

607 EuGH, Rs. 120/78, Cassis de Dijon, Slg. 1979, 649, Rdnr. 8.
608 Schroeder, in: Streinz (Hrsg.), EUV/EGV, Art. 28 EGV, Rdnr. 53 und 54.
609 Leible, in: Streinz (Hrsg.), EUV/EGV, Art. 95 EGV, Rdnr. 39.

und insofern behauptet hat, dass der von dem Mitgliedsstaat konkret gewählte Schutzstandard nicht erforderlich sei, weil eine mildere Maßnahme ebenso geeignet erscheine.[610] Dies ändert insgesamt jedoch nichts an dem Umstand, dass der nationale Gesetzgeber einen Prognosespielraum hat und die Entscheidung des Mitgliedsstaates, ein gewisses Schutzniveau zu etablieren, zu respektieren ist. Ob dabei die widerstreitenden Interessen angemessen berücksichtigt wurden, ist demgegenüber eine Frage der Angemessenheit.

Fraglich ist demnach, ob es eine andere, die Grundfreiheiten weniger beeinträchtigende und gleichzeitig gleich geeignete Maßnahme gibt, um das intendierte Ziel des Verbraucherschutzes zu realisieren. Hier ist jedoch zu berücksichtigen, dass ein Mittel, welches die Grundfreiheiten weniger beeinträchtigen würde, in der Regel ein geringeres Maß an Verbraucherschutz mit sich bringen würde.

Beispiele: Der Verkäufer haftet dann nicht, wenn er entweder die Äußerung nicht kannte oder infolge von grober Fahrlässigkeit nicht kannte.
Der Verkäufer haftet dann nicht, wenn er entweder die Äußerung nicht kannte oder vernünftigerweise nicht davon Kenntnis haben konnte.

In den genannten Beispielen würden zwar ausländische Hersteller beziehungsweise Verkäufer aus Ländern, in denen der Verkäufer nicht für die leichtfahrlässige Unkenntnis der Äußerung einzustehen hat, die Möglichkeit erhalten, zu gleichen Bedingungen die Produkte in Deutschland zu vertreiben wie in ihrem EU-Herkunftsland. Jedoch hätten alle Regelungen in den Beispielen zur Folge, dass dem verbrauchenden Käufer die Realisierung seiner Rechte erschwert würde. Denn solange der Verkäufer auch für die leichtfahrlässige Unkenntnis von der Äußerung haftet, ist selbstverständlich ein höheres Schutzniveau erreicht, als wenn der Verkäufer tatsächlich die Möglichkeit hat, sich der Haftung für die Unkenntnis der Äußerung dadurch zu entziehen, dass er nachweist, dass er die Äußerung nicht kannte, infolge von leichter Fahrlässigkeit nicht kannte oder infolge von Verletzung derjenigen Sorgfalt nicht kannte, die er in eigenen Angelegenheiten anzuwenden pflegt. Es ist somit festzuhalten, dass bei einem derart hohen Schutzniveau wie im Falle des § 434 Abs. 1 Satz 3, 2. HS, 1. Alt., 2. Unteralternative BGB eine Regelung, die bei gleich hohem Verbraucherschutzniveau den freien Warenverkehr weniger beeinträchtigt, nicht denkbar ist.

Im Rahmen der Angemessenheit ist zu klären, ob die nationale Beschränkung des freien Warenverkehrs in einem angemessenen Verhältnis zu dem verfolgten Zweck steht. Hier spielt unter anderem eine Rolle, welche abstrakte Gewichtigkeit das betroffene Schutzgut und welche Intensität die konkrete Bedrohung hierfür hat. Es wird an dieser Stelle mithin geprüft, ob im Einzelfall ein vom EGV

610 EuGH, Rs. 120/78, Cassis de Dijon, Slg. 1979, 649, Rdnr. 8.

anerkanntes Gemeinwohlziel den Erfordernissen des freien Warenverkehrs vorgeht.

Dabei ist die Lösung von Zielkonflikten im Sinne einer praktischen Konkordanz zwischen den Gemeinschaftszielen des Verbraucherschutzes und dem freien Warenverkehr zu suchen. Zu berücksichtigen ist ferner, dass im Falle von derartigen Zielkonflikten unter einzelnen Tätigkeitsfeldern des Art. 3 EG [hier Herstellung des freien Binnenmarktes gemäß Art. 3 Abs. 1 a) und b) EG einerseits und Beitrag zur Verbesserung des Verbraucherschutzes gemäß Art. 3 Abs. 1 t) EG] der Errichtung des gemeinsamen Marktes beziehungsweise des Binnenmarktes in einem System offener Marktwirtschaft mit freiem, unverfälschtem Wettbewerb besonderes Gewicht zukommt.[611]

Darüber hinaus liegt nach *Leible* in der Einhaltung des von einer Richtlinie geforderten Mindeststandards im Rahmen der Umsetzung in nationales Recht zumindest eine Indizwirkung dafür, dass dem mit der Gemeinschaftsmaßnahme verfolgten Ziel Genüge getan wurde und darüber hinausgehender nationaler Schutz unverhältnismäßig ist. Denn mit jeder Rechtfertigung strengerer einzelstaatlicher Maßnahmen ist inzident die Feststellung verbunden, dass der Standard der Richtlinie zur Erreichung des angestrebten Ziels der Sicherung eines hohen Verbraucherschutzniveaus nicht gerecht wird, weil auch ein über die Harmonisierungsmaßnahme hinausgehender Schutz der jeweiligen Allgemeininteressen möglich, sinnvoll und angemessen ist.[612]

Im Rahmen der Angemessenheit/Verhältnismäßigkeit im engeren Sinne ist insbesondere auch zu überprüfen, ob die Maßnahme des Mitgliedsstaates ein Mittel zur verschleierten Beschränkung des Handels zwischen den Mitgliedsstaaten darstellt.[613] Hier besteht meines Erachtens jedenfalls die Möglichkeit des verdeckten Protektionismus und der Wettbewerbsverfälschung gegenüber Anbietern aus anderen europäischen Mitgliedsstaaten.

Somit ist davon auszugehen, dass die Regelung des § 434 Abs. 1 Satz 3, 2. HS, 1. Alt., 1. Unteralternative BGB eine unverhältnismäßige Beschränkung der Warenverkehrsfreiheit im Sinne des Art. 28 EG darstellt.

δ) Ergebnis

Es ist somit festzuhalten, dass die vom bundesdeutschen Gesetzgeber vorgenommene Haftungserstreckung auf die leichtfahrlässige Unkenntnis des Verkäu-

611 Kempen, in: Streinz (Hrsg.), EUV/EGV, Art. 3 EGV, Rdnr. 51, m.w.N.
612 Leible, in: Grabitz/Hilf, Das Recht der Europäischen Union, Art. 28 EGV, Rdnr. 57 am Ende, m.w.N.
613 Leible, in: Grabitz/Hilf, Das Recht der Europäischen Union, Art. 28 EGV, Rdnr. 21.

fers von der Werbeaussage nicht den Erfordernissen des Art. 8 Abs. 2 VerbrGüKRL entspricht, da sie „nicht mit dem Vertrag" in Einklang steht. Es ist daher eine europarechtskonforme Auslegung der Vorschrift dahingehend vorzunehmen, dass der Verkäufer lediglich gemäß dem Wortlaut von Art. 2 Abs. 4, 1. Spiegelstrich VerbrGüKRL dafür einstehen muss, dass er „vernünftigerweise nicht davon Kenntnis haben konnte" und somit nur für die grobfahrlässige Unkenntnis haftet.

(2) Im Falle des allgemeinen Kaufes

Von dem Fall des Verbrauchsgüterkaufes ist der Kauf zu unterscheiden, bei dem die Anwendungsvoraussetzungen der §§ 475 ff. BGB nicht vorliegen. Hierbei handelt es sich um Kaufverträge zwischen zwei Verbrauchern, zwischen zwei Unternehmern, den Verkauf einer Sache von einem Verbraucher an einen Unternehmer oder einen Kaufvertrag über nicht von der VerbrGüKRL erfasste Sachen [unbewegliche Sachen und die in Art. 1 Abs. 2 b) aufgeführten Gegenstände]. Diese Form des Kaufes soll hier im Folgenden als „allgemeiner Kauf" bezeichnet werden. Gemäß Art. 7 Abs. 1 der VerbrGüKRL sind Vertragsklauseln oder mit dem Verkäufer getroffene Individualabreden für den Verbraucher gemäß innerstaatlichem Recht nicht bindend, wenn durch die vertragliche Regelung die mit der VerbrGüKRL gewährten Rechte unmittelbar oder mittelbar außer Kraft gesetzt werden. Daraus folgt unmittelbar, dass der kaufvertragsrechtliche Mindestschutz der VerbrGüKRL im Sinne von Art. 7 Abs. 2 nur für den Verbrauchsgüterkauf gilt.[614]

α) Prüfungsmaßstab

Zu beachten ist zunächst, dass die Zulässigkeit einer nationalen Regelung im Bereich des allgemeinen Kaufrechts nicht an Art. 8 Abs. 2 VerbrGüKRL zu messen ist. Denn zum einen handelt es sich, da die Anwendungsvoraussetzungen für den Verbrauchsgüterkauf nicht vorliegen, nicht um eine Regelung, die dem „unter diese Richtlinie fallenden Bereich" im Sinne des Art. 8 Abs. 2 VerbrGüKRL angehört. Zum anderen handelt es sich bei einer Regelung, die alleine ihren Ursprung beim nationalen Gesetzgeber hat, nicht um Gemeinschaftsrecht, welches dem gemeinschaftlichen Primärrecht entsprechen müsste. Zwar geht der EuGH in ständiger Rechtsprechung von einem absoluten Vorrang des Gemeinschaftsrechtes vor nationalem Recht aus. Dies wird überzeugend mit der ansonsten fehlen-

614 Grundmann in: Grundmann/Bianca, EU-Kaufrechtsrichtlinie, Art. 8, Rdnr. 7.

den praktischen Wirksamkeit und Durchsetzbarkeit des EG-Rechts begründet.[615] Jedoch ist vorliegend zu berücksichtigen, dass § 434 Abs. 1 Satz 3 BGB im Falle des allgemeinen Kaufrechtes seinen Ursprung nicht in der VerbrGüKRL hat. Denn der Gesetzgeber hat die Geltung der kaufrechtlichen Verantwortlichkeit für Werbeaussagen aus freien Stücken heraus auf das gesamte deutsche Kaufrecht erstreckt. Zur Umsetzung verpflichtet gewesen ist der Gesetzgeber lediglich im Anwendungsbereich des Verbrauchsgüterkaufes.

Begrifflich handelt es sich bei dem vorliegenden Sachverhalt um einen Fall der sogenannten „überschießenden Richtlinienumsetzung".[616] Ein solcher liegt immer dann vor, wenn ein Mitgliedsstaat bei der Umsetzung einer gemeinschaftsrechtlichen Richtlinie durch Verweisung oder andere Maßnahmen deren Geltung auf rein innerstaatliche Sachverhalte erstreckt, die entweder vom Anwendungsbereich der Richtlinie überhaupt nicht erfasst sind, oder Begriffe aus einer Richtlinie für andere Bereiche des nationalen Rechts übernimmt.[617]

β) Die richtlinienkonforme Auslegung im Fall der „überschießenden Umsetzung" von Richtlinien

Im Rahmen der überschießenden Umsetzung stellt sich zunächst das Problem, ob bei der Auslegung und Anwendung von § 434 Abs. 1 Satz 3 BGB in Fällen, die keinen Verbrauchsgüterkauf betreffen, das Gemeinschaftsrecht im Sinne einer richtlinienkonformen Auslegung zu beachten ist.

Eine richtlinienkonforme Auslegung ist auch im Falle der überschießenden Umsetzung von Richtlinien möglich.[618] Eine diesbezügliche Pflicht hierzu besteht nach Auffassung des EuGH aber nicht. Zwar besteht nach Ansicht des EuGH aus Sicht der Gemeinschaft ein klares Interesse daran, „dass die aus dem Gemeinschaftsrecht übernommenen Bestimmungen oder Begriffe unabhängig davon, unter welchen Voraussetzungen sie angewandt werden sollen, einheitlich ausgelegt werden, um künftige Auslegungsunterschiede zu verhindern".[619] Allerdings besteht in solchen Fällen keine Verpflichtung zur richtlinienkonformen Auslegung der überschießend umgesetzten Normen. Der EuGH hat hierzu unmissverständlich ausgeführt: „Betrifft der Rechtsstreit vor dem nationalen Gericht also einen Sachverhalt, der nicht in den Anwendungsbereich des Gemein-

615 St. Rspr. seit: EuGH, Rs. 26/62, Slg. 1963, Rdnr. 4, 5, 25.
616 Vgl. zum Begriff: Habersack/Meyer, Die überschießende Umsetzung von Richtlinien, JZ 1999, 913 ff.
617 Schroeder, in: Streinz (Hrsg.), EUV/EGV, Art. 249 EGV, Rdnr. 131.
618 Schroeder, in: Streinz (Hrsg.), EUV/EGV, Art. 249 EGV, Rdnr. 131, m.w.N.
619 EuGH, verb. RS C–297/88 und C– 231/88, Dzodzi, Slg. 1990, I–3763, Rdnr. 37; in diesem Sinne auch: EuGHE 1997, I–4201.

schaftsrechtes fällt [weil die Anwendungsvoraussetzungen einer Richtlinie nicht erfüllt sind], so ist dieses Gericht weder verpflichtet, seine Rechtsvorschriften gemeinschaftsrechtskonform auszulegen noch sie unangewendet zu lassen.“[620]

Es ist demnach Sache des nationalen Gerichts, die Tragweite einer überschießenden Umsetzung einer Richtlinie zu beurteilen. Der zwingende Rahmen für die Anwendung des Gemeinschaftsrechtes auf rein innerstaatliche Sachverhalte außerhalb des Anwendungsbereiches einer Richtlinie ergibt sich hierbei lediglich aus nationalem Recht.[621] Damit bleibt für den vorliegenden Fall jedenfalls festzuhalten, dass ein deutsches Gericht § 434 Abs. 1 Satz 3 BGB auch im Falle des allgemeinen Kaufs und somit außerhalb des Anwendungsbereiches des Verbrauchsgüterkaufes richtlinienkonform auslegen kann, hierzu aber nicht verpflichtet ist. Eine Vorlage im Vorabentscheidungsverfahren gemäß Art. 234 EG ist somit statthaft, aber nicht zwingend erforderlich.

γ) Die Normauslegung im Fall der „überschießenden Umsetzung“ von Richtlinien

Es könnte jedoch ein Gebot der einheitlichen Auslegung der Tatbestandsmerkmale des § 434 Abs. 1 Satz 3 BGB bestehen. Dies hätte zur Konsequenz, dass die Vorschrift des § 434 Abs. 1 Satz 3 BGB für den Verbrauchsgüterkauf und den allgemeinen Kauf einheitlich auszulegen ist.

Teilweise wird die Auffassung vertreten, dass die überschießend umgesetzten Normen und die direkt aus der Richtlinie entstandenen Normen des nationalen Rechtes bereits aufgrund europarechtlicher Grundsätze einheitlich ausgelegt werden müssen: Nach *Roth* wird man „... davon ausgehen dürfen, dass der deutsche Gesetzgeber, wenn er die gemeinschaftlichrechtlich gebotene Lösung von sich aus auf weitere Anwendungsfälle erstreckt, damit die Vorstellung verbindet, eine einheitliche Rechtsanwendung zu gewährleisten. Einheitliche Rechtsanwendung kann dann aber nur bedeuten, dass die am Gemeinschaftsrecht ausgerichtete Interpretation des nationalen Rechts in allen Fällen und damit auch in solchen, die

---

620 EuGHE 1998, S. I–4695, 4725.

621 EuGH, verb. RS C–297/88 und C– 231/88, Dzodzi, Slg. 1990, I–3763, Rdnr. 37; vgl. die Nachweise bei: Schroeder, in: Streinz (Hrsg.), EUV/EGV, Art. 249 EGV, Rdnr. 131, Fn. 419; Habersack/Meyer, Die überschießende Umsetzung von Richtlinien, JZ 1999, 913, 919 sind jedoch der Auffassung, dass der EuGH wegen des besonders betonten Interesses an einer einheitlichen Auslegung sogar von einer Verpflichtung zur Vorlage ausgeht. Dies ist jedoch nicht ersichtlich, vgl. nur: Schroeder, in: Streinz (Hrsg.), EUV/EGV, Art. 249 EGV, Rdnr. 131.

nicht im Anwendungsbereich einer Richtlinie liegen, Platz greifen soll."[622] Und weiter: „Werden Begriffe des Gemeinschaftsrechtes im Rahmen freiwilliger Rechtsangleichung verwendet, besteht bei einer in diesem Zusammenhang vorgenommenen abweichenden Deutung die Gefahr, dass die Deutung auch auf Sachverhalte abfärbt, die im Anwendungsbereich des Gemeinschaftsrechtes liegen. Der hier möglichen Verwirrung und damit Beeinträchtigung des Gemeinschaftsrechtes wird vorgebeugt, wenn bei freiwilliger Rechtsanpassung die Begriffe des Gemeinschaftsrechtes nur in ihrer gemeinschaftsrechtlichen Bedeutung Verwendung finden, also eine gespaltene Interpretation dieser Begriffe innerhalb und außerhalb des Anwendungsbereichs der Richtlinie nicht vorgenommen wird."[623]

Demgegenüber wird teilweise die Auffassung vertreten, dass eine gespaltene Auslegung scheinbar einheitlicher Regelungen (europarechtlich und national basierter Regelungen) möglich sei. Dies wird zum Teil ohne weitere Begründung aus dem Umstand geschlossen, dass die Entscheidungen des EuGH zur direkten Auslegung von Rechtsvorschriften, die außerhalb des Anwendungsbereichs der Richtlinie stehen, für nationale Gerichte nicht aufgrund europarechtlicher Grundsätze bindend seien.[624] Teilweise wird die gespaltene Auslegung eines Begriffes befürwortet, wenn dadurch der gesetzgeberische Wille verwirklicht würde.[625] Darüber hinaus diene die gespaltene Auslegung dazu, „... den Einfluss des mit dem nationalen Recht kollidierenden europäischen Rechts auf das unerlässliche Maß zurückzudrängen..." und außerdem sei die gespaltene Auslegung „... das Gegenstück zur richtlinienkonformen Auslegung einer zu eng geratenen Vorschrift...".[626]

Zwar ist zutreffend, dass der EuGH betont hat, ein nationales Gericht sei im Falle der Anwendbarkeit von überschießend umgesetztem Recht weder verpflichtet, seine Rechtsvorschriften gemeinschaftsrechtskonform auszulegen, noch sie unangewendet zu lassen.[627] Man kann daraus meines Erachtens jedoch nicht den Schluss ziehen, dass eine gespaltene Auslegung von Rechtsnormen, die in direkter Erfüllung der Umsetzungsverpflichtung aus einer Richtlinie oder freiwillig überschießend erlassen worden sind, generell zulässig sei. Man hat hier zwei

---

622 Roth, in: Grundmann/Medicus/Rolland, Europäisches Kaufgewährleistungsrecht, 2000, S. 113, 129.

623 Roth, in: Grundmann/Medicus/Rolland, Europäisches Kaufgewährleistungsrecht, 2000, S. 113, 129.

624 Palandt/Heinrichs, BGB, 65. Auflage, Einl., Rdnr. 44.

625 Habersack, Haustürgeschäfterichtlinie und Realkreditverträge, WM 2000, 981, 991; hier wurde der Standpunkt für das Verhältnis zwischen VerbrKrG und HWiG vertreten; aber auch der Autor selbst räumt ein, dass sich eine gespaltene Auslegung „deutlich vom Wortlaut des § 1 Abs. 1 HWiG entfernen würde".

626 Habersack/Mayer, Der Widerruf von Haustürgeschäften, WM 2002, 253, 257.

627 EuGHE 1998, S. I-4695, 4725.

Problemkreise auseinander zu halten. Zum einen stellt sich die Frage nach der Verpflichtung eines nationalen Gerichtes, überschießend umgesetzte Normen richtlinienkonform auslegen zu müssen. Die Antwort auf diese Frage kann nur negativ ausfallen. Der EuGH hat eindeutig eine diesbezügliche Verpflichtung nationaler Gerichte abgelehnt.[628] Zum anderen – von der ersten Fragestellung streng zu unterscheiden – stellt sich das Problem, ob außerhalb des Gebotes der richtlinienkonformen Auslegung (welches im Bereich der überschießend umgesetzten Normen eindeutig nicht besteht) unter Umständen andere, auf nationalen Rechtsgrundsätzen basierende Erwägungen dazu verpflichten, von einer gespaltenen Auslegung ein und desselben Tatbestandsmerkmales abzusehen.

Auch der BGH hat sich bereits gegen eine gespaltene Auslegung von richtlinienbasierten und überschießend umgesetzten Rechtsnormen entschieden. In einer Entscheidung zum HWiG war unter anderem problematisch, dass die durch den EuGH im vorangegangenen Vorabentscheidungsverfahren gebotene richtlinienkonforme Auslegung des § 5 Abs. 2 HWiG a.F. zur Folge gehabt hätte, dass der streitige Kreditvertrag im Hinblick auf die richtlinienüberschießende Umsetzung im deutschen Recht die Voraussetzungen eines Haustürgeschäftes nach dem HWiG erfüllt hätte, nicht aber den Tatbestand der Haustürgeschäfterichtlinie: Der Anwendungsbereich der Richtlinie setzt nämlich voraus, dass in der konkreten Haustürsituation der Vertrag geschlossen oder jedenfalls ein entsprechendes Vertragsangebot abgegeben worden sein muss, während nach § 1 Abs. 1 HWiG a.F. eine bloße „Haustürsituation" ausreicht, wenn sie für den späteren Vertragsabschluss ursächlich geworden ist. Der BGH entschied sich dennoch für eine einheitliche Auslegung der Vorschrift: „Der gegenüber dem HWiG engere Anwendungsbereich der Haustürgeschäfterichtlinie rechtfertigt eine abweichende Auslegung des § 5 Abs. 2 HWiG nicht. Vielmehr erstreckt sich die richtlinienkonforme Auslegung auch auf solche Verträge, die zwar nicht unmittelbar der Richtlinie unterfallen, die aber nach nationalem Recht die Voraussetzungen eines Haustürgeschäftes erfüllen. Die von einem Teil der Literatur befürwortete gespaltene Auslegung, nach der die richtlinienkonforme Auslegung des § 5 Abs. 2 HWiG auf Sachverhalte beschränkt bleiben soll, die in den Anwendungsbereich der Richtlinie fallen, überzeugt nicht. Sie widerspricht der durch das deutsche Recht geforderten Gleichbehandlung der verschiedenen Haustürsituationen. .... § 1 HWiG a.F. unterscheidet gerade nicht danach, ob der Vertrag in einer Haustürsituation geschlossen wurde oder nur angebahnt wurde. Darüber hinaus widerspricht eine gespaltene Auslegung Sinn und Zweck des § 1 HWiG a.F. Dieser gebietet die Gleichstellung aller Willenserklärungen, die in der Haustürsituation selbst oder aufgrund einer Einflussnahme in der Haustürsituation abgegeben

628 EuGHE 1998, S. I–4695, 4725.

worden sind. Diese gesetzgeberische Zielsetzung würde eine differenzierende Auslegung unterlaufen. Der deutsche Gesetzgeber hat für sie keinen Raum gelassen. Mit seiner Entscheidung, den Begriff des Haustürgeschäfts weiter zu fassen als die Haustürgeschäftsrichtlinie dies fordert, hat er vielmehr zum Ausdruck gebracht, dass er den Kunden in sämtlichen dem § 1 HWiG a.F. unterfallenden Situationen – unabhängig davon, ob sie vom Anwendungsbereich der Richtlinie erfasst werden – in gleicher Weise für schutzwürdig hält. Eine gespaltene Auslegung würde zudem zu erheblichen Rechtsanwendungsproblemen führen, da in jedem Einzelfall die genaue Abgrenzung zwischen Haustürgeschäften nach der Haustürgeschäfterichtlinie und sonstigen Haustürgeschäften erforderlich wäre. Abgesehen davon, dass dies in vielen Fällen zu umfangreichen Feststellungen zwingen würde, wäre es auch deshalb bedenklich, weil damit das Bestehen eines Widerrufsrechts nach § 1 HWiG a.F. letztlich von Zufällen des tatsächlichen Geschehensablaufes abhinge. ...“[629]

Meines Erachtens ist die Meinung von der gespaltenen Auslegung ein und desselben Begriffes abzulehnen. Vielmehr ist davon auszugehen, dass derselbe Rechtsbegriff innerhalb derselben Vorschrift nur einheitlich ausgelegt werden kann. Vor generellen Erwägungen folgt dies im vorliegenden Fall zunächst aus dem Willen des Gesetzgebers. Völlig unzweideutig wurde die zentrale Sachmangelvorschrift des § 434 BGB innerhalb des „allgemeinen“ Kaufrechtes verankert und gerade keine spezielle Sachmangeldefinition innerhalb der Vorschriften über den Verbrauchsgüterkauf gemäß §§ 475 ff. BGB festgeschrieben. Die Haftung des Verkäufers für Werbeaussagen wurde explizit auch auf das allgemeine Kaufrecht erstreckt. Die Erwägungen hierzu sind eindeutig: Zwar sei der Schutz vor unzutreffenden Werbeaussagen in erster Linie ein Anliegen des Verbraucherschutzes. Dennoch sei eine Beschränkung der Verkäuferhaftung auf die Fälle des Verbrauchsgüterkaufes nicht geboten. Ein einheitlicher Fehlerbegriff sei insoweit wünschenswert. Außerdem seien auch Fälle denkbar, in denen die Kaufentscheidung durch unzutreffende Werbeaussagen beeinflusst werde. In diesem Fall sei eine Haftung des Verkäufers aus denselben Gründen wie im Falle des Verbrauchsgüterkaufes gerechtfertigt.[630]

Bereits der insofern eindeutige Wille des Gesetzgebers verbietet im vorliegenden Fall eine gespaltene Auslegung: Er hat deutlich zum Ausdruck gebracht, dass er den Käufer in sämtlichen § 434 Abs. 1 Satz 3 BGB unterfallenden Sachmangelsituationen – unabhängig davon, ob sie vom Anwendungsbereich der

---

629 BGH, NJW 2002, 1881, 1884, m.w.N.

630 RegBegr BT-Drucks. 14/6040, S. 215 = Canaris, Schuldrechtsmodernisierung 2002, S. 815.

Richtlinie erfasst werden, weil es sich um einen Verbrauchsgüterkauf handelt oder nicht – in gleicher Weise für schutzwürdig hält.

Auch die Argumente, die der BGH in seiner Entscheidung zum Verhältnis zwischen HWiG und VerbrKrG bereits vorgebracht hat, sprechen gegen eine gespaltene Auslegung. Im Falle der Haftung des Verkäufers für Werbeaussagen hinge das Eingreifen der Verantwortlichkeit für das Kennenmüssen einer fremden Werbeaussage somit davon ab, ob im Einzelfall tatsächlich ein Verbrauchsgüterkauf vorliegt oder nicht. Dies würde jedenfalls im Falle des § 434 Abs. 1 Satz 3 BGB zu gewissen Rechtsanwendungsproblemen führen. Zwar ließe sich hiergegen einwenden, dass die Voraussetzungen für das Vorliegen eines Verbrauchsgüterkaufes recht klar sind. Allerdings sind auch hier Grenzfälle denkbar, beispielsweise hinsichtlich der Frage, ob es sich beim Verkäufer tatsächlich um einen Unternehmer handelt. Nach dem Willen des Gesetzgebers jedoch soll der Käufer hinsichtlich der Richtigkeit von Werbeaussagen gerade unabhängig vom Kaufvertragstyp geschützt sein. Darüber hinaus hat *Larenz* auf das Folgende hingewiesen: „Es würde der Forderung der Gerechtigkeit, gleiche Fälle gleich zu behandeln, wie auch der vom Gesetz erstrebten Rechtssicherheit zuwiderlaufen, wenn die Gerichte die gleiche Bestimmung in gleichartigen Fällen bald so bald anders auslegen würden..."[631] Insofern ist gemäß Art. 20 Abs. 3 GG das Gebot der Rechtssicherheit zu berücksichtigen. Aus diesem werden die Erfordernisse der Rechtsklarheit und der Bestimmtheit von staatlichen Rechtsnormen und den darauf basierenden Gerichtsentscheidungen abgeleitet. Das Rechtsstaatsprinzip limitiert somit die Befugnis der staatlichen Gerichte, unterschiedliche Rechtsfolgen auf eine Norm zu stützen, die sich im Tatbestand an unterschiedliche Adressaten wendet (hier Verkäufer als Unternehmer oder Privatmann) und gleiche Rechtsfolgen für diese Adressaten vorsieht (Verantwortlichkeit für das Kennenmüssen einer fremden Werbeaussage), nur weil im konkreten Einzelfall der eine oder der andere Adressat auf der Tatbestandsseite steht.

Zwar ist andererseits auch unbestreitbar, dass gleiche Rechtsbegriffe innerhalb verschiedener Rechtsgebiete unterschiedliche Bedeutung haben können, in manchen Bereichen geradezu eine unterschiedliche Bedeutung haben müssen. So weist *Bärenz* sehr zutreffend darauf hin, dass der Begriff „Anfechtung" innerhalb des BGB eine andere Bedeutung hat – und haben muss – als im Insolvenzrecht. Jedoch macht es die Verschiedenartigkeit der existierenden Rechtsgebiete und deren unterschiedliche Zweckbestimmung erforderlich, dass Begriffe der jeweiligen Situation innerhalb der verschiedenen Teilrechtsordnungen mit einem unterschiedlichen Bedeutungsgehalt ausgestattet werden müssen, damit innerhalb der

---

631 Larenz, Methodenlehre der Rechtswissenschaft, 2. Auflage, S. 202.

jeweiligen Teilrechtsordnung interessengerechte Ergebnisse erreicht werden können.[632]

Wenn demnach davon auszugehen ist, dass innerhalb verschiedener Rechtsgebiete die gleichen Rechtsbegriffe mit unterschiedlichen Bedeutungen ausstaffiert werden können (und müssen), so verringert sich die Zulässigkeit einer gespaltenen Auslegung einzelner Begriffe zunehmend, je einheitlicher die verschiedenen Rechtsnormen auf ein Rechtsgebiet einwirken. Am wenigsten ist eine gespaltene Auslegung jedoch dann zulässig, wenn die auszulegenden Begriffe der gleichen Rechtsnorm entspringen. Dies ist insbesondere dann der Fall, wenn ein einheitlicher Begriff innerhalb desselben Tatbestandes zwei (oder mehrere) Bedeutungen erhalten soll, weil die Norm einmal als lex specialis für einen speziellen Sachverhalt und ein anderes Mal für einen allgemeinen Sachverhalt gelten soll.[633] Dies ist vorliegend der Fall: Der Fahrlässigkeitsmaßstab des § 434 Abs. 1 Satz 3, 2. HS, 1. Alt., 2. Unteralternative BGB (wie übrigens die Norm des § 434 Abs. 1 Satz 3 BGB generell sowie der komplette Sachmangelbegriff) gilt einmal als Spezialnorm für den Sachverhalt des Verbrauchsgüterkaufes gemäß § 475 ff. BGB und als allgemeine Norm für den allgemeinen Kauf gemäß §§ 433 ff. BGB gleichermaßen. Eine gespaltene Auslegung des Tatbestandsmerkmales „kennen musste“ innerhalb von § 434 Abs. 1 Satz 3, 2. HS, 1. Alt., 2. Unteralternative BGB je nachdem, ob es sich um einen Verbrauchsgüterkauf oder einen allgemeinen Kauf handelt, ist nicht vertretbar.

Gegen eine gespaltene Auslegung spricht vorliegend zudem, dass sie zur Folge hätte, dass den Privatverkäufer im Rahmen der Haftung für Werbeaussagen gemäß § 434 Abs. 1 Satz 3 BGB eine höhere Einstandspflicht träfe als den unternehmerischen Verkäufer. Denn nach der hier vertretenen Auffassung ist innerhalb des Anwendungsbereiches des Verbrauchsgüterkaufes gemäß §§ 475 ff. BGB (und somit im Anwendungsbereich der VerbrGüKRL) der Verschuldensmaßstab von § 434 Abs. 1 Satz 3, 2. HS, 1. Alt., 2. Unteralternative BGB wegen Verstoßes gegen die Warenverkehrsfreiheit gemäß Art. 28 EG nicht anwendbar. Käme man aufgrund einer gespaltenen Auslegung jedoch zu dem Ergebnis, dass der Verschuldensmaßstab von § 434 Abs. 1 Satz 3, 2. HS, 1. Alt., 2. Unteralternative BGB mangels europarechtlicher Relevanz anwendbar sei, hätte dies zur Folge, dass der Privatverkäufer für das Kennenmüssen einer fremden Werbeaussage einzustehen hätte, während den unternehmerischen Verkäufer diese Einstandspflicht gerade nicht trifft. Der Privatmann würde dann im Rahmen des allgemei-

632 Bärenz, Die Auslegung der überschießenden Umsetzung von Richtlinien am Beispiel des Gesetzes zur Modernisierung des Schuldrechts, DB 2003, 375, 376.

633 Bärenz, Die Auslegung der überschießenden Umsetzung von Richtlinien am Beispiel des Gesetzes zur Modernisierung des Schuldrechts, DB 2003, 375, 376.

nen Kaufrechts schärfer haften als der Unternehmer im Rahmen des Verbrauchsgüterkaufs. Dies ist mit dem Sinn und Zweck der Vorschrift, der nach Ansicht des Gesetzgebers auch im Verbraucherschutz liegt, kaum vereinbar. Dies umso weniger, als dass der Privatverkäufer (anders als der Verkäufer im Rahmen des Verbrauchsgüterkaufes) gerade nicht die Möglichkeiten des erleichterten Rückgriffes gegenüber dem Hersteller im Sinne des § 478 BGB hat.[634] Dies erscheint letztlich auch mit dem ersten Erwägungsgrund der VerbrGüKRL, der Steigerung des Verbraucherschutzes, nur schwer vereinbar zu sein.

Es kann jedoch für den hier interessierenden Zusammenhang dahin stehen, welche rechtliche Grundlage das Gebot der einheitlichen Auslegung hat (Europarecht oder nationales Verfassungsrecht). Nach beiden Ansichten besteht jedenfalls ein solches Gebot, demzufolge Rechtsnormen, die zum Zweck einer direkten Richtlinienumsetzung erlassen worden sind, und solche Rechtsnormen, die lediglich anlässlich einer Richtlinienumsetzung „überschießend" umgesetzt worden sind, einheitlich ausgelegt werden müssen.[635]

δ) Ergebnis

Im Ergebnis bleibt somit festzuhalten, dass, da eine gespaltene Auslegung vorliegend nicht in Betracht kommt, auch innerhalb des allgemeinen Kaufrechts der Verschuldensmaßstab von § 434 Abs. 1 Satz 3, 2. HS, 1.Alt., 2. Unteralternative BGB keine Anwendung findet. Hier haftet der Verkäufer daher nur für die grobfahrlässige Unkenntnis der öffentlichen Äußerung.

ε) Die prozessuale Konsequenz

Wie bereits dargelegt wurde, besteht nach der Rechtsprechung des EuGH keine Verpflichtung der nationalen Gerichte, überschießend umgesetzte nationale Normen richtlinienkonform auszulegen. Nach der hier vertretenen Auffassung der einheitlichen Auslegung von ein und demselben Rechtsbegriff ergeben sich für die nationalen Gerichte dennoch Konsequenzen. Hat der EuGH bereits im Wege des Vorabentscheidungsverfahrens gemäß Art. 234 EG über die Auslegung

634 Vgl. hierzu: Westermann, Das neue Kaufrecht, NJW 2002, 241, 252.

635 MünchKomm-H.P. Westermann, BGB, 4. Auflage, § 434, Rdnr. 2: „Es ist nicht zu erwarten, dass sich der EuGH bei etwa anfallenden Überprüfungen der im Gesetz getroffenen Regelungen des deutschen Gesetzgebers auf die Auswirkung der Normen auf den Verbrauchsgüterkauf beschränken wird, von seiner Kontrolle ausgenommen bleiben somit nur solche Normen des unvereinheitlichten nationalen Rechts, die – wie etwa die außervertragliche Haftung – in der Richtlinie nicht behandelt sind."

eines bestimmten Rechtsbegriffes aus dem Anwendungsbereich einer Richtlinie entschieden, so sind nach wohl überwiegender Meinung nationale Gerichte gehalten, dieser Auslegung zu folgen oder zu einer Abweichung von dieser Auslegung nur nach vorheriger Anrufung des EuGH befugt.[636] Geht man sodann mit der hier vertretenen Ansicht von einem Verbot einer gespaltenen Auslegung eines Rechtsbegriffes aus, ergibt sich daraus zwangsläufig, dass das nationale Gericht auch bei der Auslegung des überschießend umgesetzten Teiles der Richtlinie (zumindest mittelbar) die Rechtsprechung des EuGH zu berücksichtigen hat.[637] Denn wenn die Auslegung durch den EuGH insoweit Vorrang beansprucht, kann eine gespaltene Auslegung ein und desselben Rechtsbegriffes nur dadurch verhindert werden, dass die Auslegung des EuGH auch für den überschießend umgesetzten Teil durch das nationale Gericht zugrunde gelegt wird. Die Bindung an die Auslegung des Rechtsbegriffes durch den EuGH kann das nationale Gericht nur durch erneute Anrufung des EuGH umgehen. Dies setzt freilich voraus, dass der EuGH in dieser Frage seine Rechtsprechung ändert.

d) Verhältnis der beiden Unteralternativen zueinander

Fraglich könnte auch das Verhältnis der beiden Unteralternativen „nicht kannte und auch nicht kennen musste" zueinander sein. Dies deshalb, weil im ursprünglichen Gesetzesentwurf die beiden Unteralternativen durch die Konjunktion „oder" miteinander verbunden worden waren. Der Rechtsausschuss führte hierzu jedoch aus, dass in dem Satzteil „es sei denn, dass der Verkäufer die Äußerung nicht kannte oder kennen musste" das Wort „oder" durch „und" zu ersetzen sei. Entlasten können solle sich nämlich nur der Verkäufer, der die Werbeaussage weder kannte noch kennen musste.[638] Erstaunlich ist das Erfordernis des kumulierten Vorliegens der beiden Unteralternativen im Rahmen des § 434 Abs. 1 Satz 3, 1. Alt. BGB insbesondere dann, wenn man einen systematischen Vergleich zu § 122 Abs. 2 BGB zieht. Dort ist die Ausnahme der Schadensersatzpflicht des Anfechtenden gemäß § 122 Abs. 1 BGB unter der Voraussetzung normiert, dass der Beschädigte den Grund der Nichtigkeit oder der Anfechtbarkeit kannte *oder* infolge von Fahrlässigkeit nicht kannte (kennen musste). Im Rahmen des § 122 Abs. 2 BGB ist vom Wortlaut her eindeutig, dass beide Varianten im Alternativitätsverhältnis stehen. Die Schadensersatzpflicht tritt nur dann nicht ein, wenn der

636 EuGH, Rs. 284/81, C.I.L.F.I.T./Ministero della Sanità, Slg. 1982, 3415, Rdnr. 21; Ehricke, in: Streinz (Hrsg.), EUV/EGV, Art. 234 EGV, Rdnr. 67, m.w.N.

637 So auch: Bärenz, Die Auslegung der überschießenden Umsetzung von Richtlinien am Beispiel des Gesetzes zur Modernisierung des Schuldrechts, DB 2003, 375, 376.

638 Bericht des Rechtsausschusses, BT-Drucksache 14/7052 = Canaris, Schuldrechtsmodernisierung 2002, S. 1051, 1100.

Beschädigte positive Kenntnis *oder* fahrlässige Unkenntnis der jeweiligen Umstände hat. Ähnlich setzt § 142 Abs. 2 BGB die Kenntnis von der Anfechtbarkeit oder ein entsprechendes Kennenmüssen voraus. Auch hier wird also die positive Tatsache der Kenntnis mit der insoweit negativen Tatsache des Kennenmüssens in ein Alternativverhältnis gesetzt.

Im Hinblick darauf, dass der Gesetzgeber im Rahmen des Gesetzgebungsverfahrens zu § 434 Abs. 1 Satz 3, 1. Alt. BGB die Legaldefinition des § 122 Abs. 2 und deren Regelungsbereich im Blickfeld hatte und dennoch die beiden Unteralternativen zueinander anstatt mit dem Wort *„oder"* (wie im Falle des § 122 Abs. 2 BGB) mit den Worten *„und auch nicht"* verknüpft hat, könnte man der Auffassung sein, dass er in der Sache ein anderes Verhältnis im Rahmen des § 434 Abs. 1 Satz 3, 1. Alt. BGB als im Rahmen des § 122 Abs. 2 BGB statuieren wollte.

Demgegenüber ist in § 434 Abs. 1 Satz 3, 1. Alt. BGB nach dem Willen des Gesetzgebers vorgesehen, dass eine Entlastung des Verkäufers nur dann eingreifen soll, wenn der Verkäufer die Äußerung nicht kannte *und auch* nicht kennen musste. Vom Wortlaut der durch den Rechtsausschuss eingebrachten Änderung her gesehen erscheint es demzufolge naheliegend, dass durch die Änderung der kumulative Charakter der beiden Unteralternativen zueinander betont werden sollte. Eine Entlastung soll nämlich nach der Meinung des Rechtsausschusses nur dann eintreten können, wenn der Verkäufer die Werbeaussage weder kannte *noch* kennen musste. Im Vergleich zu § 122 Abs. 2 BGB, nach dem die beiden Varianten alternativ vorliegen müssen, sollen die beiden Unteralternativen des § 434 Abs. 1 Satz 3, 1. Alt. BGB demnach wohl kumulativ vorliegen müssen.

Dies macht auf den ersten Blick in der Rechtsanwendung wenig Sinn. Denn wie im Rahmen des § 122 Abs. 2 BGB meines Erachtens nach zutreffend erkannt wird, können zwei gegenteilige Tatbestandsvarianten (und deshalb Tatbestandsalternativen) nicht erst dann eine Rechtsfolge auslösen, wenn sie kumulativ vorliegen. Dies wird um so mehr zutreffen, als sich die beiden Tatbestandsvarianten der positiven Kenntnis und die der fahrlässigen Unkenntnis denklogisch ausschließen. Zu berücksichtigen ist aber, und hier dürfte im Vergleich zu § 122 Abs. 2 und § 142 Abs. 2 BGB der entscheidende Unterschied liegen, dass § 434 Abs.1 Satz 3, 1. Alt. BGB quasi im Sinne einer doppelten Negation formuliert ist. Denn die Vorschrift setzt voraus, dass der Verkäufer von der Äußerung keine positive Kenntnis hatte und diese auch nicht kennen musste. Die Rechtsfolgen von § 122 Abs. 2 und § 142 Abs. 2 BGB greifen demgegenüber nur dann ein, wenn positive Kenntnis von einem bestimmten Umstand *oder* die schuldhafte Unkenntnis des Umstandes vorliegen. Demgegenüber greift die Rechtsfolge im Rahmen des § 434 Abs.1 Satz 3, 1. Alt. BGB – nämlich der Ausfall der Verkäuferverantwortung – nur dann ein, wenn hinsichtlich der fremden Werbeaussage

Unkenntnis vorliegt *und* die fehlende Unkenntnis des Umstandes auch nicht auf Fahrlässigkeit beruht. So gesehen behandelt § 434 Abs. 1 Satz 3, 1. Alt. BGB das Nichtvorliegen eines Umstandes (hier die Unkenntnis) und § 122 Abs. 2 und § 142 Abs. 2 BGB das Vorliegen eines Umstandes (hier die Kenntnis).

Am Ergebnis ändert die durch den Rechtsausschuss vorgeschlagene veränderte Verknüpfung der beiden Unteralternativen im Rahmen des § 434 Abs. 1 Satz 3, 1. Alt. BGB nichts. Entweder kannte der Verkäufer die Werbeaussage, oder er kannte sie nicht. Kannte er die Werbeaussage, so greift seine Haftung ein. Erst dann, wenn feststeht, dass er sie nicht kannte, kann gefragt werden, ob er dennoch so behandelt wird (als ob er die Werbeaussage gekannt hätte), weil er sie infolge von Fahrlässigkeit nicht kannte. Die kumulative Anwendung der beiden Unteralternativen im Rahmen des § 434 Abs. 1 Satz 3, 1. Alt. BGB der fehlenden positiven Kenntnis (also Unkenntnis) und der fahrlässigen Unkenntnis ist demnach zwar denkbar und möglich. Das gleiche Ergebnis hätte aber auch durch eine Verknüpfung der beiden Unteralternativen durch das Wort *oder* erreicht werden können.

Somit bleibt als Ergebnis festzuhalten, dass das Tatbestandsmerkmal „und auch nicht“ im Rahmen des § 434 Abs.1 Satz 3, 1. Alt. BGB im Sinne eines „oder“ zu verstehen ist. Es gelten hinsichtlich des Alternativitätsverhältnisses im Rahmen des § 434 Abs. 1 Satz 3, 1. Alt. BGB die gleichen Grundsätze wie im Rahmen des § 122 Abs. 2 BGB. Der Verkäufer haftet daher dann nicht, wenn er die (fremde) Werbeaussage nicht kannte *oder* nicht kennen musste. Vom Prüfungsablauf her gesehen ist deshalb zunächst stets zu prüfen, ob der Verkäufer die fremde Werbeaussage kannte. Ist dies nicht der Fall (und nur dann macht es Sinn, weswegen die „und“-Verknüpfung so merkwürdig erscheint), ist für die Frage Platz, ob der Verkäufer so behandelt wird, als ob er die Werbeaussage nicht kannte, weil ihn hinsichtlich der Unkenntnis ein Verschulden trifft. Insoweit weicht die im Rahmen des § 434 Abs. 1 Satz 3 BGB gewählte Formulierung von der ansonst üblichen Terminologie innerhalb des BGB unnötig ab.

e) Ergebnis

Der Ausschlusstatbestand des § 434 Abs. 1 Satz 3, 2. HS, 1. Alt. BGB ist demnach dann erfüllt, wenn der Verkäufer nachweist, dass er die öffentliche Äußerung etc. nicht kannte und auch nicht grobfahrlässig nicht kannte.

Beispiel 1: Der Hersteller eines PKW bewirbt in seinen Herstellerprospekten einen bestimmten PKW mit einem bestimmten Kraftstoffverbrauch im Drittelmix. Der Vertragshändler V hat von dieser öffentlichen Äußerung keine Kenntnis. Als Käufer K den V wegen des zu hohen Kraftstoffverbrauches auf Gewährleistung in Anspruch nimmt, behauptet V, dass er die öffentliche Äußerung auch nicht kennen musste, da ihm die Äußerungen infolge von Fahrlässigkeit unbekannt gewesen seien. Hier wird man davon ausgehen müssen, dass V die öffentliche Äußerung in den Werbeprospekten des Herstellers infolge von grober Fahrlässigkeit nicht gekannt hat. Denn wer als Vertragshändler die Angaben in den Herstellerprospekten nicht kennt, verletzt die im Verkehr erforderliche Sorgfalt in besonders schwerem Maße. V kann sich somit nicht auf den Ausschlusstatbestand gemäß § 434 Abs. 1 Satz 3, 2. HS, 1. Alt., 2. Unteralternative BGB berufen und hat daher Gewähr zu leisten.

Beispiel 2: Der private Verkäufer P verkauft dem K einen gebrauchten PKW. Als sich herausstellt, dass der verkaufte PKW mehr Kraftstoff verbraucht als in den Herstellerprospekten angegeben, verlangt K Gewährleistung von P. P kann jedoch nachweisen, dass er keine positive Kenntnis von der öffentlichen Äußerung des Herstellers hatte. Hier kann sich P dennoch der Gewährleistungspflicht entziehen indem er nachweist, dass er nicht infolge von grober Fahrlässigkeit in Unkenntnis der öffentlichen Äußerung gewesen ist. Dies dürfte in diesem Beispiel naheliegend sein, da die Unkenntnis des privaten Verkäufers hinsichtlich der Sachbeschreibungen in Herstellerprospekten keine Verletzung der im Verkehr erforderlichen Sorgfalt in besonders schwerem Maße darstellt. Allenfalls kann hier dem P einfache Fahrlässigkeit vorgeworfen werden. Nach der hier vertretenen Ansicht, wonach lediglich die grobfahrlässige Unkenntnis der Drittäußerung dem Verkäufer schadet, kann P sich somit auf den Ausschlusstatbestand gemäß § 434 Abs. 1 Satz 3, 2. HS, 1. Alt., 2. Unteralternative BGB berufen. Ein Sachmangelanspruch scheidet daher in diesem Beispiel aus.

2. Die Berichtigung in gleichwertiger Weise, § 434 Abs. 1 Satz 3, 2. HS, 2. Alt. BGB

a) Entstehungsgeschichte

Gemäß § 434 Abs. 1 Satz 3, 2. HS, 2. Alt. BGB ist die Haftung des Verkäufers auch dann ausgeschlossen, wenn die Äußerung im Zeitpunkt des Vertragsschlusses in gleichwertiger Weise berichtigt war. Dieser Ausschlusstatbestand, welcher in der endgültigen Fassung nahezu die Textfassung gemäß Art. 2 Abs. 4 zweiter Spiegelstrich VerbrGüKRL wiedergibt[639], war innerhalb des deutschen Gesetzgebungsverfahrens sehr umstritten. Zunächst sollte nämlich von einer Umsetzung dieser Alternative gänzlich abgesehen werden. Die Einzelbegründung zum Regierungsentwurf[640] führt hierzu aus: Nicht ausdrücklich übernommen worden sei Ar-

639 Lediglich anstatt „zum Zeitpunkt“ wurde mit „im Zeitpunkt“ abweichend umgesetzt.

640 RegBegr, BT-Drucks. 14/6040, S. 215 = Canaris, Schuldrechtsmodernisierung 2002, S. 816.

tikel 2 Abs. 4 zweiter Spiegelstrich der Richtlinie. Danach hafte der Verkäufer auch dann nicht, wenn er nachweise, dass die Werbeaussage im Zeitpunkt des Vertragsschlusses berichtigt gewesen sei. Hier sei nach dem Wortlaut der Richtlinie fraglich, wer gegenüber wem auf welche Weise berichtigen müsse. Nach dem Zweck der Bestimmung könne es jedoch nur darauf ankommen, dass eine ursprünglich unzutreffende Werbeaussage im Zeitpunkt des Kaufs so berichtigt sei, dass sie keinen Einfluss mehr auf die Kaufentscheidung haben könne. Das sei allerdings nur dann der Fall, wenn die Berichtigung entweder ausdrücklich gegenüber dem Käufer oder jedenfalls so erfolgt sei, dass nach den berechtigten Erwartungen des berichtigenden Verkäufers oder Dritten ein durchschnittlicher Käufer von ihr Kenntnis hätte erlangen müssen. Dann seien aber gleichzeitig die Voraussetzungen des dritten Spiegelstrichs erfüllt, weil eine derart berichtigte Werbeaussage nicht mehr geeignet sei, die Kaufentscheidung zu beeinflussen. Der Entwurf verzichte daher auf die Übernahme von Art. 2 Abs. 4, zweiter Spiegelstrich VerbrGüKRL. Hierin sei kein Abweichen, sondern nur eine Klarstellung des von der Richtlinie Gewollten zu sehen. Selbst wenn man anderer Ansicht wäre, weil die Richtlinie ihrem Wortlaut nach auch eine Berichtigung ausreichen ließe, die weder gegenüber dem Käufer erfolgt sei noch diesem auf irgendeine Weise bekannt geworden sein könne, so wäre diese Abweichung schon deshalb zulässig, weil sie dem Käufer (Verbraucher) günstig wäre.

Die Stellungnahme des Bundesrates vom 13.07.2001 (BR-Drucks. 338/01 – Beschluss)[641] zu dem Regierungs- und Fraktionsentwurf hat folgenden Wortlaut:

„86. Zu Art. 1 Abs. 1 Nr. 31 § 434 Abs. 1 Satz 3 BGB: In Artikel 1 Abs. 1 Nr. 31 § 434 Abs. 1 Satz 3 sind nach den Wörtern „kennen musste" die Wörter „..., dass sie im Zeitpunkt des Vertragsschlusses berichtigt war" einzufügen. Begründung: § 434 Abs. 1 Satz 3 BGB-E beinhaltet – in Umsetzung von Artikel 2 Abs. 2 Buchstabe d) der Verbrauchsgüterkaufrichtlinie – insofern eine Ausdehnung des Fehlerbegriffs, als danach ein Sachmangel auch dann vorliegen soll, wenn die Sache nicht die Beschaffenheit aufweist, die bei Sachen der gleichen Art üblich ist und die der Käufer nach den öffentlichen Äußerungen des Verkäufers, des Herstellers oder seines Gehilfen insbesondere in der Werbung erwarten kann. Die Bezugnahme auf Werbeaussagen und andere öffentliche Äußerungen hat vor allem Bedeutung bei Erklärungen des Herstellers und erweitert das Haftungsrisiko des Verkäufers beträchtlich, ohne dass dieser an solchen Werbeaussagen beteiligt gewesen sein muss. Im Interesse einer ausgewogeneren Regelung sollte deshalb auch von der in Artikel 2 Abs. 4 der Verbrauchsgüterkaufrichtlinie vorgesehenen Möglichkeit Gebrauch gemacht werden, dass die Haftung des Ver-

641 Stellungnahme des Bundesrates, BR-Drucks. 338/01 = Canaris, Schuldrechtsmodernisierung 2002, S. 967.

käufers in diesen Fällen durch Berichtigung der Werbung mittels öffentlicher Äußerung wieder korrigiert werden kann und somit eine Beseitigung dieser Art von Mängeln möglich ist. Dem dient die vorgeschlagene Ergänzung."

In der Gegenäußerung der Bundesregierung vom 29.08.2001[642] heißt es: „Zu Nr. 86 – Zu Art. 1 Abs. 1 Nr. 31 (§ 434 Abs. 1 Satz 3 BGB): Die Bundesregierung stimmt dem Vorschlag zu. Sie verbindet hiermit allerdings die Erwartung, dass die Berichtigung von Werbeaussagen in ähnlicher Weise gehandhabt wird wie zum Beispiel die Berichtigung fehlerhafter Pressemeldungen. Die Berichtigung einer fehlerhaften Werbeaussage kann nach Auffassung der Bundesregierung nur dann zum Ausschluss von Mängelansprüchen führen, wenn sie ähnlich effizient ist wie die fehlerhafte Werbeaussage selbst. Es wird also beispielsweise zu fordern sein, dass sie mit demselben oder einem vergleichbar wirksamen Medium und in einer vergleichbar deutlichen Aufmachung erfolgt. Dementsprechend wäre es etwa als unzureichend anzusehen, wenn eine groß angelegte fehlerhafte Plakatwerbung durch eine eher unauffällige Anzeige in einer Tageszeitung berichtigt würde."

In dem Bericht des Rechtsausschusses heißt es hierzu sodann: „...Der Ausschuss teilt die von der Bundesregierung in der Gegenäußerung zu Nummer 86 dargelegte Auffassung, dass die Berichtigung einer fehlerhaften Werbeaussage nur dann zum Ausschluss von Mängelansprüchen führen kann, wenn sie auf ähnlich effiziente, d.h. ähnlich öffentlichkeitswirksame Weise wie die Werbeaussage selbst erfolgt. Dies sollte nach Auffassung des Ausschusses allerdings auch im Gesetzestext verdeutlicht werden, weswegen der Zusatz „in gleichwertiger Weise" aufgenommen wird. ..."[643]

In seiner Beschlussempfehlung und dem Abschlussbericht[644] schlug der Rechtsausschuss schließlich am 29.08.2001 die Fassung des § 434 Abs. 1 Satz 3 BGB vor, welche den Ausschlusstatbestand berücksichtigt. Zur Begründung wurde ausgeführt: Die Änderung des Absatz 1 Satz 3 entspreche inhaltlich dem Änderungsvorschlag des Bundesrates zu Nummer 86 seiner Stellungnahme, dem sich die Bundesregierung in ihrer Gegenäußerung angeschlossen habe. Der Ausschuss teile die von der Bundesregierung in der Gegenäußerung zu Nummer 86 dargelegte Auffassung, dass die Berichtigung einer fehlerhaften Werbeaussage dann zum Ausschluss von Mängelansprüchen führen könne, wenn sie auf ähnlich effiziente, d.h. ähnlich öffentlichkeitswirksame Weise wie die Werbeaussage

642 Gegenäußerung der Bundesregierung, Anlage 3 zu BT-Drucks. 14/6857 = Canaris, Schuldrechtsmodernisierung 2002, S. 1025.

643 Bericht des Rechtsausschusses, BT-Drucks. 14/7052 = Canaris, Schuldrechtsmodernisierung 2002, S. 1051, 1100.

644 Bericht des Rechtsausschusses, BT-Drucks. 14/7052 = Canaris, Schuldrechtsmodernisierung 2002, S. 1051, 1100.

selbst erfolge. Dies solle nach Auffassung des Ausschusses allerdings auch im Text verdeutlicht werden, weswegen der Zusatz „in gleichwertiger Weise" aufgenommen werde.

b) Die Art der Berichtigung: in gleichwertiger Weise

aa) Allgemeines

Aus der Gegenüberstellung der Ausschlusstatbestandsalternativen der gleichwertigen Berichtigung gemäß § 434 Abs. 1 Satz 3, 2. HS, 2. Alt. BGB einerseits und der fehlenden Möglichkeit der Beeinflussung der Kaufentscheidung gemäß § 434 Abs. 1 Satz 3, 2. HS, 3. Alt. BGB andererseits ergibt sich zunächst eine logische Folgerung: Die gleichwertige Berichtigung ist ein „Weniger" gegenüber der fehlenden Beeinflussungsmöglichkeit der Kaufentscheidung. Denn anderenfalls hätte § 434 Abs. 1 Satz 3, 2. HS, 2. Alt. BGB gegenüber § 434 Abs. 1 Satz 3, 2. HS, 3. Alt. BGB keinen eigenen Anwendungsbereich und wäre somit entbehrlich. Es kann dem europäischen und dem deutschen Gesetzgeber jedoch nicht ohne weiteres unterstellt werden, dass eine Norm ohne eigenen praktischen Anwendungsbereich erlassen beziehungsweise umgesetzt werden sollte. Dies auch deshalb nicht, weil die Umsetzung von Art. 2 Abs. 4 dritter Spiegelstrich VerbrGüKRL in das deutsche Kaufrecht im Rahmen des Gesetzgebungsverfahrens nicht unerheblich umstritten war.

Ausgehend von dieser These und der Annahme, dass § 434 Abs. 1 Satz 3, 2. HS, 2. Alt. BGB einen eigenen Anwendungsbereich haben muss, steht fest, dass die Berichtigung der Werbeaussage in gleichwertiger Weise nicht voraussetzen kann, dass der Käufer durch die Berichtigung so gestellt werden muss, dass seine Kaufentscheidung durch die unrichtige Werbeaussage nicht mehr auch nur in irgendeiner Weise beeinflusst worden wäre. Würde man derartig hohe Anforderungen an die Berichtigung in gleichwertiger Weise stellen, würde man diese Alternative obsolet machen. Ein gewisser Bereich faktischer Beeinflussung hinsichtlich der Kaufentscheidung kann somit der Anwendung von § 434 Abs. 1 Satz 3, 2. HS, 2. Alt. BGB nicht entgegenstehen. Wie weit diese restliche Beeinflussung im Einzelnen reichen kann, ohne dass die Anwendung von § 434 Abs. 1 Satz 3, 2. HS, 2. Alt. BGB ausgeschlossen ist, wird noch zu erörtern sein.

Auch kann im Hinblick auf die Entstehungsgeschichte dieses Ausschlussgrundes nicht gefordert werden, dass die ursprüngliche unrichtige Äußerung für die Kaufentscheidung nicht (mehr) kausal gewesen sein kann. Denn im Falle fehlender Kausalität ist jedenfalls der Ausschlussgrund der fehlenden Beeinflussungsmöglichkeit erfüllt. Würde man im Rahmen der Berichtigung in sonstiger Weise fordern, dass die Äußerung nicht mehr für den Kaufvertragsabschluss kausal gewesen ist, wäre nicht erklärbar, warum dieser Ausschlussgrund auf Vorschlag des Bundesrates schließlich doch in die Vorschrift aufgenommen wurde.[645]

bb) Bezugnahme auf die vorherige Äußerung erforderlich?

Umstritten ist, ob es für eine Berichtigung in gleichwertiger Weise ausreichend ist, dass der entsprechende Informationssachverhalt lediglich erneut – jetzt zutreffend – dargestellt wird, oder ob eine inhaltliche Bezugnahme auf die jeweilige Äußerung erforderlich ist. Konkret geht es hierbei um die Frage, ob es ausreichend ist, dass der Äußernde eine erneute Äußerung mit nunmehr richtigem Inhalt vornimmt oder ob ein Hinweis auf die Unrichtigkeit der ursprünglichen Äußerung erforderlich ist.

Teilweise wird vertreten, dass eine Bezugnahme erforderlich sei.[646] Ohne eine inhaltliche Bezugnahme auf die ursprüngliche Äußerung liege zwar dann eine neue und gegebenenfalls richtige Äußerung, begrifflich jedoch keine Berichtigung der ursprünglichen Äußerung vor. Der Käufer könne grundsätzlich auf die Richtigkeit der ursprünglichen Aussage vertrauen, weshalb der berichtigenden Aussage eine besondere Signalwirkung in Form der ausdrücklichen Richtigstellung zukommen müsse.[647] *Westermann* ist sogar der Ansicht, dass in aller Regel nur Maßnahmen von großer Publizität, wie zum Beispiel öffentliche Rückrufaktionen, diesen Ausschlusstatbestand erfüllen.[648] Demgegenüber wird auch die Auffassung geäußert, dass eine Bezugnahme auf die vorherige Äußerung nicht erforderlich sei.[649] Nach *Bernreuther* soll eine ausdrückliche Berichtigung dann entbehrlich sein, wenn einem Durchschnittsbetrachter im Rahmen der situationsbedingten und situationsangemessenen Aufmerksamkeit allein aufgrund der neuen Werbung klar ist, dass die alte Werbung berichtigt wurde. Maßgebliche Kriterien seien hierbei die Art und Weise der Richtigstellung und die durchschnittli-

---

645 Andres, in: Schimmel/Buhlmann, Frankfurter Handbuch zum neuen Schuldrecht, S. 454.

646 Faust, in: Bamberger/Roth, BGB, § 434, Rdnr. 86; Grigoleit/Herresthal, Die Beschaffenheitsvereinbarung und ihre Typisierungen in § 434 I BGB, JZ 2003, 233, 238; MünchKomm-H. P. Westermann, BGB, 4. Auflage, § 434, Rdnr. 28.

647 Grigoleit/Herresthal, Die Beschaffenheitsvereinbarung und ihre Typisierungen in § 434 I BGB, JZ 2003, 233, 238.

648 Westermann, Das neue Kaufrecht, NJW 2002, 241, 246; MünchKomm-H. P. Westermann, BGB, 4. Auflage, § 434, Rdnr. 28.

649 Weiler, Haftung für Werbeangaben nach neuem Kaufrecht, WM 2002, 1784, 1792; so wohl auch Bernreuther, Sachmangelhaftung durch Werbung, WRP 2002, 368, 373 f., der eine „mittelbare“ Richtigstellung für ausreichend erachtet.

chen Wahrnehmungsgewohnheiten des jeweils umworbenen Personenkreises im Hinblick auf das zur Richtigstellung verwendete Medium.[650]

Meiner Meinung nach kann nicht verlangt werden, dass in der korrigierenden Äußerung auf die vorherige unrichtige Äußerung Bezug genommen wird. Erst recht nicht erforderlich ist eine Rückrufaktion.[651] Dagegen spricht bereits der Wortlaut. Die unrichtige Äußerung soll in „gleichwertiger Weise" berichtigt werden. Nach einem strengen Verständnis des Wortlautes hat die Berichtigung also genauso zu erfolgen, wie auch die ursprüngliche unrichtige Äußerung publiziert worden ist – nicht mehr und nicht weniger. Hat etwa der Verkäufer im gleichen Medium über einen vergleichbaren Zeitraum in einer vergleichbaren Intensität berichtigt, greift der Ausschlussgrund des § 434 Abs. 1 Satz 3, 2. HS, 2. Alt. BGB ein. Wurde die Äußerung in diesem Sinne in „gleichwertiger Weise" berichtigt, soll es damit nach dem Wortlaut des Gesetzes sein Bewenden haben. Es ist nach dem Wortlaut gerade nicht erforderlich, dass der Verkäufer oder sonstige äußernde Personen „alle Hebel in Bewegung" zu setzen haben, damit jeder denkbare Käufer Kenntnis von der Berichtigung erlangen konnte. Insofern lässt sich das Merkmal „in gleichwertiger Weise" – neben der haftungserweiternden Wirkung, die es nach dem Willen des Gesetzgebers eindeutig hat – eben auch und gerade als Merkmal verstehen, welches die Anforderungen an die Berichtigungsbemühungen der jeweiligen Person limitiert und begrenzt. Insoweit stellt das Merkmal „in gleichwertiger Weise" sowohl das Mindestmaß als auch die äußere Grenze der Berichtigungsbemühungen dar. Maßgebliches Kriterium ist hier lediglich die Öffentlichkeitswirksamkeit der Berichtigung.[652] Auch nach dem Willen des Gesetzgebers soll es ausreichen, wenn die Berichtigung auf ähnlich effiziente, das heißt ähnlich öffentlichkeitswirksame Weise wie die Werbeaussage selbst erfolgt. Insbesondere setzt das Wort „berichtigt" in sprachlicher Hinsicht nicht zwingend voraus, dass im Rahmen einer Korrektur zwangsläufig auf den früheren und jetzt zu korrigierenden Umstand Bezug genommen wird. Rein sprachlich ist hierunter lediglich das Korrigieren beziehungsweise das Verbessern zu verstehen.[653] Eine Korrektur oder Verbesserung erschöpft sich in der Regel darin, dass lediglich die richtige Version einer Tatsache dargestellt wird. Nicht unbedingt erforderlich ist hierbei die Nennung der ursprünglichen Darstellung. Hieran ändert auch der Verweis des Gesetzgebers auf die Berichtigung feh-

---

650 Bernreuther, Sachmangelhaftung durch Werbung, WRP 2002, 368, 374; Bernreuther, Sachmangelhaftung und Werbung, MDR 2003, 63, 67.

651 Erman/Grunewald, BGB, 11. Auflage, § 434, Rdnr. 26.

652 Grigoleit/Herresthal, Die Beschaffenheitsvereinbarung und ihre Typisierungen in § 434 I BGB, JZ 2003, 233, 238; AG Essen-Steele, DAR 2004, 278, 279.

653 Duden, Herkunftswörterbuch, 7. Auflage, Stichwort: berichtigen, siehe: richtig.

lerhafter Pressemeldungen nichts. Denn letztlich stellt auch der Gesetzgeber maßgeblich auf das Kriterium der Öffentlichkeitswirksamkeit ab.

Darüber hinaus würde dieses Erfordernis den Informationsinteressen der Abnehmerseite zuwider laufen. Denn aus Sicht des Äußernden könnte es dann sinnvoller erscheinen, sich zu der früheren unzutreffenden Information besser gar nicht zu äußern und lieber darauf zu hoffen, dass die nicht zutreffende frühere Äußerung unentdeckt bleibt. Dies könnte insbesondere im Hinblick darauf als vernünftig erscheinen, als dass der durch das Zugeständnis der unzutreffenden Information drohende „Imageschaden" ungleich höher sein kann als derjenige Schaden, der dem Verkäufer durch den Regress einzelner Käufer droht.[654]

Im Übrigen wäre auch, sollte man eine Bezugnahme auf die unrichtige „Erstäußerung" für erforderlich halten, das Verhältnis der Berichtigung in gleichwertiger Weise zum Ausschlussgrund der fehlenden Möglichkeit zur Beeinflussung der Kaufentscheidung mehr als fraglich. Wie bereits ausgeführt, ist davon auszugehen, dass die Berichtigung in gleichwertiger Weise (§ 434 Abs. 1 Satz 3, 2. HS, 2. Alt. BGB) ein „Weniger" zu dem Ausschlussgrund der fehlenden Beeinflussungsmöglichkeit (§ 434 Abs. 1 Satz 3, 2. HS, 3. Alt. BGB) darstellt. Dann kann aber gleichzeitig zur Berichtigung in gleichwertiger Weise nicht gefordert werden, dass der Verkäufer auf die unrichtige Äußerung Bezug nimmt. Denn eine Berichtigung unter Bezugnahme auf die vormals unrichtige Äußerung würde immer den Ausschlusstatbetsand der fehlenden Beeinflussungsmöglichkeit erfüllen. Bei einem solchen Verständnis hätte § 434 Abs. 1 Satz 3, 2. HS, 2. Alt. BGB gegenüber § 434 Abs. 1 Satz 3, 2. HS, 3. Alt. BGB wiederum keinen eigenen Anwendungsbereich. Dies wäre nach der hier vertretenen Auffassung mit dem Willen des Gesetzgebers nicht zu vereinbaren. Festzuhalten bleibt demnach, dass das Merkmal „in gleichwertiger Weise" insoweit auch der Limitierung der Berichtigungsbemühungen dient. Die Formulierung „in gleichwertiger Weise" verdeutlicht, dass die Berichtigung hinsichtlich ihrer Art und Weise im Wesentlichen der vormals publizierten unrichtigen Äußerung entsprechen muss („Entsprechungsklausel").

Beispiel: Die in einer Zeitungsanzeige einmalig beworbene Sacheigenschaft eines Produktes ist unzutreffend. Als der Verkäufer dies bemerkt, berichtigt er die unzutreffende Äußerung in einer erneuten einmaligen Zeitungsanzeige in der gleichen Aufmachung und an dergleichen Stelle innerhalb derselben Zeitung. Eine Berichtigung in gleichwertiger Weise liegt hier vor, da die Berichtigung der erstmaligen Äußerung exakt entspricht. Darüber hinausgehende Bemühungen des Verkäufers sind demgegenüber nicht erforderlich.

654 Weiler, Haftung für Werbeangaben nach neuem Kaufrecht, WM 2002, 1784, 1792.

cc) Gleichwertige „Marktdurchdringung" erforderlich?

Fraglich ist auch, ob zur Erfüllung des Ausschlusstatbestandes des § 434 Abs. 1 Satz 3, 2. HS, 2. Alt. BGB erforderlich ist, dass die Berichtigung eine der ursprünglichen und unrichtigen Äußerung annähernd entsprechende Marktdurchdringung erreicht.

Teilweise wird vertreten, dass die Berichtigung den fortwirkenden Tatbestand der früheren öffentlichen Äußerung nachhaltig berichtigen müsse. Dies setze eine klare Umschreibung des Mangels und damit der öffentlichen Äußerung voraus. Das Merkmal der „Gleichwertigkeit" sei daher nur dann gegeben, wenn die Berichtigung werbemäßig die gleiche Intensität und die gleiche Durchdringung des Marktes erfahre wie die ursprüngliche Aussage.[655] Aus dem insoweit eindeutigen Willen des Gesetzgebers folge, dass das Merkmal der gleichwertigen Berichtigung so auszulegen sei, dass die berichtigende Aussage in gleicher Weise den Markt durchdrungen haben müsse wie die ursprüngliche Aussage.[656] Soweit und solange dies nicht der Fall sei, hafte der Verkäufer trotz des Wortlautes des § 434 Abs. 1 Satz 3, 2. HS, 2. Alt. BGB, der auf die Berichtigung zum Zeitpunkt des Vertragsschlusses abstelle, für unrichtige Werbeaussagen, auch wenn eine berichtigende Aussage bereits vorliege. Eine für die Berichtigung in gleichwertiger Weise erforderliche „hinreichende Marktdurchdringung" liege jedenfalls dann vor, wenn nur noch 10% der angesprochenen Käufer aufgrund der ursprünglichen Werbung kaufen.[657]

Meines Erachtens spricht gegen diese Sichtweise bereits ein rein praktischer Gesichtspunkt. Es ist insoweit nämlich nicht ersichtlich, wie festgestellt werden soll, ob eine hinreichende Marktdurchdringung vorliegt oder nicht. Freilich könnte man auf die im Rahmen des Wettbewerbsrechts entwickelten Grundsätze der prozentualen Betrachtung des Verhaltens von Marktteilnehmern zurückgreifen.[658] Eine gleichwertige Marktdurchdringung wäre dann beispielsweise gegeben, wenn ein bestimmter Prozentsatz von der Berichtigung Kenntnis erlangt hätte. Dies müsste aber notwendigerweise mit dem ursprünglichen Publikationsgrad der unrichtigen Äußerung ins Verhältnis gesetzt werden, weshalb auch dieser zu ermitteln wäre. Dies ist meines Erachtens äußerst unpraktikabel und überhaupt

655 Graf v. Westphalen, in: Henssler/Graf v. Westphalen, Praxis der Schulrechtsreform, § 434, Rdnr. 41.

656 Weiler, Haftung für Werbeangaben nach neuem Kaufrecht, WM 2002, 1784, 1791.

657 Zerres, Der Begriff des Sachmangels im neuen Kaufrecht, JA 2002, 713, 716; Graf v. Westphalen, in: Henssler/Graf v. Westphalen, Praxis der Schulrechtsreform, § 434, Rdnr. 43.

658 Hierzu: Baumbach/Hefermehl, Wettbewerbsrecht, 22. Auflage, § 3 UWG, Rdnr. 27 ff.

nicht erforderlich. Denn nötig ist nach dem Wortlaut lediglich eine Berichtigung in gleichwertiger Weise. Die Entlastungsmöglichkeit knüpft insofern nicht an einen entsprechenden Berichtigungserfolg, sondern lediglich an diesbezügliche Aktivitäten an. Dies ergibt sich wiederum aus einen systematischen Vergleich zu dem Ausschlussgrund der fehlenden Beeinflussungsmöglichkeit im Sinne des § 434 Abs. 1 Satz 3, 2. HS, 3. Alt. BGB. Nur hier ist definitiv fehlende Kausalität zwischen Äußerung und Kaufentscheidung erforderlich.

Beispiel: Ein Automobilhersteller wirbt sechs Wochen lang vor Einführung eines neuen Kleinwagens in einer ganzseitigen Anzeige auf der dritten Seite des KFZ-Teils in der Tageszeitung XY mit einem Kraftstoffverbrauch von 3,8 Liter im Drittelmix. Wie der Hersteller später erkennt, ist diese Angabe jedoch zu niedrig; tatsächlich liegt der Verbrauch im Drittelmix bei 4,8 Liter. Um diese Werbeaussage zu berichtigen, bewirbt er den tatsächlichen Verbrauch des PKW sechs Wochen lang ebenfalls in einer ganzseitigen Anzeige auf der dritten Seite des KFZ-Teils in der Tageszeitung XY.

In diesem Beispiel ist der Ausschlusstatbestand des § 434 Abs. 1 Satz 3, 2. HS, 2. Alt. BGB erfüllt. Hier hat der Hersteller hinsichtlich Art, Dauer und Umfang der Publikation in gleichwertiger Weise berichtigt. Freilich lassen sich hierzu nur sehr schwer abstrakte Formeln finden. Es können jedoch Anhaltspunkte gefunden werden, deren Vorliegen (neben weiteren Umständen des Einzelfalles) dafür sprechen, dass eine gleichwertige Berichtigung vorliegt. Als solche Anhaltspunkte lassen sich meines Erachtens Medium, Intensität und Häufigkeit der Berichtigung im Vergleich zur ursprünglichen Äußerung anführen. Es liegt gerade keine gleichwertige Berichtigung vor, wenn eine Äußerung, die über einen sehr langen Zeitraum an sehr populärer Stelle sehr oft wiederholt publiziert wurde, nur ein einziges Mal an einem für diese Art der Berichtigung völlig unüblichen Ort mit erheblich geringerer Intensität gegenteilig dargestellt wird. Wie sich aus dem Wortlaut „in gleichwertiger Weise“ ergibt, muss die Berichtigung in der Regel gleichsam das Spiegelbild der ursprünglichen Äußerung darstellen. Somit hat die Berichtigung in demselben Medium, mit gleicher Reichweite und mit gleicher Aufmachung zu erfolgen.[659] Es ist demnach grundsätzlich erforderlich, dass die Berichtigung der Äußerung hinsichtlich Intensität (annähernd gleiche Häufigkeit und gleiches Medium), Dauer und Aufmachung der ursprünglichen Äußerung entspricht. Für den Fall einer überlangen Publikationsdauer kann dem Berichtigenden damit gedient sein, dass er bezüglich der zu berichtigenden Äußerung eine konkrete Bezugnahme im Rahmen der Berichtigung aufnimmt, um die erforderliche Publikationsdauer der Berichtigung zu verkürzen.

659 HK-BGB/Saenger, 2. Auflage, § 434, Rdnr. 16.

dd) Kenntnis des Käufers erforderlich?

Fraglich ist, ob es im Rahmen des § 434 Abs. 1 Satz 3, 2. HS, 2. Alt. BGB erforderlich ist, dass der konkrete Käufer tatsächlich von der Berichtigung Kenntnis erlangt haben muss, oder ob hierbei auf einen Durchschnittskäufer abgestellt werden kann. Ganz überwiegend wird hierzu die Ansicht vertreten, dass die Berichtigung der jeweiligen Äußerung den konkreten Käufer nicht notwendig erreicht haben müsse, das heißt, der Käufer müsse nicht notwendig Kenntnis von der Berichtigung erlangt haben, damit der Ausschlusstatbestand erfüllt sei.[660]

Meines Erachtens ist dies zutreffend. Hierfür sprechen zahlreiche Argumente. Zum einen ist zu berücksichtigen, dass bei nachweislicher Kenntnis der Unrichtigkeit auf der Käuferseite der dritte Ausschlussgrund der fehlenden Beeinflussungsmöglichkeit des Kaufentschlusses eingreift. Dies ergibt sich eindeutig aus dem systematischen Zusammenhang zu dem dritten Ausschlussgrund gemäß § 434 Abs. 1 Satz 3, 2. HS, 3. Alt. BGB. Denn wenn der Käufer positive Kenntnis von der Unrichtigkeit der Äußerung – hier durch eine Berichtigung in gleichwertiger Weise – erlangt hat, ist eine Beeinflussung der Kaufentscheidung durch die unrichtige Äußerung zwingend ausgeschlossen.[661] In diesem Fall geht der Ausschlussgrund gemäß § 434 Abs. 1 Satz 3, 2. HS, 3. Alt. BGB dem Ausschlussgrund des § 434 Abs. 1 Satz 3, 2. HS, 2. Alt. BGB als lex specialis vor.[662] Die Vorschrift wäre dann sinnlos, da zwangsläufig immer in dieser Situation die Kaufentscheidung durch die Äußerung nicht beeinflusst werden konnte. Eine berichtigte und damit in ihrem Erklärungswert entkräftete Werbeaussage ist niemals geeignet, die Kaufentscheidung zu beeinflussen. Zu berücksichtigen ist darüber hinaus, dass es für den rechtlichen Einfluss der Werbung auf die Mangelfreiheit nicht erforderlich ist, die positive Kenntnis des Käufers von der öffentlichen Äußerung festzustellen. Auf der Kehrseite kann es dann aber andererseits genauso wenig erforderlich sein, dass die Berichtigung den individuellen Käufer auch tatsächlich erreicht. Anderenfalls würde die Ausnahmevorschrift der Berichtigung in gleichwertiger Weise auf Fälle der direkten individuellen Äußerungen (Berich-

---

660 Erman/Grunewald, BGB, 11. Auflage, § 434, Rdnr. 26; Faust, in: Bamberger/Roth, BGB, § 434, Rdnr. 86 a.E.; Bernreuther, Sachmangelhaftung durch Werbung, WRP 2002, 368, 374; Grigoleit/Herresthal, Die Beschaffenheitsvereinbarung und ihre Typisierungen in § 434 I BGB, JZ 2003, 233, 238; Homann, Werbeaussagen und Käufererwartungen, Diss. jur. 2004, S. 231; MünchKomm-H. P. Westermann, BGB, 4. Auflage, § 434, Rdnr. 28; Haas, Das neue Schuldrecht Kap. 5, Rdnr. 115; Andres, in: Schimmel/Buhlmann, Frankfurter Handbuch zum neuen Schuldrecht, S. 455.

661 Vgl. hierzu und dem Verhältnis zu § 442 BGB unten.

662 So auch Westermann, Das neue Kaufrecht, NJW 2002, 241, 246.

tigungen) gegenüber einem Kaufinteressenten vor Vertragsabschluss beschränkt.[663] Insofern stellt die Vorschrift des § 434 Abs. 1 Satz 3 BGB generell nicht auf konkrete, sondern auf typisierte Umstände ab. Dies findet seine Entsprechung letztlich auch darin, dass es sich bei Käufererwartungen aufgrund öffentlicher Äußerungen nie um ein rein individuelles, sondern gerade um ein Massenphänomen handelt. Dem entspricht der Umstand, dass es auf der anderen Seite nach dem Wortlaut des § 434 Abs. 1 Satz 3, 2. HS, 2. Alt. BGB auf ein etwaiges „Kennenmüssen" des Käufers von der Unrichtigkeit der Äußerung nicht ankommt. Eine Obliegenheit oder gar eine Pflicht des Kaufinteressenten, der von einer öffentlichen Äußerung des Verkäufers Kenntnis erlangt hat, nun bis zum Abschluss des Kaufvertrages auf berichtigende Äußerungen zu achten, kann keinesfalls angenommen werden.[664] Dazu kommt, dass eine solche Obliegenheit auf Käuferseite kaum praktikabel zu konkretisieren wäre.[665] Demgegenüber wird teilweise vertreten, eine gewisse Sorgfalt bei der Beobachtung weiterer öffentlicher Äußerungen könne von dem Käufer durchaus erwartet werden, wenn er sich andererseits auf Mitteilungen auf diesem Wege verlassen wolle.[666]Auch müsse dem Käufer der Nachweis offen stehen, dass er eine – vom Verkäufer bewiesene – gleichwertige Berichtigung nicht hat zur Kenntnis nehmen können.[667] Dies ist meines Erachtens jedoch zweifelhaft. Wenn man davon ausgeht, dass die berichtigenden Informationen den Käufer nicht zwingend erreicht haben müssen, damit die Voraussetzungen der Berichtigung in gleichwertiger Weise vorliegen[668], erscheint es bedenklich, dass der umgekehrte Fall, nämlich dass der Käufer die Berichtigung gar nicht zur Kenntnis nehmen konnte, dem Verkäufer wiederum schaden soll. Diese Ansicht widerspricht dem grundsätzlich auf durchschnittliche und typisierte Gegebenheiten abstellenden Charakter von § 434 Abs. 1 Satz 3 BGB. Es erscheint wenig konsequent, auf der einen Seite auf eine abstrakte Sichtweise abzustellen und auf der anderen Seite konkrete Umstände des Einzel-

---

663 MünchKomm-H. P. Westermann, BGB, 4. Auflage, § 434, Rdnr. 28; Haas, Das neue Schuldrecht Kap. 5, Rdnr. 115; vgl. auch: AnwK-BGB/Büdenbender, § 434, Rdnr. 15, der Argumente hierfür in der Entstehungsgeschichte (Kritik des Bundesrates) sieht.

664 Westermann, Das neue Kaufrecht, NJW 2002, 241, 246; Grigoleit/Herresthal, Die Beschaffenheitsvereinbarung und ihre Typisierungen in § 434 I BGB, JZ 2003, 233, 238; MünchKomm-H. P. Westermann, BGB, 4. Auflage, § 434, Rdnr. 29.

665 Grigoleit/Herresthal, Die Beschaffenheitsvereinbarung und ihre Typisierungen in § 434 I BGB, JZ 2003, 233, 238.

666 Erman/Grunewald, BGB, 11. Auflage, § 434, Rdnr. 27.

667 MünchKomm-H. P. Westermann, BGB, 4. Auflage, § 434, Rdnr. 29, Fn. 159 mit Hinweis auf: AnwK-BGB/Büdenbender, § 434, Rdnr. 15.

668 So gerade auch: MünchKomm-H. P. Westermann, BGB, 4. Auflage, § 434, Rdnr. 28.

falles für maßgeblich zu halten. Zwar stellt ein solches Verständnis den Käufer durchaus schlechter.[669] Im Ergebnis kann diese Schlechterstellung des Käufers jedoch nichts daran ändern, dass es im Rahmen der Berichtigung in gleichwertiger Weise nicht auf den individuellen Umstand der fehlenden Kenntnisnahmemöglichkeit auf Seiten des Käufers ankommen kann.[670] Somit bleibt festzuhalten, dass es im Rahmen des § 434 Abs. 1 Satz 3, 2. HS, 2. Alt. BGB weder darauf ankommt, dass der konkrete Käufer die Berichtigung nicht kannte, noch dass der konkrete Käufer nicht die Möglichkeit der Kenntnisnahme hatte.

ee) Überschießende Umsetzung

Wie bereits erwähnt, wurde das Merkmal „in gleichwertiger Weise" durch den deutschen Gesetzgeber aus freien Stücken eingefügt und war im Wortlaut der VerbrGüKRL nicht enthalten. Es fragt sich demnach, ob es sich bei der Einfügung dieses Tatbestandsmerkmales um eine strengere Bestimmung im Sinne des Art. 8 Abs. 2 VerbrGüKRL handelt. Denn nur dann ist zu prüfen, ob die abweichende Umsetzung durch den deutschen Gesetzgeber dem gemeinschaftlichen Primärrecht entsprechen muss und eine Verletzung der Umsetzungspflicht überhaupt vorliegen kann. Eine strengere Bestimmung im Sinne des Art. 8 Abs. 2 VerbrGüKRL ist gegeben, wenn das durch sie verwirklichte Schutzniveau für den Verbraucher höher ist, als es der Wortlaut der Richtlinie vorsieht.[671] Ein „höheres Verbraucherschutzniveau" liegt dann vor, wenn gemäß dem „Günstigkeitsprinzip" die nationale Bestimmung verbraucherfreundlicher, das heißt für den Verbraucher vorteilhafter ist als die Regelung der Richtlinie. Dabei ist die Günstigkeit einer Regelung nicht für jeden einzelnen Verbraucher isoliert, sondern für die Verbraucher als Gruppe zu bestimmen.[672] Strenger ist eine Regelung auch dann, wenn sie nur in einigen Einzelfällen für den Verbraucher günstiger ist. Ist sie demgegenüber in einigen Fällen günstiger, in anderen ungünstiger, ist teils die Umsetzungspflicht verletzt (keine Saldierung).[673]

Meines Erachtens liegt keine strengere Bestimmung im Sinne des Art. 8 Abs. 2 VerbrGüKRL vor. Das Tatbestandsmerkmal „in gleichwertiger Weise" hat lediglich klarstellenden und erläuternden Charakter. Auch bereits aus den Erfordernissen der VerbrGüKRL ergibt sich, dass nicht jedwede Berichtigungsmaßnahme ausreichend ist. Die äußerste Grenze der Berichtigungsbemühungen

---

669 AnwK-BGB/Büdenbender, § 434, Rdnr. 15.
670 So im Ergebnis wohl auch: AnwK-BGB/Büdenbender, § 434, Rdnr. 15.
671 Grundmann in: Grundmann/Bianca, EU-Kaufrechts-Richtlinie, Art. 8, Rdnr. 7; Wolf, in: Wolf/Horn/Lindacher, AGBG, 3. Auflage, Art. 8 RiLi, Rdnr. 3.
672 Wolf, in: Wolf/Horn/Lindacher, AGBG, 3. Auflage, Art. 8 RiLi, Rdnr. 3.
673 Grundmann in: Grundmann/Bianca, EU-Kaufrechts-Richtlinie, Art. 8, Rdnr. 7.

ergibt sich aus dem Ausschlussgrund der fehlenden Beeinflussungsmöglichkeit (§ 434 Abs. 1 Satz 3, 2. HS, 3. Alt. BGB). Die Anforderungen bleiben sowohl nach BGB als auch nach der VerbrGüKRL jedenfalls unterhalb der Pflicht, dem Käufer Kenntnis von der Berichtigung verschaffen zu müssen. Demgegenüber ergeben sich die Mindestanforderungen der Berichtigung bereits aus dem Wortlaut der VerbrGüKRL, wonach die Äußerung zum Zeitpunkt des Vertragsschlusses berichtigt sein muss. Dies setzt bereits voraus, dass die Aussage tatsächlich hinsichtlich Medium, Intensität, Häufigkeit und Aufmachung und somit in gleichwertiger Weise berichtigt war. Bei vernünftiger Betrachtungsweise könnte man auch nach dem Wortlaut der VerbrGüKRL nach Sinn und Zweck nicht davon ausgehen, dass eine im Vergleich zur unrichtigen Äußerung völlig abweichende Darstellung der Berichtigung ausreichend wäre (Beispiel: Berichtigung einer unrichtigen Werbeaussage betreffend ein Pharma-Produkt in einem Fahrradmagazin). Somit ist davon auszugehen, dass die von dem deutschen Gesetzgeber gewählte abweichende Umsetzung hier keine strengere Bestimmung im Sinne des Art. 8 Abs. 2 VerbrGüKRL darstellt.

c) Der Zeitpunkt der Berichtigung

Nach dem Wortlaut von § 434 Abs. 1 Satz 3, 2. HS, 2. Alt. BGB ist erforderlich, dass die Äußerung im Zeitpunkt des Vertragsschlusses berichtigt gewesen sein muss. „Im Zeitpunkt des Vertragsschlusses" im Sinne des § 434 Abs. 1 Satz 3 BGB bedeutet bis zum Zeitpunkt des Vertragsschlusses.[674] Nach *Grunewald* kommt es im Hinblick auf die Berichtigung auf den Zeitpunkt an, in dem die Bindung des Käufers eintritt. Im Falle eines aufschiebend bedingten Kaufs ist also eine Berichtigung, welche nach Vertragsabschluss, aber vor Eintritt der Bedingung erfolgt, jedenfalls dann verspätet, wenn der Bedingungseintritt nicht im Belieben des Käufers steht.[675] Dem ist meines Erachtens zu folgen. Denn erst mit Eintritt der Bedingung liegt die endgültige vertragliche Bindungswirkung vor. Somit hat der Verkäufer bis zu dem Zeitpunkt des Bedingungseintrittes die Möglichkeit zur Berichtigung. Nach Eintritt der Bedingung ist hingegen eine Berichtigung nicht mehr möglich, da ein rechtswirksamer Kaufvertrag vorliegt und auch nach der allgemeinen vertraglichen Risikoverteilung Umstände, die zeitlich nach dem Abschluss eines Vertrages liegen, unberücksichtigt bleiben müssen. Dies gilt freilich nur, soweit die Parteien nicht ausdrücklich etwas anderes vereinbart haben.

674 Bernreuther, Sachmangelhaftung durch Werbung, WRP 2002, 368, 374.
675 Erman/Grunewald, BGB, 11. Auflage, § 434, Rdnr. 26.

d) Der Ort der Berichtigung (gleiches Medium)

Es ist davon auszugehen, dass die Berichtigung in der Regel in demselben Medium wie die ursprüngliche Äußerung zu erfolgen hat. Zwingend ist dies jedoch nicht immer der Fall. Da es im Rahmen der gleichwertigen Berichtigung entscheidend auf das Merkmal der Öffentlichkeitswirksamkeit ankommt, kann es im Einzelfall wohl auch ausreichend sein, dass beispielsweise eine Plakat- oder Prospektwerbung durch eine Fernsehwerbung etc. berichtigt wird.[676] Erforderlich ist aber stets eine vergleichbare öffentliche Publikation. Die Berichtigung in einem anderen Medium wird nur ausnahmsweise ausreichend sein.[677]

e) Die berichtigende Person

Der Wortlaut von § 434 Abs. 1 Satz 3, 2. HS, 2. Alt. BGB gibt keinen Aufschluss darüber, durch welche Person die Berichtigung zu erfolgen hat. Der Gesetzgeber hat hier ein Problem gesehen und wollte unter anderem deshalb auf eine Umsetzung des Ausschlusstatbestandes verzichten, da unklar sei, wer gegenüber wem zu berichtigen habe.[678] Unproblematisch ist jedoch zunächst der Fall, dass die Berichtigung durch diejenige Person erfolgt, welche die Äußerung ursprünglich publiziert hat. Denn es kann dem Urheber einer sachbeschreibenden öffentlichen Äußerung nicht das Recht verwehrt bleiben, diese ohne weiteres zu berichtigen.

Fraglich ist jedoch, ob eine Berichtigung im Sinne des § 434 Abs. 1 Satz 3, 2. HS, 2. Alt. BGB auch dann vorliegt, wenn äußernde und berichtigende Person nicht identisch sind. Dies wäre zum Beispiel dann der Fall, wenn eine Äußerung des Verkäufers durch eine Aussage des Herstellers korrigiert würde und umgekehrt. Teilweise wird diese Möglichkeit bejaht.[679] Dies ist meines Erachtens nach Sinn und Zweck des Ausschlusstatbestandes zutreffend. Sinn der Möglichkeit zur Berichtigung in gleichwertiger Weise ist, dass die Angebotsseite den Erklärungswert einer als unrichtig erkannten Äußerung beseitigen kann. Ist die Berichtigung erfolgt, besteht kein Anlass mehr, den Verkäufer an dieser Äußerung festzuhalten. Gegebenenfalls noch bestehendes Marktvertrauen der Abnehmerseite – soweit dies in einem solchen Fall überhaupt noch vorliegen kann – ist dann nicht mehr schützenswert. Das Risiko der enttäuschten Erwartungen trägt in dieser Konstellation der Käufer. Bei dieser Interessenlage kann es aber dann keine Rol-

---

676 Haas, in: Haas/Medicus/Rolland/Schäfer/Wendtland, Das neue Schuldrecht, 5, Rdnr. 115, S. 193; AG Essen-Steele, DAR 2004, 278, 279.

677 MünchKomm-H. P. Westermann, BGB, 4. Auflage, § 434, Rdnr. 28.

678 RegBegr BT-Drucks. 14/6040, S. 215 = Canaris, Schuldrechtsmodernisierung 2002, S. 816.

679 Faust, in: Bamberger/Roth, BGB, § 434, Rdnr. 86.

le spielen, durch welchen Teil der Angebotsseite die Berichtigung vorgenommen worden ist. Der Erklärungswert der Äußerung ist unabhängig von der Person des Berichtigenden in diesem Fall beseitigt. Wenn die Angebotsseite durch die Zurechnung fremder Äußerungen aus Sicht des Verkäufers von dem Gesetz faktisch als Vertriebseinheit behandelt wird, muss dies auch im umgekehrten Fall der Berichtigung gelten. Somit bleibt festzuhalten, dass die Berichtigung von Äußerungen des Verkäufers durch den Hersteller und umgekehrt erfolgen kann.

f) Der Adressat der Berichtigung

Denkbar ist hinsichtlich des Adressaten zum einen die Berichtigung einem abstrakten Adressatenkreis gegenüber. Zum anderen kommt aber auch eine Berichtigung individuell dem Käufer gegenüber in Betracht.

Während die Vorschrift des § 434 Abs. 1 Satz 3 2. HS, 2. Alt. BGB tendenziell auf Fälle der Berichtigung einem abstrakten Adressatenkreis gegenüber zugeschnitten ist und dies regelmäßig den Hauptanwendungsfall darstellen wird, erscheint die Berichtigung individuell gegenüber dem Käufer problematisch. Hier sind zwei Konstellationen denkbar: Entweder erfolgt die Berichtigung ohne jedweden Bezug zu einem späteren Kaufvertragsabschluss oder im Rahmen eines konkreten Vertragsabschlusses. Im ersten Falle würde einer Berichtigung in gleichwertiger Weise nichts entgegenstehen. § 434 Abs. 1 Satz 3 2. HS, 2. Alt. BGB enthält hinsichtlich des möglichen Adressaten keinerlei Begrenzung. Somit muss auch die Möglichkeit zur gleichwertigen Berichtigung durch individuelle Äußerungen offen stehen. Im zweiten Fall hingegen bleibt in dogmatischer Hinsicht meines Erachtens kein Raum für eine Berichtigung. Denn nach der Systematik des § 434 Abs. 1 BGB liegt in der Richtigstellung der Äußerung während des Kaufvertragsabschlusses eine vorrangige Beschaffenheitsvereinbarung im Sinne des § 434 Abs. 1 BGB. Somit kommt ein Rückgriff auf § 434 Abs. 1 Satz 3 BGB in dieser Konstellation nicht in Betracht.

g) Die Folge der Berichtigung: Modifikation des Erwartungshorizontes

Unmittelbare Rechtsfolge der Berichtigung in gleichwertiger Weise ist, dass die Verantwortlichkeit des Verkäufers für ein Nichtvorhandensein der geäußerten Sacheigenschaft ausgeschlossen ist. Außerhalb eines konkreten Anspruches wegen Sachmängelgewährleistung ist für künftige Fälle zu beachten, dass nach einer erfolgten Berichtigung der berechtigte Erwartungshorizont modifiziert wird. Wurde eine unrichtige Werbeaussage ausreichend berichtigt, so bestimmt sich ab diesem Zeitpunkt dieser berechtigte Erwartungshorizont alleine nach der jetzt aktuellen, berichtigten Äußerung.[680]

h) Ergebnis

Der Ausschlusstatbestand des § 434 Abs. 1 Satz 3, 2. HS, 2. Alt. BGB ist erfüllt, wenn der Verkäufer nachweist, dass die ursprüngliche unrichtige öffentliche Äußerung hinsichtlich Art, Dauer und Umfang der Publikation der ursprünglichen Äußerung entsprechend richtig gestellt worden ist. Eine ausdrückliche Bezugnahme auf die ursprüngliche Äußerung oder eine Kenntniserlangung von der Berichtigung durch den Käufer ist nicht erforderlich. Das Tatbestandsmerkmal „in gleichwertiger Weise" stellt insofern die Mindestanforderungen und gleichzeitig die Höchstgrenze der erforderlichen Berichtigungsbemühungen dar.

3. Kein Einfluss auf die Kaufentscheidung, § 434 Abs. 1 Satz 3, 2. HS, 3. Alt. BGB

a) Allgemeines

Gemäß § 434 Abs. 1 Satz 3, 2. HS, 3. Alt. BGB greift die Verkäuferhaftung dann nicht ein, wenn die jeweilige Äußerung die Kaufentscheidung nicht beeinflussen konnte. Die Begründung hierzu im Regierungsentwurf ist kurz:[681] Artikel 2 Abs. 4 dritter Spiegelstrich der VerbrGüKRL sei in § 434 Abs. 1 Satz 3 RegE a.E. ausdrücklich aufgenommen. Danach hafte der Verkäufer auch dann nicht, wenn die unzutreffende Werbeaussage die Kaufentscheidung nicht beeinflussen, also für die Willensbildung des Käufers nicht maßgeblich sein konnte. Die Beweislast hierfür liege wiederum beim Verkäufer.

Mit *Oechsler* ist davon auszugehen, dass im Rahmen dieses Ausschlusstatbestandes nicht eine reine Kausalbeziehung maßgeblich ist.[682] Zwar ist der Ausschlusstatbestand jedenfalls dann erfüllt, wenn es an der Kausalität zwischen Werbeaussage und Kaufentscheidung aus irgendeinem Grund fehlt. Jedoch können hier auch Wertungsgesichtspunkte berücksichtigt werden.[683] Nach dem eindeutigen Wortlaut kommt es jedenfalls nicht darauf an, dass die jeweilige Äuße-

---

680 Weiler, Haftung für Werbeangaben nach neuem Kaufrecht, WM 2002, 1784, 1792.

681 BT-Drucks. 6857 = BR-Drucks. 338/01 (Entwurf der Bundesregierung; wortgleich hierzu BT-Drucks. 14/6040 (Fraktionsentwurf von SPD und BÜNDNIS 90/Die Grünen) = Canaris, Schuldrechtsmodernisierung 2002, S. 816.

682 Oechsler, Schuldrecht Besonderer Teil – Vertragsrecht, § 2 Rdnr. 101, S. 70.

683 Oechsler, Schuldrecht Besonderer Teil – Vertragsrecht, § 2 Rdnr. 101, S. 70.

rung den konkreten Kaufentschluss tatsächlich nicht beeinflusst hat.[684] Maßgeblich ist einzig und alleine die fehlende Möglichkeit zur Beeinflussung der Kaufentscheidung.[685] Insofern wird zum Teil von dem Erfordernis einer „abgeschwächten Kausalität“ gesprochen.[686]

b) Erwartung eines durchschnittlichen oder des konkreten Käufers maßgeblich?

Im Rahmen des § 434 Abs. 1 Satz 3, 2. HS, 3. Alt. BGB stellt sich die Frage, ob hier auf den konkreten oder einen durchschnittlichen Käufer abzustellen ist. Dies wird insbesondere anhand der beiden folgenden Beispiele deutlich. Denkbar ist im Rahmen des § 434 Abs. 1 Satz 3, 2. HS, 3. Alt. BGB zunächst der Fall, dass dem konkreten Käufer die unrichtige Äußerung nicht bekannt war.

Beispiel 1: Der Verkäufer V bewirbt in einer großen Tageszeitung eine konkrete Sacheigenschaft seines Produktes, die in der beschriebenen Form jedoch nicht zutreffend ist. Später kommt es zum Kaufvertragsabschluss mit dem Käufer K. Ohne vor dem Kaufvertragsabschluss Kenntnis von der getätigten Äußerung zu erlangen, verlangt K später wegen angeblicher Mangelhaftigkeit Gewährleistung.

Ein weiterer denkbarer Anwendungsfall von § 434 Abs. 1 Satz 3, 2. HS, 3. Alt. BGB ist derjenige, dass die Aussage deshalb nicht kaufentscheidend gewesen ist, weil die im Rahmen der Käuferinformation beschriebene Sacheigenschaft für den konkreten Käufer bedeutungslos ist.

Beispiel 2: Der Hersteller eines 180 PS starken Turbodiesel PKW wirbt mit einem Durchschnittsverbrauch im Drittelmix von 6,6 Litern auf 100 km. Tatsächlich liegt der Durchschnittsverbrauch im Drittelmix jedoch bei 7,9 Litern. Der Käufer wurde im Zeitpunkt des Vertragsschlusses jedoch einzig und alleine aufgrund der Fahreigenschaften und des überdurchschnittlichen Drehmoments des Motors zum Vertragsabschluss bewogen. Der tatsächliche Kraftstoffverbrauch des PKW war für seine persönliche Kaufentscheidung in keiner Weise relevant.

Die rechtliche Beurteilung der genannten Beispiele hängt entscheidend davon ab, ob man bei der Betrachtung des § 434 Abs. 1 Satz 3, 2. HS, 3. Alt. BGB auf einen konkreten oder aber einen durchschnittlichen Käufer abstellt. Teilweise wird vertreten, dass es im Falle der Berichtigung auf den Horizont des konkreten

684 Staudinger/Matusche-Beckmann (2004), § 434, Rdnr. 91.
685 Graf v. Westphalen, in: Henssler/Graf v. Westphalen, Praxis der Schulrechtsreform, § 434, Rdnr. 40.
686 Erman/Grunewald, BGB, 11. Auflage, § 434, Rdnr. 28.

Käufers ankomme. Sei der Käufer durch die Äußerung zum Kauf veranlasst worden, so greife der Ausschlusstatbestand auch dann nicht ein, wenn ein durchschnittlicher Käufer unbeeinflusst geblieben wäre.[687] § 434 Abs. 1 Satz 3 diene gerade dem Schutz besonders leicht zu beeinflussender Käufer.[688] Jedoch wird auch die gegenteilige Ansicht vertreten. Im Rahmen von § 434 Abs. 1 Satz 3, 2. HS, 3. Alt. BGB sei im Wege einer abstrakt generalisierenden Betrachtungsweise auf das Kaufverhalten eines durchschnittlichen Käufers abzustellen.[689] Aufgrund der abstrakt generalisierenden Betrachtungsweise reiche es somit für den Ausschluss der Haftung nicht aus, dass die Äußerung die Kaufentscheidung des (konkreten) Käufers nicht beeinflusst habe. Dies deshalb, weil der Verkäufer an einen Verwendungszweck, der nicht im Sinne des § 434 Abs. 1 Satz 2 Nr. 1 BGB vereinbart wurde, nicht gebunden sei.[690] Nach *Oechsler* hingegen fehlt der Zurechnungszusammenhang, wenn „ein objektiver Beobachter in der Position des Käufers sich durch die Äußerung des Herstellers nicht zu einer Kaufentscheidung hätte hinreißen lassen".[691] Rechtlich relevant sei nur das schutzwürdige Vertrauen des Käufers, welches sich danach bemesse, ob ein objektiver Beobachter in der Situation des Käufers sich auf die öffentliche Aussage verlassen durfte.[692]

Nach der Ansicht, welche auf den Horizont des konkreten Käufers abstellt, wäre in beiden Beispielsfällen der Ausschlusstatbestand des § 434 Abs. 1 Satz 3, 2. HS, 3. Alt. BGB erfüllt und eine Haftung des Verkäufers entfiele. Im Beispiel 1 wäre nach dieser Auffassung der Ausschlusstatbestand erfüllt, weil bei konkreter Betrachtungsweise eine Beeinflussungsmöglichkeit der Kaufentscheidung

---

687 Faust, in: Bamberger/Roth, BGB, § 434, Rdnr. 87; Grigoleit/Herresthal, Die Beschaffenheitsvereinbarung und ihre Typisierungen in § 434 I BGB, JZ 2003, 233, 238; Haas, Entwurf eines Schuldrechtsmodernisierungsgesetzes: Kauf- und Werkvertragsrecht, BB 2001, 1313, 1314; Erman/Grunewald, BGB, 11. Auflage, § 434, Rdnr. 28; vgl. auch als weiteren Ansatzpunkt: Graf v. Westphalen, in: Henssler/Graf v. Westphalen, Praxis der Schulrechtsreform, § 434, Rdnr. 40 meint hingegen, der Ausschlusstatbestand des § 434 Abs. 1 Satz 3, 2. HS, 3. Alt. BGB sei immer dann erfüllt, wenn der Verkäufer nachweise, dass ein ganz überwiegender Prozentsatz des kaufenden Publikums die jeweilige Äußerung „praktisch als Firlefanz einstufen und damit in Abrede stellen, dass diese überhaupt generell geeignet sein können, Kaufentscheide des Publikums zu beeinflussen".

688 Erman/Grunewald, BGB, 11. Auflage, § 434, Rdnr. 28.

689 Graf v. Westphalen, in: Henssler/Graf v. Westphalen, Praxis der Schulrechtsreform, § 434, Rdnr. 40; Oetker/Maultsch, Vertragliche Schuldverhältnisse, 2002, S. 45; so auch: MünchKomm-H. P. Westermann, BGB, 4. Auflage, § 434, Rdnr. 29, der den Ausschlusstatbestand dennoch als erfüllt ansieht, wenn die beschriebenen Sacheigenschaften für den (konkreten) Käufer bedeutungslos sind.

690 Oetker/Maultzsch, Vertragliche Schuldverhältnisse, 2002, S. 45.

691 Oechsler, Schuldrecht Besonderer Teil – Vertragsrecht, § 2 Rdnr. 101, S. 70.

692 Oechsler, Schuldrecht Besonderer Teil – Vertragsrecht, § 2 Rdnr. 101, S. 70.

fehlt. Derjenige konkrete Käufer, der von einer (unrichtigen) öffentlichen Äußerung des Verkäufers keine Kenntnis hat, kann eine solche Äußerung nicht der Kaufentscheidung zugrundelegen. Auch im Beispiel 2 wäre nach der konkreten Betrachtungsweise § 434 Abs. 1 Satz 3, 2. HS, 3. Alt. BGB erfüllt. Einen konkreten Käufer, dem zwar die öffentliche Äußerung durch den Verkäufer bekannt ist, für den die beworbene Sacheigenschaft jedoch völlig bedeutungslos ist und der demzufolge die öffentliche Äußerung innerhalb seines Kaufentscheidungsprozesses völlig unberücksichtigt lässt, kann die unrichtige Äußerung nicht in seiner Kaufentscheidung beeinflussen.

Demgegenüber wäre in den Beispielen 1 und 2 nach der Ansicht, welche im Rahmen einer abstrakt-generalisierenden Sichtweise den Erwartungshorizont eines durchschnittlichen Käufers beziehungsweise eines objektiven Beobachters in der Situation des Käufers zugrundelegt, § 434 Abs. 1 Satz 3, 2. HS, 3. Alt. BGB nicht zwingend erfüllt. Hier käme es für die Lösung der beiden Beispiele maßgeblich darauf an, welche Erwartungen ein durchschnittlicher Käufer hinsichtlich der unrichtigen Äußerung gehabt hätte. Im Fall der fehlenden Kenntnis des Käufers von der Äußerung käme es nach dieser Sichtweise entscheidend darauf an, welche Bedeutung ein durchschnittlicher Käufer der nicht vorhandenen Eigenschaft beimisst. Im Falle der Bedeutungslosigkeit für den konkreten Käufer (Kraftstoffmehrverbrauch, Beispiel 2) würde ein Sachmangel wohl vorliegen, da ein heutiger Durchschnittskäufer den Kraftstoffverbrauch in der Regel für einen wesentlichen Aspekt hält.

Meiner Meinung nach kommt es im Rahmen des § 434 Abs. 1 Satz 3, 2. HS, 3. Alt. BGB ausschließlich auf die Betrachtungsweise des konkreten Käufers an. Zwar ist auch nach der hier vertretenen Ansicht innerhalb von § 434 Abs. 1 Satz 3 BGB grundsätzlich ein durchschnittlich typisierender Maßstab anzulegen. Dennoch kann hier nicht auf einen Durchschnittskäufer abgestellt werden. Dies ergibt sich zunächst aus Sinn und Zweck von § 434 Abs. 1 Satz 3 BGB. Dieser liegt letztendlich im Schutz der durch öffentliche Äußerungen geweckten Erwartungen an die Sachbeschaffenheit der Kaufsache. Ist jedoch für den konkreten Käufer die beworbene Sacheigenschaft bedeutungslos beziehungsweise hat er von dieser Äußerung keine Kenntnis, so kann ein irgendwie gearteter schützenswerter Erwartungshorizont bezüglich der jeweiligen Eigenschaft keinesfalls vorliegen. Auch ökonomisch würde eine andere Betrachtungsweise keinen Sinn machen: Man würde sonst zu einer Gewährleistungssituation und somit zusätzlichen Rückabwicklungskosten in Fällen gelangen, in denen eine frustrierte Käufererwartung überhaupt nicht vorliegt. Solche Austauschvorgänge als Fall der gesetzlichen Gewährleistungspflicht des Verkäufers einzuordnen würde letztlich nur dazu führen, denjenigen Käufer zu übervorteilen, der – obwohl im Zeitpunkt des Vertragsabschlusses mit der Sachbeschaffenheit einig – nunmehr einen Vorwand für Gewährleistungsrechte sucht. Hinzu kommt im Fall der fehlenden Kenntnis des Käufers von der öffentlichen Äußerung, dass das, was dem Käufer im Zeitpunkt des Vertragsschlusses nicht bekannt ist, seine Kaufentscheidung nicht beeinflussen kann.

Hierher ist nach der hier vertretenen Meinung auch der Fall zu zählen, wenn der konkrete Käufer aufgrund irgendwelcher Umstände wusste, dass die öffentliche Äußerung unrichtig, mithin die beworbene Sacheigenschaft nicht vorhanden ist. Hiervon ist jedoch wiederum der Fall zu unterscheiden, in dem der Käufer bei Vertragsschluss den Mangel kennt. Diese Situation führt gemäß § 442 Abs. 1 Satz 1 BGB zum Ausschluss der Käuferrechte wegen Mangelhaftigkeit. Dabei ist jedoch klar zu trennen: Kenntnis von der Unrichtigkeit der öffentlichen Äußerung bedeutet insoweit nicht Kenntnis vom Mangel. Gemäß § 434 Abs. 1 Satz 3 BGB liegt im Falle der Kenntnis von der Unrichtigkeit der öffentlichen Äußerung bereits kein Sachmangel vor. Hingegen liegt im Fall des § 442 Abs. 1 Satz 1 BGB ein Mangel vor, den der Käufer jedoch nicht geltend machen kann.

Hierher wird zum Teil auch der Fall gezählt, dass die Äußerung vor einer (ausländischen) Öffentlichkeit fiel, welcher der Käufer nicht angehört und deshalb aus der Äußerung auch keine Informationen ziehen konnte beziehungsweise der Käufer die Unrichtigkeit oder Übertriebenheit der Werbung kannte[693], wobei meines Erachtens dann schon keinerlei berechtigte Erwartung des Käufers existieren kann beziehungsweise keine hinreichend konkrete Äußerung vorliegt. Nicht dazu gehört der Fall, dass der Verkäufer sich von der öffentlichen Äußerung distanziert hat. Diese Konstellation wird bereits über die Vorrangigkeit des subjektiven Mangelverständnisses gelöst, da in diesen Fällen – wie bereits dargelegt – eine Beschaffenheitsvereinbarung im Sinne des § 434 Abs. 1 Satz 3 BGB vorliegt.[694]

c) Die offensichtlich übertriebene Werbung

Nach *Weiler* sollen reine Anpreisungen der Ware und übertriebene, reißerische und verzerrende Aussagen nicht unter den dritten Ausschlusstatbestand fallen.[695] Dies ist bereits deshalb zutreffend, weil von vornherein nur Aussagen über konkrete Eigenschaften im Rahmen des § 434 Abs. 1 Satz 3 BGB relevant sind und somit im Falle der übertriebenen, reißerischen und verzerrenden Äußerungen die Voraussetzungen der Norm nicht vorliegen.

---

693 MünchKomm-H. P. Westermann, BGB, 4. Auflage, § 434, Rdnr. 29.
694 MünchKomm-H. P. Westermann, BGB, 4. Auflage, § 434, Rdnr. 29.
695 Weiler, Haftung für Werbeangaben nach neuem Kaufrecht, WM 2002, 1784, 1793.

d) Ergebnis

Maßgeblich ist im Rahmen des § 434 Abs. 1 Satz 3, 2. HS, 3. Alt. BGB die fehlende Möglichkeit zur Beeinflussung der Kaufentscheidung. Nicht erforderlich ist, dass die Kaufentscheidung tatsächlich nicht beeinflusst worden ist. Hierbei kommt es ausschließlich auf die Betrachtungsweise des konkreten Käufers an, weshalb der Ausschlusstatbestand auch dann erfüllt ist, wenn die beworbene Sacheigenschaft für den konkreten Käufer bedeutungslos gewesen ist oder der konkrete Käufer keine Kenntnis von der diesbezüglichen Äußerung hatte.

III. Darlegungs- und Beweislast

1. Allgemeines

Im dritten Teilabschnitt des DiskE „Erläuterung der neuen Vorschriften" findet sich zu der Beweisregelung innerhalb des § 434 Abs. 1 Satz 3 BGB die folgende Begründung: Die im letzten Teil des § 434 Abs. 1 Satz 3 BGB getroffenen Regelungen entsprächen den in Artikel 2 Abs. 4 der VerbrGüKRL normierten Ausnahmen. Dort werde ausdrücklich bestimmt, dass der Verkäufer die ihn entlastenden Umstände nachweisen muss. Dies komme durch die Formulierung „es sei denn" zum Ausdruck: Die Beweislast für die Ausnahmen von der Haftung trage dieser demnach selbst.[696] Aus dem Regel-Ausnahme-Verhältnis innerhalb des § 434 Abs. 1 Satz 3 BGB folgt, dass den Verkäufer die Beweislast hinsichtlich des Vorliegens eines der Ausschlusstatbestände des § 434 Abs. 1 Satz 3 BGB trifft.[697]

2. Die Situation in der Praxis

a) § 434 Abs. 1 Satz 3, 2. HS, 1. Alt. BGB

Gemäß § 434 Abs. 1 Satz 3, 2. HS, 1. Alt. BGB kann sich der Verkäufer der Haftung dadurch entziehen, dass er nachweist, er habe die Äußerung nicht gekannt beziehungsweise – nach der hier vertretenen Ansicht – nicht grobfahrlässig nicht gekannt. *Grigoleit/Herresthal* meinen, die Reichweite des Entlastungsbeweises

696 BT-Drucks. 14/6040, S. 215 = Canaris, Schuldrechtsmodernisierung 2002, S. 257 f.

697 Tonner/Crellwitz/Echtermeyer, in: Micklitz/Pfeiffer/Tonner/Willingmann, Schuldrechtsreform und Verbraucherschutz, S. 311; Emmerich, BGB Schuldrecht Besonderer Teil, 10. Auflage, S. 32; Medicus, Schuldrecht BT II, 12. Auflage, S. 20; AnwK-BGB/Büdenbender, § 434, Rdnr. 15.

hänge entscheidend davon ab, welche konkreten Anforderungen in der Praxis bei der Bestimmung des Pflichtinhalts zu stellen seien. So sei es einem gewerblichen Verkäufer etwa durchaus zuzumuten, die Fachpresse wie auch die nationale Werbung des Herstellers zu verfolgen. Demgegenüber bestünde bei kleinen und mittleren Unternehmen regelmäßig keine Pflicht zur Beobachtung ausländischer Fach- oder Werbeorgane.[698] Dem ist meines Erachtens zuzustimmen. Im Falle der verkäufereigenen öffentlichen Äußerung wird der Ausnahmetatbestand der fehlenden Kenntnis freilich eine geringe Rolle spielen, da nur ausnahmsweise beweisbar sein wird, dass der Verkäufer von eigenen Äußerungen keine Kenntnis hatte. Dies wird nur dann der Fall sein, wenn objektiv eine Äußerung vorliegt, die jedoch ohne Willen des Verkäufers in Umlauf gelangt ist und den Verkäufer auch hinsichtlich der Entäußerung kein Vertretenmüssen trifft.

Praktisch hochbedeutsam ist der Fall, dass der Verkäufer eine Drittäußerung nicht kannte und auch nicht kennen musste. Nach der hier vertretenen Ansicht wird diese Ausnahme von der Haftung durchaus auch praktisch möglich sein, weil der Verkäufer lediglich darlegen und beweisen muss, dass er über die Äußerung nicht grobfahrlässig in Unkenntnis gewesen ist.

Der Verkäufer muss insoweit ein Nichtwissen[699] beziehungsweise eine negative Tatsache beweisen.[700] Für den Fall der nichtautorisierten Drittwerbung wird darüber hinaus vorgeschlagen, der Verkäufer solle bestreiten, dass die Äußerung nicht vom Hersteller oder Gehilfen stamme.[701]

b) § 434 Abs. 1 Satz 3, 2. HS, 2. Alt. BGB

Gemäß § 434 Abs. 1 Satz 3, 2. HS, 2. Alt. BGB ist die Haftung dann ausgeschlossen, wenn der Verkäufer nachweist, dass die ursprünglich unrichtige Äußerung im Zeitpunkt des Vertragschlusses berichtigt war. Hier hat der Verkäufer darzulegen und zu beweisen, dass er die Berichtigung tatsächlich hinsichtlich Art, Umfang und Dauer wie die ursprüngliche Äußerung publiziert hat. In praktischer Hinsicht ist die Reichweite dieses Entlastungsbeweises nicht zu unterschätzen, weil der Verkäufer nicht zu beweisen hat, dass die jeweilige Berichtigung den konkreten Käufer tatsächlich auch erreicht hat. Darüber hinaus steht dem Verkäu-

---

698 Grigoleit/Herresthal, Die Beschaffenheitsvereinbarung und ihre Typisierungen in § 434 I BGB, JZ 2003, 233, 238.

699 Weiler, Haftung für Werbeangaben nach neuem Kaufrecht, WM 2002, 1784, 1791.

700 Graf v. Westphalen, in: Henssler/Graf v. Westphalen, Praxis der Schuldrechtsreform, 2002, § 434, Rdnr. 38.

701 Schimmel/Buhlmann, Fehlerquellen im Umgang mit dem Neuen Schuldrecht, S. 121 f.

fer nicht der Beweis offen, er habe zum Beispiel wegen urlaubsbedingter Abwesenheit die Berichtigung überhaupt nicht wahrnehmen können.

c) § 434 Abs. 1 Satz 3, 2. HS, 3. Alt. BGB

Nach der hier vertretenen Ansicht hat der Verkäufer im konkreten Streitfall im Rahmen des § 434 Abs. 1 Satz 3, 2. HS, 3. Alt. BGB nachzuweisen, dass die öffentliche Äußerung den konkreten Käufer, aus welchen Gründen auch immer, tatsächlich nicht beeinflusst hat.

In der Praxis wird dieser Nachweis – gelinde gesagt – nur schwer möglich sein. Fraglich ist in diesem Zusammenhang insbesondere, wie es dem Verkäufer gelingen soll, die Behauptung zu entkräften, dass der Käufer tatsächlich schon vor Abschluss des Kaufvertrages Kenntnis von den öffentlichen Äußerungen gehabt habe und diese nicht erst nach Abschluss des Vertrages erlangt habe.

Darüber hinaus sind Fälle denkbar, in denen der Käufer seine Kenntnis nicht aus unmittelbarer Wahrnehmung der öffentlichen Äußerung bezieht, sondern mittelbar von einem Dritten informiert wurde. Auch bleibt es bei der Haftung – sofern nicht der Beweis der käuferseitigen Unkenntnis gelingt – wenn die jeweils beworbene Sacheigenschaft nur als Motiv innerhalb eines Motivbündels potenziell kausal für die Kaufentscheidung war.[702]

Der Nachweis wird im Ergebnis nur dann gelingen, wenn der Käufer im Streitfalle seine Unkenntnis von der öffentlichen Äußerung zugibt oder es sich um eine objektiv unbedeutende Eigenschaft handelt. Der Unbedeutendheit steht in diesem Fall aber dann in der Regel entgegen, dass die äußernde Seite die Eigenschaft aber immerhin für erwähnenswert gehalten hat.[703]

IV. Weitere Fälle, in denen die Verkäuferhaftung ausgeschlossen ist

1. Die Kenntnis des Käufers vom Mangel, § 442 Abs. 1 BGB

Bewirkt eine individualvertragliche Vereinbarung positive Kenntnis vom Mangel der Kaufsache auf Seiten des Käufers, so ist die Haftung des Verkäufers gemäß

---

702 Palandt/Putzo, BGB, 62. Auflage, § 434, Rdnr. 39; Grigoleit/Herresthal, Die Beschaffenheitsvereinbarung und ihre Typisierungen in § 434 I BGB, JZ 2003, 233, 239; Haas, Entwurf eines Schuldrechtsmodernisierungsgesetzes: Kauf- und Werkvertragsrecht, BB 2001, 1313, 1314

703 Grigoleit/Herresthal, Die Beschaffenheitsvereinbarung und ihre Typisierungen in § 434 I BGB, JZ 2003, 233, 239.

§ 442 Abs. 1 BGB ausgeschlossen.[704] Dies kann gegebenenfalls dann in Betracht kommen, wenn der Käufer weiß, dass eine bestimmte Werbeaussage unzutreffend ist.[705]

2. *Der wirksame Haftungsausschluss gemäß § 444 BGB*

Ebenfalls ausgeschlossen ist die Verkäuferhaftung für unrichtige Werbeaussagen im Falle des gemäß § 444 BGB wirksamen Haftungsausschlusses, soweit dieser nicht beispielsweise wegen § 475 Abs. 1 BGB unmöglich ist.

3. *Die abweichende Abrede*

Nur der Vollständigkeit halber sei an dieser Stelle an die abweichende Abrede zwischen den Kaufvertragsparteien erinnert, welche als subjektive Beschaffenheitsbeschreibung jeder objektiven Standardbestimmung vorgeht. Diese Ausnahme von der Verkäuferhaftung könnte in der Praxis die vielleicht wichtigste überhaupt sein.[706]

V. Exkurs: Werbe-Garantieerklärungen gemäß § 443 Abs. 1 BGB

Gemäß § 443 Abs. 1 Satz BGB stehen bei einer Garantieübernahme dem Käufer im Garantiefall unbeschadet der gesetzlichen Ansprüche die Rechte aus der Garantie zu dem in der Garantiererklärung und der einschlägigen Werbung angegebenen Bedingungen gegenüber demjenigen zu, der die Garantie eingeräumt hat.[707] Gemäß § 443 Abs. 1 BGB ist Werbung somit zwar nicht für das Bestehen einer Garantie, wohl aber gegebenenfalls für die Bedingungen einer übernommenen Garantie des Verkäufers oder eines Dritten maßgeblich. Jedoch ist gemäß § 443 Abs. 1 für das Vorliegen einer Garantie in jedem Fall ein eigenständiger Garantievertrag notwendig. Der Wille, sich rechtsgeschäftlich binden zu wollen, muss insoweit für den Käufer ersichtlich sein.

---

704 Lehmann, Die Haftung für Werbeangaben nach neuem Schuldrecht, DB 2002, 1090, 1092.

705 Staudinger/Matusche-Beckmann (2004), § 434, Rdnr. 92.

706 Vgl.: Grundmann, in: Grundmann/Bianca, EU-Kaufrechts-Richtlinie, 2002, Art. 2, Rdnr. 43.

707 Grundlegend hierzu und zu einer Verletzung der Umsetzungsverpflichtung durch den deutschen Gesetzgeber: Homann, Werbeaussagen und Käufererwartungen, Diss. jur. 2004, S. 263 ff.

Darüber hinaus besteht keine Subsidiarität zwischen Garantieerklärungen und Werbeangaben, denn beide Verpflichtungselemente stehen gleichwertig nebeneinander. Die Garantiehaftung gemäß § 443 Abs. 1 BGB steht außerdem in Anspruchsgrundlagenkonkurrenz zu der Sachmängelhaftung gemäß §§ 434, 437 BGB (vgl. § 443 Abs. 1 BGB „... unbeschadet der gesetzlichen Rechte...").[708]

Somit kann ein und dieselbe Werbegarantierklärung (z.B. eines Herstellers) sowohl Rechte des Käufers gegenüber dem Garantiegeber (§ 443 Abs. 1 BGB: „... so stehen dem Käufer... die Rechte aus der Garantie ... gegenüber demjenigen zu, der die Garantie eingeräumt hat.") als auch gegenüber dem Verkäufer (§ 443 Abs. 1 BGB: „... unbeschadet der gesetzlichen Ansprüche...") begründen.

Gemäß § 442 Abs. 1 Satz 2 BGB ist im Falle des Vorliegens einer derartigen Garantie für das Bestehen der Käuferrechte sogar unerheblich, dass dem Käufer der Mangel infolge grober Fahrlässigkeit unbekannt geblieben ist.[709]

---

708 Palandt/Putzo, BGB, 65. Auflage, § 443, Rdnr. 7.

709 Lehmann, Die Haftung für Werbeangaben nach neuem Schuldrecht, DB 2002, 1090, 1093.

5. Teil: Die Rechtsfolgen der Äußerung

A. Einbeziehung der geäußerten Eigenschaften in die geschuldete Beschaffenheit nach § 434 Abs. 1 Satz 2 Nr. 2 BGB

Unmittelbare Rechtswirkung des Vorliegens der Voraussetzungen des § 434 Abs. 1 Satz 3 BGB ist die Einbeziehung der öffentlich geäußerten Eigenschaften in die geschuldete Beschaffenheit nach § 434 Abs. 1 Satz 2 Nr. 2 BGB. Aufgrund der bereits erläuterten Subsidiarität der Sachmangelkriterien ist dabei stets zu beachten, dass eine vertragliche Beschaffenheitsvereinbarung im Sinne des § 434 Abs. 1 Satz 1 BGB und eine nach dem Vertrag vorausgesetzte Verwendung gemäß § 434 Abs. 1 Satz 2 Nr. 2 BGB vorrangig zu berücksichtigen ist und – soweit vorhanden – eine Definition der geschuldeten Beschaffenheit nach den Grundsätzen des § 434 Abs. 1 Satz 3 ausschließt.

B. Die allgemeinen kaufrechtlichen Rechtsfolgen

I. Nacherfüllung, § 437 Nr. 1 BGB

Gemäß § 437 Nr. 1 BGB kann der Käufer Nacherfüllung verlangen, wenn die Sache mangelhaft ist, die Voraussetzungen des § 439 BGB vorliegen und nichts anderes bestimmt ist. Gemäß § 439 Abs. 1 BGB kann der Käufer als Nacherfüllung nach seiner Wahl die Beseitigung des Mangels oder die Lieferung einer mangelfreien Sache verlangen.[710] Voraussetzungen des Nachbesserungsanspruches sind mithin die Mangelhaftigkeit der Kaufsache und ein entsprechendes Verlangen des Käufers. Der Mangel der Sache kann grundsätzlich auch unerheblich sein. Zu beachten ist dann allerdings § 323 Abs. 5 Satz 2 BGB, weshalb in Fällen geringfügiger Mängel der Anspruch des Käufers oftmals auf Minderung beschränkt sein wird, da der Ausschlussgrund des § 323 Abs. 5 Satz 2 BGB im Falle der Minderung gemäß § 441 Abs. 1 Satz 2 BGB keine Anwendung findet.

---

710 Problematisch und umstritten ist dies jedoch im Falle der Stückschuld. Hierzu eingehend: Oechsler, Praktische Anwendungsprobleme des Nacherfüllungsanspruchs, JuS 2004, 1825, 1828 f.

Nach der Konzeption des Gewährleistungsrechtes ist freilich kein Verschulden des Verkäufers erforderlich.

II. Rücktritt, § 437 Nr. 2, 1. Alt. BGB

Gemäß § 437 Nr. 2, 1. Alt. BGB kann der Käufer von dem Vertrag zurücktreten, wenn die Sache mangelhaft ist, die Voraussetzungen der §§ 440, 323, 326 Abs. 5 BGB vorliegen und nichts anderes bestimmt ist. Voraussetzungen des Rücktrittsrechtes sind demnach die Mangelhaftigkeit der Kaufsache, Erheblichkeit der Pflichtverletzung und eine erfolglose Fristsetzung zur Nacherfüllung. Das Erfordernis der Erheblichkeit der Pflichtverletzung ergibt sich wiederum aus § 323 Abs. 5 Satz 2 BGB. Die Erheblichkeit ist bei einem Mangel stets gegeben.[711] Das Erfordernis der erfolglos gesetzten Frist zur Nacherfüllung im Sinne des § 437 Nr. 1 BGB ergibt sich aus der Vorschrift des § 323 Abs. 1 BGB. Auch im Rahmen dieses Anspruches ist ein Verschulden des Verkäufers nicht erforderlich.

III. Minderung, § 437 Nr. 2, 2. Alt. BGB

Gemäß § 437 Nr. 2, 2. Alt. BGB kann der Käufer den Kaufpreis mindern, wenn die Sache mangelhaft ist, die Voraussetzungen des § 441 BGB vorliegen und nichts anderes bestimmt ist. Die Voraussetzungen der Minderung entsprechen denen des Rücktritts. Die Minderung ist nicht wegen Geringfügigkeit ausgeschlossen, da der Ausschlussgrund des § 323 Abs. 5 Satz 2 BGB im Falle der Minderung gemäß § 441 Abs. 1 Satz 2 BGB keine Anwendung findet. Besonderheiten im Hinblick auf § 434 Abs. 1 Satz 3 BGB sind hier nicht zu erwarten.

IV. Schadensersatz, § 437 Nr. 3, 1. Alt. BGB

Gemäß § 437 Nr. 3, 1. Alt. BGB kann der Käufer unter den Voraussetzungen der §§ 440, 280, 281, 283 BGB Schadensersatz verlangen, wenn die Sache mangelhaft ist und nichts anderes bestimmt ist. Voraussetzung des Anspruches auf Schadensersatz ist neben der Mangelhaftigkeit der Kaufsache und einem entstandenen Schaden ein Vertretenmüssen des Verkäufers. Das Erfordernis des Vertretenmüssens ergibt sich grundsätzlich aus der Vorschrift des § 280 Abs. 1 Satz 2 BGB. Das Vertretenmüssen bedeutet nach § 276 Abs. 1 BGB als Regel das Ver-

711 Palandt/Putzo, BGB, 65. Auflage, § 437, Rdnr. 23.

schulden in den Formen des Vorsatzes und der Fahrlässigkeit.[712] In Betracht kommen hier der Anspruch auf Schadensersatz neben der Leistung (Schadensersatz wegen Pflichtverletzung, § 280 Abs. 1 Satz 1 BGB), der Anspruch auf Schadensersatz statt der Leistung gemäß § 281 Abs. 1 BGB (wegen nicht oder nicht wie geschuldet erbrachter Leistung) oder der Anspruch auf Schadensersatz statt der Leistung gemäß § 311a Abs. 2 BGB (anfängliche Unmöglichkeit). Ein Anspruch auf Schadensersatz statt der Leistung gemäß § 282 in Verbindung mit § 241 Abs. 2 BGB kommt nicht in Betracht, da die Sonderregelung des § 437 Nr. 3 BGB keinen Verweis auf § 282 BGB enthält.[713]

Entscheidendes Kriterium im hier interessierenden Zusammenhang ist freilich, auf welchen Umstand hinsichtlich des Verschuldens im Rahmen der bürgerlichrechtlichen Informationsverantwortung abzustellen ist.

Homann ist hierzu der Ansicht, die fehlerhafte Werbeaussage selbst sei die schädigende Pflichtverletzung des Verkäufers.[714] Das Hervorrufen einer unrichtigen Werbeaussage stelle eine Verletzung der im Verkehr erforderlichen Sorgfalt dar, weshalb der Verkäufer für eigene Äußerungen regelmäßig hafte.[715] Im Falle der Drittäußerung komme ein Schadensersatzanspruch gegen den Verkäufer regelmäßig nicht in Betracht, weil den Verkäufer insoweit keine Verpflichtung träfe, die Äußerungen des Herstellers zu überprüfen.[716]

Meines Erachtens ist dieser Ansatz aus mehreren Gründen abzulehnen. Zunächst ist darauf hinzuweisen – wie bereits dargelegt wurde –, dass es sich bei den von dem Verkäufer oder Drittpersonen publizierten öffentlichen Äußerungen niemals um eine Pflichtverletzung im Sinne des § 280 Abs. 1 Satz 1 BGB handeln kann. Werbeangaben und ähnliche Marketingmaßnahmen erfolgen zum Zwecke der gezielten Absatzsteigerung.[717] Darüber hinaus statuiert § 434 Abs. 1 Satz 3 BGB keine Informationspflicht des Verkäufers gegenüber dem Käufer, sondern sanktioniert lediglich das Nichtvorliegen der dort beschriebenen Eigenschaften. In einer unrichtigen Werbeaussage kann schlechterdings nicht die Nichterfüllung einer Primärleistungspflicht, keine sonstige Schlechterfüllung noch eine Verletzung von schuldvertraglichen Nebenpflichten gesehen werden.

---

712 Ausnahme ist hier freilich die Übernahme einer Garantie oder eines Beschaffungsrisikos, vgl.: Medicus, Die Leistungsstörungen im neuen Schuldrecht, JuS 2003, 521, 522.

713 Boerner, Kaufrechtliche Sachmängelhaftung und Schuldrechtsreform, ZIP 2001, 2264, 2272; Westermann, Das neue Kaufrecht einschließlich des Verbrauchsgüterkaufs, JZ 2001, 530, 537.

714 Homann, Werbeaussagen und Käufererwartungen, Diss. jur. 2004, S. 257.

715 Homann, Werbeaussagen und Käufererwartungen, Diss. jur. 2004, S. 260.

716 Homann, Werbeaussagen und Käufererwartungen, Diss. jur. 2004, S. 262.

717 Weiler, Haftung für Werbeangaben nach neuem Kaufrecht, WM 2002, 1784, 1789; MünchKomm-H. P. Westermann, BGB, 4. Auflage, § 434, Rdnr. 26.

Nach der von *Homann* vertretenen Sichtweise müsste konsequenterweise auch im Rahmen der Beschaffenheitsvereinbarung im Sinne des § 434 Abs. 1 Satz 1 BGB gefragt werden, ob der Verkäufer die Beschaffenheitsvereinbarung zu vertreten hat. Dies kann jedoch nicht der Fall sein, da es nur darauf ankommt, ob der Verkäufer die Lieferung einer mangelhaften Sache zu vertreten hat. Insoweit ist die Beschaffenheitsvereinbarung im Sinne des § 434 Abs. 1 Satz 1 BGB mit der Festlegung der geschuldeten Beschaffenheit gemäß § 434 Abs. 1 Satz 3 BGB in ihrer Funktion identisch: Beide Vorschriften beantworten die Frage, welche Sachbeschaffenheit im konkreten Fall geschuldet ist und somit, wenn die Sache diese Beschaffenheit nicht aufweist, ein Sachmangel vorliegt. Demzufolge kann nicht bestritten werden, dass die Vorschriften, welche die konkret geschuldete Sachbeschaffenheit festlegen, keinen Aufschluss darüber geben können, wann ein Sachmangel zu vertreten ist.

Im Übrigen wird durch den statischen Ausschluss eines Schadensersatzanspruches gegen den Verkäufer im Fall der Drittäußerung einer der wichtigsten Anwendungsfälle der bürgerlichrechtlichen Informationsverantwortung von vornherein ausgeschlossen: Im Rahmen arbeitsteiliger Vertriebsmethoden zwischen Handel und Industrie ist im wirtschaftlichen Alltag die Bewerbung der Kaufsache durch den Hersteller fast schon die Regel[718] und der Anspruch auf Schadensersatz wird aus Sicht des Käufers oftmals den einzig vernünftigen Rechtsbehelf darstellen. Meines Erachtens kann somit nicht auf die unrichtige Werbeaussage als Pflichtverletzung abgestellt werden.

Vielmehr ist auch im Rahmen des Anspruchs auf Schadensersatz wegen unrichtiger Werbeaussagen im Sinne des § 434 Abs. 1 Satz 3 BGB zunächst darauf abzustellen, ob der Verkäufer die Lieferung einer mangelhaften Sache oder die Nichtbehebung eines vorhandenen Mangels trotz Möglichkeit hierzu zu vertreten hat. Im Rahmen dieser Prüfung kommt es entscheidend auf den Inhalt und die Schärfe der Sorgfaltsanforderungen an, die an den Verkäufer zu stellen sind. Namentlich zu nennen sind hierbei die Pflicht des Verkäufers, die zu verkaufende Ware zu untersuchen, die Pflicht zur Informationsbeschaffung hinsichtlich der Frage, ob die Sache tatsächlich über die öffentlich publizierten Eigenschaften verfügt und sie im Übrigen die Beschaffenheit aufweist, die bei Sachen der gleichen Art üblich ist.[719] Diese Pflichten entsprechen insoweit der Verantwortlichkeit des Verkäufers: Er hat dafür gerade zu stehen, dass die verkaufte Sache über die öffentlich publizierte Beschaffenheit verfügt. Gerade nicht verantwortlich ist er hinsichtlich des Umstandes, ob die jeweilige Äußerung als solche zutreffend war oder nicht. Es kommt auch insoweit aus Sicht des Käufers nicht primär auf

718 Man denke hier beispielsweise an die Automobil- und Elektronikindustrie.
719 MünchKomm-H.P. Westermann, BGB, 4. Auflage, § 437, Rdnr. 27.

Inhalt und Richtigkeit der öffentlichen Äußerung an; vielmehr ist der Käufer in der Regel an der Beschaffenheit der Sache interessiert.

Nach der hier vertretenen Auffassung stellt sich die Verantwortlichkeit des Verkäufers prinzipiell wie folgt dar:

Es ist zunächst danach zu differenzieren, ob der Verkäufer ein Unternehmer im Sinne des § 14 BGB oder eine Privatperson ist. Handelt es sich bei dem Verkäufer um einen Unternehmer, der in Ausübung seiner gewerblichen Tätigkeit handelt, so treffen diesen im Vergleich zu einer Privatperson erhöhte Prüfungspflichten dahingehend, ob die durch öffentliche Äußerungen beschriebenen Sacheigenschaften auch tatsächlich bei der von ihm verkauften Sache vorliegen. Diesbezüglich wird man von einer erhöhten Pflicht zur Untersuchung der zu verkaufenden Sache ausgehen müssen, wenn der unternehmerische Verkäufer die Möglichkeit hat, von absatzfördernden öffentlichen Äußerungen zielgerichtet zu profitieren.

Demgegenüber wird man an einen privaten Verkäufer regelmäßig keine hohen Anforderungen hinsichtlich der Prüfung stellen können, ob die in öffentlichen Äußerungen beschriebenen Sacheigenschaften auch tatsächlich bei der von ihm verkauften Sache vorliegen. Eine allgemeine Untersuchungspflicht des Verkäufers besteht gerade nicht.[720]

Darüber hinaus ist freilich danach zu differenzieren, ob es sich um verkäufereigene oder um Drittäußerungen handelt. Im Falle der verkäufereigenen Äußerungen wird davon auszugehen sein, dass den Verkäufer hier in der Regel hohe Prüfungspflichten dahingehend treffen, ob die durch seine eigenen öffentlichen Äußerungen beschriebenen Sacheigenschaften auch tatsächlich vorliegen. Es ist dem Verkäufer stets zuzumuten, dass er, wenn er schon öffentlich mit dem Vorliegen einer bestimmten Beschaffenheit wirbt, die Kaufsache auch im Hinblick auf das tatsächliche Vorliegen dieser Eigenschaften zu untersuchen hat. Dabei wird man den Grundsatz aufstellen können, dass der Verkäufer das Nichtvorliegen derartig beschriebener Sacheigenschaften in aller Regel zu vertreten haben wird. Ansatzpunkt muss auch hier immer sein, dass der Verkäufer die Lieferung einer mangelhaften Sache zu vertreten hat. Demgegenüber ist niemals relevant, ob der Verkäufer die Publikation der (unrichtigen) öffentlichen Äußerung zu vertreten hat. Dies wäre im Falle der verkäufereigenen Äußerung nämlich genau genommen immer der Fall.

Demgegenüber wird im Falle der Drittäußerung durch Hersteller oder dessen Gehilfen eine Untersuchungspflicht hinsichtlich des tatsächlichen Vorhandenseins der beworbenen Eigenschaften nur in einem abgeschwächtem Maße bestehen. Das ist insoweit auch interessengerecht, da dem Verkäufer die Existenz der

720 MünchKomm-H.P. Westermann, BGB, 4. Auflage, § 437, Rdnr. 28.

Drittäußerung unter Umständen gar nicht bekannt sein kann. Freilich wird sich die Sorgfaltspflicht in der Regel erhöhen, je mehr der arbeitsteilige Vertrieb Grundbestandteil der gewählten Absatzsysteme ist und insoweit zwischen Verkäufer und äußerndem Dritten eine nicht unerhebliche Nähebeziehung besteht. Dies wird beispielsweise bei dem Hersteller eines PKW und den jeweiligen Vertragshändlern oftmals zu bejahen sein. Dabei ist stets zu beachten, dass der Hersteller nicht als Erfüllungsgehilfe des Verkäufers in Betracht kommt und somit Pflichtverletzungen des Herstellers bei der Produktion nicht dem Verkäufer gemäß § 278 BGB zuzurechnen sind.[721]

Im Ergebnis ist daher festzuhalten, dass sich die im Rahmen des Anspruchs auf Schadensersatz wegen unrichtiger öffentlicher Äußerungen gemäß §§ 434 Abs. 1 Satz 3, 437 Nr. 3, 280 ff. BGB bestehenden Anforderungen wegen des Vertretenmüssens eines Mangels entscheidend danach richten, ob ein gewerblicher oder privater Verkäufer agiert und ob es sich um verkäufereigene oder Drittäußerungen handelt. Es lassen sich somit vier Fallgruppen herausarbeiten:

Die geringsten Anforderungen an diesbezügliche Pflichten zur Untersuchung der Kaufsache bestehen folglich im Falle des Verkaufes einer Sache durch einen privaten Verkäufer in Verbindung mit einer Drittäußerung.

Auf der nächst höheren Sorgfaltsstufe steht sodann der (praktisch seltene) Fall, dass ein Privater eine Sache verkauft und eine verkäufereigene Äußerung vorliegt.

Wiederum eine Stufe höher steht der Fall, dass ein gewerblicher Verkäufer eine durch Drittäußerungen beschriebene Sache verkauft.

Die höchsten denkbaren Sorgfaltsanforderungen bestehen dann, wenn ein gewerblicher Verkäufer die Kaufsache durch eigene Äußerungen beschreibt.

V. Ersatz vergeblicher Aufwendungen, § 437 Nr. 3, 2. Alt. BGB

Gemäß § 437 Nr. 3, 2. Alt. BGB kann der Käufer unter den Voraussetzungen des § 284 BGB anstelle des Schadensersatzes statt der Leistung Ersatz vergeblicher Aufwendungen verlangen, wenn die Sache mangelhaft ist und nichts anderes bestimmt ist. Hier ergeben sich im Hinblick auf § 434 Abs. 1 Satz 3 BGB keine Besonderheiten.

---

721 Schubel, Schuldrechtsmodernisierung 2001/2002 – Das neue Kaufrecht, JuS 2002, 313, 318.

6. Teil: Die Möglichkeiten zum Ausschluss und zur Beschränkung der Haftung

A. Individualvereinbarung

I. Verbrauchsgüterkauf

Gemäß § 475 Abs. 1 Satz 1 BGB kann sich im Rahmen des Verbrauchsgüterkaufs ein Unternehmer auf eine vor Mitteilung des Mangels an ihn getroffene Vereinbarung, die zum Nachteil des Verbrauchers unter anderen von der Vorschriften des § 434 Abs. 1 Satz 3 BGB abweicht, nicht berufen. Eine abweichende Vereinbarung ist unwirksam.[722] Somit scheidet hier eine Beschränkung oder Abbedingung der Haftung für öffentliche Äußerungen etc. im Sinne des § 434 Abs. 1 Satz 3 BGB aus. Zulässig ist demnach nur eine Vereinbarung, die nach der Mitteilung des Sachmangels erfolgt (also insbesondere Vergleich im Sinne des § 779 BGB). Folglich scheiden hier sämtliche Vereinbarungen aus, die die Verantwortlichkeit des Verkäufers für die Unrichtigkeit einer öffentlichen Äußerung etc. beschränken sollen.

II. Allgemeiner Kauf

Außerhalb des Anwendungsbereiches des Verbrauchsgüterkaufes im Sinne der §§ 474 ff. BGB können die Vertragsparteien individuell die Haftung des Verkäufers grundsätzlich für alle oder bestimmte Sachmängel beschränken oder gänzlich ausschließen. Hierdurch wird nicht das Vorhandensein eines Mangels ausgeschlossen, sondern die Vereinbarung getroffen, dass trotz Vorliegens eines Sachmangels keine Vertragswidrigkeit gegeben sein soll.[723] Hierbei ist allerdings die Grenze des § 444 BGB zu beachten.

722 Palandt/Putzo, BGB, 65. Auflage, § 434, Rdnr. 4.
723 Palandt/Putzo, BGB, 65. Auflage, § 434, Rdnr. 4.

B. Regelung durch AGB

I. Verbrauchsgüterkauf

Innerhalb des Verbrauchsgüterkaufes im Sinne der §§ 474 ff. BGB scheitert eine Beschränkung oder Abbedingung der Informationsverantwortung des Verkäufers ebenfalls an der Vorschrift des § 475 Abs. 1 Satz 1 BGB. Eine entsprechende AGB-Klausel ist nicht an § 309 Nr. 8 b) BGB zu messen, da § 475 Abs. 1 Satz 1 BGB auch in dieser Situation zwingendes Recht darstellt, von dem allein schon wegen des zwingenden Charakters nicht abgewichen werden kann.[724] Ein theoretischer Anwendungsbereich für § 309 Nr. 8 b) BGB im Rahmen der bürgerlichrechtlichen Informationsverantwortung verbleibt somit lediglich bei einem Vertrag über unbewegliche und gleichzeitig neu hergestellte Sachen.[725]

II. Allgemeiner Kauf

Außerhalb des Verbrauchsgüterkaufs wird eine von § 434 Abs. 1 Satz 3 BGB abweichende Regelung durch AGB insbesondere im Falle des Kaufvertrages zwischen zwei Unternehmen vorkommen. Hier wird die Auffassung vertreten, dass auch im Verkehr zwischen Unternehmen der pauschale Ausschluss der Haftung aus § 434 Abs. 1 Satz 3 BGB unwirksam sei. Die Regelung des § 434 Abs. 1 Satz 3 BGB stelle einen wesentlichen Grundgedanken der gesetzlichen Regelung, von der abgewichen wird, im Sinne des § 307 Abs. 2 Nr. 1 BGB dar. Würde man diesen Bestandteil des einheitlichen Mangelbegriffs zur Disposition des Klauselverwenders stellen, sei hierdurch die intendierte Stärkung des Vertrauensschutzes relativiert.[726]

Dies vermag nicht zu überzeugen. Zunächst wird dabei verkannt, dass die Regelung des § 307 Abs. 2 Nr. 1 BGB ihrem Wortlaut nach nur „im Zweifel" Anwendung findet. § 307 Abs. 2 Nr. 1 BGB soll die Regelung des § 307 Abs. 1 BGB lediglich konkretisieren und enthält Regelbeispiele dafür, wann eine unangemessene Benachteiligung vorliegt.[727] Die Vermutung des § 307 Abs. 2 Nr. 1 BGB entfällt gerade, wenn eine Gesamtwürdigung aller Umstände ergibt, dass

---

724 Palandt/Heinrichs, BGB, 65. Auflage, § 309, Rdnr. 53.

725 Diese Situation könnte unter Umständen dann vorliegen, wenn ein Bauunternehmer ein neu hergestelltes Haus oder eine neu hergestellte Wohnung durch öffentliche Äußerungen beschreibt.

726 Vgl. insbesondere: Homann, Werbeaussagen und Käufererwartungen, Diss. jur. 2004, S. 252 mit weiteren Nachweisen.

727 Palandt/Heinrichs, BGB, 65. Auflage, § 307, Rdnr. 25.

die Klausel den Vertragspartner nicht unangemessen benachteiligt.[728] Somit ist zunächst zu prüfen, ob gemäß § 307 Abs. 1 Satz 1 BGB entgegen den Geboten von Treu und Glauben eine unangemessene Benachteiligung des Vertragspartners vorliegt. Im Rahmen der Beurteilung der Angemessenheit kommt es entscheidend auf die Ermittlung der Interessen beider Vertragsparteien an.[729] Zu berücksichtigen sind hier unter anderem die Interessen des Verwenders an der Aufrechterhaltung der jeweiligen AGB-Klausel und das Interesse des Vertragspartners am Wegfall dieser und ihrer Ersetzung durch die gesetzliche Vorschrift gemäß § 306 Abs. 2 BGB.

Meines Erachtens kann insofern gerade nicht ohne weiteres eine unangemessene Benachteiligung entgegen den Geboten von Treu und Glauben im Sinne des § 307 Abs. 1 Satz 1 BGB gesehen werden. Zu berücksichtigen ist hierbei nämlich der Umstand, dass es im Rahmen des § 434 Abs. 1 Satz 3 BGB um eine Zuweisung des Risikos fehlerhafter Werbeinformationen und die damit verbundene Kostentragungspflicht geht. Die Vorschrift des § 434 Abs. 1 Satz 3 BGB weist – in ökonomisch durchaus sinnvoller Weise – die Kostentragungspflicht für das Nichtvorhandensein werblich beschriebener Sacheigenschaften der Angebotsseite zu. Aus dieser grundsätzlichen Aussage kann jedoch nicht geschlossen werden, dass diesbezüglich abweichende Abreden in Form von AGB zwischen zwei Unternehmern grundsätzlich eine unangemessene Benachteiligung des Vertragspartners darstellen. So sind Fälle denkbar, in denen eine Zuweisung der Kostentragungspflicht fehlgeschlagener Güteraustauschvorgänge sinnvollerweise der Abnehmerseite zuzuweisen sind. Zwar kann regelmäßig die Anbieterseite diese Informationen in der Regel einfacher zur Verfügung stellen („cheapest cost avoider"). Jedoch sind gerade bei Austauschverträgen zwischen Unternehmen Situationen denkbar, in denen die Nachfrageseite ihren Bedarf effektiv artikulieren kann und das Risiko fehlerhafter Werbeinformationen von ihr getragen werden kann. Denn der Gedanke der Zuweisung des werblichen Informationsrisikos an die Angebotsseite beruht letztlich auf einer Überflusssituation. Hier wird die Angebotsseite aktiv, um den Absatz zu fördern und der Abnehmerseite effektiv und wirkungsvoll Informationen zur Verfügung zu stellen. Dies muss im Fall der Güteraustauschvorgänge zwischen Unternehmen jedoch nicht zwangsläufig der Fall sein. Hinzu kommt, dass man einem Unternehmer eher als einem Verbraucher zumuten kann, sich als Abnehmer individuelle Informationen hinsichtlich der Eigenschaften des Kaufgegenstandes zu verschaffen.

Beispiel: Ein Internetsuchdienst beabsichtigt ein neues Internetportal einzurichten. Hierzu benötigt das Unternehmen 10.000 PC-Systeme eines bestimmten Typs.

728 BGH, NJW 2003, 1447, 1448.
729 Palandt/Heinrichs, BGB, 65. Auflage, § 307, Rdnr. 8.

Der Verkäufer der PC-Systeme hat in den von ihm verwendeten AGB folgende Klausel festgeschrieben: „Öffentliche Äußerungen, insbesondere Werbung und Kennzeichnungen über bestimmte Eigenschaften der Kaufsache im Sinne des § 434 Abs. 1 Satz 3 BGB gehören nicht zu der kaufvertraglich geschuldeten Beschaffenheit. Dies gilt insbesondere, wenn diese nicht von dem Verkäufer selbst stammen. Die geschuldete Beschaffenheit richtet sich einzig und alleine nach der in der Bestellung vereinbarten Beschaffenheit."[730] Für Großaufträge wie den Kauf der 10.000 PC-Systeme versucht der Verkäufer insoweit seine Verantwortlichkeit insbesondere für Drittäußerungen einzuschränken. Hieran ist dem Verkäufer vor allem deshalb gelegen, da die von ihm vertriebenen PC-Systeme aus Einzelkomponenten verschiedener Hersteller zusammengebaut werden. Die Hersteller der Einzelkomponenten betreiben hinsichtlich dieser Einzelkomponenten sämtlich eigene Marketingaktivitäten.

Dieses Beispiel verdeutlicht die berechtigten Interessen des Verkäufers an einer Limitierung der Informationsverantwortlichkeit. Da in der arbeitsteiligen Produktion regelmäßig Grundstoffe und Teilprodukte zu komplexen Endprodukten weiterverarbeitet werden, wäre ein pauschales Verbot, dieses Informationsrisiko insbesondere für Drittaussagen, aber auch für eigenen Äußerungen durch AGB zu verschieben beziehungsweise zu limitieren, für den Verkäufer unzumutbar und würde an den wirtschaftlichen Gegebenheiten völlig vorbeigehen.

Somit bleibt festzuhalten, dass in der Limitierung beziehungsweise Abbedingung der gesetzlichen Informationsrisikoverteilung keine entgegen den Geboten von Treu und Glauben unangemessene Benachteiligung des Vertragspartners gemäß § 307 Abs. 1 Satz 1 BGB vorliegt. Auf die Frage einer Abweichung von wesentlichen Grundgedanken der gesetzlichen Regelung im Sinne des § 307 Abs. 2 Nr. 1 BGB kommt es daher nicht an.

Somit ist Limitierung beziehungsweise Abbedingung der gesetzlichen Regelung des § 434 Abs. 1 Satz 3 BGB durch AGB zwischen Unternehmen zulässig.

730 Für den Weg der vorrangigen Beschaffenheitsvereinbarung und einer vertraglichen Zuweisung der Verantwortung auch: Ayad, Schuldrechtsreform: Das Gesetz zur Modernisierung des Schuldrechts in der Vertragspraxis, DB 2001, 2697, 2701; Ziegler/Rieder, Vertragsgestaltung und Vertragsanpassung nach dem Schuldrechtsmodernisierungsgesetz, ZIP 2001, 1789, 1794, wo vorgeschlagen wird, die Verantwortlichkeit für Werbeaussagen in dem Vertrag mit der Werbeagentur zu regeln.

7. Teil: Ergebnisse und Stellungnahme

A. Ergebnisse

Die Rechtslage vor dem Schuldrechtsmodernisierungsgesetz war hinsichtlich des Schutzes der durch Werbung und ähnliche öffentliche Äußerungen geweckten Erwartungen unzureichend. Die Untersuchungen haben gezeigt, dass gemäß der bisherigen Rechtslage ein Käufer, der durch eine unrichtige Werbeaussage zum Abschluss eines Kaufvertrages veranlasst worden ist, nur unzureichend geschützt war. Wie dargelegt worden ist, konnten theoretisch unter verschiedenen Aspekten (insbesondere aus § 459 BGB a.F., p.V.V. und c.i.c.) Rechte des in seiner Erwartungshaltung an die Beschaffenheit der Kaufsache enttäuschten Käufers bestehen. Ob diese Ansprüche tatsächlich eingriffen, war jedoch „mehr oder weniger Glückssache".[731] Daher kann als weiteres Ergebnis entgegen der gegenteiligen Ansicht[732] festgehalten werden, dass die Modernisierung des deutschen Schuldrechtes in diesem Bereich zu ganz erheblichen Neuerungen geführt hat. Die Informationsverantwortlichkeit des Verkäufers für unzutreffende Sachbeschreibungen in öffentlichen Äußerungen, Werbung und Kennzeichnungen besteht nunmehr in einem umfassenden Sinne. § 434 Abs. 1 Satz 3 BGB führt insoweit zu einer ganz erheblichen haftungsrechtlichen Aufwertung der vertragsunabhängigen Informationsverantwortung.[733]

Festzuhalten bleibt ebenfalls, dass die Regelung des § 434 Abs. 1 Satz 3 BGB – jedenfalls hinsichtlich der Fälle des Verbrauchsgüterkaufes – ausschließlich durch Art. 2 Abs. 2 d) und Abs. 4 VerbrGüKRL und somit europarechtlich be-

---

731 Schricker, Zur Reform des Gesetzes gegen den unlauteren Wettbewerb, GRUR 1979, S. 3; Lehmann, Vertragsanbahnung durch Werbung, 1981, S. 292; Prieß, Der Begriff des Sachmangels im deutschen und im englischen Kaufrecht, Diss. jur. 2001, S. 177 m.w.N.

732 Haas, Entwurf eines Schuldrechtsmodernisierungsgesetzes: Kauf- und Werkvertragsrecht, BB 2001, 1313, 1314; Medicus, in: Dauner-Lieb/Konzen/Schmidt, Das neue Schuldrecht, S. 66.

733 So auch: Boerner, Kaufrechtliche Sachmängelhaftung und Schuldrechtsreform, ZIP 2001, 2264, 2266; Haas, Entwurf eines Schuldrechtsmodernisierungsgesetzes: Kauf- und Werkvertragsrecht, BB 2001, 1313, 1314; Schlechtriem, in: Zivilrechtswissenschaft und Schuldrechtsreform, 2001, S. 205, 216; Grigoleit/Herresthal, Die Beschaffenheitsvereinbarung und ihre Typisierungen in § 434 I BGB, JZ 2003, 233, 236.

dingt ist. Im Rahmen der nationalen Reformbestrebungen sind keine wesentlichen Vorschläge zu einer ausdrücklichen Informationsverantwortung des Verkäufers gemacht worden. Insoweit ist innerhalb von § 434 Abs. 1 Satz 3 BGB – jedenfalls im Anwendungsbereich des Verbrauchsgüterkaufes – das Gebot der richtlinienkonformen Auslegung zu beachten.

§ 434 Abs. 1 Satz 3 BGB ist nach dem systematischen Gesamtkonzept der zentralen Sachmängelvorschrift des § 434 BGB lediglich subsidiär anwendbar. Öffentliche Äußerungen, Werbung und sonstige Kennzeichnungen können demnach die vertragliche Sollbeschaffenheit nur subsidiär festlegen. § 434 Abs. 1 Satz 3 BGB bezieht sich nur auf den Fall des § 434 Abs. 1 Satz 2 Nr. 2 BGB. Daraus ergibt sich unmittelbar, dass eine Beschaffenheitsvereinbarung gegenüber einer öffentlichen Äußerung, Werbung und Kennzeichnungen die vertraglich geschuldete Beschaffenheit immer vorrangig definiert.

Die ökonomische Analyse des Rechts hat im Rahmen der bürgerlichrechtlichen Informationsverantwortung erhebliche Bedeutung, sofern nicht bereits der Wortlaut, der Sinn und Zweck, die Entstehungsgeschichte oder der Wille des Gesetzgebers die Auslegung eindeutig vorgeben und deshalb die Berücksichtigung ökonomischer Einflüsse ausgeschlossen ist. Werbeinformationen sind innerhalb des modernen und medialen Wirtschaftsverkehrs zunehmend wesentliche, oftmals sogar alleinige Grundlage des Willensbildungs- und Kaufentscheidungsprozesses auf der Nachfrageseite. Diesem Umstand hat der Gesetzgeber durch die Einführung von § 434 Abs. 1 Satz 3 BGB Rechnung getragen. Es liegt im Interesse einer optimalen Güterallokation und somit im Interesse der Volkswirtschaftsgemeinschaft, unnötige Fehlläufe in der Güterverteilung möglichst gering zu halten und idealerweise gänzlich zu verhindern. Damit Fehlläufe im Sinne einer suboptimalen Bedürfnisbefriedigung verhindert werden, ist im Rahmen der Auslegung des § 434 Abs. 1 Satz 3 BGB (soweit möglich) die Frage nach den ökonomischen Konsequenzen der zivilrechtlichen Informationshaftung für Angebots- und Nachfrageseite zu stellen.

Unter den Begriff der öffentlichen Äußerung fallen sämtliche Erklärungen mit Erklärungswert, die von einem nicht individuell abgrenzbaren Adressatenkreis wahrgenommen werden können.

Werbung ist jedes Verhalten, welches darauf angelegt ist, andere dafür zu gewinnen, die Leistung desjenigen in Anspruch zu nehmen, für den geworben wird. Hinsichtlich des Adressatenkreises ist konstitutive Voraussetzung, dass die Werbung öffentlich ist, sich also an einen nicht abgrenzbaren Personenkreis richtet.

Dem Begriff der sonstigen Kennzeichnung im Sinne des § 434 Abs. 1 Satz 3 BGB unterfallen alle schriftlichen Beschreibungen der Kaufsache, die unmittelbar mit ihr zusammenhängen beziehungsweise verbunden sind. Die Aufnahme dieses Begriffes ist für einen umfassenden Schutz der publizierten Sachbeschreibungen insoweit erforderlich, als dass anderenfalls die im Zeitpunkt des Vertragsschlusses dem Käufer bekannten Kennzeichnungen der Kaufsache in der Regel nicht ohne weiteres Vertragsbestandteil werden. Ein diesbezüglicher Wille des Verkäufers, alle Kennzeichnungen der Ware zum Vertragsinhalt zu machen, kann jedenfalls bei Massengeschäften des Alltags nicht ohne weiteres unterstellt werden.

Der Eigenschaftsbegriff wird innerhalb von § 434 Abs. 1 Satz 3 BGB in einem doppelten Sinne relevant. Zum einen muss Erklärungsinhalt der öffentlichen Äußerungen, der Werbung oder sonstiger Kennzeichnungen nach dem Wortlaut des § 434 Abs. 1 Satz 3 BGB stets die Beschreibung bestimmter Eigenschaften sein.

Zum anderen ist der Eigenschaftsbegriff insoweit relevant, als dass sich der Erwartungshorizont des Käufers stets nur auf konkrete Eigenschaften der Sache beziehen kann.

Der Äußerungstatbestand innerhalb von § 434 Abs. 1 Satz 3 BGB stellt eine rechtsgeschäftsähnliche Handlung dar. Auf die Mehrzahl der geschäftsähnlichen Handlungen sind die Vorschriften über Willenserklärungen entsprechend anzuwenden. Dabei ist eine schematische Beurteilung jedoch zu vermeiden. Bei jedem Handlungstyp ist seiner Eigenart und der typischen Interessenlage Rechnung zu tragen.[734] Somit ist auch im Rahmen des § 434 Abs. 1 Satz 3 BGB im Einzelfall zu prüfen, auf welche Bereiche der Norm unter Umständen Vorschriften über Willenserklärungen entsprechende Anwendung finden.

Im Rahmen des § 434 Abs. 1 Satz 3 BGB gilt aufgrund der abweichenden Umsetzung ein anderer Verkäuferbegriff als innerhalb der VerbrGüKRL. Während die VerbrGüKRL unter Verkäufer im Sinne der Richtlinie nur den gewerblich handelnden Unternehmer versteht, kommt als Verkäufer im Sinne des § 434 Abs. 1 Satz 3 BGB auch jede zu privaten Zwecken verkaufende Person in Betracht.

Wer Hersteller ist richtet sich gemäß § 434 Abs. 1 Satz 3 BGB nach der Legaldefinition in § 4 Abs. 1 und 2 ProdHaftG. Gemäß § 4 Abs. 1 Satz 1 ProdHaftG ist Hersteller im Sinne dieses Gesetzes, wer das Endprodukt, einen Grundstoff oder ein Teilprodukt hergestellt hat. Hier ist der deutsche Gesetzgeber über das nach der VerbrGüKRL erforderliche Mindestmaß hinausgegangen. Jedoch ist im Wege einer richtlinienkonformen Auslegung, welche der nationale Gesetzgeber bereits selbst vorausgesehen und angeregt hat, davon auszugehen, dass unter den Begriff des Herstellers abweichend von § 4 Abs. 1 Satz 2 ProdHaftG nicht der Hersteller von Grundstoffen und Teilprodukten fällt. Es gilt der Hersteller-

734 BGH NJW 2001, 289, 291.

begriff gemäß Art. 2 Abs. 2 d) VerbrGüKRL. Die Vermutung des § 4 Abs. 3 ProdHaftG findet keine – auch keine analoge – Anwendung im Rahmen des § 434 Abs. 1 Satz 3 BGB.

Für den Fall der Drittäußerung (durch den Hersteller oder dessen Gehilfen) ist festzuhalten, dass ein spezifischer Zurechnungszusammenhang zwischen dem Hersteller und seinem Gehilfen erforderlich ist. Dieser Zusammenhang ist nur dann gegeben, wenn die Äußerungen des Gehilfen mit Wissen und Wollen des Herstellers erfolgt sind. Als Gehilfe im Sinne des § 434 Abs. 1 Satz 3 BGB kommt somit jede Person in Betracht, die eine sachbezogene Beschaffenheitsvereinbarung mit Wissen und Wollen des Herstellers publiziert. Ein solches Erfordernis besteht im Fall der Herstelleräußerung nicht, so dass der Verkäufer eventuelle öffentliche Äußerungen des Herstellers nicht „legitimieren" muss.

Im Rahmen der Eigenschaften, die der Käufer gemäß § 434 Abs. 1 Satz 3 BGB erwarten kann, kommt es grundsätzlich auf diejenige Erwartungshaltung an, die ein durchschnittlicher, situationsadäquat aufmerksamer und vernünftiger Käufer des durch die Werbung angesprochenen Verkehrskreises haben kann.

Der Ausschlusstatbestand der fehlenden Kenntnis des Verkäufers von der Äußerung gemäß § 434 Abs. 1 Satz 3, 2. HS, 1. Alt., 1. Unteralternative BGB ist dann erfüllt, wenn dem Verkäufer die Existenz der jeweiligen Äußerung nicht bekannt gewesen ist.

Hinsichtlich des Ausschlusstatbestandes der fahrlässigen Unkenntnis des Verkäufers von der Äußerung gemäß § 434 Abs. 1 Satz 3, 2. HS, 1. Alt., 2. Unteralternative BGB hat der bundesdeutsche Gesetzgeber die ihm aus Art. 2 Abs. 2 d) in Verbindung mit Abs. 4, erster Spiegelstrich, 2. Alt. VerbrGüKRL obliegende Umsetzungspflicht verletzt. Im Falle des Verbrauchsgüterkaufes stellt die Erstreckung auf mittel- und leichtfahrlässige Unkenntnis (§ 122 Abs. 2 in Verbindung mit § 276 Abs. 2 BGB) einen Verstoß gegen die Warenverkehrsfreiheit im Sinne des Art. 28 EG in Form einer sonstigen Maßnahme gleicher Wirkung dar. Die vorgenommene Haftungserweiterung verstößt gegen EU-Primärrecht und entspricht somit nicht den Erfordernissen des Art. 8 Abs. 2 VerbrGüKRL. Es ist daher eine richtlinienkonforme Auslegung der Vorschrift dahingehend vorzunehmen, dass der Verkäufer lediglich gemäß dem Wortlaut von Art. 2 Abs. 4, erster Spiegelstrich 2. Alt. VerbrGüKRL dafür einstehen muss, dass er „vernünftigerweise" nicht von der Äußerung Kenntnis haben konnte und somit nur für die grobfahrlässige Unkenntnis haftet.

Für außerhalb des Verbrauchsgüterkaufes liegende Fälle gilt das gleiche Ergebnis. Aufgrund des Verbotes einer gespaltenen Auslegung eines Rechtsbegriffes ist das Tatbestandsmerkmal sowohl innerhalb als auch außerhalb des Anwendungsbereiches des Verbrauchsgüterkaufes einheitlich auszulegen. Somit haftet auch der Privatverkäufer nur für die grobfahrlässige Unkenntnis der Äußerung.

Der Ausschlussgrund der Berichtigung in gleichwertiger Weise gemäß § 434 Abs. 1 Satz 3, 2. HS, 2. Alt. BGB setzt nach einer engen Wortlautinterpretation voraus, dass die Berichtigung in gleichwertiger Weise wie die ursprünglich unrichtige Äußerung erfolgt. Das Merkmal „in gleichwertiger Weise" bildet somit gleichzeitig das Mindestmaß als auch die äußerste Grenze der Berichtigungsbemühungen. Nicht erforderlich ist demnach, dass der Käufer auf die ursprüngliche Äußerung im Rahmen der Berichtigung Bezug nimmt, der konkrete Käufer tatsächlich Kenntnis von der Berichtigung erlangt noch dass die Berichtigung eine „gleichwertige Marktdurchdringung" erlangt. Erforderlich und ausreichend ist demnach eine Berichtigung, welche hinsichtlich Art, Dauer und Intensität der ursprünglichen Äußerung gleichwertig ist.

Innerhalb des Ausschlussgrundes der fehlenden Beeinflussungsmöglichkeit hinsichtlich der Kaufentscheidung gemäß § 434 Abs. 1 Satz 3, 2. HS, 3. Alt. BGB ist nicht erforderlich, dass die jeweilige Äußerung den konkreten Kaufentschluss tatsächlich nicht beeinflusst hat. Maßgeblich ist einzig und alleine die fehlende Möglichkeit zur Beeinflussung der Kaufentscheidung. Hier kommt es – anders als sonst im Rahmen des § 434 Abs.1 Satz 3 BGB – auf die Betrachtungsweise des konkreten Käufers an, so dass dieser Ausschlussgrund auch dann erfüllt ist, wenn die beworbene Sacheigenschaft für den konkreten Käufer bedeutungslos war oder der konkrete Käufer von der unrichtigen Äußerung keine Kenntnis hatte.

Unmittelbare Rechtsfolge der öffentlichen Äußerung, Werbung und Kennzeichnung im Sinne des § 434 Abs.1 Satz 3 BGB ist die Einbeziehung der publizierten Sachbeschreibung in die Beschaffenheit nach § 434 Abs. 1 Satz 2 Nr. 2 BGB. Aufgrund der Subsidiarität der Vorschrift ist hierfür jedoch stets erforderlich, dass nicht bereits eine Beschaffenheitsvereinbarung im Sinne des § 434 Abs. 1 Satz 1 BGB oder eine Eignung für die nach dem Vertrag vorausgesetzte Verwendung im Sinne des § 434 Abs.1 Satz 2 Nr. 1 BGB vorliegt. Ist die sachbezogene Publikation unrichtig und insoweit die beschriebene Sachbeschaffenheit nicht vorhanden, ergeben sich die Rechtsfolgen aus § 437 BGB, soweit die dort beschriebenen Voraussetzungen vorliegen. Im Rahmen der kaufrechtlichen Informationsverantwortung kommt hinsichtlich dem für einen Schadensersatzanspruch erforderlichen Vertretenmüssens nicht die unrichtige öffentliche Äußerung in Betracht. Vielmehr ist auch hier entscheidend, ob der Verkäufer die Lieferung einer mangelhaften Sache zu vertreten hat.

Der Käufer hat hierbei darzulegen und zu beweisen, dass eine einen bestimmten Erwartungshorizont rechtfertigende öffentliche Äußerung, Werbung oder Kennzeichnung vorliegt, woraufhin der Verkäufer darzutun und zu beweisen hat, dass er die jeweilige Äußerung nicht kannte und auch nicht kennen musste, dass sie im Zeitpunkt des Vertragsschlusses in gleichwertiger Weise berichtigt war oder die Kaufentscheidung nicht beeinflussen konnte.

Durch Individualvereinbarung kann die Informationshaftung gemäß § 434 Abs. 1 Satz 3 BGB im Falle des Verbrauchsgüterkaufs gemäß § 475 Abs. 1 BGB nicht abbedungen werden. Außerhalb des Verbrauchsgüterkaufes ist dies jedoch im Rahmen des § 444 BGB möglich.

Durch AGB kann die Verkäuferhaftung gemäß § 434 Abs. 1 Satz 3 BGB im Falle des Verbrauchsgüterkaufs ebenfalls wegen der Vorschrift des § 475 Abs. 1 BGB nicht abbedungen werden. Außerhalb des Verbrauchsgüterkaufes kann ein Haftungsausschluss zwischen zwei Unternehmen wirksam durch AGB vereinbart werden, da eine entsprechende Vereinbarung keine unangemessene Benachteiligung entgegen den Geboten von Treu und Glauben gemäß § 307 Abs. 1 Satz 1 BGB darstellt.

B. Stellungnahme

In rechtspolitischer Hinsicht ist die bürgerlichrechtliche Informationsverantwortung gemäß § 434 Abs. 1 Satz 3 BGB als richtig einzustufen. Insbesondere unter ökonomischen Gesichtspunkten ist die kaufrechtliche Verantwortung für Werbeaussagen sinnvoll. Durch sie wird theoretisch der Aufwand unnötiger, weil vergeblicher Transaktionskosten reduziert. Denn es ist davon auszugehen, dass die Bedrohung unter anderem mit einem Schadensersatzanspruch die Angebotsseite von der Verbreitung unrichtiger Werbeinformationen abschrecken wird. Die Anzahl ökonomisch wenig oder gar völlig sinnloser Austauschvorgänge dürfte sich dadurch verringern. Die Angebotsseite hat nunmehr einen ökonomischen Anreiz, die Nachfrageseite zutreffend zu informieren. Die zutreffende Information über die Beschaffenheit der angebotenen Produkte kann innerhalb einer Überflussgesellschaft auch am effektivsten und kostengünstigsten durch die Angebotsseite erbracht werden. Die Angebotsseite ist insoweit der „cheapest cost avoider“. Die Informationsverantwortlichkeit des Verkäufers für Werbeaussagen verbessert somit – zumindest in der Theorie – die optimale Allokation der vorhandenen Ressourcen.

Nicht richtig hingegen ist die Verankerung der Informationsverantwortung im allgemeinen Kaufrecht. Eine Beschränkung auf den Verbrauchsgüterkauf gemäß §§ 474 ff. BGB wäre sinnvoll und richtig gewesen.[735] Der lapidare Hinweis des

735 Ernst/Gsell, Kaufrechtsrichtlinie und BGB, ZIP 2000, 1410, 1415; so im Allgemeinen auch schon zur VerbrGüKRL: Ehmann/Rust, Die Verbrauchsgüterkaufrichtlinie, JZ 1999, 853, 864.

Gesetzgebers, auch Privatleute profitierten von den einschlägigen Werbeaussagen, vermag hier wenig zu überzeugen. Die typische Situation der überlegenen Informationsherrschaft durch die Angebotsseite liegt im Falle eines Verkaufes durch eine Privatperson gerade nicht vor. Darüber hinaus profitiert der private Verkäufer in der Regel nicht zielgerichtet von den Äußerungen, wie dies beispielsweise beim arbeitsteiligen Vertrieb durch Hersteller und Verkäufer der Fall ist. Denn anders als der gewerbliche Verkäufer ist der private Verkäufer nicht in die Absatzkette des Herstellers eingebunden. Eine Haftung des nicht gewerblich handelnden privaten Verkäufers auch für Werbeaussagen des Herstellers erscheint insoweit unangemessen.

Auch das Argument, ein einheitlicher Fehlerbegriff sei wünschenswert, ist wenig überzeugend. *Lehmann* hat bereits in seinem Regelungsvorschlag nachgewiesen, dass die Verkäuferhaftung für Werbeaussagen sehr wohl im allgemeinen Kaufrecht platziert werden kann, ohne den privaten Verkäufer mit in diese Haftung einzubeziehen. Er schlägt als Ergänzung zu § 434 Abs. 1 Satz 3 BGB vor:

„Der Verkäufer haftet nicht für öffentliche Äußerungen Dritter, wenn er den Kaufvertrag nicht in Ausübung einer gewerblichen oder beruflichen Tätigkeit abgeschlossen hat.“[736]

Dieser Vorschlag stellt meines Erachtens eine angemessenere Lösung dar. Zwar ist einzuräumen, dass ein einheitlicher Mangelbegriff wünschenswert ist. Eine Vereinheitlichung von rechtlichen Definitionen erscheint insoweit jedoch grundsätzlich als „wünschenswert“. Aus diesen Erwägungen allein lässt sich eine Gleichbehandlung derart ungleich gelagerter Fälle nicht rechtfertigen.

Zu beachten ist meines Erachtens letztlich auch, dass der Privatverkäufer in regressrechtlicher Hinsicht mangels Anwendbarkeit der §§ 478 ff. BGB im Vergleich zu dem Unternehmer innerhalb des Verbrauchsgüterkaufes nicht unerheblich schlechter gestellt ist. Insoweit trifft die bürgerlichrechtliche Informationsverantwortung gerade den privaten Verkäufer in verstärktem Maße. Ob dies mit dem von der VerbrGüKRL und auch von der Umsetzung in das BGB intendierten Ziel des Verbraucherschutzes in Einklang steht, erscheint mehr als fraglich.

---

736 Lehmann, Informationsverantwortung und Gewährleistung für Werbeangaben beim Verbrauchsgüterkauf, JZ 2000, 280, 292.

FSC
www.fsc.org
MIX
Papier | Fördert gute Waldnutzung
FSC® C083411

Kolibri 360 GmbH
Ferdinand-Jühlke-Straße 7
99095 Erfurt, Deutschland
produktsicherheit@kolibri360.de

Druck:
CPI Druckdienstleistungen GmbH
im Auftrag der
Kolibri 360 GmbH
Ferdinand-Jühlke-Str. 7
99095 Erfurt